임원경제지
권37-38

전어지

佃漁志 1

林園經濟志

임원경제지
권37-38

전어지 佃漁志 1

목축·사냥·어로 백과사전
권1·목축·양어·양봉(상)
권2·목축·양어·양봉(하)

풍석 서유구 지음 추담 서우보 교정 도올 김용옥 서문
임원경제연구소 조영렬, 정명현, 김현진 옮김

풍석문화재단

이 책은 ㈜DYB교육 송오현 대표 외 수많은 개인의 기부 및 문화체육관광부의 지원으로
완역 출판되었습니다.

임원경제지 전어지1

지은이	풍석 서유구
교 정	추담 서우보
옮기고 쓴 이	임원경제연구소 [조영렬, 정명현, 김현진]
	교감·교열 : 김태완, 이동인, 이두순, 이태원, 차영익
	민철기, 정정기, 최시남, 김수연, 김용미
	서문 : 도올 김용옥
	감수 : 최형국(수원시립예술단 무예24기시범단 상임연출)
펴낸 곳	풍석문화재단
	펴낸 이 : 신정수
	진행 : 박시현, 박소해
	전화 : 02)6959-9921 E-mail : pungseok@naver.com
일러스트	송지인
편집디자인	아트퍼블리케이션 디자인 고호
인 쇄	상지사피앤비
펴낸 날	초판1쇄 2021년 5월 28일
ISBN	979-11-89801-40-3

* 표지그림 : 군마도(필자미상)(국립중앙박물관 소장), 압유도(김양기)(국립중앙박물관 소장), 묘작도(변상벽)
 (국립중앙박물관 소장), 고양이·참새·나비·꽃(후종린)(국립중앙박물관 소장), 어미닭과 병아리(변상벽)
 (국립중앙박물관 소장), 풍속도(김홍도)(국립중앙박물관 소장)
* 사진 사용을 허락해주신 국립민속박물관, 국립중앙도서관, 마사박물관, 국립수목원, 국립중앙박물관,
 국립축산과학원 여러분께 감사드립니다.

《임원경제지·전어지》를 펴내며

《임원경제지》 16지 중 〈섬용지〉(3권), 〈유예지〉(3권), 〈상택지〉(1권), 〈예규지〉(2권), 〈이운지〉(4권), 〈정조지〉(4권), 〈보양지〉(3권), 〈향례지〉(2권)에 이어 〈전어지〉를 총 2권으로 펴냅니다.

이제 《임원경제지》 출간 작업은 총 16지 중 9개 지가 출간되었습니다. 출간된 《임원경제지》 저술들은 현재 각 분야의 전문가와 일반 독자층에서 매우 높은 평가를 받고 있으며, 우리 전통문화를 복원하고 현대화하는데 아주 잘 활용되고 있습니다.

〈전어지〉는 목축·사냥·어로 백과사전으로, 4권 2책으로 되어 있습니다. 서유구 선생께서는 《임원경제지》에서 〈본리지〉, 〈관휴지〉, 〈예원지〉, 〈만학지〉, 〈전공지〉, 〈위선지〉의 순서로 곡식 농사, 식용식물 농사, 화훼 농사, 과실나무 농사, 뽕나무 재배 및 누에치기의 의복 관련 백과와 천문기상 등 당시의 생산과 관련된 분야를 우선 편찬하였습니다. 〈전어지〉는 이런 농업 관련 분야의 연속 선상에서 짐승과 물고기를 얻는 방법들을 다루고 있는 셈입니다. 〈전어지〉에 앞서 음식요리 백과사전인 〈정조지〉가 편찬되었으니, 《임원경제지》의 순서를 통해서 서유구 선생은 곧 먹는 것이 민생(民生)임을 명확히 밝힌 것입니다.

〈전어지〉의 권3의 "고기잡이"와 권4의 "물고기 이름 고찰"은 서유구 선생이 별도로 쓰신 《난호어목지(蘭湖漁牧志)》를 토대로 하여 편찬된 것입니다. 《난호어목지》는 《우해이어보(牛海異魚譜)》, 《자산어보(玆山魚譜)》와 함께 조선의 3대 어류서로 평가됩니다.

최근 《자산어보》의 저자인 정약전(丁若銓) 선생의 생애를 다룬 영화가 개봉되어 많은 사람에게 깊은 감동을 주었습니다. 이번에 출간되는 〈전어지〉도 그 편찬 과정의 사연을 알게 되면《자산어보》의 저자 정약전 선생 못지않은 깊은 감동을 줄 것으로 생각하고 있습니다.

서유구 선생은 농서를 지을 때는 농사를 지을 수 있는 곳에 거주하며 직접 농사를 짓고《임원경제지》를 편찬하였습니다. 〈전어지〉는 선생이 임진강 가에서 직접 물고기를 관찰하고 잡아 본 경험을 반영하여 편찬하였습니다. 선생이《임원경제지》를 편찬하던 시절 함께 했던 아들 서우보(徐宇輔)는 20대 초반의 청년이었습니다. 기록을 살펴보면 서유구 선생은 낮에는 아들과 함께 물고기를 잡아 관찰하였고, 밤에는 아들과 더불어 사촌 서유긍, 송지양 등 젊은 후학들에게《임원경제지》의 정신을 잇는 학문을 지도하고 있었습니다. 아들 서우보도 이 시절의 추억을 자신의 문집에 남기기도 하였습니다.

〈전어지〉 서문에서 서유구 선생은 〈전어지〉에서 다루고 있는 "가축 기르기와 사냥", "물고기 잡기"는 네 가지 측면에서 수요가 있다고 하면서, 그 네 가지 수요를 "첫째는 군대 유지를 위한 수요이고, 둘째는 놀이를 위한 수요이고, 셋째는 재산 증식을 위한 수요이며, 넷째는 봉양을 위한 수요"라고 정리하셨습니다.

그렇다면 우리 시대에 〈전어지〉가 갖는 의미는 무엇일까요?

우리나라 농촌에서 특용작물로 "생강"이 널리 재배되면서, 농가에서는 어느 해에는 잘 자라던 생강밭에서 다음 해에는 생강 뿌리가 썩는 이른바 "생강뿌리 썩음병"으로 골머리를 앓았습니다. 그런데 전통식 농법으로 생강을 재배하던 농가에서는 이런 "생강뿌리 썩음병"이 나타나지 않았습니다. 현대 농법에서는 비료와 멀칭재배법(비닐로 덮는 법)을 사용하면서 통기성 등의 문제가 생겨 생강이 제대로 자라지 못했던 것입니다. 이와 같이 현대의 농촌이 당면하고 있는 어려움을 해결할 수 있는 전통 농사법은《임원경제지》에 매우 상세하게 실려 있습니다. 아마도 이번에 출간되는 〈전어지〉를 깊이 있게 연구한다면 목축과 양어, 양봉 등 해당 분야에서 많은 문제를 해결할 수 있는 지혜를 찾을 수 있으리라 생각됩니다. 더불어 취미 생활로 낚시를 즐기는 많은 분들께도 좀 더 재미있고 흥미로운 이야기들을 〈전어지〉에서 찾아낼 수 있을 것입니다.

나라의 국력이 커지고 세계 속에서 대한민국의 위상이 높아질수록 역사와 전통을 돌아보고 그 가치를 높이는 일이 매우 중요하다는 것은 너무나 당연한 이야기입니다. 우리나라는 오래전부터 《조선왕조실록》을 포함한 공식적인 국가 기록들과 《한국문집총간》과 같은 우리 선조들의 사상적·정신적 기록들을 어렵고 힘든 상황에서도 꾸준히 번역해왔습니다. 《임원경제지》는 누구나 그 가치를 인정해왔으나, 그 분량이 방대하고 내용이 단순한 시문집이나 역사적 사실에 대한 기록이 아닌 실생활과 긴밀하게 연결되어 있는 전문성을 가진 분야로 번역의 난이도가 높아 그 필요성은 절실했음에도 쉽게 완역 완간 사업이 진행되기 어려웠습니다. 다행스럽게도 2003년부터 임원경제연구소의 젊은 학자들과 송오현 DYB 최선어학원 원장 등 민간의 후원으로 《임원경제지》가 초역될 수 있었고, 이런 민간의 노력과 헌신을 높이 평가하여 문화체육관광부와 한국고전번역원의 적극적인 지원으로 마침내 그 결실을 이루어가고 있습니다.

〈전어지〉를 출간할 즈음, 유독 눈물을 흘리며 《임원경제지》를 장독대 덮개나 쓸 수 있을지 걱정하시던 서유구 선생님의 모습이 자주 그려집니다. 서유구 선생을 대표로 조선 후기 참된 민생민본을 위해 온 정성과 노력을 다하셨던 우리 선조분들께 진심으로 깊은 감사를 드립니다. 어려운 상황에서 숱한 고비를 넘기며 이 일에 참여해 주신 모든 분, 그리고 이 일이 완성될 수 있도록 도와주신 모든 분께 진심으로 다시 한번 감사드립니다.

이 책을 펼치는 모든 분이 이 책을 통해 우리 선조의 지혜를 찾아내고, 숭고한 정신을 되살려 기릴 수 있기를 기원하며 독자 여러분께 깊은 감사의 말씀 전합니다.

2021년 5월
풍석문화재단 이사장 신정수

차례

전어지 권제1 佃漁志卷第一 임원십육지 37 林園十六志三十七

목축·양어·양봉(상) 牧養(上)

목축·양어·양봉(하) 牧養(下)

1. 소 牛

10. 꿀벌 蜜蜂

일러두기

– 이 책은 풍석 서유구의 《임원경제지》를 표점, 교감, 번역, 주석, 도해한 것이다.

– 저본은 정사(正寫) 상태, 내용의 완성도, 전질의 구성 등을 고려하여 고려대학교 도서관 소장본으로 했다.

– 현재 남아 있는 이본 가운데 서울대학교 규장각한국학연구원, 일본 오사카 나카노시마부립도서관본을 교감하고, 교감 사항은 각주로 처리했으며, 각각 규장각본, 오사카본으로 약칭했다.

– 교감은 본교(本校) 및 대교(對校)와 타교(他校)를 중심으로 하고, 필요에 따라서는 이교(理校)를 반영했으며 교감 사항은 각주로 밝혔다.

– 번역주석의 번호는 일반 숫자(9)로, 교감주석의 번호는 네모 숫자(⑨)로 구별했다.

– 원문에 네모 칸이 쳐진 注, 法 등과 서유구의 의견을 나타내는 案, 又案 등은 원문의 표기와 유사하게 네모를 둘렀다.

– 원문의 주석은【 】로 표기했고, 주석 안의 주석은〔 〕로 표기했다.

– 서명과 편명은 번역문에만 각각 《 》및 〈 〉로 표시했다.

– 표점 부호는 마침표(.), 쉼표(,), 물음표(?), 느낌표(!), 쌍점(:), 쌍반점(;), 인용부호(",'' '), 가운뎃점(·), 모점(、), 괄호(( )), 서명 부호《 》를 사용하고 인명, 지명 등 고유명사에는 밑줄을 그었다.

– 字, 號, 諡號 등으로 표기된 인명은 성명으로 바꿔서 옮겼다.

서문

1) 유교라는 언어의 파괴

나의 제자들이 밝혀나가고 있는《임원경제지》의 다양한 지(志)의 세계를 매년 새롭게 접하는 느낌은 마치 전세계에서 쏟아지는 명작영화를 감상하는 것과도 같고, 들도보도 하지못한 새로운 은하계를 탐색하는 것과도 같다. 지금 나의 제자들은《임원경제지》라는 서물을 번역하고 있는 것이 아니라 조선왕조문명, 아니 고조선 이래 줄기차게 이어져온 조선인의 삶의 총체적 모습을 16지의 병풍에 담아 펼쳐 내고 있는 것이다. 이 병풍의 한 쪽 한 쪽을 더듬는 느낌이란, 익숙한 세계인 듯하면서도 전혀 생소한 코스모스를 발견하는 열락(悅樂)이라 말해야 옳다.

이 열락 속에서 우리는 무엇을 느끼고 있는 것일까? 나는 차라리 내가 생각하는 "유학(儒學)"이라는 개념이 산산조각 나버리는 그러한 개벽의 오열(悟悅)을 느낀다고 말하리라! 우리는 유학을 "유교(儒敎)"라는 개념으로 쉽게 등치시키고, 그 교를 성립시키고 있는 바이블인 경전을 신성시하거나 절대시한다. 그리고 그 경에 대한 주(注)나 소(疏), 그것이 유교문명권에서 태어난 인간이 마땅히 걸어가야 할 도리라고 생각한다. 그리고 그 주소학의 기본개념이나 논리적 구조, 그리고 주제의 패턴이 기성화된 언어의 틀 속에서 전개될 때만이 학문이라고 인정하는 무의식적인 습관에 젖어있다. 그것이 주자학이든 주자학이 아니든 별 상관이 없다. 그러한 방식에 의하여 고착된 개념의 건축물 자체가 성리학이라는 어떤 주제를 표방할 때 우리는 그것을 유교라 말하고 있는 것이다.

그러나 이제 나는 조선왕조의 지식인들을 단순히 유학자라는 개념으로 규정해서는 아니 된다고 생각한다. 그렇다고 그들을 "실학자"라는 터무니없는 개화기적 개념으로써 규정할 수도 없다. 실학(實學)에 대하여 반드시 허학(虛學)이 있게 마련이나, 그들의 학문세계에는 실학도 허학도 없다. 관심의 다양성이 있을 뿐이다. 유학이라는 것은 유교라는 종교를 정당화하기 위한 교리체계가 아니다. 우선 유교는 종교가 아니다. 즉 도그마의 체계가 아니다. 도그마는 믿을 수 없는 신화에 대한 아폴로지를 의미한다. 아폴로지는 폐쇄된 언어다. 그러나 유교는 완전히 개방된 언어로 이루어져 있다. 하등의 신화적 전제가 없기 때문이다. 인간의 인간다움만이 문제될 뿐이다.

따라서 조선문명을 산 지식인들이 모두 성리학적 언어에 매몰되어 있다는 무차별한 전제에서 우리는 해방되어야 한다. 조선의 지식인들은 유교라는 도그마를 정당화하기 위하여 산 사람들이 아니라, 유교라는 언어적 도구를 수단으로 하여 자기 삶의 문제를 해결하고, 인간이 어떻게 하면 더 나은 삶(better living)을 영위할 수 있는가 하는 문제에 헌신한 사람들이라는 매우 소박한 문제의식으로부터 조선의 지식산업의 성격을 규정해나가야 한다. 이러한 탐험의 길을 개척하고 있는 21세기의 새로운 지식인들이 바로 《임원경제지》 국역에 종사하고 있는 나 도올의 제자들이다.

2) 조선의 3대 어류 전문서

여기 소개하고 있는 《전어지(佃漁志)》는 얼마 전 이준익 감독이 영화로도 만들었던 정약전(丁若銓, 1758~1816) · 이청(李晴, 1792~1861)의 《자산어보(玆山魚

譜)》(1822년 경)[1], 그리고 김려(金鑢, 1766~1821)의 《우해이어보(牛海異魚譜)》(1803년)와 함께 조선의 3대 어류 전문서로 평가받고 있다.

《전어지》의 저자 서유구와 《자산어보》 1차 원고의 저자 정약전은 1790년(정조 14)에 함께 과거에 급제한 사이이며, 김려는 서유구보다 2살 밑이다. 정약전은 유배지 자산(흑산도)에서 《자산어보》를 썼고, 김려는 유배지 우해(창원시 진동면)에서 《우해이어보》를 썼다. 서유구는 스스로 장단(파주)으로 낙향하여 유배와 같은 18년의 세월을 보내며 두 손으로 농사짓고 물고기 잡으며 《전어지》를 썼다. 서유구는 채소와 약초 농사를 다룬 《임원경제지 관휴지(灌畦志)》에서 《자산어보》를 인용하기도 했다. 유배지에서 또는 귀향지에서 같은 또래인 지식인들이 거의 동시대에 어류학 저술을 했던 것이다. 그럼에도 이 세 저술의 영향 관계는 없다. 경상도와 전라도와 경기도에서 각각 독자적으로 지은 것이다. 시대정신의 위대한 발로로 이해되는 까닭이다. 명물도수지학(名物度數之學)의 일환이기도 하고, 백성들을 위한 실용정신의 필연적 구현이기도 한 것이다.

3) 동아시아의 동물학 백과사전

그런데 《전어지》는 어류 전문서일 뿐만 아니라 목축·양봉·사냥에 관한 정보가 풍성하게 실려 있다. 산과 들과 강과 바다에서 만날 수 있는 대부분의 동물들이 망라되어 있어서 '동물 백과사전'이라고 할 만하다. 물론 모든 동물의 망라가 아니라, 인간이 활용 가능한 동물에 국한하여 논리를 전개

---

1 《자산어보》는 정약전의 단독저술로 통상 알려졌으나, 현재 전하는 《자산어보》의 42.2%가 정약용 제자인 이청이 보완했던 공로를 인정해 최근에는 공동저술로 받아들여지고 있다. 이를 공식화한 책이, 이 《전어지》를 해제한 정명현의 역주서 《자산어보 : 우리나라 최초의 해양생물 백과사전》(서해문집, 2016)이다. 이 역주서에는 《자산어보》의 필사본 8종을 치밀하게 교감하여 '교감본 자산어보' 원문을 실었다. 이 책에 따르면 정약전의 《자산어보》 서문은 1814년에 완료되었으나, 이청의 후속 보완 집필이 1822년 이후인 것으로 추정되고 있다.

한 것이다. 그러니까 객관적 관찰을 통해 자연계의 동물 생태를 묘사하고 설명한 서양의 '동물학' 서적과 같은 성격의 책이라기보다는, 인간이 생명을 유지하기 위해 섭취해야 하는 먹을거리나 일상 용품을 만드는 데 필요한 재료로서의 동물을 얻기 위한 지식을 담은 저술이었다. 오로지 삶의 유용성 차원에서 접근한 실용백과사전이다. 그래서 사람이 먹거나 활용할 수 없는 동물은 학문의 대상으로 삼지 않았다. 서유구에게 《파브르 곤충기》와 같은 연구는 큰 의미가 없었을 것이다. 인간의 유용성을 그러한 방법론의 세계에까지 확대하지는 않았던 시기였기 때문이다. 《전어지》는 조선 시대의 삶의 코스모스에 존재하던 동물만을 망라해 체계적으로 종합한 최대의 저술이었다.

《전어지》는 서유구의 또 다른 저술 《난호어목지(蘭湖漁牧志)》의 계승이다. 난호(蘭湖)는 장단 지역 동쪽의 임진강 상류 일대(지금의 파주시 진동면 용산리로 추정됨)의 지명으로 알려졌다. '어목(漁牧)'과 '전어(佃漁)'는 같은 의미로 보아도 무방하다. 각각이 '어로와 목축', '사냥과 어로'라는 뜻이지만, 실내용은 목축·사냥·어로를 두 책이 모두 같이 다루고 있기 때문이다. 조선의 서물 중 식용동물만을 주제로 해당 동물의 전반적인 지식을 정리한 책은 이 《난호어목지》와 《전어지》가 유일하다.[2] 《난호어목지》는 오로지 서유구의 단독저술인 반면, 《전어지》는 자신의 저술들을 포함하여 78종의 타 문헌을 인용했다는 점이 다르다.

가축을 기르는 법이라든지, 사냥법이라든지, 바다에서 행해졌던 어부들의 어로 활동을 어쩌면 그토록 다양하면서도 세밀하게 묘사할 수 있었

---

2 《난호어목지》는 책이 대부분 실전되었고, 〈어명고(魚名攷)〉 1권만 전한다. 《전어지》에 인용된 《난호어목지》의 내용을 기반으로 판단할 때, 목축법, 사냥법, 고기잡이법을 모두 다루었다.

는지, 그저 경탄스러울 뿐이다. 이것은 결코 자신의 경험으로 얻을 수 있는 정보가 아니었다. 어부나 사냥꾼에게 물었을 것이고, 세밀한 관찰과정을 거쳤음에 틀림없다. 정약전이 흑산도에서 34세나 어린 청년 장창대(張昌大, 1792~?)와 흑산도 주민들에게 호기심을 가지고 물었듯이, 서유구도 각 분야의 전문가에게 꼬치꼬치 묻고 또 물었을 것이다. 신분이라는 장벽 때문에 체면 차리는 그런 삶의 태도는 서유구에게는 존재하지 않았다.

풍석은, 말의 병을 고치고, 닭의 개체수를 늘리고, 양어와 양봉으로 재화를 획득하는 법을 전해주거나, 담비나 곰, 호랑이를 사냥하는 법과 전어나 조기, 명태 등 물고기 잡는 방법을 저술하는 것이, 다산의 《논어고금주(論語古今註)》나 《맹자요의(孟子要義)》와 같은 류의 경학서, 그리고 《경세유표》나 《목민심서》와 같은 류의 경세학의 저술보다 훨씬 의미 있는 저술이라는 확신으로 가득차 있었다. 그런 소신이 없이 어찌 이런 방대한 동물백과를 지을 수 있었겠는가? 경학 활동의 결과물은 아무리 노력해봐야 선인들의 주석을 반복하는 것에 불과하고, 경세학 활동의 결과물은 토갱(土羹:흙으로 끓인 국)이요, 지병(紙餅: 종이로 빚은 떡)이라고, 일찍이 《행포지(杏蒲志)》 서문(1825)에서 규정하지 않았던가.[3]

4) 스릴 넘치는 사냥과 아기자기한 목축: 다양한 먹을거리

《전어지》는 크게 둘로 나누어 볼 수 있다. 목축·양어·양봉 등과 같이, 사람이 통제 가능한 범위에서 인위적으로 기르는 분야가 하나이다. 자연에

---

3 "나는 예전에 경예학(經藝學)을 공부했다. 그런데 말할 만한 것은 옛 사람들이 이미 모두 말해버렸으니, 내가 거기다 두 번 말하고, 세 번 말해봐야 무슨 보탬이 되겠는가(吾嘗治經藝之學矣, 可言者, 昔之人言之已盡, 吾又再言之三言之, 何益也?) 나는 예전에 경세학을 공부했다. 처사들이 이리저리 생각하여 한 말은 토갱(土羹)이었고, 지병(紙餅)이었다. 그런 노력이 또한 무슨 보탬이 되겠는가(吾嘗爲經世之學矣, 處士揣摩之言, 土羹焉已矣, 紙餅焉已矣, 工亦何益也?)." 〈행포지 서문〉.

서 뛰거나 날아다니는 동물을 잡아서 먹는 사냥 및 수생생물을 획득하는 어로 분야가 또 다른 하나이다. 이 둘은 성격이 크게 다르지만 공통분모 4개가 있어 한데 묶었다고 서유구는 그의 서문에서 밝힌다. 첫째는 '군대 유지', 둘째는 '놀이', 셋째는 '재산 증식', 넷째는 '봉양' 즉 음식의 소재로서의 가치이다.

대규모 사냥은 예로부터 군왕들이 군사를 조련하는 한 방법으로 사용했던 것이다. 보통사람들의 사냥과 어로를 보면, 조기나 청어 같이 떼로 몰려다니는 바닷물고기를 잡는 법에서 소개한 '어조망(漁條網)'의 길이가 무려 약 70여 미터나 된다. 그리고 최상위 포식자인 호랑이 잡는 법, 지구상에서 가장 큰 동물인 고래 잡는 법 등《전어지》가 소개하는 사냥 스케일과 스릴은 엄청나다. 또 거위와 오리를 키우고, 양봉을 하고, 치어를 얻어다 작은 동이에 키우는 법 등 각자의 환경과 능력에 맞게 살림을 늘리면서 아기자기한 취미생활도 할 수 있는 다양한 방법을 알려주기도 한다.

나도 우연한 기회에 특별한 성향의 닭을 만나, 마당 한 곳에 닭장을 짓고 14년째 닭을 키우고 있다. 그리고 닭을 키우면서 관찰한 그들의 코스모스를 묘사하는 책을 쓴 적도 있다. 《전어지》가 알려주는 동물의 상태는 매우 다양하고 포괄적이다. 동물의 '이름과 품종', '보는 법', '기르는 법', '먹이는 법', '길들이는 법', '치료하는 법' 등을 매우 체계적이고도 자세히 소개했다. 특히《전어지》의 닭 기르는 법은 보통 우리가 생각지 못한 아이디어다. 파리 구더기를 닭의 사료로 이용했던 방식은, 지금은 식품위생법이니 하는 법률의 규제 대상이겠지만, 예전에는 기꺼이 권장될 수 있는 지혜롭고 효율적인 방법이었다. 먹이가 거의 자연발생적으로 생기게 하는 이 방법은, 《가정법》·《거가필용》·《산림경제보》·《농정전서》와 같은 여러 문헌에서 비슷한 방법을 소개하고 있는 것으로 보아, 많은 이들이 이 방식으로 닭을 길렀을 것이다. 풍석은 평생 음풍농월 하는 시를 멀리 했다. 늘그막에 《번계시고(樊溪詩稿)》에 실어놓은 시에서도 실용 기술에 관한 내용을 읊었는데, 이를 통해 풍석의 실용정신을 엿볼 수 있다.

현대의 우리들은 정육점이나 마트에서 위생적이고 안정적으로 공급되는 소·돼지·닭 등 소수의 가축들만 먹고 산다. 하지만 과거의 선조들은 산에서 뛰고 바다에서 헤엄 치고 하늘에서 날아다니는 모든 짐승들을 만물의 영장다운 뛰어난 사냥기술을 발휘해서 먹고 살았던 것이다. 지금 우리의 식생활은 너무 조작적이다. 자연 그 자체가 인위적 방법에 의하여 조작되어 있는 자연이다. 반성이 요청된다.

5) 방대한 말 정보

《전어지》에서 제일 먼저 다룬 가축으로, 소개한 정보가 가장 많은 가축은 단연 말이다. 품종 소개, 고르는 법, 기르는 법 등이 상세할 뿐만 아니라 치료법은 총 94가지의 처방을 소개했다. 조선 시대에는 노비보다도 말이 훨씬 비쌌다. 그만큼 운송 수단과 전쟁 무기로의 역할이 월등했던 큰 재산이었다. 그렇기에 선비들에게도 말과 관련된 지식은 필수였다고 풍석은 판단하고 있는 것이다.

6) 자신의 저술 《난호어목지》 대거 인용

《전어지》에서 특히 눈에 띄는 점은 중국 서적을 인용한 분량보다 자신의 저술을 인용한 분량이 더 많다는 주체적인 사실이다. 경전이나 타인의 저술에 주석을 가하는 전통적인 저술에서 자신의 견해는 저술 전체에서 10% 내외인 경우가 대부분이다. 헌데 《전어지》는 풍석 자신이 체험하면서 저술했던 《난호어목지》라는 저술을 대거 인용하고 있는 것이다.

《난호어목지》를 포함한 그의 저술 분량이 무려 49.8%에 달한다는 〈전어지 해제〉의 통계자료는 매우 의미가 깊다. 서유구가 파악하기에, 조선에서 나온 저술 중 《전어지》에 인용할 수 있는 대상이 총 14종이었고,[4] 여기에서 채록한 분량이 전체의 8.9% 정도에 불과했다는 점과 대조되기 때문이다. 조선 선비들은 동물에 대한 관심은 기껏해야 시를 짓는 데 쓰는 소재나 그림 그리는 대상으로 활용하는 데 머물렀던 것이다. 물명(物名)을 심도 있게 연구한 학자는 손에 꼽을 정도이다.

권3에 보이는 어구 만드는 법, 다양한 방법으로 물고기 잡는 법, 물고기 요리하는 법 등과 권4의 〈물고기 이름 고찰〉 등의 성취로 판단할 때, 《전어지》는 학문적 차원에서 매우 균형 잡힌 가장 체계적인 어류학 저술이었다. 뿐만 아니라 3대 어보 중에서 분량도 가장 많았다. 또한 민물고기까지 실은 저술로는, 3대 어보 중 이 《전어지》가 유일하다.

예를 들어, 권3의 어구 만드는 법을 보면, 《섬용지》의 '심의(深衣) 만드는 법'이나 《향례지》의 '원삼(圓衫) 만드는 법'과도 같이, 다른 서적이나 장인들의 이야기를 잠깐 듣고서는 도저히 표현할 수 없는 수준의 전문성과 정확성을 과시하고 있다. 이는 자신이 호기심을 가지고 치밀하게 연구에 임했다는 사실을 입증한다. 필요에 따라 끊임없이 실습을 해본 결과였을 것이다.

7) '낙랑칠어(樂浪七魚)'의 치밀한 고증

또 한 가지 서유구의 실용정신을 유감없이 발휘한 고증학자적 면모를

---

4 그 14종은 다음과 같다. 《증보산림경제》, 《산림경제보》, 《열하일기》, 《어우야담》, 《북학의》, 《성호사설》, 《조야첨재》, 《연경당잡지》, 《과농소초》, 《약천집》, 《보만재집》, 《동국문헌비고》, 《지봉유설》, 《한정록》.

볼 수 있는 곳은 권4의 '낙랑의 일곱 물고기를 분별하다'라는 부분이다. 《설문해자》에 낙랑에서 나는 물고기가 보이므로 사람들은 '낙랑칠어(樂浪七魚)'라 흔히 입에 올리면서도 구체적으로 그 물고기들이 어떤 것인지는 자세히 알지 못했던 것이다. 2천여 년 동안이나 말이다. "낙랑사람이면서 낙랑의 물고기를 모른다면 앞으로 누구를 따라 물어야 한단 말인가?"라고 하며, 이 땅에 사는 사람으로서 서유구는 부끄러움과 호기심을 동시에 느꼈을 것이고, 이를 치밀한 고증을 통해 분별하려 애썼다.

당시 교조적인 성리학만을 학문으로 여기며 소학(小學: 문자학이나 훈고학 등)이나 본초(本草), 방언(方言: 조선말) 등을 경시하던 여타의 사대부들과는 달리 서유구는 여기에 본격적으로 파고들었다. 이중에는 지금 관점으로 볼 때 잘못된 판단도 일부 보이고, 현대의 분류학과는 다소 차이가 나지만, 당시 환경에서 분변할 수 있는 최대의 집중을 통해 나름대로의 훌륭한 연구 결과를 제시했다. 또 수많은 동물, 물고기, 도구들의 이름을 한글로 표기하여 국어학 연구자들에게도 소중한 자료를 제공하기도 한다.

8) 조선 동물세계 기록의 진수

독자들은 《전어지》에서 조선의 동물세계 기록의 진수를 맛볼 수 있을 것이다. 《전어지》를 읽으면 시대의 격절과 문화의 엄청난 변동으로 인한 전통과의 단절의 벽을 실감할 수 있다. 그러나 임원경제연구소에서 이 단절의 벽을 조금이라도 더 허물기 위해 무척 애쓴 모습이 곳곳에서 역력히 보인다. 앞의 번역서들에서도 꾸준히 보여주는 방식이지만, 《전어지》에서의 여러 참고 사진과 그림이 그 진입의 벽을 낮춰준다. 더군다나 돼지나 닭 사육법과 사냥법 및 물고기 잡는 법을 삽화로 구현해 놓은 대목에서는, 의존적 문명을 살아가는 현대인의 수렵·어로 본능을 군침 돌게 자극해줄 정도로 원문을 매우 잘 시각화했다. 연구자들에게도 매우 포괄적인 도움을 준다. 조선 시대 동물연구는 앞으로 《전어지》를 거치지 않을 수 없게 되었다.

2021년 5월 15일
철학자 도올 김용옥 쓰다

전어지 해제[1]

1) 제목 풀이

《전어지》는 목축·사냥·어로 백과사전으로, 4권 2책, 총 88,497자로 되어 있다.

'전어(佃漁)'는 '사냥과 어로(漁撈, 고기잡이)'라는 뜻이다. 이름만 보면 사냥과 어로를 다루었다는 뜻일 텐데, 이 지에는 목축과 양어·양봉까지 포함되어 있다. 저자는 〈전어지 서문〉에서 우선 목축·양어·양봉과 사냥·어로는 다른 일이라고 구별하면서 왜 이렇게 다른 영역을 함께 묶었는지를 먼저 설명한다. 바로 이 두 영역이 전달하는 뜻을 따랐다는 것이다.

그 뜻은 4가지 면에서 공통된다고 했다. 첫째는 군대 유지요, 둘째는 놀이요, 셋째는 재산 증식의 수단이요, 넷째는 봉양이다. 봉양은 부모 봉양을 뜻하지만, 식솔의 먹을거리를 준비한다는 의미를 포괄한다. 군대에서는 군사를 훈련하고 관리하는 데 필요하고, 놀이로는 사냥을 통해 호방한 기상을 기르고 어로를 통해 답답한 회포를 풀 수 있다. 재산 증식에는 목축이나 양어가 가장 큰 수입거리이고, 봉양하는 데는 이 두 일이 동시에 필요하단다. 이 가운데 특히 봉양의 의미가 스스로 생계를 꾸리려는 사람에게 가장 중요하다면서, 《전어지》가 바로 봉양에 가장 큰 목적을 두고 편찬되었다고 말했다.

---

[1] 이 글은 서유구 지음, 정명현·민철기·정정기·전종욱 외 옮기고 씀, 《임원경제지 : 조선 최대의 실용 백과사전》, 정명현, 〈전어지 해제〉, 씨앗을 뿌리는 사람, 2012, 755~774쪽에 실린 내용을 토대로 증보, 보완한 것이다.

이와 더불어 조선 사람들이 약한 명물(名物)분야를 걱정하여, 권 하나를 마련해 각종 어류의 이름과 형태를 조사하고 그 이용법을 서술했다. 명물(名物)은 사물의 명칭을 고증하여 확정하고 표준화하려는 연구다. 이를 통해 특정 사물을 보다 깊이 있게 이해하면서 보다 많은 이들에게 그 사물의 지식을 확산시킬 수 있는 것이다. 이것이 《대학(大學)》에서 말한 격물치지(格物致知, 사물의 이치를 바르게 인식하여 자신의 앎을 확고하게 이룩한다)를 추구하는 지식인들의 주된 과제 중 하나다.

저자 서유구의 이전 저술인 《난호어목지(蘭湖漁牧志)》의 대부분을 인용한 권3의 〈고기잡이〉와 권4의 〈물고기 이름 고찰〉은 《우해이어보(牛海異魚譜)》(1803), 《자산어보(玆山魚譜)》(1822 경)와 함께 조선의 3대 어류 전문서로 평가받고 있다. 《전어지》의 저술은 서유구가 1837년에 옮긴 번계(樊溪, 서울시 강북구 번동)에 지은 서재 '자연경실(自然經室)'에서 만든 원고에 실려 있고, 자신의 '오비거사생광자표(五費居士生壙自表, 1842)'에서 《임원십육지》를 완료했다고 적은 점으로 보아 1840년대 초까지 진행되었을 것으로 추정된다.

《전어지》는 조선에서 만날 수 있는 동물 대부분을 다루고 있다는 점에서 '동물 백과사전'이다. 그러나 일반적인 '동물 백과사전'에는 객관적 관찰을 통해 자연계의 동물 생태를 묘사하고 설명한 책이라는 뜻이 담겨 있지만, 《전어지》는 동물의 객관적인 모습을 그대로 담아내려 한 책이 아니다. 그 속에서 다루는 동물은 모두 인간의 생명 유지를 위해 섭취해야 하는 먹을거리나 일상용품을 만드는 데 필요한 재료로서의 동물이다. 동아시아에서의 '동물학'은 거의 대부분이 바로 우리 삶의 유용성 차원에서 접근할 때 의미가 있는 학문이다. 사람이 먹거나 활용할 수 없는 동물은 학문의 대상으로 삼지 않았다. 이 사실을 놓친다면, 서양 학문처럼 객관적 관찰 방법론을 취하지 않았던 동아시아의 동물학은 동물학으로 보일 수가 없을 것이다. 그런 의미에서 《전어지》는 동아시아 세계에서 동아시아 방식으로 일궈온 동물학 백과사전이다.

2) 목차 내용에 대한 설명

《전어지》는 모두 4권으로, 권1·2는 〈목축·양어·양봉〉이고, 권3은 〈사냥〉과 〈고기잡이와 낚시〉, 권4는 〈물고기 이름 고찰〉이다.

권1에서는 목축 총론과 말 기르는 법을 다룬다. "총론"에서는 가축 사육에서 중요한 점 몇 가지를 거론하며 중국 북방에서 대규모로 방목하는 방법을 배워야 함을 강조했다. 《전어지》에서 다룬 가축 중 가장 많은 정보는 말에 관한 내용이다. 총 22,138자나 되는 방대한 양이다. 총론에서 이미 언급했듯이 말 사육법은 중국에서 오래전부터 발달했기 때문에, 대부분 중국 서적에서 정보를 취하고 있다. 특히 《마경(馬經)》 같은 문헌은 거의 전문이 《전어지》에 반영되었다.

가축에 대한 서술은 이전의 《본리지》·《관휴지》·《예원지》·《만학지》·《전공지》 같은 식물과 잠사(蠶絲) 농업 백과사전에서 그랬듯이 표제어를 정연하게 정리하고 있다. '이름과 품종'을 필두로 '보는 법', '말 기르기 총론', '종마 얻는 법', '먹이는 법', '수말이 싸우지 않게 기르는 법' 등이 가축 사육에 공통으로 들어가는 내용이다. 말에 대해서는 '군마를 튼실하게 기르는 법', '코 째는 법', '군살 빼는 법', '말 거세법' 등 말을 이용하는 데 필수적인 정보를 추가했다. 특기할 것은 말의 병 치료에 매우 많은 분량을 할애했다는 점이다(14,497자). 총 94가지의 처방을 수록한 '치료하기'에서는 그 정보를 거의 《마경》에서 인용하고 있다. 《마경》에는 말 그림도 나오지만 여기서는 그림을 싣지 않았다.

권2에서는 말을 제외한 모든 가축과 물고기와 벌을 다룬다. 소·당나귀·돼지·개·고양이·닭 등 총 12종이다. 이 중 "소"에 관한 정보가 가장 많다(5,324자). 소는 농우(農牛)라는 말이 있을 정도로 밭갈이에 가장 큰 역할을 하는 가축이다. 소를 고르는 법도 바로 이 점에 초점이 맞춰져 있다. 건강하고 순하고 새끼 잘 낳는 그런 소이다. 소 기르기를 사람 기르듯 하고,

일 부리기도 사람 부리듯 하도록 강조하고 있다. 제때에 잘 먹이고 추위와 더위에 잘 보살피며 밭갈이 때에도 먹이를 너무 많이 먹게 하지 말고, 해가 뜨기 전이나 해 진 뒤에 일을 시키도록 했다. 이렇게 사육하는 까닭은 살을 찌우고 튼튼하게 자라도록 하기 위함이요, 밭갈이에 너무 지치지 않게 하기 위함이다. 또한 소를 자주 목욕시키라는 주문도 있다. 늘 목욕시키고 솔질해주는 중국의 예를 들면서 종신토록 한 번도 씻겨주지 않는 조선 풍속을 질타하기도 했다. 불결함이 소의 건강에 해가 된다는 이유 때문이다. 병 치료에 대해서는 전염병(우역), 열병, 헛배부름증, 발굽 갈라짐증, 요혈증, 기침, 수척증 등 총 28종의 처방을 소개한다.

"당나귀와 노새"는 주로 짐을 부리거나 교통수단으로 이용한다. 보통 수탕나귀와 암말 사이에서 나오는 노새도 매우 유용했다. 노새는 생후 며칠이 지나면 짐을 실어 길들여야 한다고 했고, 암노새는 새끼를 낳을 수 없거나 낳더라도 사산하니 교배가 이루어지지 않도록 주의를 요했다. 당나귀는 연자방아 굴리기, 물 긷기, 수레 끌기, 밭갈이 등 하지 않는 일이 없는데, 조선에서는 당나귀를 일상에서 이용할 도구가 없음을 한탄하기도 했다.

"양"에 대해서도 비교적 많은 양을 할애했다(2,260자). 그러나 조선에서의 양 사육 전통이 적기 때문인지 관련 정보는 《제민요술》·《농정전서》 등 모두 중국문헌에서 인용했다. 당시에 취할 만한 조선 문헌이 없었기 때문일 것이다. 기르는 법으로 '울짱 만드는 법', '방목법'을 따로 표제어로 설정했고, '털 깎는 법'도 따로 두어 그 효용성을 인지할 수 있게 했다.

"돼지"를 기르는 주된 목적은 식용이다. 따라서 돼지 사육은 어떻게 하면 살을 잘 찌울까에 초점이 맞춰져있다. 생후 3일 만에 꼬리를 자르고, 60일 뒤에는 거세해야 한다. 꼬리를 자르지 않으면 몸 뒤쪽이 작게 되고, 거세하지 않으면 뼈가 굵고 살이 적어지기 때문이다. 또 돼지를 쉽게 살찌우는 법을 7가지로 나누어 설명했다. 주로 활동량을 줄이나 특별식을 주는 방법들이다.

특기할 점은 가축 사육법에 관해 최초로 서유구 자신의 사육법을 언급하고 있다는 점이다. 《전어지》에서 인용한 풍석의 저술은 《난호어목지》인데, 여기서 '땅광에서 기르는 법'을 소개하고 있는 것이다. 큰 땅광을 파고 그 위에 먹이를 주는 창고를 만드는 구조이다. 번역과정에서 그 구조를 간략히 그려놓았다. 땅광 안의 시설을 만드는 법과 먹이 주는 법까지 세세하게 설명하고 있어 실험해볼 만하다. 먹이 줄 때는 암수를 분리시켜 시간차를 두고 먹이를 줌으로써 식욕을 돋우는 전략을 소개하기도 했다. 쉽게 살찌우는 또 다른 방법이다.

출산하는 곳에서 삼가야 할 점, 거세하거나 자궁을 들어낸 돼지의 배를 눌러서는 안 된다는 주의사항도 모두 풍석의 견해이다.

서유구가 말하는 "개"의 용도는 3가지이다. 사냥[田犬], 집 지키기[吠犬], 식용[食犬]. 애완견을 사랑하는 이들에게는 아쉽고 안타깝겠지만, 동아시아에서 개를 사육하는 용도로서 애완은 들어가지 않는다. 동아시아에서의 개고기 식문화는 《맹자》 같은 고전에서도 육식의 주요 재료로 소개될 정도로 오래되었다. 육식의 기회가 귀했던 옛날 사람들이 가정에서 개를 길렀다가 사후에 고이 묻어주는 일은 거의 일어나지 않았다.

개 고르는 법에서, 개가 집안의 흥망과 긴밀한 관련이 있다는 전제하에 접근한 태도가 흥미롭다. "머리가 흑색인 개를 기르면 재물을 얻는다"거나 "두 발이 백색인 개를 기르면 자손이 많아지게 한다"거나 "청색 반점이 있는 개는 도둑을 보면 짖는다"는 식이다. 그만큼 인간과 물리적 친밀도가 높은 가축이었음을 확인할 수 있는 대목이다.

개를 기를 때는 과식하지 않게 하고 아기의 똥을 계속 먹이도록 했다. 애기 똥 먹이는 일은 개사료가 일반화되지 않았던 1970~80년대까지만 해도 흔한 광경이었다. 개는 추위를 싫어하기 때문에 꼬리를 자르면 꼬리로 코를 덮고 잘 수 없어 밤새도록 집을 지킬 수 있다고 한다. 집 안에 들어오거나 집에서 대소변을 누는 짓, 부엌의 음식을 핥거나 먹는 짓을 못하게 엄격하게 길들일 것을 강조하기도 했다. 집안에서 개와 함께 사는 지금 문화와는 사뭇 다르다. 개를 묶어 키울 수 없었던 시절, 그리고 애완견의 개념이 없던 시절이 만든, 개와 공생하는 법이었을 것이다.

개가 심하게 맞아서 죽을 지경일 때는 좋은 황토를 몸에 바르고 멍석으로 덮어주면 한나절 지나 살아난다는 믿기지 않는 치료법도 있다. 비쩍 마른 개에게 드렁허리(뱀장어와 비슷하게 생긴 민물고기)를 대나무통에 넣어 먹이면 금방 살찐단다. 이런 개 치료법이 모두 8종이다.

"고양이"의 거의 절대적 용도는 쥐잡이다. 따라서 고양이 고르는 법은 모두 이와 관련이 있다. 고양이를 집으로 데리고 올 때나 버릴 때는 부대에 넣어 보지 못하게 하는 민간의 풍속을 소개했다. 뱃속에서 새끼가 죽었을 때 박초(朴硝) 끓인 물을 넣어주면 곧 죽은 새끼가 나온다며 참으로 기이한 방법이라고 평가하기도 했다. "고양이" 조는 가축 중 가장 분량이 적다(458자).

"닭"에 대해서는 '닭장 만들기', '병아리 키우기', '닭을 빨리 살찌게 기르는 법', '무정란 얻는 법', '닭 양생법' 같은 표제어를 10개나 두어 관련 정보를 풍부하게 담고 있다. 닭장은 울타리를 두르고 올라가서 잘 수 있게 홰대를 설치한다. 옻나무로 홰대를 만들면 전염병을 막을 수 있다는 풍석의 설명도 있다.

닭 기르는 법도 눈여겨볼 만하다. 차조나 쌀겨를 닭장에 깔아 구더기가 거기에 자연스레 생기게 놔두었다가 이를 닭의 먹이로 이용한다. 《가정법》·《거가필용》·《농정전서》·《산림경제보》에 반복된 비슷한 내용을 소개했다. 구더기는 파리 애벌레다. 수세식 화장실이 보편화되었기에, 변소구덩이에서 꾸물꾸물 움직이는 구더기 떼를 본 적이 없는 사람이 대부분일 것이다. 본 경험이 있는 이들이 구더기 떼를 떠올리면 인상을 찌푸리기 마련이다. 불결한 벌레의 이미지로 남았기 때문이리라. 하지만 차조로 쑨 죽이나 쌀겨를 먹이로 삼도록 파리가 거기에 구더기를 낳는다면 하얀 구더기가 그리 혐오스럽지 않을 수 있다. 구더기를 먹이로 썼던 닭 사육법은, 집안

곳곳을 날아다니며 비위생의 골칫거리였던 파리의 개체수를 현저히 줄일 수도 있고, 땅을 파헤치며 땅속 지렁이나 지네 같은 동물을 잡아먹는 닭의 속성을 활용해 쉽게 살찌우게 하는 지혜의 소산이었다.

이 같이 사육하기 위해 지어야 할 닭장의 규모와 구조도 잘 설명했다. 밀을 쪄서 먹이거나 꼬리털을 빼주면 살이 쉽게 찌고, 사료에 참깨를 섞어 주면 암탉이 알을 품지 않는다는 등의 비법도 전한다.

"거위와 오리"는 알 잘 낳고 새끼 잘 기르는 종자를 고르는 법이 중요하다. 새끼 기르는 법에 가장 많은 해설을 담고 있다. 가둬서 먹이 잘 주어 쉽게 살찌우는 법과 무정란 많이 얻는 법이 주요 내용이다.

"물고기"에서는 양어가 생계를 꾸리는 데 가장 좋은 방법이라는 내용으로 시작하는 《도주공양어경(陶朱公養魚經)》을 싣고 있다. 암잉어 20마리, 숫잉어 4마리가 1년 후에는 1척짜리 1만 5천 마리, 2척짜리 1만 마리, 3척짜리 4만 5천 마리가 되어 125만 전을 벌 수 있고, 또 1년 후에는 515만 전을 벌 수 있는 비법을 제시하기도 한다. 권2에서 "소" 다음으로 많은 양을 차지하는(2,897자) "물고기"에서는 이런 이유로 기르는 법을 여러 가지로 모아 두었다. 계란의 속 내용물을 빼고 대신 물고기 알을 넣어 암탉의 품속에서 부화시키는 방법, 연못 주위에 꿩고기를 매달아 두어 천적인 수달을 막는 방법 등도 소개되어 있다.

"꿀벌"에서 양봉은 가축과는 전혀 다르게 기술된다. 벌의 습성을 파악하고 양봉 과정에서 생기는 여러 문제를 없애는 데 필요한 정보를 집약하고 있다. '여왕벌 나누는 법', '벌떼 맞이하는 법', '벌통 놓는 법', '꿀 따는 법' 등은 양봉만의 특성을 보여주는 좋은 표제어이다. 지나가는 벌떼를 원하는 곳에 모여들게 하고, 벌통을 만들어 설치하고, 여러 벌레들에 의한 피해가 없도록 대비하고, 겨울을 잘 날 수 있게 벌통을 수리하거나 먹이를 충분하게 주고, 여왕벌을 양봉 규모에 맞게 나누는 등의 여러 과정을 마쳐야 좋은 꿀을 얻을 수 있다.

권3은 〈사냥〉과 〈고기잡이와 낚시〉 방법을 총망라했다. 사냥에 필요한 "매와 사냥개"를 사육하고 길들이는 법을 필두로 총과 활, 그물과 함정 등으로 들짐승이나 날짐승 사냥을 준비하는 방법을 소개한다. 고기잡이를 위해서도 어구를 준비하는 게 필수적인데, 그물과 더불어 통발, 낚시와 작살 등 주요 어구에 대해서도 상세히 설명했다.

"총과 활"에서는 물새·참새·꿩·호랑이·곰·사슴·멧돼지·수달·물개·두더지·토끼를 사냥하는 법을 각각 표제어로 설정했다. "그물과 함정"에서는 참새·메추라기 등의 조류와 호랑이·사슴·여우·담비·다람쥐·청설모·족제비·살쾡이·쥐 등을 잡는 법을 설명한다. 이런 동물을 사냥하는 데는 덫이나 기계낫, 창애 등의 도구를 이용하기도 한다. 그림자를 공격하거나 끈끈이 덫을 놓아 새를 잡고 끈끈이를 이용해서 호랑이까지 잡을 수 있는 법을 알려주기도 한다. 다음은 끈끈이로 호랑이 잡는 2가지 방법 중 하나다. 털에 불순물 묻히기를 극도로 싫어하는 고양이과의 천성을 활용한 사냥법이다.

끈끈이를 땅에 깔아두고 길가에도 여기저기 펼쳐놓는다. 호랑이가 지나가다가 머리가 끈끈이에 닿으면 그것이 붙었음을 알게 된다. 그리하여 발톱으로 떼려 해도 떼지 못하면 땅 위에 주저앉고 어느 사이에 온몸이 모두 끈끈이범벅이 되어 성내어 울부짖기도 하고 팔짝팔짝 뛰기도 하다가 죽는다.[2]

권3부터는 서유구의 저술 《난호어목지》가 본격적으로 인용되기 시작한다. 총 87회가 인용되어 있다. 어목(漁牧)이 바로 이 분야에 해당되기 때문이다. 권2에서 10회 인용된 점과 비교된다. 매와 사냥개가 사냥과정에서 어떻게 공조하는지를 자세히 설명하고, 나는 새 쏘는 법, 썰매 타고 짐승

---

2 "以黐布地及橫施道側, 虎來頭觸, 覺其黏也. 爪之不得下, 則坐地上. 俄而遍體皆汚, 怒號跳撲, 至死." 《전어지》 권3 〈사냥〉 "기타 사냥방법" '끈끈이 발라 호랑이 잡는 법'.

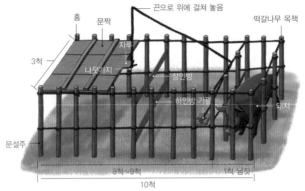

끈으로 위에 걸쳐 놓음

홈
문짝
자루
떡갈나무 목책

3척

나뭇가지

심인방

하인방 기괄
돼지

문설주

8척~9척
1척 남짓
10척

호랑이나 표범을 잡기 위한 함정의 구조

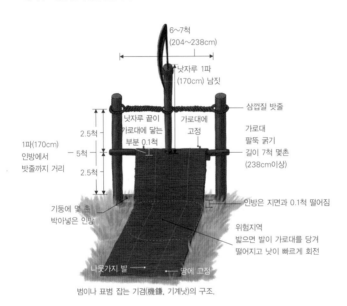

6~7척
(204~238cm)

낫자루 1파
(170cm) 남짓

삼껍질 밧줄

낫자루 끝이
가로대에 닿는
부분 0.1척

가로대에
고정

가로대
팔뚝 굵기
길이 7척 몇촌
(238cm이상)

2.5척

1파(170cm)
인방에서
밧줄까지 거리

5척

2.5척

기둥에 몇 촌
박아넣은 인방

인방은 지면과 0.1척 떨어짐

위험지역
밟으면 발이 가로대를 당겨
떨어지고 낫이 빠르게 회전

나뭇가지 발
땅에 고정

범이나 표범 잡는 기겸(機鎌, 기계낫)의 구조.

찌르는 법, 호랑이·사슴·멧돼지·물개·두더지·새·다람쥐·청설모·족제비 사냥법에 관한 정보를 《난호어목지》에서 인용했다.

함정을 설치해 살아 있는 새끼돼지로 유인함으로써 호랑이나 표범을 잡는 방법, 그리고 호랑이나 표범이 지나가다 구동 장치를 자극하면 고속으로 낫이 회전하여 순식간에 짐승을 쓰러뜨리는 기겸(기계낫) 같은 설치물도 매우 자세히 묘사하고 있어 지금도 재현이 가능할 정도이다. 사냥에 관심이 큰 사람들에게 솔깃할 법한 제안을 적지 않게 찾을 수 있을 것이다.

고기잡이 분야도 《난호어목지》의 내용으로 채워져 있다. 소제목 "그물"이 이끄는 21개의 표제어 중 18개 표제어 내용에 모두 《난호어목지》 기사가 인용되었으며 이들 중 촉고(촘촘한 그물)·후릿그물·반두·쟁이·차망(갈래그물)·좌증(삼태그물)·어조망(漁條網, 큰 배 밑에 설치하는 안강망)·문망(기둥으로 고정시킨 어조망) 등을 설명한 기사는 그 묘사만을 가지고도 복원이 가능할 정도로 아주 구체적이고 세심하다. 이런 그물이나 여러 어구로 잉어·숭어·준치·청어·멸치·곤쟁이(세하)·상어·복어·고등어·갑오징어·전복 등 여러 어류를 잡거나 채취하는 방법도 그 묘사가 아주 생생하다. 이에 대해서는 좀 더 쉽게 접근할 수 있도록 삽화를 그렸다. 통발·어살·낚시·작살을 이용한 어로도 마찬가지이다. 약·보자기·이불·거적·모래·수수 등을 이용해 고기 잡는 법에 대한 풍석의 설명도 매우 자세하고 흥미롭다. 그 밖에 도롱이·대삿갓 같은 기타 낚시도구까지 포함하고 있다.

다음과 같은 어로법은 대부분 《난호어목지》에서 설명한 어로법으로, 이 역시 상세한 설명으로 되어 있어서 삽화를 그려 독자의 이해를 도우려 했다. 우리나라 촉고·반두·쟁이의 제도, 배 2척을 이용해 후릿그물로 강을 가로질러 물고기 잡는 방법, 차망으로 물고기 잡는 방법, 좌증으로 물고기 잡는 법, 어조망 어로법, 문망의 구조, 어량에 통발 설치하기, 섶나무를 설치하여 물고기 잡기, 어살의 구조, 대나무어살, 미끼 던져 물고기 모으는 법, 여울에서의 견지 낚시법(유조법), 낚싯바늘을 연이어 낚는 법(파조법), 주낚질(만등조법), 삼봉(낚싯바늘 3개)으로 낚는 법, 상어 잡는 법, 복어 잡는 법, 고등어 잡는 법, 보자기 덮어씌워 물고기 잡는 법, 이불 펼쳐 물고기 잡는 법, 배 잇대어 물고기 잡는 법, 거적으로 물고기 잡는 법, 굵은 새끼줄로 숭어새끼(모장어) 잡는 법, 물속 모래 밟으며 물고기 잡는 법, 나무수달로 물고기 잡는 법, 항아리 물속에 넣어 낚지 잡는 법, 미끼 묶어 쏘가리 잡는 법, 수수 매달아 게 잡는 법 등이다.

특히 어조망으로 물고기 잡는 법으로는 큰 바다에서 행해진 가장 큰 규모의 어로로서, 청어·명태·연어·넙치·대구·청어·조기·준치·민어 등의 물고기가 일정한 때에 일정하게 다니는 길에 설치하여 대량의 물고기를 잡는다. 어조망 어업은 조선 시대 주요 어업 중 하나였다. 그럼에도 그 어획법의 구체적인 내용은 제대로 알려지지 않았다. 본문에서 어조망의 구조와 함께 어획법을 세밀하게 묘사했기 때문에, 임원경제연구소에서는 4점의 삽화를 제작하여 역자가 이해한 내용을 표현했다.

어구와 어획법을 대대적으로 반영한《전어지》의 이런 특성 때문에 사학자 김문기는《전어지》가 어류지식을 주로 다루는 '어보(魚譜)'와 어로기술 전문서인 '어서(漁書)'의 성격이 혼재한다며, "동아시아의 지적 전통에서《전어지》와 같은 어류지식과 어로기술을 함께 결합한 것은 물론이고, 어로기술만을 전문적으로 종합한 어서를 찾기 어렵다."고 평가했다.[3]《전어지》의 어보 특성은 다음 권4의 〈물고기 이름 고찰〉을 가리키고, 어서의 특성은 이 권3에 나오는 물고기 잡는 법을 반영한 평가였던 것이다.

김문기가 그 가치를 강조했듯이, 이상의 다양한 어로법의 구체적 실상을 설명한 조선 사료로는《난호어목지》에 근거를 둔《전어지》가 독보적이다. 사료의 중요성을 감안하여 보다 많은 이들이 공유할 수 있기를 바라는 마음에서 삽화를 될 수 있는 대로 많이 첨가하려 했다. 시간과 비용의 부족 때문에 투박한 대로 그림을 실었으니, 훗날 이를 토대로 하여 보다 더 나은 연구나 활용이 있기를 바란다.

---

3 김문기, 〈근세 동아시아의 어류지식과 해양어업 : '어보(魚譜)'에서 '어서(漁書)'로〉, 『역사와 경계』 114, 2020, 140~141쪽.

권4는 〈물고기 이름 고찰〉이다. 물고기를 "민물고기"와 "바닷물고기"로 크게 나누고, 각 물고기를 다시 '비늘 있는 종류(인류)', '비늘 없는 종류(무린류)', '껍데기가 있는 종류(개류)'로 나누었다. 각 어종의 대표명칭을 적은 표제어를 기준으로 할 때, 민물고기 52종, 바닷물고기 77종을 합하여 총 129종을 다루고 있다. 각 표제어에서 소개한 근연종까지 셈하면 그 종은 훨씬 늘어난다.

그 외로 "물고기에 관한 기타 논설"에서 28종을 고증하는 데 할애했다. 이 28종 중 5종은 앞서 소개한 물고기 129종 중 한 종에 해당한다고 고증했다. 나머지 23종은 129종에 속한 물고기가 아니라고 판단했다. 고증된 5종은 '낙랑의 일곱 물고기를 분별하다'의 7종 중 앞 5종인 사(鯊, 상어), 첩(鰈, 가자미), 국(鮰, 상괭이), 패(魳, 복어), 옹(鮂, 상어의 일종인 호사 또는 녹사)이다. 따라서 권4에서 서유구가 다룬 어종의 총 수는 129종(=인류+무린류+개류)과 "기타 논설"에서 다룬 28종을 합쳐 총 157종이다. 이중에서 고증을 통해 129종과 겹치는 어류 5종을 제외하고 최종적으로 동정(同定, identification)하지 못한 23종만을 합치면 152종이 된다. 이 152종이 《전어지》 표제어에서 수록한 어족의 총 수이다. 《자산어보》에서 다룬 226종에 비하면 상당히 적지만, 《우해이어보》의 104종에 비하면 더 많다. 다룬 종 수로는 그렇지만, 나머지 두 어보와는 달리 바닷물고기와 함께 민물고기를 수록했다는 점에서 큰 의미를 지닌다.

각 어종을 해설하는 내용은 명칭 고증과 오류 수정, 명칭의 유래, 생김새, 크기, 습성, 서식처, 주요 산지 및 나는 때, 이동 경로, 맛, 잡는 법, 용도, 효능, 선호도, 가공법, 운송로, 판로 등 어류와 관련된 다양한 측면을 다루고 있다. 흑산도 주변의 해양 어족을 연구한 《자산어보》에 수록된 해설이 세심한 관찰에 바탕을 두고 있고, 장창대(張昌大, 1792~?)와 같은 흑산도 토박이 어류전문가의 도움을 받아 다양한 정보를 담고 있는 사실은 이미 알려져 있다.[4] 게다가 정약용의 제가 이청(李晴, 1792~1861)이 문헌 고증 부분을 보완했고, 16종의 어종을 추가함으로써 《자산어보》가 수산학, 해양생물학을 창도하는 데까지 이르렀다.[5] 하지만 《전어지》의 어족 백과 역시 관찰과 탐방, 명칭 고증을 위한 문헌 고증까지 치밀하게 수행했다. 게다가 《자산어보》에서 거의 다루지 않은 어구들의 제작법과 어구 이용을 통한 어획법을 권3에서 상세히 담았다.

문헌 고증의 대표적인 예는 '준치[鰣魚]' 조이다. 발단은 《동의보감》과 《산림경제보》에서 시어(鰣魚)를 위어(葦魚, 웅어)라고 설명한 데서 시작되었다. 《이아(爾雅)》 및 《이아주소(爾雅注疏)》의 주석자인 곽박(郭璞)과 형병(邢昺)의 설을 근거로 시어가 위어가 될 수 없는 이유를 서유구는 4가지로 제시한다. 첫째, 위어는 강에서 나고 시어는 바다에서 난다. 둘째, 시어는 몸뚱이가 넓적하고 각이 진 데 비해 위어는 칼처럼 좁고 길다. 셋째, 시어는 비늘이 크지만 위어는 비늘이 없는 듯 매우 가늘다. 넷째, 시어는 3척짜리도 있는데 위어는 길어야 1척 정도이다. 이 4가지 정보를 가지고 준치를 살펴보면 구구절절 들어맞고, 위어에 맞춰보면 사사건건이 어긋난다며 시어는 준치임에 틀림없음을 확신한다.

그래도 성이 차지 않는지 《금충술(禽蟲述)》과 《본초강목》을 인용해 시어는 그물에 걸리면 움직이지 않는다며, 이 내용을 어부에게 물어보기도 했다고 한다. 그 대답은 예상대로 준치만 그렇다는 것이었다. 마지막으로 누군가 《동의보감》의 해석을 옹호하려고 "이는 '색이 은처럼 희고 살에 잔가시가 많다'는 본초서의 설명을 따른 것으로, 그 모양은 위어가 오직 이와 비

---

4 정명현, 〈정약전(丁若銓, 1758~1816)의 《자산어보(玆山魚譜)》에 나타난 해양 박물학의 성격〉, 서울대 석사학위논문, 2002 참조.
5 《자산어보》는 정약전이 먼저 저술하고(1814), 뒤에 정약용의 제자 이청(李晴)이 문헌 고증 부분과 16종을 보완했다. 문헌 고증 부분에는 모두 '晴案(청안)'이라는 표기가 있어 이청의 견해임을 나타내고 있다. 정약전·이청 지음, 정명현 옮김, 《자산어보: 우리나라 최초의 해양생물 백과사전》, 서해문집, 2016, 258~269쪽 참조.

시어(鰣魚, 준치) 그림《고금도서집성》)

숫하다.”고 하자, “그렇다면 준치가 흰색을 띄고 살에 잔가시가 많은 점에서는 또 어찌 위어만 못하단 말인가?”라며 끝을 맺고 있다.[6] 이름 하나라도 정확하게 고증하기 위한 이 같은 집요한 탐구는 비단 〈물고기 이름 고찰〉에서 뿐 아니라《임원경제지》 전체에 투철하게 깔려있는 태도이기도 하다.

그럼에도 〈물고기 이름 고찰〉에는 물고기 명칭에 대한 문헌 고증이 없는 곳도 있다. 그러나 이는 일부러 하지 않는 것이 아니라 고증할 자료를 찾지 못했기 때문이다.《전어지》에 실린 물고기 중 문헌 고증 기록이 없는 어종은 53종으로, 다음과 같다.

– 민물고기(23종)

① 비늘 있는 종류 : 궐(쏘가리), 새어(까나리), 여항어(열목어), 미수감미어(두우쟁이), 비필어(피라미), 적새어(불거지), 안흑어(눈검정이), 근과목피어(꺽적위),

---

6 《전어지》 권4 〈물고기 이름 고찰〉 “바닷물고기” ‘비늘 있는 종류’.

표1 《전어지》 권4에 실린 어종의 분포와 수

	민물고기	바닷물고기	합계
비늘 있는 종류	29	34	63
비늘 없는 종류	14	30	44
껍데기 있는 종류	9	13	22
합계	52	77	129

전어(살치), 야회어, 돈어(돌고기), 영어(마지), 유어(버들치), 국식어(국식이)(14종)

② 비늘 없는 종류: 동사어(동자개), 승어(중고기), 문편어(그리채), 망동어(망둥이), 내어(밀어)(5종)

③ 껍질 있는 종류: 마도(말씹조개), 현(가막조개), 전라(우렁이), 와라(달팽이)(4종)

– 바닷물고기(30종)

① 비늘 있는 종류: 송어, 전어, 선백어(선비), 호어(범고기), 수어(물치), 마어(삼치), 회대어(횟대), 보굴대어(보구치), 울억어(우럭), 공어(꽁치), 열기어(불볼락), 나적어, 가어, 임연수어(이면수), 우구권어(쇠코뚫이고기), 잠방어(물메기), 군뇌어(달강어), 닐애어(일애), 묘침어(닻베개)(19종)

② 비늘 없는 종류: 내인어(큰부리고래), 환도사어(환도상어), 증어, 해만리(뱀장어), 갈어(갈치), 승어, 서어(쥐치), 수거어(가래상어), 이추(멸치), 석거(낙지)(10종)

③ 껍질 있는 종류: 백합(모시조개)(1종)

물고기를 소개한 부분에서 몇 가지를 소개하면 다음과 같다. 까나리 같은 경우는 임진강과 한강이 만나는 곳, 낙하(洛河)[7]와 오두(鰲頭)[8]에서 가장

---

7 낙하(洛河): 현 경기도 파주시 탄현면 낙하리에 있으며 문산읍 아래쪽이다. 자유로를 만들기 위해 매립되어 지금은 물이 깊지 않다.
8 오두(鰲頭): 현 경기도 파주시 탄현면 성동리에 있으며 '통일전망대'가 있는 오두산 앞에 펼쳐진 곳이다. 오두가 낙하보다 더 남쪽이어서 한강 하류에 가깝다.

많이 난다. 오두는 물살이 급해 까나리를 잡기가 어려워 낙하에서 당망으로 쓸어 담았다고 한다. 이 때문에 파주와 교하 사람들은 모두 까나리를 실컷 먹었다.[9] 임진강 하류 주변에서 살았던 풍석에게는 아주 익숙한 정보였을 것이다. 당시 조선에서 가장 많이 먹는 물고기는 청어와 명태였으며[10], 몸에 가장 좋다고들 여긴 해물은 해삼과 홍합이었다. 홍합은 부인의 출산 후 생기는 여러 증상에 좋다고 했다.[11]

"물고기에 관한 기타 논설"에서는 설명과 묘사보다는 논증에 집중한 글을 모았다. 여기서 다룬 어종은 총 28종이다. 먼저 중국의 어보나 여러 문헌에 조선에서 나는 물고기라고 적힌 기록을 가지고서 7종의 물고기에 대해 논증했다. 이어서 자신이 확인하지 못한 바닷물고기 9종을 이야기했으며, 중국 문헌에 나오지만 조선에는 없는 물고기 11종을 논변하기도 했다. 마지막으로 조선 산으로 알려져 있는 담라(擔羅)라는 조개 1종에 대해서는, 중국 문헌은 신라에서 난다고 돼 있지만 그 형색이 기록돼 있지 않아 조선의 무엇을 가리키는지 모른다고 밝혔다.

조선의 3대 어보로 평가되는 저술 중 최초의 어보인 김려(金鑢, 1766~1821)의 《우해이어보》(1803년, 총 104종)와 최다 어종을 다룬 정약전(丁若銓, 1758~1816)의 《자산어보》(1822년 경[12], 총 226종)는 모두 해양 어족만 다루었다. 김려는 우해(지금의 창원시 마산합포구 진동면 고현리), 정약전은 자산(지금의 흑산도)에서 유배 중에 지은 저술이다. 《우해이어보》에는 《동의보감》 등 몇 종의 참고문헌이 있다. 그러나 《자산어보》 '1차 저술'은 오로지 흑산도에서 보고 들은 내용

9　《전어지》 권4 〈물고기 이름 고찰〉 "민물고기" '비늘 있는 종류'.
10　위의 책, 〈물고기 이름 고찰〉 "바닷물고기" '비늘 있는 종류'(청어), '비늘 없는 종류'(명태).
11　위의 책, 〈물고기 이름 고찰〉 "바닷물고기" '비늘 없는 종류'(해삼), '껍질 있는 종류'(홍합).
12　1822년경이라는 저술 연도 고증에 대해서는, 정약전·이청 지음, 정명현 옮김, 위의 책, 265~266쪽. 이 책에서는 저술이 완료된 시기를 1822년 이후로 추정했다.

만 기록되어 있다.[13] 현존하는《자산어보》는 정약전의 '1차 저술'에다 후일 정약전의 동생인 정약용의 제자 이청이 문헌 고증 부분 전체와 16종을 추가하여 '완성본'을 만든 공동 저작이다.[14] 이 두 어보가 유배지에서 이루어 졌다는 점, 그리고 서로 떨어진 유배지에서 거의 동시대에 '최초로'[15] 지어졌다는 점, 이 두 사람이 유배 전에는 물고기에 관심이 없었다는 점 등을 고려할 때 문헌 고증까지 기대하는 것은 무리이다.《자산어보》완성본은 3권 1책으로, 글자 수는 총 23,022자다.[16]

이런 점에 대비해볼 때,《전어지》권4에서 99종의 어종(전체 152종의 약 65%)을 문헌 고증을 통해 이름을 비교하면서 어명을 확정짓는 연구를 철저하게 병행했다. 또한《전어지》권4는 해양 어족뿐만 아니라 담수 어족까지 다루었기 때문에 진정한 의미의 물고기 연구서다. 이 권4의 모든 기사는, 한 표제어('낙랑의 일곱 물고기를 분별하다'. 출전은《금화지비집(金華知非集)》)에 수록한 기사를 제외하고는《난호어목지》한 권에서 거의 옮겨졌다.[17] 이미 언급했듯이 권3의 〈고기잡이와 낚시〉 기사 대부분도《난호어목지》에서 옮겨 온 내용이다. 어구 만드는 법, 그 도구로 각종 물고기를 잡는 법, 기타 고기잡

---

13 정약전이 지은《자산어보》를 '1차 저술', 이청이 문헌 고증을 추가한《자산어보》를 '완성본'이라 명명했다.

14 《자산어보》를 모티브로 삼은 영화《자산어보》도 제작되었다(2021년 3월 31일 개봉). 감독 이준익, 주연 설경구(정약전 분)·변요한(장창대 분). 촬영은 2019년에 마쳤다. 2020년 개봉예정이었으나, 2020년 1월에 대한민국에 밀려온 전염병 코로나19의 엄청난 영향으로 예정보다 1년 여 뒤에 상영이 시작되었다. 나는 김세겸 작가의 시나리오가 완성된 뒤에 시나리오에 대한 자문에 참여했다. 시나리오에는 역사적 사실과 어긋나는 지점도 있었으나, 예술의 창작 영역의 허용을 충분히 인정해야 한다는 입장에서 원작을 최대한 존중하는 방식으로 내 의견을 제시했다. 영화에서는《자산어보》의 공동 저자인 이청이 언급되지는 않으나, 영화의 자체 완성도의 측면에서 이청의 배제는 전혀 문제가 되지 않는다고 판단했다. 물론 이준익 감독과 김세겸 작가를 비롯한 제작진도《자산어보》의 공동 저술을 충분히 인지하고 있었다. 이준익 감독은 영화《자산어보》는 흥행에 성공하지는 못했지만(관객 수 338,997명. 2021년 7월 3일 기준), 그 예술성을 인정받아 제57회 백상예술대상 시상식에서 영화부문 대상을 받았다(2021년 5월 13일).

15 시기적으로 보면 물론《우해이어보》가 최초이지만, 책이 출간된 것도 아니고 이들이 서로의 저술을 의식하지도 못했을 것이기에 각자에게는 최초였을 것이다.

16 정약전·이청 지음, 정명현 옮김, 위의 책, 262~265쪽.

17 《난호어목지》에 수록되어 있는 4종이 빠지고 몇 곳이 삭제되거나 수정되었을 뿐이다.

〈우해이어보〉　〈자산어보〉　〈난호어목지〉

이법을 설명하고 본격적인 어족 연구 보고서를 작성했다는 점에서, 학문적 차원의 균형 잡힌 가장 체계적인 어류학 저술이다. 이런 성격을 두고 김문기는 《전어지》를 어서(漁書)라고 평가한 것이다.

분량도 많다. 《전어지》 권4의 글자 수는 총 26,712자. 여기에 권3에 수록된 〈고기잡이와 낚시〉의 글자 수(12,326자)까지 합하면 39,038자나 된다. 3대 어보 중 가장 늦게 지어졌지만, 어보 성격의 저술로서는 조선에서 가장 많은 분량이다.

한편 서유구는 《임원경제지》를 편찬하면서 《자산어보》를 인용했다. 《관휴지》 권2의 '바닷가와 바다의 푸성귀' 6종이 그것이다.[18] 그렇다면 《자산어보》에서 본격적으로 다루고 있는 바닷물고기에 대한 정보도 《전어지》에 반영되었을 법하지만 전혀 그렇지 않다. 이미 자신의 이전 원고만으로 만족하다고 판단했기 때문일 수도 있고, 《자산어보》를 반영할 경우 너무 많은 곳을 수정하거나 보충해야 해서 아예 시도를 안 했을 수도 있다.

---

18 6종은 청각채(靑角菜, 청각), 토의채(土衣菜, 톳), 해동초(海凍草, 우뭇가사리), 상사태(常思苔, 가시파래 또는 납작파래), 갱태(羹苔, 홑파래), 매산태(苺山苔, 매생이)이다.

이상에서 살펴본《전어지》중《난호어목지》에 인용해 온 내용들이 사냥과 어로에 대해 풍석의, 전문가 못지않은 식견을 드러내고 있다는 점에서 그의 또 다른 면모를 여실히 보여준다. 특히 어구 만드는 법이나 물고기 잡는 법을 서술한 대목은, 문헌을 인용하거나 어부의 말을 한 번 듣고서는 도저히 표현할 수 없을 정도로 묘사가 세밀했다. 어구 제작이나 조업에 풍석이 직접 참여한 경험이 얼마나 있었는지는 알 수 없으나, 적어도 자신이 상세히 적어 놓은 부분은 직접적으로든 간접적으로든 매우 치밀하게 연구한 결과임이 틀림없다. 난호(蘭湖)[19]에서 물고기를 잡았던 경험이 결코 풍류를 즐기기 위함이 아니었던 것이다.

어구 제작법과 이용법에 대해 세밀하게 설명해놓은 대표적인 예는 '어조망(漁條網, 큰 배 밑에 설치하는 안강망)' 해설이다. 여기서는 주둥이가 정사각형인 잠자리채 모양의 대형 그물을 만들어 어떻게 조어하는지를 묘사했다. 그 대강을 요약하면 다음과 같다. 주둥이 둘레가 48파(把, 1파는 양팔을 벌린 길이. 10척으로 환산됨)이고 길이는 45파인 그물 8장을, 삼실로 연결하여 만든다. 주둥이 위와 아래에는 12파짜리 횡목을 설치하고 여기에 밧줄을 연결하여 배 위에 설치한 도르래에 잇는다. 주둥이 아래 횡목은 닻줄에 묶어 물결에 휩쓸리지 않도록 해 물고기가 지나가는 길목에 설치한다. 청어·대구·조기·준치 등이 몰려오는 때에 그 길목에 설치하여 무더기로 잡아 올리는 모습을 형용한 부분은 매우 섬세하고 역동적이다. 풍석의 설명만을 보고서도 당시의 조어 기술을 충분히 재현해낼 수 있을 만큼 묘사가 치밀하다.[20]

---

19 난호(蘭湖): 임진강 하류 북쪽인 파주시 진동면 용산리 일대로 추정되는 지명으로, 서유구가 장단에 살 때 거주했던 여러 곳 중 하나이다.
20 《전어지》권3 〈고기잡이와 낚시〉 "그물과 어망" '어조망'.

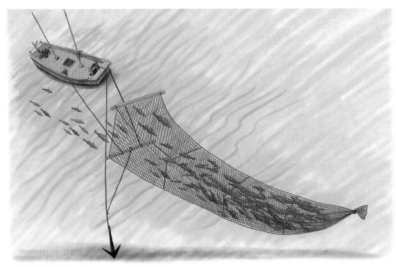

어조망으로 고기 잡는 그림

《전어지》는 국어학자들에게 풍부한 연구 소재를 제공하기도 한다. 어명이나 물명을 한글로 제시한 곳이 많기 때문이다. 《난호어목지》까지 연속선상에서 비교해보면, 《전어지》로 전사되는 과정에서 어휘 변화도 많이 볼 수 있다. 예를 들어 '통쟈기→통즈기', '비암쟝어→비암장어', '머여이→머역이', '가수어→가사어', '마지→마디' 등의 변화를 어떻게 이해해야 할지 살피는 일은 적잖이 흥미로울 것이다. 동일인의 저술에서 불과 몇 년 차이들 두고 생긴 변화이다.

풍석은 《임원경제지》 16지 중에서 '이름 고찰[名攷]'이라는 용어가 들어간 대제목을 세 번 썼다. 《본리지》 권7의 〈곡식 이름 고찰[穀名攷]〉, 《예원지》 권5의 〈꽃 이름 고찰[花名攷]〉, 그리고 《전어지》 권4의 〈물고기 이름 고찰[魚名攷]〉이 그것이다. 이중 《본리지》와 《전어지》는 그 권 전체가 바로 풍석의 저술을 그대로 옮긴 것임을 상기할 필요가 있다. 《본리지》의 경우는 농서인 《행포지》에서, 《전어지》의 경우는 동물전문서인 《난호어목지》에서 왔다. 모두 금화(양주시 양주동)·장단에서의 귀농 시기의 저술이다. 풍석이 금화와 장단에 살 때 농사짓고 임진강에서 물고기 잡으며 살았던 힘든 시절을 자신의 《풍석전집》 여기저기에서 고백하고 있는 데서 알 수 있듯이, 그의 농사와 어로는 남에게 보여주거나 시간을 보내기 위한 놀이거리나 취미가 아니라 현실의 생활고를 해결하기 위한 절박한 생업이었다. 그리고 이 생업활동 중에 학구적 열정을 잠시도 식히지 않고 주경야독한 결과가 이 두 저술이었다.

조선의 3대 어보는 모두 동시대인에 의해 저술되었다. 나이 차가 여섯 살 나는 정약전과 서유구는 같은 해(1790년)에 과거 급제한 동기이기도 하다. 김려는 서유구보다 두 살 아래이다. 그 동안 3대 어보에 대한 깊이 있는 연구에 상당한 진척이 있었다. 이중 《자산어보》에 대한 연구가 가장 많이 광범위하게 이루어졌고, 대중의 관심도 부쩍 늘었다. 2021년 영화 《자산어보》의 개봉은 대중화의 중요한 계기가 되었다. 《우해이어보》는 최초의 어보라는 상징성에도 불구하고 《자산어보》에 비해 덜 조명받았다. 그러나 최근에 연구와 저술이 늘고 있다.

이에 견주어 《전어지》는 가장 주목이 안 된 책이다. 당연히 연구 또한 다른 두 책보다는 적게 이루어졌다. 《전어지》 번역서는 2007년에 먼저 발행되었다.[21] 그러나 이 책은 《전어지》 중 권4 〈물고기 이름 고찰〉만을 옮긴 것이다. 또한 이와 같은 성격의 책으로, 《난호어목지》의 현전본을 번역한 《평역 난호어명고》가 나오기도 했다.[22] 이 역시 《전어지》 권4 중 《금화지비집》에 나온 한 기사를 제외하고는 내용이 이 권4와 동일하다. 《전어지》의 권1~3은 아직까지 번역이 되지 않았던 것이다. 따라서 이번에 출간하는 《전어지》는 최초의 완역서다.

---

21 서유구 지음, 김명연 번역, 《전어지》, 한국어촌어항협회, 2007.
22 서유구 원저, 이두순 평역, 강우규 도판, 《평역 난호어명고》, 수산경제연구원BOOKS·블루&노트, 2015.

다행스런 일은 이 3대 어보를 비교하는 연구가 증가했다는 점이다. 이 3종을 서로 비교하거나, 3종 중 1종을 중국이나 일본에서 나온 어류전문서와 비교한 연구 등이 그것이다.[23] 이 같은 연구들을 통해 각 서적의 단편적인 평가에서 나아가 종합적 판단을 할 여러 여건이 조성되었다. 특히 어류박물학의 측면에서 3대 어보를 일본과 중국의 동시대 어류서와 함께 세밀하고 냉철하게 검토한 김문기의 연구는 《전어지》 등의 어류서를 동아시아 학술사의 차원에서 자리매김할 수 있게 했다. 그의 연구에서 《자산어보》에 어류 그림을 그리지 않았다는 점, 《전어지》에서 고증이 잘못된 곳이 보인다는 점 등을 예리하게 보여줌으로써, '국뽕'에 빠지는 위험성을 경고하기도 했다. 이제 《전어지》 완간을 계기로 조선 어류학의 발원처를 통합적으로 풍성하게 조명함은 물론이고, 동물학을 새로 정립하는 시도에 매진해야 할 것이다.

《전어지》는 2003~2004년에 조영렬(권1~2)과 박종우(권3~4)가 초역한 원고를 2005년 1월부터 2007년 12월까지 공동교열했다. 공동교열에는 이두순, 이동인, 이태원, 차영익, 김태완, 정명현이 참여하였다. 이렇게 마무리한 원고를 2020년이 되어서야 교감부터 주석, 삽화까지의 과정을 거쳐 이제 출간하게 된 것이다. 출간과정에서 최형국·김문기·이상민 세 분께서 감수를 정성껏 해주셨다. 다시 한번 감사드린다.

---

23 한미경, 〈조선시대 물고기관계문헌에 대한 연구〉, 《서지학연구》, 한국서지학회, 2009 ; 김문기, 《바다 물고기 지식 : 근세 동아시아의 어류박물학》, 한국학술정보, 2019 ; 조창록, 〈김려의 '우해이어보'와 『자산어보』·〈전어지〉의 비교 연구〉, 《大東漢文學》 47, 대동한문학회, 2016 ; 김문기, 『전어지(佃漁志)』의 어류박물학과 『화한삼재도회(和漢三才圖會)』〉, 《명청사연구》 48, 명청사학회, 2017 ; 김문기, 〈근세 동아시아의 어류지식과 해양어업 : '어보(魚譜)'에서 '어서(漁書)'로〉, 『역사와 경계』 114, 2020 등.

3) 편집체제[24]

《전어지》는 총 4권으로, 대제목이 5개, 소제목이 24개, 표제어가 227개, 소표제어가 313개, 기사 수는 730개, 인용문헌 수는 78개(중복 제외)이다. 대제목은 권1·2·4에 각각 1개, 3권에 2개가 배치되어 있고, 소제목은 권 순서대로 각각 2개, 10개, 9개, 3개이다. 표제어는 22개, 69개, 126개, 10개가 배치되어 있다.

소표제어가 다른 지에 비해 많은 편이다. 권1에서는 말을 치료하는 처방만 94가지가 안내되어 있고, 권2에서는 말 이외의 가축과 물고기를 치료하는 방법을 총 59가지로 소개했다. 권4의 소표제어는 모두 수생 동물의 이름이다. 이 물고기와 조개류 각각이 표제어가 되어야 마땅하지만 편제상 상위 카테고리가 짜여 있기 때문에 소표제어로 정리되었다. 총 160개이다.

서유구의 안설(案說)을 포함한 기사 수는 총 765개이다. 《전어지》는 또 기사당 원문글자 수가 111자나 되어 다른 지보다 상당히 많은 양을 차지하고 있다.

표2 《전어지》 표제어류 및 기사 통계

권 수	대제목	소제목	표제어	소표제어	기사 수	인용문헌 수	원문글자 수
서문							441
목차							69
1	1	2	22	94	165	25	22,788
2	1	10	69	59	220	38	18,763
3	2	9	126	–	185	33	19,724
4	1	3	10	160	160	2	26,712
합 계	5	24	227	313	730	78(중복 제외)	88,497

---

24 3) 편집체제~5) 인용문헌 소개에서 인용된 통계자료는 최시남·민철기·김수연·김현진·김용미가 조사했다.

표3 《전어지》 기사 당 원문글자 수

원문글자 수	기사 이외의 글자 수	기사 글자 수	기사 수 (안설 포함)	기사 당 원문글자 수
88,497	3,216	85,281	765(730+35)	111

표4 《전어지》 소제목별 표제어류 및 기사 통계

권번호	대제목	소제목	표제어	소표 제어	기사 수	인용 문헌수	원문의 글자수
인							441
목차							69
1	1	1	5	–	6	25	22,788
		1	17	94	159		
2	1	1	7	28	55	38	18,763
		1	6	5	9		
		1	9	6	20		
		1	6	2	16		
		1	5	8	19		
		1	5	3	9		
		1	10	5	34		
		1	6	0	13		
		1	6	2	16		
		1	9	0	29		
3	1	1	13	0	30	33	19,724
		1	14	0	20		
		1	19	0	25		
		1	3	0	4		
		1	21	0	33		
		1	6	0	11		
		1	27	0	37		
		1	16	0	18		
		1	7	0	7		

4	1	1	3	52	52	2	26,712
		1	3	77	77		
		1	4	31	31		
합계	5	24	227	313	730	78 (중복 제외)	88,497

4) 필사본 분석

《전어지》는 오사카본, 고대본, 규장각본에 모든 권이 남아 있다. 고대본과 규장각본은 일반적으로 지적한 사항과 같아 따로 언급하지 않는다. 오사카본은 교정한 흔적이 세 군데 정도만 있어서 초고에서 이미 상당히 정리되었음을 알 수 있다. 이렇게 초고 상태가 완정하게 된 데에는《난호어목지》가 일찍이 장단의 귀농기에 저술되었던 것도 한몫했으리라 생각된다.

권1과 권3의 권두에는 편찬자인 서유구와 교정자인 서우보의 이름을 쓰는 줄이 공란으로 되어 있다.[25] 특히 권1은 권두의 맨 앞 두 줄이 본문과 다른 서체로 뒤에 덧붙여졌다. 오사카본《전어지》의 특이한 점은 원문 전체를 모두 '자연경실장' 괘지에 오려붙였다는 사실이다. 사본만 보면 판단이 쉽지 않으나 원본을 보면 금방 알 수 있다. 원문 부분만 전체를 덧붙였기 때문에 책의 외곽은 원래 두께지만 붙여진 부분은 외곽보다 훨씬 두툼하다. 이런 사실은 자연경실장본을 만들기 이전에 이미 초고가 잘 정리되었음을 보여준다. 권4〈물고기 이름 고찰〉에 좋은 참고 자료가 될 만한《자산어보》를《관휴지》에는 반영했으면서《전어지》에는 전혀 반영하지 않은 이유도 여기에서 찾을 수 있을 것 같다. 초고를 훼손하지 않고 그대로 오려붙일 정도였으니 여기에 내용을 추가하기는 어려웠을 것이다. 다만 아쉬운 점은

---

25 권1에는 '洌上 徐有榘準平 纂'을 쓰는 줄에 '洌上'만 쓰여 있다.

《전어지》 오사카본　　　　　　　　　　　　　　　《전어지》 고려대본

권4 〈물고기 이름 고찰〉 "바닷물고기" '비늘 없는 종류'의 첫 부분부터 네 장(8면)이 누락되어 있다는 것이다. 누락 부분은 고대본과 규장각본에 남아 있다.

5) 인용문헌 소개

인용문헌은 총 78종이다. 《전어지》는 《난호어목지》(249회)가 압도적으로 많이 인용되었다. 30회 이상 인용된 서적은, 《마경(馬經)》(80회), 《증보산림경제》(72회), 《제민요술》(41회), 《농정전서》(39회) 등이다. 《화한삼재도회》(28회), 《박문록(博聞錄)》(22회), 《본초강목》(20회)도 비교적 많이 인용되었다. 또한 조선의 문헌도 《난호어목지》와 《증보산림경제》를 비롯하여 《금화지비집》(8회), 《산림경제보》(6회), 《어우야담》·《열하일기》(5회), 《북학의》(4회), 《성호사설》·《연경당잡지》(3회), 《과농소초》·《금화경독기》, 《조야첨재》(2회), 《동국문헌비고》·《보만재집》·《약천집(藥泉集)》·《지봉유설》·《한정록(閑情錄)》(1회) 등 총 17종이 이용되었다. 이 중 《보만재집》은 풍석의 조부 서명응의 문집으로 풍석이 편찬했고 《연경당잡지》는 풍석과 친분이 두터웠던 성해응(成海應, 1760~1839)의 저술이다. 남구만(南九萬, 1629~1711)의 《약천집》에서는 〈조설

(釣說)〉이 인용되었다. 서유구의 저술은 《난호어목지》, 《금화경독기》, 《금화지비집》 3종인데, 이 중 《난호어목지》가 《전어지》 전체 내용 중 42.1퍼센트(37,256/88,497)의 비율을 차지하고 있다. 서유구의 안설도 총 40회에 걸쳐 총 1.4퍼센트(1,270/88,497)의 비율을 보인다.

《전어지》 전체에서 서유구 저술 이외의 조선문헌 비율은 8.9퍼센트를 차지하고, 서유구 저술의 비율은 49.8퍼센트를 차지하고 있다. 분량만 보아도 풍석이 임진강에서 물고기를 잡으며 물고기와 고기잡이에 대해 얼마나 진지하고 치밀하게 연구했는지 알 수 있다. 《전어지》 전체에서 조선문헌이 차지하는 비율은 총 58.7퍼센트에 달하여 전체 분량의 1/2 이상의 비중을 차지하고 있다.

표5 《전어지》에서 서유구 저술 이외의 조선문헌 비중

인용 조선 문헌	글자 수	기사 수
증보산림경제	4,247	72
열하일기	1,126	5
성호사설	528	3
북학의	478	4
과농소초	376	2
어우야담	350	5
산림경제보	160	6
약천집	156	1
조야첨재	136	2
연경당잡지	124	4
보만재집	70	1
동국문헌비고	39	1
지봉유설	33	1
한정록	10	1
합계	7,833	108
비율(%)	8.9 (7,833/88,497)	13.5 (108/765)

표6 《전어지》에서 서유구 저술의 비중

구 분	글자 수	비 고
서문	441	
목차	69	
권수, 권차, 권미제, 저자명, 교열자명	127	
대제목, 소제목, 표제어, 소표제어	2579	
안설	1,270	40회
금화경독기	141	2회
금화지비집	1,866	8회
난호어목지	37,256	249회
기타 서유구 저술	21	-
합 계	44,002	299회
비 율(%)	49.8	44,002/88,497

표7 《전어지》에서 조선문헌의 비중

구 분	글자 수	비 고
서유구 저술 이외의 조선문헌	7,833	
서유구 저술	44,002	
합 계	51,835	
비 율(%)	58.7	51,835/88,497

표8 《전어지》에서 중국문헌 비중

인용 중국 문헌	글자 수	기사 수
마경	11,682	80
제민요술	5,352	41
백락상마경	2,436	1
농정전서	2,302	39
본초강목	2,079	20
증보도주공서	1,183	2
편민도찬	822	10
농포사서	773	1
거가필용	739	13

박문록	723	22
사시유요	608	13
왕씨농서	602	10
보금가	584	1
계신잡지	356	4
유양잡조	353	4
백락보금편	285	1
도주공양어경	284	1
악양풍토기	274	2
우산잡설	269	1
경세민사	265	1
구선신은서	225	4
왕량백일가략상편	218	1
한씨직설	209	2
농상집요	203	3
가정법	189	4
삼재도회	185	5
마원동마상법	142	1
북호록	141	2
이아익	138	4
상우경	128	3
비아	105	2
양주사적	98	1
무경회해	95	1
오잡조	87	2
경제고금주	87	1
춘저기문	85	1
증보도주공서	82	2
몽계보필담	57	1
복수전서	57	1
해보	52	1
벽한부	51	1
인수옥서영	51	1
국헌가유	44	1
물류상감지	42	2

진서	42	1
만보전서	41	1
해객일담	41	1
이아정의	38	1
식료본초	34	1
문창잡록	30	1
승암경설	29	1
군방보	28	1
본초연의	28	1
연감유함	28	1
호사집	27	1
안기서	26	1
회남만필술	23	1
도경본초	16	1
의학입문	15	1
합계	35,188	329
비율(%)	39.7 (35,188/88,497)	43.5 (329/765)

표9 《전어지》에서 일본문헌 비중

인용 일본 문헌	글자 수	기사 수
화한삼재도회	1,461	28
합계	1,461	28
비율(%)	1.59 (1,461/88,497)	3.6 (28/765)

표10 《전어지》에서 국적 미상 문헌의 비중

구분	글자 수	기사 수
정호어목지	13	1
합계	13	1
비율(%)	0.01 (13/88,497)	0.1 (1/765)

정명현 (임원경제연구소장)

《전어지》 서문

가축 기르기와 짐승 사냥하기[佃], 물고기 잡기
[漁]는 다른 영역이다. 그런데도 지금 이들을 모두
하나의 지(志)에 넣은 까닭은 그것들을 필요로 하는
뜻이 같기 때문이다. 만약 서로 견주어 논한다면 대
개 그 수요에는 4가지 측면이 있다. 첫째는 군대 유
지[軍旅]를 위한 수요이고, 둘째는 놀이[般游]를 위한
수요이고, 셋째는 재산 증식[貨殖]을 위한 수요이며,
넷째는 봉양(奉養)을 위한 수요이다.

畜牧與佃漁, 二事也. 今同
入於一志者, 以義從也. 若
比而論之, 其所需蓋有四
端焉. 一曰軍旅之需, 二曰
般游之需, 三曰貨殖之需,
四曰奉養之需.

주나라 제도를 고찰해보면, 대사마(大司馬)[1]는 봄
사냥과 가을 사냥의 의식, 가을의 군사훈련과 여름
에 풀 제거하여 야영지 만들기를 주관하면서 때에
맞게 거행하였다. 농지를 정(井)으로 구획하고 들판
을 목(牧)으로 구획하는 법에서는, 하나의 정전(井田)
단위에서 나는 부세(賦稅, 세금의 일종)에 일정한 수량
의 군사와 수레, 말과 소가 있다. 이것들로 왕이 군

攷周家之制, 大司馬掌蒐、
獮之禮, 治兵、茇舍,以時
而擧焉. 井牧田野之法, 一
井所出, 有卒乘、馬牛之數,
以之爲閱武之用, 歷代修
行而不替.

1　대사마(大司馬):《周禮》의 관직 중 하나로 사냥과 군사 훈련 등을 관장한다.《周禮注疏》卷29〈夏官司馬〉
　　'大司馬' 참조.

佃漁志引

畜牧與佃漁二事也今同入於一志者以義從也若
此而論之其所需蓋有四端焉一曰軍旅之需二曰
般游之需三曰貨殖之需四曰奉養之需攷周家之
制大司馬掌蒐獮之禮治兵蒦舍以時而舉馬井牧
田野之法一井所出有卒乘馬牛之數以之為閲武
之用歷代修行而不替若吉日車攻之詩長楊羽獵
之賦是已今時木蘭圍場及牧廠之設亦其遺者此
軍旅之不可缺也弋射漁獵流為逸豫之具人君之
荒嬉蕩子之遊冶或多規箴然不可一例求也若不

59

대를 훈련시키는 비용으로 쓴다.[2] 이는 역대에 걸쳐 수행되고 바뀌지 않는 일이다.

〈길일(吉日)〉·〈거공(車攻)〉과 같은 시[3], 〈장양(長楊)〉·〈우렵(羽獵)〉과 같은 부(賦)[4]가 군대 유지와 관련된 영역을 읊었을 따름이다. 지금 시대의 목란위장(木蘭圍場)[5]과 목창(牧廠)[6]의 설치도 그것이 끼친 유산이니, 이는 군대 유지에 없어서는 안 되는 수요이다.

若〈吉日〉·〈車攻〉之詩、〈長楊〉·〈羽獵〉之賦是已. 今時木蘭圍場及牧廠之設, 亦其遺者, 此軍旅之不可缺也.

새 사냥과 물고기잡이와 들짐승 사냥은 그 성격이 변질되어 방탕한 놀이의 도구, 임금이 주색에 빠져 노는 음탕한 유희, 방탕한 남자들의 놀이로 전락되었다. 그랬기 때문에 이에 대해 규제와 경계 사항이 많이 있었으나 일률적으로 해결할 수는 없었다.

弋射漁獵, 流爲逸豫之具、人君之荒嬉、蕩子之遊冶, 或多規箴, 然不可一例求也.

만약 사냥이나 고기잡이 등 그 실제에 힘쓰지 않고 오직 놀기만 일삼으면 이는 참으로 꾸짖을 만하다. 그러나 전쟁의 근심거리가 없을 때 말을 타고 사냥개를 부리며 사냥하면서 호상한 기운을 기르거나, 그물을 던지고 낚싯줄을 드리워 마음속에 얽히

若不務其實而惟般遊是事者, 固可責也. 及於無虞之際, 或跨馬嗾犬以養豪爽之氣, 或張網垂綸以抒紆菀之懷, 亦一時之權宜也.

2　밭과……쓴다 : 중국 주(周)나라의 토지 관리법으로, 기름진 땅은 정전을 만들고 진펄에는 목장을 만들었다. 9부(夫)가 1목(牧)이 되고, 2목(牧)에서 1정(井)과 대등한 소출을 낸다고 보았다. 각각에서 산출되는 인력과 물자에 따라 세금을 거두어 군비로 사용했다. 1부(夫)는 성인 남자 1명이 경작하는 100묘(畝)의 땅을 말한다.《周禮注疏》卷11〈地官司徒〉'小司徒' 참조.

3　〈길일(吉日)〉·〈거공(車攻)〉과 같은 시 : 《시경(詩經)》〈소아(小雅)〉의 〈길일(吉日)〉·〈거공(車攻)〉편을 가리킨다. 두 시 모두 군주의 사냥을 소재로 삼았다.

4　〈장양(長楊)〉·〈우렵(羽獵)〉과 같은 부(賦) : 〈장양부(長楊賦)〉와 〈우렵부(羽獵賦)〉. 중국 한(漢)나라 때 양웅(揚雄)이 지은 부(賦)의 제목으로, 모두 군주의 사냥을 소재로 삼았다. 부(賦)는 시의 형식 중 하나이다.

5　목란위장(木蘭圍場) : 만주의 열하성(熱河省) 위장현(圍場縣)의 지명. 중국 청나라 강희제 때부터 약 200년간, 매년 8월 황제가 사냥 의식을 행한 곳이다.

6　목창(牧廠) : 중국 청나라 초기에 설치한 말 사육장으로, 양식목창(養息牧廠), 어마창(御馬廠), 예부목창(禮部牧廠)이 있었다.

務其實而惟般遊是事者固可責也及於無虞之際
或跨馬嗾犬以養豪爽之氣或張網垂緡以扦紵苑
之懷亦一時之權宜也是則般游之需也貨殖者多
取畜養若馬援之北地田牧烏氏保之谷量馬牛亦
可驗也而陶朱公書有養魚一術然此其時有之需
也若夫奉養者寔為要務焉以畋以漁肇自風驪祭
祀賓客各有其供則居上者猶且為務況食力之徒
乎或山而獵或水而漁謹勿蓁之養督埤牢之政以
保一家生不亦善乎是志也亦為奉養而發也與尾
系魚名放一卷蓋東人眛於名物魚名亦所不辨至

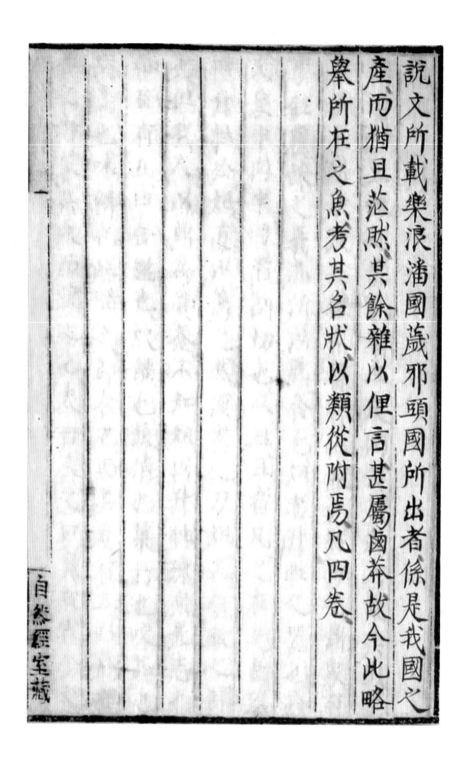

說文所載樂浪潘國薉邪頭國所出者係是我國之
產而猶且茲然其餘雜以俚言甚屬鹵莽故今此略
舉所在之魚考其名狀以類從附焉凡四卷

고 쌓인 우울함을 털어낸다면 이 또한 한때의 임시 방편적인 활동이다. 이것이 놀이의 수요이다.

是則般游之需也.

재산 증식하는 사람들은 대부분 가축기르기 분야를 고른다. 이는 마원(馬援)[7]이 북쪽 지방[8]에서 목축한 고사와 오씨라(烏氏倮)[9]가 골짜기로 말과 소의 수를 헤아린 고사와 같은 사례에서도 확인할 수 있다. 그런데 《도주공서(陶朱公書)》[10]에는 물고기 기르는 방법이 있다. 하지만 물고기기르기는 가끔 있는 수요이지 항상 권장할 사항은 아니다.

貨殖者, 多取畜養. 若馬援之北地田牧, 烏氏倮之谷量馬牛亦可驗也, 而《陶朱公書》有養魚一術. 然此其時有之需也.

부모님을 봉양하는 것 같은 일, 이는 진실로 중요한 일이다. 사냥하기와 물고기잡이는 풍려(風驪)[11] 때부터 시작했다. 제사 모시기와 손님맞이에는 각기 필요한 물품이 있으니, 윗자리에 있는 사람도 오히려 이 일에 힘쓰는데 몸을 써서 먹고사는 사람들이야 말해 무엇하겠는가?

若夫奉養者寔爲要務焉. 以畋以漁, 肇自風驪. 祭祀·賓客各有其供, 則居上者猶且爲務, 況食力之徒乎?

---

7 마원(馬援): B.C.14~A.D.49. 중국 후한(後漢)의 용맹한 장수. 명문가 출신으로 벼슬하기 전에는 북방에서 목축에 종사했고, 복파장군(伏波將軍)에 임명되어 베트남과 흉노 토벌에 큰 공을 세웠다.《後漢書》卷24〈馬援列傳〉第24 참조.

8 북쪽 지방: 현재 중국 감숙성(甘肅省) 천수시(天水市) 일대.

9 오씨라(烏氏倮): ?~?. 중국 진(秦)나라의 목축업자로, 전국적으로 유명한 대부호가 되자 진시황의 부름을 받아 정치에도 참여했다.《漢書》卷91〈貨殖傳〉第61 '烏氏贏' 참조.

10 도주공서(陶朱公書): 중국 춘추 시대 범려(范蠡, B.C.536~B.C.448)가 지었다고 전하는《도주공양어경(陶朱公養魚經)》을 가리킨다. 도주공은 범려의 자호이다. 이 책의 내용이《제민요술》권6〈양어(養魚)〉에 전하는데, 후대의 위작으로 평가된다.《임원경제지 이운지》권3〈산재청공(山齋淸供)〉"짐승과 물고기 기르기[禽魚供]" '금붕어 품평'에 상세하게 나온다. 범려는 월나라의 왕인 구천(句踐)을 도와 오(吳)나라를 멸망시키고 천하를 제패하는 데에 큰 공을 세웠다. 하지만 이후 관직을 그만두고 도(陶) 지역으로 가서 상업에 힘써 큰 부자가 되었다.

11 풍려(風驪): 중국 고대 전설 속의 제왕인 복희(伏羲) 때 황하에서 등에 도형을 지니고 나타났다고 하는 용마(龍馬). 여기서는 복희의 시대를 말한다.

산에서 사냥하기도 하고 물에서 물고기잡이를 하기도 하며, 가축기르기를 부지런히 하고 횟대나 우리의 일을 잘 살펴서 한 집안의 삶을 보존한다면 얼마나 좋은 일이겠는가? 따라서 전어지는 또한 봉양을 위해서 쓰기도 한 책이다.

위의 내용과 더불어 〈물고기 이름 고찰〉 1권을 말미에 덧붙였다. 대개 우리나라 사람들은 명물(名物, 사물과 그 이름의 관계를 파악하는 일)에 어둡고 물고기 이름은 사람들이 더욱 분간하지 못하는 분야이다.

《설문해자》에 수록된 낙랑(樂浪)·반국(潘國)·예야두국(薉邪頭國)에서 나는 물고기[12]에 대해서도, 이 물고기들이 우리나라의 산물에 속하지만 사람들은 이 물고기도 오히려 전혀 모른다. 그런 나머지 물고기 이름에 사투리가 잡다하게 섞여 그 이름들이 매우 엉터리이다. 그러므로 현존하는 물고기를 지금 대략 나열하고 그 이름과 모양을 고찰하여 종류별로 붙여두었다.

모두 4권이다.

或山而獵, 或水而漁, 謹芻豢之養, 督塒牢之政以保一家生, 不亦善乎? 是志也, 亦爲奉養而發也.

與尾系《魚名攷》一卷. 蓋東人昧於名物, 魚名亦所不辨.

至《說文》所載樂浪、潘國、薉邪頭國所出者, 係是我國之産而猶且茫然. 其餘雜以俚言, 甚屬鹵莽. 故今此略舉所在之魚, 考其名狀以類從附焉.

凡四卷

---

12 낙랑(樂浪)·반국(潘國)·예야두국(薉邪頭國)에서 나는 물고기 : 권제4 〈물고기 이름 고찰(어명고)〉 "물고기에 관한 기타 논설" '낙랑의 일곱 물고기를 분별하다(변낙랑칠어)'에 자세히 보인다.

전어지 권제 1

佃漁志卷第一

임원십육지 37

林園十六志三十七

I. 목축·양어·양봉(상)

간(肝)은 작아야 한다. 귀가 작으면 간이 작다. 간이 작은 말은 사람의 의중을 잘 알아차린다. 폐(肺)는 커야 한다. 코가 크면 폐가 크다. 폐가 크면 잘 달릴 수 있다. 심장은 커야 한다. 눈이 크면 심장이 크다. 심장이 크면 용맹스러워 놀라지 않는다. 눈이 원만하면 아침부터 저녁까지 힘차다. 콩팥[腎]은 작아야 한다. 장(腸)은 두텁고 길어야 한다. 장이 두터우면 뱃가죽 아래 부위가 넓고 반듯하며 평평하다. 지라[脾]는 작아야 한다. 허구리[臁]와 배가 작으면 지라도 작다. 지라가 작으면 기르기가 쉽다.

목축·양어·양봉(상)

牧養(上)

1. 총론

論總

1) 다섯 종류의 암컷 기르기

도주공(陶朱公)[1]이 말했다. "그대가 빨리 부유해지고 싶다면 다섯 종류의 암컷 가축을 길러야 한다."[2]【주[3] 소·말·돼지·양·나귀 이 다섯 가축의 암컷을 말한다. 이와 같이 암컷을 기르면 빨리 부유해지는 방법이 된다】《제민요술(齊民要術)[4]》[5]

論畜五牸

陶朱公曰:"子欲速富, 當畜五牸."【注 牛、馬、豬、羊、驢五畜之牸. 然畜牸則速富之道也】《齊民要術》

---

1 도주공(陶朱公): ?~?. 중국 춘추(春秋) 시대 월(越)나라의 공신(功臣)인 범려(范蠡)를 말한다. 월왕 구천(句踐)을 도와 오왕(吳王) 부차(夫差)를 쳐서 이겼지만, 높은 명성을 얻은 뒤에는 오래 머물기 어렵다고 하며 벼슬을 내어놓고 미인 서시(西施)와 더불어 오호(五湖)에 배를 띄우고 놀았다. 이재(理財)에 밝아 장사를 통해 많은 돈을 모았다. 훗날 재물을 백성들에게 나누어 준 다음 도(陶) 땅으로 갔기 때문에 호를 도주공이라 일컫고, 다시 수만 금을 모아 대부호가 되었다.

2 그대가……한다:《孔叢子》卷5〈陳士義〉.

3 주: 북위(北魏)의 가사협(賈思勰, ?~?)이 지은 본서에는, 오랜 세월을 거치며 이해를 돕기 위해 여러 판본의 역주가 첨부되었다. 본 원고에서 대본으로 참조한 《제민요술역주》(최덕경 역주, 세창출판사, 2018)에서는, 여러 판본을 참고하여 교감한 무계유(繆啓愉)의 《제민요술교석(齊民要術校釋)》(1998)과 석성한(石聲漢)의 《제민요술금석(齊民要術今釋)》(1957), 일본의 니시야마 다케이치[西山武一]의 《교정역주(校訂譯主) 제민요술(齊民要術)》(1969) 등의 책을 적극적으로 참조하였음을 밝혀둔다.

4 제민요술(齊民要術): 중국 북위(北魏)의 가사협(賈思勰, ?~?)이 지은, 중국에 현존하는 가장 오래된 농서(農書). 오곡·야채·과수·향목(香木)·상마(桑麻) 재배법, 가축 사육법, 술·간장 양조법 등을 기술하였다.

5 《齊民要術》卷6〈養牛、馬、驢、騾〉"相牛、馬及諸病方法"(《齊民要術校釋》, 384쪽).

2) 소와 말은 본성에 맞게 기르는 일이 중요하다

소를 부리고 말을 탈 때는 그 힘과 능력을 헤아리고, 날씨가 춥거나 따뜻할 때의 관리하기나 마시고 먹이기는 가축이 타고난 본성에 맞게 해주어야 한다. 이와 같이 했음에도 살이 찌지 않거나 번식하지 않은 경우는 아직 없었다. 《제민요술》[6]

속담에서 다음과 같이 말했다. "여윈 소와 비실비실한 말은 한식(寒食) 즈음에 쓰러진다."【주 그 말은 잘 먹지 못해 수척한 가축은 기후가 심하게 변하는 봄이 되면 반드시 죽는다는 뜻이다】그러므로 가축 기르기는 충분히 배부르게 하고 본성에 맞게 조절해 주도록 힘쓸 뿐이다. 《제민요술》[7]

論養牛、馬貴適性

服牛乘馬, 量其力能, 寒溫飮飼, 適其天性. 如不肥充繁息者, 未之有也.《齊民要術》

諺曰："羸牛、劣馬, 寒食下."【注 言其乏食瘦瘠, 春中必死】務在充飽調適而已. 同上

---

6 《齊民要術》卷6〈養牛、馬、驢、騾第〉"相牛、馬及諸病方法"(《齊民要術校釋》, 383쪽).
7 《齊民要術》, 위와 같은 곳.

3) 나귀·말·소·양에게서 새끼를 거두는 법

시장에서 항상 가축을 잘 살펴보다가, 새끼를 배어 곧 낳으려 하는 가축이 있으면 곧바로 사들인다. 망아지는 150일, 어린양은 60일이면 모두 혼자 살 수 있어서, 다시 젖에 의지하지 않아도 된다.

젖어미는 출산을 잘 견디면 남겨두어 종축(種畜, 번식을 위한 가축)으로 삼는다. 반면에 출산을 잘 못하면 되판다.

이렇게 하면 본전은 잃지 않으면서도, 가만히 앉아서 망아지와 송아지를 낳은 이익을 거둘 수 있다. 이 이익으로 다시 임신한 어미를 구입할 수도 있다.

1년에 소·말·나귀의 경우에는 개체 수를 2번 늘릴 수 있으며, 양의 경우에는 4배로 늘릴 수 있다.

어린양 가운데, 12월이나 1월에 난 새끼는 그대로 남겨두어 종축으로 삼고, 나머지 달에 난 새끼는 남으면 내다 판다. 2만 전(錢)으로 양을 사들이는 밑천을 삼으면, 반드시 1년에 1,000마리를 거둘 수 있다.

종축으로 남긴 젖어미는 모두 품종이 좋아서 세상의 다른 양들보다 월등하므로, 같은 수준으로 비교해서 말할 수 없다. 그러니 어째서 어린양과 송아지로 충분히 풍요로움에도, 굳이 다시 이익이 얼마 되지 않는 낙(酪, 젖으로 만든 유제품)을 팔아 이익을 얻으려 하겠는가?

驢、馬、牛、羊收犢子、駒、羔法

常于市上伺候, 含重垂欲生, 輒買取. 駒一百五十日, 羊羔六十日, 皆能自活, 不復藉乳.

乳母好堪爲種産者, 因留之以爲種, 惡者還賣.

不失本價, 坐贏[1]駒犢. 還更買懷子孕者.

一歲之中, 牛、馬、驢得兩番, 羊得四倍.

羊羔, 臘月、正月生者, 留以作種, 餘月生者, 剩而賣之. 用二萬錢爲羊本, 必歲收千口.

所留之種, 率皆精好, 與世絶殊, 不可同日而語之. 何必羔犢之饒, 又贏[2]酪之利也?

---

[1] 贏 : 저본에는 "贏". 《齊民要術·養羊·收驢、馬、駒、羔、犢法》에 근거하여 수정.

[2] 贏 : 저본에는 "贏". 《齊民要術·養羊·收驢、馬、駒、羔、犢法》에 근거하여 수정.

어린양이 죽었을 때는 가죽이 좋으면 무늬를 넣은 갖옷[裘褥]을 만든다. 육질이 좋으면 육포를 만들거나, 장조림[肉醬]을 만든다. 그러면 맛이 또 매우 좋다. 《사시유요(四時類要)⁸》⁹

羔有死者, 皮好作裘褥, 肉好作乾腊, 及作肉醬, 味又甚美. 《四時類要》

8　사시유요(四時類要) : 중국 당나라의 농학자 한악(韓鄂)이 펴낸 농서로, 《예기(禮記)》〈월령(月令)〉편의 체제를 모방하여《범승지서(氾勝之書)》·《사민월령(四民月令)》·《제민요술(齊民要術)》·《산거요술(山居要術)》·《보생월록(保生月錄)》·《지리경(地利經)》등의 자료를 참고해서 편찬하였다. 《사시찬요(四時纂要)》라고도 한다. 농업생산, 농업 부산물의 가공, 농가의 일상생활에 필요한 각 방면의 지식을 광범위하게 수록하여 농업기술상에서 중요한 위치를 차지하고 있을 뿐 아니라 당과 오대의 사회경제사, 경제사상에서 중요한 자료로 평가 받는다.
9　출전 확인 안 됨 ;《農政全書》卷41〈牧養〉"六畜"(《農政全書校注》中, 1139~1140쪽) ;《齊民要術》卷6〈養羊〉"牧驢、馬、駒、羔、犢法"(《齊民要術校釋》, 440쪽).

4) 물과 풀이 풍부한 곳에서 가축을 길러야 한다

호수가 가깝고 풀밭이 넓은 곳에 자리를 잡으면 어린 말 20마리, 큰 노새 2~3마리를 산다. 또 어린 소 30마리, 큰 암소 3~5마리를 산다. 그런 다음 초가집 수십 칸을 세우고, 2명에게 가축 기르는 일을 담당하게 한다. 2명은 각각 1가지씩 간단한 일을 익혀 매일 생계를 꾸려가는 기반으로 삼는다.

시간이 오래지나 가축이 무리를 이루면 사람을 늘려 가축을 지킨다. 호숫가에서는 먹이를 먹도록 풀어두고 휴식을 할 수 있다. 가축을 요령 있게 기르는 법을 알면 반드시 잘 번식한다. 또 분뇨를 많이 얻으니, 밭에 거름으로 줄 수 있다. 《농정전서(農政全書)10》11

論饒水草宜牧養

居近湖、草廣之處, 則買小馬二十頭, 大騾馬兩三頭, 又買小牛三十頭, 大牸牛三五頭. 搆草屋數十間, 使二人掌管牧養. 二人仍各授一便業, 以爲日用飲食之資.

久而群聚, 增人牧守, 湖中自可任以休息. 養之得法, 必致繁息, 且多得糞, 可以壅田.《農政全書》

---

10 농정전서(農政全書) : 중국 명(明)나라의 농학자 서광계(徐光啓, 1562~1633)가 지은 농서. 한(漢)나라 이후 농학자의 여러 설을 총괄·분류하고 자신의 설(說)을 첨부하여 집대성했다.
11 《農政全書》卷41 〈牧養〉 "六畜"《農政全書校注》中, 1140쪽).

5) 중국과 조선 목축법의 차이

요동(遼東)[12]과 요서(遼西)[13] 2,000리 일대에는 가축이 우는 소리가 서로 들리고, 가축이 무리지어 다닌다. 조금 부유한 집에서는 기르는 가축의 종류가 10여 종에 이른다. 말·노새·나귀·소가 각각 10여 필(匹)이고, 돼지·양이 각각 수십 필이며, 개 몇 마리씩에 간혹 낙타도 1~2필 키우고, 닭·거위·오리는 각각 수십 마리이다. 그 가축 떼를 방목할 때면 거의 산을 뒤덮다시피 한다.

해가 질 때면 농부 한 사람이 들로 나가, 길이 잘 든 말을 쫓아가 타고서 소리를 질러 한 번 부르고, 막대기를 잡아 휘두르면 말과 다른 가축은 모두 자기 집을 찾아서 들어간다. 가축 무리를 어지럽게 흐트러뜨리지도 않고 놀라서 달아나게 하지도 않으므로, 10여 세의 어린아이도 그 일을 충분히 할 수 있다.

양과 돼지를 모는 사람이 각각 수백 마리를 몰고 오다가 길에서 다른 무리와 마주치면 갑자기 가축이 뒤섞여서 다시 제어할 수 없는 경우도 있다. 그러나 휘파람을 한 번 불고 채찍을 치는 소리가 나면 동쪽으로 가던 가축은 동쪽으로, 서쪽으로 가던 가축은 서쪽으로, 가던 길을 따라서 간다. 이는 대개 가축을 모는 기술이 있어서 일 것이다.

조선 사람들은 이러한 기술은 전혀 궁리하지 않

論華、東牧養之異

遼左、遼右二千里之間, 鳴吠相聞, 畜牧成群. 稍富之戶, 禽畜合至十餘種, 馬、騾、驢、牛各十餘匹, 豬、羊各數十匹, 狗數頭, 或橐駝一二匹, 鷄、鵝、鴨各數十頭. 方其放牧, 幾乎蔽山.

日暮則一夫出野, 逐善馬而騎之, 作聲一招, 持棒而麾之, 則馬畜皆隨其家而入, 不亂群不驚逸, 十餘歲兒亦能此職.

驅羊、豕者各率數百頭, 遇之於道, 卒然相混, 不可復制, 而嗖哨一聲, 鞭響出焉, 則頭東頭西, 依舊而行. 蓋由御之有術也.

東人都不講此, 食必牛肉,

---

12 요동(遼東) : 중국 요령성(遼寧省)의 동쪽 지역. 지금의 요령성(遼寧省) 동남부 일대로, 우리나라와 지리적으로 매우 가깝고, 중국으로 가는 중요한 육상 통로에 해당한다.

13 요서(遼西) : 중국 요령성(遼寧省)의 서쪽 지역.

으면서, 음식은 반드시 쇠고기를 먹으려 하고, 말은
반드시 말몰이꾼에게 끌게 하며, 양은 집에서 가축
으로 기르는 사람이 없다. 돼지 4~5마리를 몰고 가
는 자는 돼지의 귀를 뚫어서 끌고 가면서도, 여전히
돼지가 달아날까 걱정한다. 사정이 이렇다 보니 짐
승을 다루는 방법이 날이 갈수록 곤궁해진다.

馬必有牽, 羊無私畜. 驅
四五豕者, 穿耳而行, 猶患
其奔突, 而御獸之道日窮.

　짐승을 다루는 방법이 곤궁해지자 국가는 마침
내 그로 인해 부강하지 못하게 된다. 그러나 그 이
유는 다른 데 있지 않으니, 중국을 배우지 않은 잘
못이다. 《북학의(北學議)[14]》[15]

御獸之道窮, 而國遂以不
富强. 無他, 不學中國之過
也. 《北學議》

---

14 북학의(北學議) : 조선 후기의 학자 박제가(朴齊家, 1750~1805)가 청나라의 풍속과 제도를 두루 시찰하고
　쓴 기행문. 2권 1책으로 구성되어 있다.
15 《北學議》〈內篇〉"牧畜"(완역정본《北學議》, 397~398쪽).

2. 말

1) 이름과 품종

본초강목[1] 허신(許愼)[2]은 다음과 같이 말했다. "마(馬)는 무(武)이다. 그 글자는 말머리·갈기·꼬리·다리의 모양을 본떴다.[3] 수말은 '질(隲)'이라【음은 질(質)이다】하고, '아(兒)'라고도 한다. 암말은 '사(騇)', '과(騍)', '초(草)'라 한다. 거세한 말은 '선(騸)'이라 한다. 1살 된 말은 '주(馵)'【음은 주(注)이다】, 2살 된 말은 '구(駒)', 3살 된 말은 '비(騑)', 4살 된 말은 '조(駣)'라【음은 조(桃)이다】한다."[4]

名品

本草綱目 許愼云:"馬, 武也. 其字象頭、髦、尾、足之形. 牡馬曰隲【音質】, 曰'兒'; 牝馬曰'騇', 曰'騍'①, 曰'草'. 去勢曰'騸'. 一歲曰'馵'【音注】, 二歲曰'駒', 三歲曰'騑'②, 四③歲曰'駣'④【音桃】."

---

1 《本草綱目》卷50〈獸部〉"馬", 2767~2768쪽.
2 허신(許愼):30~124. 중국 후한(後漢) 시대의 경학자. 유가(儒家)의 고전에 정통하였으며, 한자의 형(形)·의(義)·음(音)을 체계적으로 해설한 최초의 자서(字書)인《설문해자(說文解字)》를 편찬하였다.
3 그······본떴다:《설문해자(說文解字)》의 '마(馬)'자 모양은 다음과 같다.
4 마(馬)는······한다:《說文解字》卷10 上〈馬部〉(《說文解字注》, 460~461쪽).
① 騍:저본에는 "課".《本草綱目·獸部·馬》에 근거하여 수정.
② 騑:《本草綱目·獸部·馬》에는 "駓".
③ 四:《本草綱目·獸部·馬》에는 "六".
④ 駣:《本草綱目·獸部·馬》에는 "駣".

말 마(馬)(설문해자《說文解字》)

말의 빛깔에 따른 명칭은 매우 많다. 《이아(爾雅)⁵》⁶와 《설문해자(說文解字)⁷》에 그 자세한 설명이 보인다. 범서(梵書)⁸에서는 말을 '아습파(阿濕婆)⁹'라 했다.

名色甚多, 詳見《爾雅》·《說文》. 梵書謂馬爲'阿濕婆'."

가축으로 보면 화(火)에 속하고, 별자리로 보면 오(午)에 속하고, 괘(卦)로 보면 건(乾)에 속하고, 오행으로 보면 금(金)에 속한다.¹⁰

在畜屬火, 在辰屬午, 在卦屬乾, 屬金.

성호사설 ¹¹ ¹² 옛사람은 목축을 소중히 여겼으나, 말의 빛깔을 구별하지 않아 말의 종류를 무엇이라 부를 수 없는 경우가 있다. 말의 종류는 대단히 많다. 이는 《이아(爾雅)》 〈석축(釋畜)〉편에서 살펴볼 수 있다.¹³ 그 가운데서 지금 민간에서 부르는 명칭에 가까운 것을 뽑아서 적어보면 다음과 같다.

星湖僿說 古人重畜牧, 不別其色, 無以指名也. 其類極夥,《爾雅》可考. 就其中, 採其近於今俗稱者著之.

빛깔이 흰 말은 다만 '백마(白馬)'라 한다. 빛깔이 희면서 검은 털이 섞인 말은 민간에서는 '설라(雪羅)'라 한다. 빛깔이 검은 말은 '여(驪)'라 하고, 민간에서

白色只謂之"白馬". 白而雜黑毛, 俗謂之"雪羅". 黑色謂之"驪", 俗謂之"加羅".

---

5 이아(爾雅) : 중국(中國)에서 가장 오래된 자서(字書)로, 총 3권으로 구성되어 있다. 《시경(詩經)》과 《서경(書經)》의 문자를 추려서 19편으로 나누고 글자의 의미를 해설하였다.

6 《爾雅注疏》卷10 〈釋畜〉(《十三經注疏整理本》24, 373~379쪽).

7 《說文解字》, 위와 같은 곳.

8 범서(梵書) : 산스크리트 문자로 되어 있는 인도의 책을 일반적으로 가리키는 말.

9 아습파(阿濕婆) : "말"에 해당하는 산스크리트어 "Aśvapā"의 음을 가차한 말.

10 가축으로……속한다 : 말이 역학(易學)에서 말하는 오축(五畜, 집에서 기르는 대표적인 가축)·별자리·팔괘(八卦)·오행(五行)에서 어느 곳에 속하는지 설명하였다. 말은 오축(五畜)을 기준으로 할 때, 오행 가운데 양과 함께 화(火)에 속하고, 별자리를 기준으로 할 때, 여름·화(火)를 상징하는 오(午)에 속한다. 또 팔괘(八卦) 가운데는 건괘(乾卦)에 속하며, 오행 가운데는 금(金)에 속한다.

11 성호사설(星湖僿說) : 조선 후기의 학자 성호(星湖) 이익(李瀷, 1681~1763)의 저서로, 저자가 40세 무렵부터 느낀 점이나 흥미로운 점을 기록해 둔 것을 만년에 조카들이 정리한 책이다. 5가지 분야로 나뉘어 있으며 유서(類書)의 성격을 띠고 있으나, 정치사회적 측면에서 저자의 견해가 강하게 드러나 있다.

12 《星湖僿說》卷6 〈萬物門〉"馬形色", 329~330쪽.

13 이는……있다:《爾雅注疏》卷10 〈釋畜〉(《十三經注疏整理本》24, 377~378쪽).

는 '가라(加羅)'라 한다. 빛깔이 철색(鐵色)인 말은 '철(鐵)'이라 한다. 빛깔이 적색(赤色)인 말은 '유(騮)'라 하고, 민간에서는 '적다(赤多)'라 한다. 붉은 털과 흰 털이 섞인 말은 '하(騢)'라 하고, 또는 '자백마(赭白馬)'라고도 하며, 민간에서는 '부로(夫老)'라 한다.

빛깔이 검붉은 말은 '오류(烏騮)'라 한다. 빛깔이 자흑(紫黑)색인 말은 '자류(紫騮)'라 한다. 푸른 털과 흰 털이 섞여 빛깔이 총청색(蔥青色)[14]인 말은 '총(驄)'이라 한다. 푸른 털과 검은 털이 섞인 말은 '철총(鐵驄)'이라 한다. 검푸르면서 색이 옅은 곳과 짙은 곳이 있어 마치 물고기비늘처럼 얼룩진 말은 '연전총(連錢驄)'이라 한다.

그리고 검은 털과 흰 털이 섞인 말은 '보(鴇)'라 하고, 또는 '오총(烏驄)'이라고도 한다. 거무스름한 털과 흰 털이 섞인 말은 '인(駰)'이라 하고, 또는 '이총(泥驄)'이라 한다. 음(陰)은 옅은 검은색이다. 푸른 털과 흰 털이 섞인 말은 '추(騅)'라 한다. 창(蒼)은 옅은 푸른색이다.

누런 털과 흰 털이 섞인 말은 '비(駓)'라 하고, 또는 '도화마(桃花馬)'라고도 한다. 누런 털에 흰 털이 돈은 말은 '표(驃)'라 한다. 등마루가 검은 말은 민간에서는 '골라(骨羅)'라 한다. 갈기가 몸통의 빛깔과는 다른 말은 민간에서는 '표(表)'라 한다.

鐵色謂之"鐵". 赤色謂之"騮", 俗謂之"赤多". 彤白雜毛謂之"騢", 亦謂之"赭白馬", 俗謂之"夫老".

赤黑謂之"烏騮". 紫黑謂之"紫騮". 青白雜毛蔥青色謂之"驄". 青黑雜毛謂之"鐵驄". 青黑而色有淺深, 似魚鱗斑駁謂之"連錢驄".

騮白雜毛謂之"鴇", 亦謂"烏驄". 陰白雜毛謂之"駰[5]", 亦謂之"泥驄". 陰, 淺黑也. 蒼白雜毛謂之"騅". 蒼, 淺青也.

黃白雜毛謂之"駓", 亦謂之"桃花馬", 黃色發白謂之"驃". 脊黑俗謂之"骨羅". 鬣與身別色, 俗謂之"表".

---

14 총청색(蔥青色): 푸르스름하면서 영롱한 빛깔을 띠는 색.

[5] 駰: 저본에는 "驄".《星湖僿說·萬物門·馬形色》·《爾雅注疏·釋畜》에 근거하여 수정.

눈가가 누런 말은 민간에서는 '잠불(暫佛)'이라 한다. 이마가 흰 말은 '구(駒)'라 하며, 또는 '대성(戴星)'이라고도 한다. 갈기가 더부룩하고 이빨이 듬성듬성한 말은 민간에서는 '간자(間者)'라 한다. 주둥이가 흰 말은 민간에서는 '거할(巨割)'이라 한다.

目黃, 俗謂之"暫佛". 顙白謂之"駒", 亦謂之"戴星". 漫顱徹齒, 俗謂之"間者". 啄白謂之"巨割".

2) 보는 법

말머리는 왕에 해당하므로, 그 생김새가 반듯해야 한다. 눈은 승상(承相)에 해당하므로, 광채가 돌아야 한다. 척추는 장군에 해당하므로, 강인해야 한다. 배와 옆구리는 성곽에 해당하므로, 넓게 뻗어야 한다. 네 다리는 지방관[令]에 해당하므로, 길쭉해야 한다.

일반적으로 말을 보는 법: 먼저 3리5노(三羸五駑)[15]를 제외한 다음에야 말들의 나머지 상을 살핀다. 머리가 크고 목이 가늘면 1리(一羸)이고, 척추가 약하고 배가 크면 2리(二羸)이며, 종아리가 가늘고 발굽이 크면 3리(三羸)이다.

머리가 크고 귀가 아래로 처지면 1노(一駑)이고, 긴 목이 꺾여지지 않으면 2노(二駑)이고, 체구가 짧고 네 다리가 길면 3노(三駑)이고, 뒷정강이뼈[骼]가【안《유편(類篇)》[16]에 짐승의 뒷정강이뼈를 '격(骼)'이라 했다[17]】크고 가슴이 짧으면 4노(四駑)이며, 허벅지뼈[骹]가【안《옥편(玉篇)》에 광(骹)과 랑(䏶)은 허벅지의 뼈라 했다[18]】가냘프고, 검은 주둥이[騧]의【안

相法

馬頭爲王, 欲得方；目爲承相, 欲得光；脊爲將軍, 欲得强；腹脇爲城郭, 欲得張；四下爲令, 欲得長.

凡相馬之法：先除三羸五駑, 乃相其餘. 大頭小頸, 一羸；弱脊大腹, 二羸；小脛[6]大蹄, 三羸.

大頭緩耳, 一駑；長頸不折, 二駑；短上長下, 三駑；大骼【按《類篇》, 牲後脛骨曰"骼"】短脅, 四駑；淺骹[7]【按《玉篇》, 骹, 䏶, 股骨也】薄髀[8]【按《爾雅》, 黑啄"騧"】, 五駑.

---

15 3리5노(三羸五駑)：3종류의 리(羸)와 5종류의 노(駑). 리(羸)는 본래 비쩍 말라서 몸집이 가냘픈 양을 뜻하는 말이었지만, 모든 가냘픈 생물을 가리키는 말로 확대되었다. 리(羸)는 무거운 짐을 짊어질 수 없는 종류의 말이며, 노(駑)는 동작이 둔하여 빨리 움직일 수 없는 말을 가리킨다.

16 유편(類篇)：사마광(司馬光, 1019~1086)을 비롯한 송나라 학자들이 1069년에 출간한 한자 사전.

17 짐승의……했다：《類篇》卷11〈文四〉(《文淵閣四庫全書》225, 132쪽).

18 광(骹)과……했다：《玉篇》卷7〈骨部〉(《文淵閣四庫全書》224, 66쪽).

6 脛：저본에는 "頸". 《齊民要術·養牛, 馬, 驢, 騾·相牛, 馬及諸病方法》에 근거하여 수정.

7 骹：《齊民要術·養牛, 馬, 驢, 騾·相牛, 馬及諸病方法》에는 "髖".

8 髀：《齊民要術·養牛, 馬, 驢, 騾·相牛, 馬及諸病方法》에는 "髀".

《이아(爾雅)》에 주둥이가 검은 말을 '와(驅)'라 했다[19]】
색이 옅으면 5노(五駑)이다.

유마(騮馬)[20]·여견(驪肩)[21]·녹모(鹿毛)[22]·결황마(閟

黃馬)[23]·탄(驒)[24]·낙(駱)[25]은【안 흰 말에 검은 털이 섞

여 있으면 '탄(驒)'이라 한다. 혹자는 곧 '연전총(連錢

驄)'[26]이라고도 한다. 흰 말에 갈기가 검은 말은 '낙

(駱)'이라 한다】모두 좋은 말이다.

망아지가 막 태어났을 때 털이 없으면, 하루에

1,000리를 갈 수 있고, 오줌을 누울 때 다리 하나를

드는 말은 하루에 500리를 갈 수 있다.

말의 오장(五藏)을 살펴보는 법: 간(肝)은 작아야

한다. 귀가 작으면 간이 작다. 간이 작은 말은 사람

의 의중을 잘 알아차린다.

폐(肺)는 커야 한다. 코가 크면 폐가 크다. 폐가

크면 잘 달릴 수 있다.

심장은 커야 한다. 눈이 크면 심장이 크다. 심장

이 크면 용맹스러워 놀라지 않는다.

눈에 눈동자가 꽉차면 아침부터 저녁까지 힘차다.

콩팥[腎]은 작아야 한다.

驅馬、驪肩、鹿毛、閟⑨黃
馬、驒、駱【按 白馬黑髦曰
"驒", 或曰卽"連錢驄"也.
白馬黑鬣曰"駱"】, 皆善馬
也.

馬生墮地無毛, 行千里 ; 溺
擧一脚, 行五百里.

相馬五⑩藏法 : 肝欲得小,
耳小則肝小, 肝小識人意.

肺欲得大, 鼻大則肺大, 肺
大則能奔.

心欲得大, 目大則心大, 心
大則猛利不驚.

目四滿則朝暮健.

腎欲得小.

---

19 주둥이가……했다 :《爾雅注疏》卷10〈釋畜〉(《十三經注疏整理本》24, 375쪽).

20 유마(騮馬) : 털이 붉고 갈기가 검은 말.

21 여견마(驪肩馬) : 어깨 부근의 털이 검은 말.

22 녹모마(鹿毛馬) : 털이 갈황색 빛깔을 띠는 말.

23 결황마(閟黃馬) : 가마[旋毛]가 등에 있는 말.

24 탄마(驒馬) : 흰 털에 검은 털이 뒤섞인 말.

25 낙마(駱馬) : 흰 털에 갈기가 검은 말.

26 연전총마(連錢驄馬) : 동전이 이어진 듯한 문양이 있는 말.

⑨ 閟 :《齊民要術·養牛、馬、驢、騾·相牛、馬及諸病方法》에는 "□".

⑩ 五 : 저본에는 "不".《農政全書·牧養·六畜》·《齊民要術·養牛、馬、驢、騾·相牛、馬及諸病方法》에 근거하여
수정.

장(腸)은 두텁고 길어야 한다. 장이 두터우면 뱃 가죽 아래 부위가 넓고 반듯하며 평평하다.

지라[脾]는 작아야 한다. 허구리[膁]²⁷와 배가 작으면 지라도 작다. 지라가 작으면 기르기가 쉽다.

멀리서 바라보면 커보이지만, 가까이 가서 보면 작아 보이는 말은 근마(筋馬)이다. 반면에 멀리서 바라보면 작아 보이지만, 가까이 가서 보면 커보이는 말은 육마(肉馬)이다. 이 말들은 모두 먼 데까지 타고 갈 수 있다.

말이 여위었으면 말의 살집을【주 살집은 앞 어깨 부위의 피부와 근육[守肉]을 말한다】보아야 하고, 살이 졌으면 그 뼈대를 보아야 한다【주 뼈대는 머리뼈[頭顱]를 말한다】.

말은 머리가 용의 형상을 띠고 눈이 돌출되며, 등마루가 평평하고 배가 크며, 종아리가 묵직하고 근육이 있어야 한다. 이 3가지 특징을 모두 갖춘 말이면 또한 천리마(千里馬)이다.

두 콧구멍 사이[水化]가 분명해야 한다【주 수화 (水火)는 말의 양쪽 콧구멍 사이에 있다】. 윗입술은 팽팽하고 반듯해야 하며, 입 속은 붉고 광택이 돌아야 하니, 이와 같은 말이 천리마이다.

윗니가 갈고리처럼 굽어야 하니, 굽어 있으면 장수한다. 아랫니는 톱처럼 뾰족해야 하니, 뾰족하면 기세가 세차다. 턱 아래는 깊어야 하고, 아랫입술은

腸欲得厚且長, 腸厚則腹下廣方而平.

脾欲得小, 膁腹小則脾小, 脾小則易養.

望之大, 就之小, 筋馬也；望之小, 就之大, 肉馬也, 皆可乘致.

致瘦, 欲得見其肉【注 謂前肩守肉】；致肥, 欲得見其骨【注 骨, 謂頭顱】.

馬龍顱突目, 平脊大腹, 胜重有肉, 此三事備者, 亦千里馬也.

水火欲得分【注 水火在鼻兩孔間也】. 上唇欲急而方, 口中欲得紅而有光, 此馬千里馬.

上齒欲鈎, 鈎則壽；下齒欲鋸, 鋸則怒. 頷下欲深, 下唇欲緩. 牙欲去齒一寸, 則

---

27 허구리[膁] : 말의 몸통 중 움푹 들어간 옆구리 부분.

느슨해야 한다. 어금니와 앞니 사이의 거리가 1촌 정도 떨어져야 하니, 그러면 하루에 400리를 갈 수 있다. 이빨이 칼끝처럼 날카로우면 하루에 1,000리를 갈 수 있다.

四百里, 牙劍鋒則千里.

광대와 턱[嗣骨]은 마치 베틀의 북처럼 각이 지고 넓어야 하고, 또 길어야 한다【주】사골(嗣骨)은 양 뺨 아래 측면의 팔골(八骨, 광대뼈와 턱뼈)이다】. 눈은 동자가 꽉 차고 광택이 돌아야 하며, 눈자위는 작아야 하므로, 그 윗부분은 활처럼 굽고 그 아래는 곧아야 한다. 콧등[素]의 가운데는 각이 지고, 넓게 뻗어야 한다【주】소(素)는 콧구멍의 윗부분이다】.

嗣骨欲廉如織杼而闊, 又欲長【注】頰下側八骨是】. 目欲滿而澤, 眶欲小, 上欲弓曲, 下欲直. 素中欲廉而張【注】素, 鼻孔上】.

넓적다리 아래[陰中]는 평평해야 한다【주】음중(陰中)은 넓적다리 아래이다】. 음경[主人]은 작아야 한다【주】넓적다리의 안쪽에서 위쪽으로, 앞쪽(고환) 가까이에 있다】. 고환[陽裏]은 높아야 한다. 그러면 기세가 세차다【주】양리(陽裏)는 넓적다리 중간 위쪽의 음경[主人]이다】. 이마는 반듯하고 평평해야 한다. 팔육(八肉)은 크고 분명해야 한다【주】팔육은 귀 아래이다】. 현중(玄中)은 깊어야 한다【주】현중은 귀 아래 이빨 가까운 곳이다】.

陰中欲得平【注】陰中, 股下】. 主人欲小【注】股裏上近前也】. 陽裏欲高則怒【注】股中上之主人】. 額欲方而平. 八肉欲大而明【注】八肉, 耳下】. 玄中欲深【注】耳下近牙】.

귓바퀴는 작고 마치 대나무통을 깎아 놓은 듯이 뾰족해야 하며, 두 귀 사이는 거리가 가까워야 한다.

耳欲小而銳如削筒, 相去欲促.

말갈기[鬃]는 목 위에 올려놓은 듯해야 하고, 중

鬃欲戴, 中骨高二[11]寸[12]

---

[11] 二:《齊民要術·養牛、馬、驢、騾第五十六·相牛、馬及諸病方法》에는 "三".

[12] 寸: 저본에는 "守".《齊民要術·養牛、馬、驢、騾·相牛、馬及諸病方法》에 근거하여 수정.

84   전어지 · 권제 1

골(中骨)²⁸에서 0.2척 정도여야 한다【주 말갈기는 중
골(中骨)이다】.

역골(易骨)은 쭉 뻗어야 한다【주 역골은 눈 밑에
서 쭉 뻗어 내려간 뼈이다】.

뺨은 벌어지고, 길이는 1척 정도가 되어야 한다.
가슴 아래는 넓어야 한다. 길이가 1척 이상이면, 이
를 '협【주 다른 곳에서는 협을 '부(扶)'라고도 한다】척
(挾尺)'이라 한다. 이런 말은 오랫동안 달릴 수 있다.

양 뺨의 앞부분[鞅]은 반듯해야 한다【주 앙(鞅)은
양 뺨의 앞쪽 부위이다】. 목구멍은 굽고 깊어야 한
다. 가슴[胸]은 곧고 불룩해야 한다【주 흉(胸)은 넓
적다리 사이의 앞쪽 부위이다】. 부간(鳧間)²⁹은 벌어
져서, 멀리서 바라보면 마치 한 쌍의 물오리[雙鳧]와
같아야 한다.

목뼈는 커야 한다. 살집은 그 다음 조건이다. 정
수리의 갈기[鬐]는 촘촘하고 두툼한데다 꺾여야 한
다. 정수리 뒷면의 털[季毛]이 길고 덮인 부분이 많아
야 한다. 그러면 간과 폐에 병이 없다【주 계모(季毛)
는 뒷면에 난 털이다】.

등은 짧으면서 반듯해야 하고, 척추는 크면서
높이 솟아 나와야 한다. 등심 근육[脢筋]은 커야 한
다【주 매근(脢筋)은 척추 양쪽의 등심 근육이다】.

【注 鬐, 中骨也】.

易骨欲直【注 眼下直下骨
也】.

頰欲開, 尺⑬長. 膺下欲廣,
一尺以上, 名曰"挾【注 一
作"扶"】尺", 能久走.

鞅欲方【注 鞅, 頰前】. 喉
欲曲而深, 胸欲直而出【注
髀間前向】. 鳧間欲開, 望
視之如雙鳧.

頸骨欲大, 肉次之. 鬐欲
桎而厚且折. 季毛欲長多
覆, 肝肺無病【注 季毛,
髮後毛是】.

背欲短而方, 脊欲大而抗.
脢筋欲大【注 脢筋, 夾脊
筋也】. 飛鳧見者怒【注 膺

---

28 중골(中骨) : 말의 두 번째 경추 뼈.

29 부간(鳧間) : 말의 가슴 양쪽의 큰 근육 두 덩어리를 쌍부(雙鳧)라 한다. 부간은 바로 쌍부의 사이를 말한다.

⑬ 尺 : 저본·《農政全書·牧養·六畜》에는 "赤". 《齊民要術·養牛、馬、驢、騾·相牛、馬及諸病方法》에 근거하여
수정.

비부(飛鳧)가 보이는 말은 기세가 세차다【주 비부(飛鳧)는 등골의 뒷근육이다】.

삼부(三府)는 가지런해야 한다【주 삼부는 양쪽 넓적다리뼈와 중골(中骨)이다】. 엉덩이는 약간 기울어지고 반듯해야 한다. 꼬리는 굵기가 점차 작아져야 하되, 꼬리밑동은 커야 한다. 옆구리의 늑골은 크고 그 사이는 움푹 들어가야 한다. 이를 '상거(上渠)'라 한다. 이런 말은 아주 오래 달릴 수 있다.

용시(龍翅, 등마루)는 넓고 길어야 한다. 승육(升肉)은 크고 분명해야 한다【주 승육(升肉)은 넓적다리 바깥쪽의 근육이다】. 보육(輔肉)은 크고 분명해야 한다【주 보육(輔肉)은 앞다리 아래쪽의 살이다】.

장(腸)은 꽉 차야 하고, 옆구리[腔]는 작아야 한다【주 강(腔)은 옆구리이다】. 갈빗대[季肋]는 넓게 뻗어야 한다【주 계륵(季肋)은 짧은 갈빗대이다】.

넓적다리[懸薄]는 두껍고 느슨해야 한다【주 현박(懸薄)은 넓적다리와 종아리 부위이다】. 넓적다리 근육[虎口]은 벌어져야 한다【주 호구(虎口)는 넓적다리 부위의 근육이다】. 배 아래부위가 평평하면서 원만해야 한다. 그러면 잘 달릴 수 있다. 이를 '하거(下渠)'라 한다. 이런 말은 하루에 300리를 갈 수 있다.

後⒁筋也】.

三府欲齊【注 兩骼⒂及中骨也】. 尻欲頹而方. 尾欲減, 本欲大. 脅肋欲大而窪, 名曰"上渠", 能久走.

龍翅欲廣而長. 升肉欲大而明【注 升肉, 髀外肉也】. 輔肉欲大而明【注 輔肉, 前脚下肉】.

腸欲充, 腔小【注 腔, 膁】. 季肋欲張【注 季肋, 短肋】.

懸薄欲厚而緩【注 懸薄, 脚脛⒃】. 虎口欲開【注 虎口, 股肉】. 腹下欲平滿, 善走, 名曰"下渠", 日三百里.

⒁ 臍後 : 저본·《農政全書·牧養·六畜》에는 "胸欲". 《齊民要術·養牛、馬、驢、騾·相牛、馬及諸病方法》에 근거하여 수정.

⒂ 骼 : 저본에는 "胳". 오사카본에 근거하여 수정. 《農政全書校注·牧養·六畜》에는 "骼".

⒃ 脛 : 저본·《農政全書·牧養·六畜》에는 "腔". 《齊民要術·養牛、馬、驢、騾·相牛、馬及諸病方法》에 근거하여 수정.

양육(陽肉)은 위로 높이 솟아올라야 한다【주】 陽肉欲上而高起【注】陽
양육(陽肉)은 넓적다리 바깥쪽에서 앞쪽에 가까 肉, 髀外近前】. 髀欲廣厚.
운 근육이다】. 넓적다리는 넓고 두툼해야 한다. 汗溝欲深明【注】汗溝, 馬
한구(汗溝)30는 깊고 분명해야 한다【안】한구는 말의 中脊也⑰】. 直肉欲方, 能
가운데 등마루에 있다】. 직육(直肉)은 반듯해야 한 久走【注】直肉, 髀後肉
다. 그러면 오래 달릴 수 있다【주】직육은 넓적다리 也】.
뒤쪽의 살이다】.

수【주】수(輸)는 다른 곳에서 '한(翰)'으로 되어 있 輸【注 一作'翰'】鼠欲方
다】서(輸鼠)는 반듯해야 한다【주】수서(輸鼠)는 직육 【注 輸鼠, 直肉下也】. 肕⑱
의 아래쪽에 있는 근육이다】. 눌육(肕肉)은 팽팽해야 肉欲急【注 肕⑲肉, 髀⑳
한다【주】눌육은 넓적다리 안쪽이다】. 간근(間筋)은 裏也】. 間筋欲急短而減,
재빠르게 오그라들어야 한다. 그러면 유연하게 잘 善細走【注 間筋, 輸鼠下
달릴 수 있다【주】간근(間筋)은 수서(輸鼠) 아래쪽의 筋】.
근육이다】.

고관절[機骨]31은 들어 올려져 위쪽을 향해 늘어진 機骨欲擧, 上曲如懸匡. 馬
곡선처럼 굽어야 한다. 오두(烏頭)32는 높아야 한다. 頭欲高. 距骨欲出前. 間骨
거골(距骨)33은 앞쪽으로 나와야 한다. 간골(間骨)34은 欲出前, 後臼㉑【注 外鳧,

30 한구(汗溝) : 말의 땀이 흘러내리는 땀골 말의 흉부·복부와 다리 안쪽을 연결하는 곳에 있다.

31 고관절[機骨] : 원문의 "기골(機骨)"을 《제민요술교석(齊民要術校釋)》에서는 "위눈자위뼈[上眶骨]"라 했으
   나, 문맥상 허리·엉덩이·허벅지 부위의 뼈를 말하는 듯하다. "機"는 '허벅지뼈와 허리뼈가 만나는 곳, 환도
   혈(環跳穴) 부위'를 말한다. 따라서 "機骨"을 이와 같이 옮겼다.

32 오두(烏頭) : 소나 말 등 동물의 발 뒤쪽 마디. 비절(飛節)이라고도 한다. 원문의 마두(馬頭)는 "烏頭"의 잘
   못이다. 《齊民要術校釋》, 392쪽, 각주 참조.

33 거골(距骨) : 정강이뼈[脛]가 시작되는 부위에서 뒤로 돌출된 뼈.

34 간골(間骨) : 계부(繫部)라 하며, 거골과 발굽[蹄] 사이의 부문이다. 앞은 비스듬하고 뒤는 오목하다.

⑰ 也 : 저본에는 없음. 오사카본·규장각본에 근거하여 보충.

⑱ 肕 : 저본에는 "肭". 《齊民要術·養牛, 馬, 驢, 騾·相牛, 馬及諸病方法》에 근거하여 수정.

⑲ 肕 : 저본에는 "肭". 《齊民要術·養牛, 馬, 驢, 騾·相牛, 馬及諸病方法》에 근거하여 수정.

⑳ 髀 : 저본에는 "脾". 오사카본·《齊民要術·養牛, 馬, 驢, 騾·相牛, 馬及諸病方法》에 근거하여 수정.

㉑ 臼 : 《齊民要術·養牛, 馬, 驢, 騾·相牛, 馬及諸病方法》에는 "目".

앞쪽으로 나와야 하고 뒤쪽은 오목하다【주 간골은 외부(外凫)라고도 하며, 발굽뼈 가까이에 있는 뼈이다】. 부선(附蟬)은 커야 한다. 곧 전후목(前後目)[35]이다【주 부선(附蟬)은 곧 야안(夜眼, 말 무릎 관절에 생기는 피부각질)이다】.

臨蹄骨也】. 附蟬欲大. 前後目【注 夜眼】.

정강이는[股]는 얇고 넓어야 잘 달릴 수 있다【주 정강이[股]는 뒤쪽 넓적다리 앞쪽의 뼈이다】. 앞다리[臂]는 길고 무릎뼈[膝本]는 튀어나와야 힘이 있다【주 슬본(膝本)은 앞발 무릎 위의 앞으로 향한 부위이다】.

股欲薄而博, 善能走【注 股, 後髀前骨】. 臂欲長而膝本欲起, 有力【注 前脚膝上向[22]前】.

발 앞꿈치[肘]와 겨드랑이 사이가 벌어져야 잘 달릴 수 있다. 무릎은 반듯하고 돌출되지 않아야 한다. 넓적다리뼈는 짧아야 한다. 양쪽 앞다리 어깨뼈 주위는 깊어야 한다. 이를 '전거(前渠)'라 한다. 이런 말은 기운이 세차다. 발굽은 3촌 정도로 두꺼워서 마치 돌처럼 단단해야 하고, 발굽 아래는 깊숙하면서 드러나야 하고, 그 뒤 부위는 마치 매의 날개처럼 벌어져야 오랫동안 달릴 수 있다.

肘腋[23]欲開, 能走. 膝欲方而痺. 髀骨欲短. 兩肩骨欲深, 名曰"前渠", 怒. 蹄欲厚三寸, 硬如石, 下欲深而明, 其後開如鷂翼, 能久走.

말을 살필 때는 머리 쪽부터 시작한다. 말머리는 마치 칼로 깎아 만든 듯 높고 커야 한다. 머리는 묵직해야 하며, 살은 적어야 좋으니, 마치 가죽을 벗

相馬從頭始, 頭欲得高峻如削成. 頭欲重, 宜小肉, 如剝兔頭. 壽骨欲得大如

35 전후목(前後目): 원문의 "前後目"은 "附蟬"에 대한 각주로 작은 활자로 써야 하나 큰 활자로 되어 있어 원문으로 오해되고 있다. 《齊民要術校釋》, 393쪽, 각주 참조.

22 向: 저본·오사카본·《農政全書·牧養·六畜》에는 "句", 규장각본에는 "白". 《齊民要術·養牛、馬、驢、騾·相牛、馬及諸病方法》에 근거하여 수정.

23 腋: 저본에는 "後". 《農政全書·牧養·六畜》·《齊民要術·養牛、馬、驢、騾·相牛、馬及諸病方法》에 근거하여 수정.

긴 토끼머리와 같아야 한다. 수골(壽骨)³⁶은 마치 솜으로 단단한 돌을 감싼 듯 커야 한다【주 수골은 머리터럭이 자라는 곳이다】.

綿絮苞圭石【注 壽骨者, 髮所生處也】.

이마 위로부터 입가까지 흰 무늬가 있는 말을 '유응(俞膺)'이라 한다. 일명 '적노(的顱)'이다. 이런 말은 노비가 타면 노비가 객사(客死, 자신의 집이 아닌 다른 곳에서 죽음)하고, 주인이 타면 주인은 사형을 당해 거리에서 버려지게 되니, 몹시 흉한 말이다.

白從額上入口, 名"俞膺", 一名"的顱". 奴乘客死, 主乘棄市, 大兇馬也.

말의 눈은 높이 달려 있어야 하고, 눈자위는 단정해야 하며, 눈 주위 뼈는 삼각형을 이루어야 한다. 눈동자는 마치 방울을 달아놓은 듯이 자줏빛을 띠면서 선명하게 빛나야 한다. 눈동자가 눈에 꽉 차지 않고 아래 입술이 팽팽하면 사람과 친해지지 않는다. 또 입술이 얇으면 먹이를 잘 먹지 않는다.

馬眼欲得高, 眶欲得端正, 骨欲得成三角, 睛欲得如懸鈴, 紫艷光. 目不四滿, 下唇急, 不愛人, 又淺²⁴不健食.

눈에 실선이 눈동자를 관통하면 하루에 500리를 갈 수 있고, 위아래로 눈동자를 관통하면 1,000리를 갈 수 있다. 속눈썹이 어지러이 난 말은 사람을 해친다. 눈 밑에 흰자위가 많으면 겁이 많아 잘 놀란다. 눈동자 앞뒤로 살이 꽉 차지 않으면 모두 성질이 흉악하다.

目中縷貫瞳子者, 五百里；下上徹者, 千里. 睫亂者傷人. 目下而多白, 畏驚. 瞳子前後肉不滿, 皆凶惡.

만약 말의 눈자위 위에 가마[旋毛]³⁷가 있으면

若旋毛眼眶上, 壽四十

---

36 수골(壽骨) : 이마의 뼈와 그 위쪽의 장방형의 머리가 있는 곳.
37 가마[旋毛] : 머리털의 선회점으로 대체로 소용돌이 모양이다. 여기에서는 말의 몸과 머리 위에 난 털무리의 결을 말한다. 그 주변에 난 털들의 결과 방향이 서로 다르거나, 심지어는 서로 상반되어 소용돌이치는 역방향의 결이 형성되므로, 이를 선모(旋毛)라 한다.
㉔ 淺 : 《農政全書·牧養·六畜》에는 "踐".

40년을 살 수 있다. 눈자위의 뼈대 한가운데 가마가 있으면 30년을 살 수 있고, 가운데 눈자위 아래에 가마가 있으면 18년을 살 수 있다. 그러나 눈 아래에 가마가 있으면 오래 살지 못한다.

눈동자를 굴려보아 뒷면의 흰자위가 보이지 않으면 한 자리에 맴돌기만 하고 앞으로 나아가지 않는다. 눈동자는 노란빛을 띠어야 하고, 눈은 크고 빛나야 하며, 눈꺼풀은 두툼해야 한다. 눈 위의 흰자위 속에 횡근(橫筋)38이 있으면 하루에 500리를 갈 수 있고, 횡근이 위아래로 눈자위를 관통하면 하루에 1,000리를 갈 수 있다.

눈 안에 흰 실가닥[白縷] 같은 핏줄이 있으면 늙은 말이 낳은 말이다. 눈에 붉은 빛이 돌고 속눈썹이 어지러이 났으면 사람을 물어뜯는다. 속눈썹이 뒤집혔으면 잘 달리지만 사람을 해친다. 눈 아래에 횡모(橫毛)가 있으면 사람에게 이롭지 않다. 눈에 화(火)자와 같은 무늬가 있으면 40년을 산다.

눈꺼풀의 반쪽 길이가 0.1척이면 하루에 300리를 갈 수 있다. 눈은 길쭉하고 커야 한다. 가마가 눈 아래에 있으면 이를 '승읍(承泣)'이라 한다. 이런 말은 사람에게 이롭지 않다. 눈 속에 영롱한 다섯 빛깔을 모두 갖추고 있으면 하루에 500리를 갈 수 있으며, 90년을 살 수 있다.

年 ; 値眶骨中, 三十年 ; 値中眶下, 十八年. 在目下者, 不借.

睛却轉後白不見者, 喜旋而不前. 目睛欲得黃, 目欲大而光, 目皮欲得厚. 目上白中有橫筋, 五百里 ; 上下徹者, 千里.

目中白縷者, 老馬子. 目赤睫亂, 齧人. 反睫者, 善奔傷人. 目下有橫毛, 不利人. 目有火字在者[25], 壽四十年.

目偏長一寸, 三百里. 目欲長大. 旋毛在目下, 名曰"承泣", 不利人. 目中五采盡具, 五百里, 壽九十年.

---

38 횡근(橫筋) : 말의 눈알 가운데 흰자위에 얇게 드러워진 흰색 핏줄.
[25] 目有火字在者 : 《齊民要術·養牛·馬·驢·騾·相牛·馬及諸病方法》에는 "目中有火字者".

좋은 말은 대부분 적색을 띠며, 혈기(氣血)가 왕성하다. 둔한 말은 대부분 청색을 띠며, 간기(肝氣)가 왕성하다. 잘 달리는 말은 대부분 황색을 띠며, 장기(腸氣)가 왕성하다. 총명한 말은 대부분 흰색을 띠며, 골기(骨氣)가 왕성하다. 재주가 있는 말은 대부분 검으며, 신기(腎氣)가 왕성하다.

둔한 말은 채찍질을 해야만 부릴 수 있다. 털이 희고 눈이 검은 말은 사람에게 이롭지 않다. 눈에 흰자가 많고, 뒤를 돌아보는 습관이 있는 말은 사물을 두려워하고 잘 놀란다.

말의 귀는 양쪽 거리가 서로 가깝고 앞으로 세워지며, 작으면서 두터워야 한다. 말의 귀 뒤쪽에 돌출된 뼈의 두께가 0.1척이면 하루에 300리를 갈 수 있고, 0.3척이면 하루에 1,000리를 갈 수 있다.

귀는 작고 앞으로 쫑긋 솟아야 한다. 귀가 짧고 끝으로 가면서 줄어드는 듯한 모양을 띠면 좋은 말이다. 반면에 귀가 곧추 서면 둔한 말이고, 귀가 작으면서 긴 것도 둔한 말이다. 귀는 작고 두 귀 사이가 가까우면서, 그 모양이 대나무통을 잘라놓은 모양과 같아야 한다.

良, 多赤[26], 血氣也;駑, 多青[27], 肝氣也;走, 多黃, 腸氣也;材知, 多白, 骨氣也;材, 多黑, 腎氣也.

駑, 用策乃使[28]也. 白馬黑目, 不利人. 目多白, 却視有態, 畏物喜驚.

馬耳欲得相近[29]而前竪, 小而厚. 一寸, 三百里;三寸, 千里.

耳欲得小而前竦. 耳[30]欲得短殺者, 良;植者, 駑;小而長者亦駑. 耳欲得小而促, 狀如斬竹筒.

---

[26] 赤:저본에는 없음.《齊民要術·養牛·馬·驢·騾·相牛·馬及諸病方法》에 근거하여 보충.

[27] 青:저본에는 "赤青".《齊民要術·養牛·馬·驢·騾·相牛·馬及諸病方法》에 근거하여 수정.

[28] 使:저본에는 "使訛".《齊民要術·養牛·馬·驢·騾·相牛·馬及諸病方法》에 근거하여 수정.

[29] 相近:저본에는 "小而". 오사카본·《齊民要術·養牛·馬·驢·騾·相牛·馬及諸病方法》에 근거하여 수정.

[30] 耳:저본에는 "如". 오사카본·《齊民要術·養牛·馬·驢·騾·相牛·馬及諸病方法》에 근거하여 수정.

귀가 반듯한 말은 하루에 1,000리를 갈 수 있고, 귀가 대나무통을 잘라 놓은 듯하면 하루에 700리를 갈 수 있으며, 귀가 닭의 며느리발톱과 같으면 하루에 500리를 갈 수 있다.

말의 콧구멍은 커야 한다. 왕(王)자나 화(火)자와 같은 코 끝의 문양은 뚜렷해야 한다.

콧잔등의 문양이 왕(王)자나 공(公)자와 같으면 50년을 살 수 있고, 문양이 화(火)자와 같으면 40년을 살 수 있고, 문양이 천(天)자와 같으면 30년을 살 수 있고, 소(小)자와 같으면 20년을 살 수 있고, 금(今)자와 같으면 18년을 살 수 있고, 사(四)자와 같으면 8년을 살 수 있고, 택(宅)자와 같으면 7년을 살 수 있다. 코가 수(水)자 문양과 같으면 20년을 살 수 있다. 코는 넓고 반듯해야 한다.

입술이 이빨을 덮지 않는 말은 적게 먹는다.[39] 윗입술은 팽팽해야 하고, 아랫입술은 느슨해야 한다. 또한 윗입술은 반듯해야 하고, 아랫입술은 두텁고 주름이 많아야 한다. 그러므로 "입술이 나무판자나 가죽처럼[板鞭][40] 얇으면 마부가 운다."라 했다. 황색을 띤 말이 주둥이가 희면 사람에게 이롭지 않다.

입 안의 색깔이 불빛처럼 붉고 희어야 재주가 좋은 말로, 기운이 왕성하고 온순하면서도 오래 산다. 입 안의 색깔이 검은색에 가깝고 선명하지 않거나,

耳方者, 千里；如斬筒, 七百里；如鷄距者, 五百里.

鼻孔欲得大. 鼻頭文如王、火字, 欲得明.

鼻上文如王、公, 五十歲；如火, 四十歲；如天, 三十歲；如小, 二[31]十歲, 如今, 十八歲；如四, 八歲；如宅, 七歲；鼻如水文, 二十歲. 鼻欲得廣而方.

脣不覆齒, 少食. 上脣欲得急, 下脣欲得緩；上脣欲得方, 下脣欲得厚而多理. 故曰：「脣如板鞭, 御者啼.」黃馬白喙, 不利人.

口中色欲得紅白如火光, 爲善材, 多氣, 良且壽. 卽黑不鮮明, 上盤不通明, 爲

---

39 입술이⋯⋯먹는다：입술이 이빨을 덮을 수 없으면, 음식 섭취를 원활하게 할 수 없어 발육에 문제가 생긴다.

40 나무판자나 가죽처럼[板鞭]：판(板)은 널빤지를 가리키며, 제(鞭)는 소가죽으로 만든 신발이다. 얇은 입술을 비유한 것이다.

[31] 二：저본에는 "一". 《齊民要術·養牛、馬、驢、騾·相牛、馬及諸病方法》에 근거하여 수정.

윗턱에 주름이 많이 있어서 색깔이 선명하지 않으면 재주가 몹쓸 말로, 기운이 적고 오래 살지 못한다.

일설에 의하면, "말의 기운을 살펴볼 때는 입 안을 열어보았을 때, 홍백색을 띠어 마치 동굴 속에서 불빛을 보는 듯하면, 이는 모두 늙을 때까지 장수할 수 있는 말이다."라 했다.

또 다른 일설에 의하면, "입 안은 붉은 색을 띠어야 하며, 윗턱의 주름은 곧아야지, 끊어지거나 들쭉날쭉 해서는 안 된다. 입 안이 푸른빛을 띠면 30년을 살 수 있지만, 배 아래가 마치 무지개처럼 알록달록한 빛을 띠면 모두 수명을 다하지 못하고 어렸을 때에 죽는다. 주둥이는 길어야 한다. 입 안의 색깔은 선명해야 한다."라 했다.

가마가 입꼬리의 뒤쪽에 있는 말을 '함화(銜禍)'라 한다. 이런 말은 사람에게 이롭지 않다. 잇몸[刺芻]은 이빨의 아래까지 이르러야 한다【주 자추(刺芻)는 이빨 사이의 근육이다】. 이빨의 좌우가 어긋나서 서로 맞지 않으면 말을 부리기가 어렵다. 이빨이 조밀하지 않으면 오래되지 않아 병에 걸린다. 이빨이 입에 꽉 차지 않거나 두텁지 못하면 오랫동안 달리지 못한다.

惡材, 少氣, 不壽.

一曰:"相馬氣, 發口中, 欲見紅白色如穴中看火[32], 此皆老壽."

一曰:"口中欲正赤, 上理文欲使通直, 勿令斷錯. 口中靑者, 三十歲;如虹腹下, 皆不盡壽, 駒齒死矣. 口吻欲得長. 口中色欲得鮮好."

旋毛在吻[33]後, 爲"銜[34]禍", 不利人. 刺芻欲竟骨端【注 刺芻者, 齒間肉】. 齒左右蹉不相當, 難御. 齒不周密, 不久疾;不滿不厚[35], 不能久走.

---

[32] 火: 저본에는 없음.《齊民要術·養牛、馬、驢、騾·相牛、馬及諸病方法》에 근거하여 보충.

[33] 吻: 저본에는 "物".《齊民要術·養牛、馬、驢、騾·相牛、馬及諸病方法》에 근거하여 수정.

[34] 銜: 저본에는 "御".《農政全書·牧養·六畜》《齊民要術·養牛、馬、驢、騾·相牛、馬及諸病方法》에 근거하여 수정.

[35] 厚: 저본에는 "原".《齊民要術·養牛、馬、驢、騾·相牛、馬及諸病方法》에 근거하여 수정.

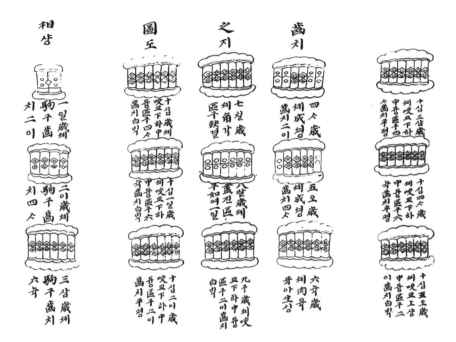

상마치법(相馬齒法, 말의 이빨 보는 법)(《마경초집언해(馬經抄集諺解)》)

말이 1세가 되면 위아래 잇몸에서 젖니가 각각 2개씩 난다.

2세가 되면 위아래 잇몸에서 이빨이 각각 4개씩 난다.

3세가 되면 위아래 잇몸에서 이빨이 각각 6개씩 난다.

4세가 되면 위아래 잇몸에서 간니[成齒][41]가 2개 난다【주 간니는 모두 3세가 지나 4세가 될 즈음에 비로소 나온다】.

5세가 되면 위아래 잇몸에서 간니가 4개 난다.

一歲, 上下生乳齒各二;

二歲, 上下生齒各四;

三歲, 上下生齒各六;

四歲, 上下生成齒二【注 成齒, 皆背三入四, 方生也】;

五歲, 上下著成齒四;

---

41 간니[成齒] : 젖니가 빠진 다음에 이를 대신하여 나는 영구치.

6세가 되면 위아래 잇몸에서 간니가 6개 난다 六歲, 上下著成齒六

【주 이때 양쪽 잇몸의 이빨이 누렇게 변하고, 이 【注 兩廂黃, 生區, 受麻
빨의 윗부분에는 삼씨가 한 톨 들어갈만 한 홈[區]이 子也】;
생긴다】.

7세가 되면 위아래 이빨 양쪽이 누렇게 변하고, 七歲, 上下齒兩邊黃, 各缺
각 이빨의 홈은 마모되면서 평평해져 좁쌀 한 톨이 區平, 受米;
들어갈만 해진다.

8세가 되면 위아래 이빨이 모두 홈이 생겨 보리 八歲, 上下盡區如一, 受
알 한 톨이 들어갈만 해진다. 麥;

9세가 되면 아랫잇몸 중앙에 있는 이빨 2개가 오 九歲, 下中央兩齒臼, 受
목하게 패여서 좁쌀 한 톨이 들어갈만 해진다. 米;

10세가 되면 아랫잇몸 중앙에 있는 이빨 4개가 十歲, 下中央四齒臼;
오목하게 패인다.

11세가 되면 아래 이빨 6개가 모두 패인다. 十一歲, 下六齒盡臼;

12세가 되면 아랫잇몸 중앙의 이빨 2개가 평평하 十二歲, 下中央兩齒平;
게 된다.

13세가 되면 아랫잇몸 중앙의 이빨 4개가 평평하 十三歲, 下中央四齒平;
게 된다.

14세가 되면 아랫잇몸 중앙의 이빨 6개가 평평하 十四歲, 下中央六齒平;
게 된다.

15세가 되면 윗잇몸 중앙의 이빨 2개가 오목하게 十五歲, 上中央兩齒臼;
패인다.

16세가 되면 윗잇몸 중앙의 이빨 4개가 오목하게 十六歲, 上中央四齒臼【注
패인다 【주 윗니를 살펴보려면 아랫니의 순서에 따른 若看上齒, 依下齒次第者】;
다】.

17세가 되면 윗잇몸 중앙의 이빨 6개가 모두 오 十七歲, 上中央六齒皆臼;
목하게 패인다.

18세가 되면 윗잇몸 중앙의 이빨 2개가 평평하게 된다.

十八歲, 上中央兩齒平;

19세가 되면 윗잇몸 중앙의 이빨 4개가 평평하게 된다.

十九歲, 上中央四齒平;

20세가 되면 윗잇몸 중앙의 이빨 6개가 평평하게 된다.

二十歲, 上 36 中央六齒平;

21세가 되면 아랫잇몸 중앙의 이빨 2개가 누레진다.

二十一歲, 下中央兩齒黃;

22세가 되면 아랫잇몸 중앙의 이빨 4개가 누레진다.

二十二歲, 下中央四齒黃;

23세가 되면 아랫잇몸 중앙의 이빨 6개가 모두 누레진다.

二十三歲, 下中央六齒盡黃;

24세가 되면 윗잇몸 중앙의 이빨 2개가 누레진다.

二十四歲, 上中央二齒黃;

25세가 되면 윗잇몸 중앙의 이빨 4개가 누레진다.

二十五歲, 上中央四齒黃;

26세가 되면 윗잇몸 중앙의 이빨 6개가 모두 누레진다.

二十六歲, 上中央六齒盡黃;

27세가 되면 아랫잇몸 중앙의 이빨 2개가 허예진다.

二十七歲, 下中二齒白;

28세가 되면 아랫잇몸 중앙의 이빨 4개가 허예진다.

二十八歲, 下中四齒白;

29세가 되면 아랫잇몸 중앙의 이빨이 모두 허예진다.

二十九歲, 下中盡白;

---

36 上:《齊民要術·養牛、馬、驢、騾·相牛、馬及諸病方法》에는 "上下".

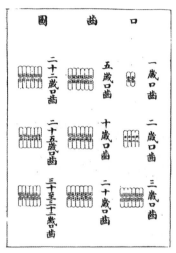

구치도(口齒圖. 말의 이빨 그림)(《설부(說郛)》)

30세가 되면 윗잇몸 중앙의 이빨 2개가 허예 진다.

三十歲, 上中央二齒白;

31세가 되면 윗잇몸 중앙의 이빨 4개가 허예 진다.

三十一歲, 上中央四齒白;

32세가 되면 윗잇몸 중앙의 이빨이 모두 허예 진다.

三十二歲, 上中盡白.

말의 목은 둥글면서 길어야 한다. 말의 목은 육 중해야 한다. 아래턱은 꺾여진 듯이 움푹 들어가야 하고, 앞가슴은 튀어나와야 하며, 앞가슴은 넓어야 한다. 목은 두텁고 강해야 한다. 가마[迴毛]가 목덜 미에 있으면 사람에게 이롭지 않다. 흰말에 검은 갈 기[髦]가 있으면 사람에게 이롭지 않다.

頸欲得䏹而長, 頸欲得重. 頷欲折, 胸欲出, 臆欲廣. 頸項欲厚而强. 迴毛在頸, 不利人. 白馬黑髦[37], 不利 人.

---

[37] 髦 : 저본에는 "毛".《齊民要術·養牛、馬、驢、騾·相牛、馬及諸病方法》에 근거하여 수정.

앞다리 어깨의 근육은 뒤쪽으로 젖혀져야[寧] 한다【주 녕(寧)은 뒤쪽을 향한다는 뜻이다】.

쌍부(雙鳬)는 크고 위로 솟아야 한다【주 쌍부는 가슴 양쪽의 근육이 물오리와 같은 형상을 띠고 있는 부위이다】.

등마루는 평평하고 넓어야 한다. 그래야 무거운 짐을 질 수 있다. 등은 평평하고 반듯해야 한다. 말 안장 아래쪽에 가마[迴毛]가 있는 말을 '부시(負尸)'라 한다. 이런 말은 사람에게 이롭지 않다.

뒤쪽에서부터 늑골을 세어보아 그 수가 10개이면 좋은 말이다. 일반적으로 늑골이 11개인 말은 하루 200리를 갈 수 있고, 12개인 말은 1,000리를 갈 수 있다. 늑골의 수가 13개가 넘으면 하늘이 내려준 말로서, 말 만 마리 가운데 단지 1마리 정도가 있을 뿐이다【주 다른 곳에서는 "늑골이 13개이면 500리를 갈 수 있고, 15개이면 1,000리를 갈 수 있다."라 했다】.

겨드랑이 아래에 가마[迴毛]가 있는 말을 '협시(狹尸)'라 한다. 이런 말은 사람에게 이롭지 않다. 좌측 옆구리에 흰털이 아래로 곧게 나 있는 말을 '대도(帶刀)'라 한다. 이런 말은 사람에게 이롭지 않다.

배 아래쪽은 평평해야 하고, 팔(八)자의 문양이 있어야 한다. 배 아래에 있는 털은 앞으로 향해 자라야 한다. 배는 큼직하면서 아래로 처져야 한다. 복부의 결맥(結脈)[42]은 많아야 한다. 대도근(大道筋)[43]

肩肉欲寧【注 寧者, 却也】.

雙鬼欲大而上【注 雙鬼, 胸兩邊肉如鬼】.

脊欲得平而廣, 能負重. 背欲得平而方. 鞍下有迴毛, 名"負尸", 不利人.

從後數其脅肋得十者, 良. 凡馬十一者, 二百里；十二者, 千里. 過十三者, 天馬, 萬乃有一耳【注 一云："十三肋, 五百里；十五肋, 千里也"】.

腋下有迴毛, 名曰"挾尸", 不利人. 左脅有白毛直下, 名曰"帶刀", 不利人.

腹下欲平, 有八字. 腹下毛欲前向. 腹欲大而垂. 結脈欲多. 大道筋欲大而直【注 大道筋, 從腸下抵

---

42 결맥(結脈) : 맥박의 탈락이 일어나는 복부 피하층의 정맥.
43 대도근(大道筋) : 가슴의 넓은 근육에서 배 부분의 일자근육이 발달하여 생긴 근육.

은 크면서 곧아야 한다【주 대도근은 배에서 그 아래 넓적다리에 이르는 근육이다】.

배 아래의 생식기 앞에서 양쪽으로 역모(逆毛, 거슬러 오르는 형태로 난 털)가 배까지 둘러 있는 말은 하루 1,000리를 갈 수 있고, 역모의 길이가 1척이면 500리를 갈 수 있다.

말의 삼봉(三封)은 한결같이 가지런해야 한다【주 삼봉은 곧 엉덩이 위쪽 뼈 3개이다】. 꼬리뼈는 높이 들리면서 동시에 아래로 처져야 한다. 꼬리 밑동[尾本]은 커야 하고, 꼬리 아래에는 털이 없어야 한다. 한구(汗溝, 땀이 흘러내리는 땀구멍)는 깊어야 한다. 엉덩이는 살이 많아야 한다. 음경은 굵고 커야 한다.

발굽은 두껍고 커야 한다. 발목[踠]44은 가늘고 탄력이 있어야 한다. 허벅다리뼈는 크고 길어야 한다. 꼬리 밑동은 크고 강해야 한다. 무릎뼈는 둥글고 길되, 크기는 술잔과 같아야 한다. 한구가 위를 향하여 꼬리 밑동까지 닿는 말은 사람을 밟아 죽일 수 있다.

두 다리에 경정(脛亭)45이 있는 말은 하루 600리를 갈 수 있다. 무릎이 굽어지는 곳에서 시작되는 가마

股者是】.

腹下陰前兩邊生逆毛入腸帶者, 行千里 ; 一尺者, 五百里.

三封欲得齊如一【注 三封者, 即尻上三骨也】. 尾骨欲高而垂. 尾本欲大, 尾下欲無毛³⁸. 汗溝欲得深. 尻欲多肉. 莖欲得粗大.

蹄欲得厚而大. 踠欲得細而促. 骼骨欲得大而長. 尾本欲大而強³⁹. 膝骨欲圓而長, 大如杯盂. 溝上通尾本者, 蹋殺人.

馬有雙脚脛亭, 行六百里. 迴毛起踠⁴⁰膝是也. 胜欲

---

44 발목[踠] : 발목의 둥근 관절 부위를 말한다.
45 경정(脛亭) : 무릎이 굽혀지는 곳사이에 생겨난 가마.
³⁸ 毛 : 저본에는 "尾". 《農政全書 · 牧養 · 六畜》·《齊民要術 · 養牛、馬、驢、騾 · 相牛、馬及諸病方法》에 근거하여 수정.
³⁹ 強 : 저본 · 《農政全書 · 牧養 · 六畜》에는 "張". 《齊民要術 · 養牛、馬、驢、騾 · 相牛、馬及諸病方法》에 근거하여 수정.
⁴⁰ 踠 : 저본에는 "腕". 오사카본 · 《齊民要術 · 養牛、馬、驢、騾 · 相牛、馬及諸病方法》에 근거하여 수정.

가 이것이다. 말의 종아리는 둥글면서 두껍고, 안쪽 근육이 잘 만들어져야 한다. 뒷다리는 굽고 곧추서야 한다. 앞다리[臂]는 크고 짧아야 한다. 정강이뼈[骹]는 작고 길어야 한다.

발목은 탄력이 있고 커야 한다. 그 사이에 밀치 끈[鞦]46이 딱 맞게 들어갈 정도면 된다. 오두(烏頭)는 높아야 한다【주 오두는 뒷발 바깥쪽의 관절이다】. 뒷발의 보골(輔骨)은 커야 한다【주 보골(輔骨)은 뒷발의 정강이 뒤쪽 뼈이다】.

뒤쪽 좌우 발이 희면 사람에게 이롭지 않다. 흰 말이 다리 4개가 검으면 사람에게 이롭지 않다. 황색을 띤 말이 주둥이가 희면 사람에게 이롭지 않다【안 이 두 구절은 중복해서 나왔다47】.

뒤쪽 좌우 발이 희면 부녀자를 죽일 수 있다.

말을 살필 때는 발굽 4개를 살펴본다. 뒷발 2개가 희면 늙은 말이 낳은 새끼이고, 앞발 2개가 희면 어린 말이 낳은 새끼 말이다. 털이 희면 늙은 말이다.

발굽 4개는 두껍고 커야 한다. 발굽 4개가 신을 세워놓은 듯이 뒤집어져 있다면, 이런 말은 노비가 타면 노비가 객사하고, 주인이 타면 주인은 사형을 당해 거리에서 목을 매달게 되므로, 길러서는 안 된

得圓而厚, 裏肉生焉. 後脚欲曲而立. 臂欲大而短. 骹欲小而長.

跐[41]欲促而大, 其間纔容鞦. 烏頭欲高【注 烏頭, 後足外節】. 後足輔骨欲大【注 輔[42]骨者, 後足骹之後骨】.

後左右足白者, 不利人. 白馬四足黑, 不利人. 黃馬白喙, 不利人【注 此二句, 重出】.

後左右足白, 殺婦.

相馬, 視其四蹄. 後兩足白, 老馬子;前兩足白, 駒馬子. 白毛者, 老馬也.

四蹄欲厚且大. 四蹄顚倒若竪履, 奴乘客死, 主乘棄市[43], 不可畜. 《伯樂相馬經》

---

46 밀치끈[鞦]:말이나 소의 꼬리 밑의 밀치에 걸어 안장 또는 길마에 잡아매는 끈.

47 이……나왔다:두 구절 가운데, 앞 구절은 바로 이어지는 "뒤쪽 좌우 발이 희면 부녀자를 죽일 수 있다(後左右足白, 殺婦)."를 가리키고, 뒷 구절은 앞 단락의 "황색을 띤 말이 주둥이가 희면 사람에게 이롭지 않다(黃馬白喙, 不利人)."를 가리킨다.

[41] 跐:저본에는 "腕". 《齊民要術·養牛、馬、驢、騾·相牛、馬及諸病方法》에 근거하여 수정.

[42] 輔:《齊民要術·養牛、馬、驢、騾·相牛、馬及諸病方法》에는 "輔足".

[43] 奴乘……棄市:《農政全書·牧養·六畜》에는 없음.

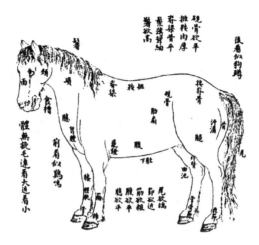

양마삼십이상(良馬三十二相. 좋은 말의 32가지 상)(설부(說郛))

다. 《백락상마경(伯樂相馬經)[48]》[49]

말의 32가지 상(相)[50]엔 눈이 우선이며,	三十二相眼爲先,
다음으로 머리와 얼굴 반듯하고 둥글어야 하네.	次觀頭面要方圓.
말의 상 보지 않고 값 먼저 치른다면,	相馬不看先代本,
어리석은 사람이 입으로 전하는 말 맹신함과 똑	一似愚人信口傳[44].
같으리.	
눈은 방울 드리운 듯이 자줏빛 선명하고,	眼似垂鈴紫色鮮,

---

48 백락상마경(伯樂相馬經) : 중국 전국(戰國) 시대의 말 감별인 백락(伯樂, ?~?)이 지은 책으로 알려졌다. 본 저서는 실전되었지만, 여러 책에 그 편린들이 부분적으로 남아 《백락상마경(伯樂相馬經)》 또는 《백락보금편(伯樂寶金篇)》 등의 이름으로 전해지고 있다.

49 출전 확인 안 됨 ; 《農政全書》 卷41 〈牧養〉 "六畜"(《農政全書校注》中, 1140~1145쪽) ; 《齊民要術》 卷6 〈養牛, 馬, 驢, 騾〉 "相牛、馬及諸病方法"(《齊民要術校釋》, 386~400쪽).

50 32가지 상(相) : 여기에서 말하는 32상이란 본문에서 언급한 말의 신체 부위인 머리[頭]·눈[眼]·눈동자[睛]·얼굴[面]·코[鼻]·입아귀[口又]·혀[舌]·입[口]·입술[脣]·볼때기[食槽]·목구멍[咽]·귀[耳]·목구멍뼈[嚥骨]·팔육(八肉)·용회(龍會)·목[項]·머리갈기[鬃]·등갈기[鬐]·장딴지[膞]·아래가슴[臆]·윗가슴[胸]·무릎[膝]·뼈[骨]·발굽[蹄]·체형[身形]·근골(筋骨)·안장을 얹는 살[排鞍肉]·삼봉(三峯)·아비(鵝鼻)·꼬리[尾]·아래쪽 관절[下節]·양자(羊髭)를 말하는 것으로 보인다.

44 傳 : 저본에는 "傅". 오사카본·《說郛·寶金篇》에 근거하여 수정.

눈뼈[51] 가득 눈동자가 볼록 나왔어도 놀란 듯하　　　滿筐凸出不驚然.
지는 않네.

흰 실가닥[白縷]이 눈동자 관통하면 500리 갈 수　　　白縷貫睛行五百,
있고,

콩을 뿌려놓은 듯한 반점은 같은 모양이 하나도　　　斑[45]如撒豆勿同看.
없다네.

얼굴은 날벽돌의 옆면이나 낫의 등처럼 곧아야　　　面若側墼[46]如鎌背,
하며,

코는 금잔(金盞) 같아 주먹을 감출 수 있어야 하리.　　　鼻如金盞可藏拳.

입아귀 깊어야 하고 어금니는 앞니와 멀어야 하며,　　　口叉須深牙齒遠,

혀는 검(劍) 드리운 듯하고 빛깔은 연꽃 같아야　　　舌如垂劍色如蓮.
하네.

입에 보조개[黑靨] 없으면 반드시 수명 길고,　　　口[47]無黑靨須長命,

입술은 상자를 여닫듯이 입 전체를 덮네.　　　唇似垂箱[48]蓋一般.

볼때기[食槽] 넓고 깨끗하며 뺨에 살 없고,　　　食槽寬淨顋無肉,

목구멍은 평평하면서 힘줄은 뚜렷하게 나뉘어야　　　咽要[49]平而筋有攔.
하리.

귀는 버드나무잎 같아 삼나무·대나무 잘라 놓은　　　耳如楊葉裁杉竹,
듯해야 하며,

목구멍뼈는 높으면서 부드러워 딱딱하지 않아야　　　嚥骨高而軟不堅.
하네.

팔육(八肉)52은 갈라져서 좌우로 굽어야 하며,   八肉分而彎左右,

용회(龍會)53는 높아야 한다고 예로부터 전해지지.   龍會高而上古傳[50].

목은 길어서 봉황 같고 굽어 있어야 하며,   項長如鳳須彎曲,

머리 갈기는 보드랍고 가늘어 솜과 같아야 하네.   鬃毛茸細要如綿.

등 갈기는 높고 장딴지는 윤기가 있으며 바람 맞는 부위 작아야 하며,   鬐高膊潤搶風小,

아래가슴[臆]은 높고 앞가슴[胸]은 넓으며 다리 앞은 넓적해야 하네.   臆高胸闊脚前寬.

무릎은 높으면서 손으로 움켜쥔 듯 둥글어야 하고,   膝要高而圓似掬,

뼈는 가늘고 힘줄은 굵직하며 관절은 모여 있어야 하네.   骨細筋麤節要攢.

발굽은 둥글고 실하면서 우뚝 서 있어야 하고,   蹄要圓實須卓立,

체형은 단단하게 펼쳐져 고르고 널찍해야 하리.   身形充闐要平寬.

근골(筋骨)은 활시위를 맨 듯 견고하고 빽빽해야 하며,   筋骨彎而須堅密,

안장 얹는 살은 두터워야 쇠로 만든 안장을 편안히 여기리.   排鞍肉厚穩金鞍.

삼봉(三峰)54은 편안하게 눌려져 뼈를 감추어야 하며,   三峯穩壓須藏骨,

누울 때는 원숭이 나무에서 떨어지듯하며 무겁기가 산과 같아야 하네.   臥如猿落重如山.

아비골(鵝鼻骨)55의 굽은 정도는 편안해야 하며,   鵝鼻曲直須停穩,

---

52 팔육(八肉) : 귀를 연결하는 근육.

53 용회(龍會) : 말의 이마 부위.

54 삼봉(三峰) : 척추를 가운데 두고 양쪽으로 엉덩이뼈가 볼록하게 솟아 있는 부위. 삼산골(三山骨)과 같은 부위이다.

55 아비골(鵝鼻骨) : 뒷다리에서 무릎 뒤쪽 정강이 부위.

[50] 傳 : 저본에는 "傅". 오사카본에 근거하여 수정.

꼬리는 유성처럼 흩어져 이어지지 않아야 하리.　尾似流星散不連.

살과 근육[膏筋]의 크기는 고르고 단단해야 하며,　膏筋大小須均壯,

아래쪽 관절에 모여든 힘줄은 늘어놓은 동전[錢]　下節攢筋緊一錢.

장식 하나처럼 팽팽해야 하네.

　양자(羊髭)[56]에 닭 며느리발톱 같이 엄발톱[57]이 있　羊髭有距如鷄距,

으면

　잘 달려서 1,000리를 갈 수 있으리.　能奔解走可行千[51].

　이전부터 귀하게 여긴 말의 상은 32개이나,　已前貴相[52]三十二,

　말 1만 중에 32상 모두 갖춘 1마리 고르기 어렵　萬中難選一俱全.

다오.《백락보금편(伯樂寶金篇)》[58]　《伯樂寶金篇》

　말의 32가지 상엔 눈이 보배이며,　三十二相眼爲珍,

　다음으로 머리와 얼굴 가지런해야 하네.　次觀頭面要停均.

　말의 상 보지 않고 값 먼저 치른다면,　相馬不看先代本,

　맹인이 걸어가는 대로 따라 걷기와 비슷하리.　亦似盲人信步行.

　눈은 방울 드리운 듯이 자줏빛이 배어 있고,　眼似重鈴紫色浸,

　눈동자는 콩 박힌 듯 분명해야 하네.　睛如徹豆要分明.

　흰 실가닥이 눈동자 관통하면 500리 갈 수 있고,　白縷貫睛行五百,

　눈동자에서 다섯 빛깔[59] 나면 오래 산다네.　瞳生五彩壽多齡.

　코에 글자 무늬 있으면 반드시 장수하며,　鼻紋有字須長壽,

　화(火)자나 공(公)자 있으면 40년 살으리.　如火如公四十春.

---

56 양자(羊髭):뒷발굽 위쪽 부위에 난 털. 일명 '엄의지'라 한다. 아래의 양수(羊鬚)와 같은 부위이다.

57 엄발톱:발굽 뒤쪽에 나 있는 작은 돌출부로, 퇴화되어 사용하지 않는 작은 발가락이다.

58 《居家必用事類全集》〈丁集〉"相馬法", 154쪽.

59 다섯 빛깔:청색·황색·홍색·백색·흑색의 5가지 색.

[51] 千:저본에는 "千里".《說郛·寶金篇》에 근거하여 수정.

[52] 相:저본에는 없음. 오사카본·《說郛·寶金篇》에 근거하여 보충.

수선(壽旋)60과 정수리[頂門]는 높아서 눈을 지나 치며,　　　　　　　　　　　　　　　　　壽旋頂門高過眼,

머리에 난 갈기 보드랍고 가늘어서 수많은 실오라기 갈라놓은 듯해야 하리.　　　　　　　　鬃毛茸細萬絲分.

얼굴은 털 벗긴 토끼처럼 뺨에 살 없어야 하며,　面如剝兎頰無肉,

코는 금잔(金盞) 같고 볼때기[食槽]는 가로 놓여야 하리.　　　　　　　　　　　　　　　　　鼻如金盞食槽橫.

귀는 버드나무잎 같고 귓뿌리를 손으로 움켜쥔 듯해야 하며,　　　　　　　　　　　　　　耳如楊葉根一握,

말머리는 봉황처럼 길어서 닭이 울 때와 비슷해야 하네.　　　　　　　　　　　　　　　頂長如鳳似鷄鳴.

입아귀는 깊어야 하고 어금니는 멀어야 하며,　口叉須深牙齒遠,

혀는 검(劍) 드리운 듯하고 빛깔은 연꽃 같아야 하네.　　　　　　　　　　　　　　　　　舌如垂劍色蓮形.

입에 보조개[黑黶] 없으면 반드시 수명 길고,　口無黑黶須長命,

입술은 상자[箱]를 여닫듯이 두 입술이 잘 맞아야 하네.　　　　　　　　　　　　　唇似垂箱[53]兩合停.

4가지가 크고 3가지가 높으며 2가지 작음을 겸해야 하고,　　　　　　　　　　　　四大三高兼二小,

2개는 길고 2개는 짧으며 하나는 구부러지고 평평해야 하리.61　　　　　　　　　　雙長兩短一彎平.

---

60 수선(壽旋): 콧잔등에서부터 눈 사이를 지나 이마로 이어지는 말 얼굴의 세로 중심선.

61 4가지가……하리: 말의 신체 가운데 커야 할 부위는, 코·발굽·눈·야안(夜眼, 말 무릎 관절에 생기는 피부 각질) 4가지이고, 높아야 할 부위는 머리·양육(陽肉)·발굽뼈 3가지이고, 작아야 할 부위는 성기[腎袋]와 귀 2가지이고, 길어야 할 부위는 목과 귀털 2가지이고, 짧아야 할 부위는 허리와 꼬리뼈 2가지이다. 구부러져야 할 부위는 뒷다리이고, 평평해야 할 부위는 배이다. 이는 좋은 말을 구하고자 할 때 반드시 살펴야 할 사항이다.

[53] 箱: 저본에는 "廂". 오사카본·《馬經·春集·相馬寶金歌》에 근거하여 수정.

수척함은 살에 드러나고 비대함은 뼈에 드러나면,	瘦見肉而肥見骨,
보아도 두려워하지 않고 들려도 놀라지 않네.	視而不懼聽無驚.
팔육(八肉)은 굽어서 귀 뒤편에서 나뉘고,	八肉彎而分耳後,
용회(龍會, 이마)는 높아야 한다고 예로부터 알려졌지.	龍會高而上古聞.
암컷 월따말[騮]62 한쪽 구석에 무리지어 달리려 하지 않고,	牝騮不欲偏多騾,
준마인 참마는 발굽을 차고 이를 갈며 잘 달리네.	驊騮蹄齧善能奔.
갈고리 같은 머리와 굽은 목에 삼봉(三峯)은 편안하고,	首鉤項曲三峯穩,
힘줄은 굵직하고 뼈는 가늘며 네 발굽은 경쾌하리.	筋矗骨細四蹄輕.
갈기 높고 아랫가슴 넓어 활 쏘는 궁수(弓手) 편안하고,	鬐高臆廣平弓手,
윗가슴 널찍하고 장딴지 사이 넓어 바람 맞는 부위 작다네.	胸寬膊闊小搶風.
머리 길고 허리 짧으며 쌍부(雙凫)가 크고,	頭[54]長腰短雙凫大,
배 늘어지고 정강이 작으며 역모(逆毛)가 나 있네.	腹垂臁小逆毛生.
발을 구부렸다 멈추면 1촌 정도 오그라들고 발굽은 굳세며,	跐停寸緊蹄堅寔,
무릎은 높고 마디는 가까우며 뼈와 힘줄이 나뉘네.	膝高節近骨筋分.
갈비뼈가 활시위 멘 듯 팽팽하여 빽빽하게 들어차야 하고,	肋骨彎而須緊密,
안장 얹는 곳의 근육은 두툼해야 안장 얹고 수레 끌 때 편안하리.	排鞍肉厚穩鞍輪.

---

62 월따말[騮]:털빛이 붉고 갈기가 검은 말.
54 頭:저본에는 없음. 오사카본·《馬經·春集·相馬寶金歌》에 근거하여 보충.

성기[腎袋] 작게 감추어져 조문할 때 삼가는 듯하고, 　　　　腎袋小藏如弔殼,

불알[裏囊] 크게 드리워져 방울 단 듯해야 하네. 　　　　裏囊垂大若懸鈴.

연골(燕骨) 은미하게 감추어지고 삼산골(三山骨)63 　　　　燕骨隱微三山小,
작아야 하며,

사타구니는 비파(琵琶)와 비슷하고 뒷모습 개가 　　　　胯似琵琶後犬蹲.
쭈그린 듯해야 하리.

꼬리는 유성처럼 가늘게 흩어져야 하고, 　　　　尾似流星須放細,

아비골(鵝鼻骨)의 굽은 정도는 적당하고 한구(汗溝) 　　　　鵝鼻曲直汗溝深.
는 깊어야 하네.

뼈와 힘줄의 크기는 고르고 단단해야 하며, 　　　　骨筋大小須均壯,

체형은 단단하게 펼쳐져 널찍하고 평평해야 하리. 　　　　身形充闊要寬平.

이상의 모습은 모두 준마이니, 　　　　已上毛骨皆是駿,

노둔한지 날렵한지는 이제 더 자세히 살펴봐야 　　　　還將駑逸細推尋.
하네.

허리 움푹하고 척추 활처럼 휘면 어찌 멀리 달리 　　　　腰凹脊弓焉致遠,
겠으며,

굵은 발굽이 눌려 구부러졌으면 어찌 잘 달릴 수 　　　　麤蹄捲踠豈能奔?
있으리?

머리 희고 몸 검으면 금해야 하며, 　　　　白首黑身須可忌,

은종마(銀鬃馬)64나 옥정마(玉頂馬)65가 꼭 좋지는 　　　　銀鬃玉頂⑤⑤不須欽.
않다네.

뺨이 터지고 외발굽66이면 참으로 길하지 않고, 　　　　破臉孤蹄眞未吉,

---

63 삼산골(三山骨): 척추를 가운데 두고 양쪽으로 엉덩이뼈가 볼록하게 솟아 있는 부위. 앞의 삼봉(三峰)과
　　같다.

64 은종마(銀鬃馬): 갈기와 꼬리가 은색 빛깔을 띤 말.

65 옥정마(玉頂馬): 정수리가 옥처럼 밝게 빛나는 말. 소태성마(小台星馬)라고도 한다.

66 외발굽: 정상인 발굽은 내발굽과 외발굽 2개로 이루어지는데, 그 중 하나 밖에 없는 발굽.

⑤⑤ 頂: 저본에는 "項".《馬經抄集諺解·相凶馬法》에 근거하여 수정.

귀 희고 허리 얼룩덜룩하면 진실로 흉하네.　　　　耳白腰花實是凶.

콧물 흘러 정수리에 묻은 얼룩 좋다 하지 말며,　　流鼻綉頂休呼美,

눈망울 뽀얗고 고리눈[67]이면 높이 치지 마라.　　沙睛[56]環眼莫高稱.

얼굴 짧고 얼굴뼈 빗겨 있으면 참으로 나쁘며,　　面短骨橫眞可惡,

눈 움푹하고 살 없으면 친해질 수 없으리.　　　　眼深無肉不堪親.

볼때기[食槽] 작고 입 얕으면 잘 먹지 않을 때 많고,　槽微口淺多無食,

뒷다리 거칠고 발굽 크면 진실로 잘 걷지 못하네.　腿龘蹄大實無行.

특이한 털모양 넓게 도는 가마 진귀하다 과시 말며,　毛殊旋廣休誇貴,

발굽 길어 굽고 무르면 준마라 할 수 없네.　　　　寸長踠軟莫稱駿.

등 곧고 꼬리 높다고 좋다 말하지 말며,　　　　背直尾高休言美,

귀 크고 머리 비대하면 좋다고 할 수 없으리.　　耳大頭肥不足欽.

양의 눈동자에 코끼리 눈이면 힘이 전혀 없고,　羊睛象目遙無力,

멧돼지 사타구니에 낙타 허리라면 잘 달리지 못　　猪胯駝腰不善奔.
하리.

용 머리뼈에 눈 튀어나오면 태생적으로 빠르며,　龍顱突目天然快,

노루 머리에 사슴 귀이면 추풍(雛風)[68]이라 한다네.　獐頭鹿耳號雛風.

동공 가운데에 힘줄이 드러나면 범상한 상 아니며,　孔中筋現非常相,

눈에 눈동자 둘이라면 가볍게 보지 말라.　　　目有重瞳勿視輕.

오줌을 개처럼 다리 들고 누는 말 참으로 얻기 어　溺而似犬眞難得,
려우며,

귓털 길이 1척이면 말 값 천금이라네.　　　　耳毫一尺値千金.

막 태어났을 때 털 없으면 용자(龍子, 용의 새끼)라　初産無毛稱龍子,
하며,

---

67 고리눈 : 눈동자의 둘레에 흰 테가 둘린 눈.

68 추풍(雛風) : 미상. 《마경초집언해(馬經抄集諺解)》〈상양마법(相良馬法)〉의 각주에는 "검푸른 털에 흰 털이
섞인 말"이라 풀이했다.

56 睛 : 저본에는 "項". 《馬經抄集諺解·相凶馬法》에 근거하여 수정.

불거진 뼈가 쌍으로 나도 용구(龍駒, 준마)라 하네.　　骨角雙生亦號龍.

귀는 0.1척이 안 되도 1,000리를 가는 말은　　　耳微一寸行千里,

오줌발이 앞발을 반 걸음 지날 만큼 세다네.　　　溺過前足半前程.

양수(羊鬚)[69]에 엄발톱 달렸으면 300리를 달리고,　羊鬚有距馳三百,

엄발톱이 닭 며느리발톱 같으면 하루에 1,000정　距如鷄爪日千程.

(程)[70]을 달리리.

이전부터 귀한 상(相)은 문헌에 분명하게 실려 있　已前貴相分明載,

으니,

고전으로 전해져 만세토록 따른다오.　　　　　　古典流傳萬世遵.

【주】 원문의 '환장(還將)'부터 '불선분(不善奔)'까지의　【注】自'還將'至'不善奔'一

19구[71]는 모두 나쁜 상이다. 그 앞뒤로는 모두 좋은　十九句皆惡相. 篇前後皆

상이다】《보금가(寶金歌)[72]》[73]　　　　　　　　善相》《寶金歌》

귀 작고 귓뿌리 한 움큼이며,　　　　　　　　　耳小根一握,

머리 길고 코 널찍해야 하리.　　　　　　　　　頭長鼻要寬.

그러면 하루에 300리 갈 수 있고,　　　　　　　能行三百里,

풀어서 세워두면 네 발굽이 모여 있다네.【첫 번　解立四蹄攢.【一】

째이다】

가슴 앞쪽 탁 트여 있더라도　　　　　　　　　臆前雖闊備,

눈 밝게 빛나고 배 평평해야 하리.　　　　　　　眼曠腹須平.

목 길고 근육과 뼈 탄력이 있으며,　　　　　　　項長筋骨促,

69　양수(羊鬚): 뒷발굽 위쪽 부위의 털. 앞의 양자(羊髭)와 같은 신체 부위이다.

70　정(程): 길이의 단위. 여기서는 리(里)와 같은 뜻으로 쓰였다.

71　환장(還將)부터……19구: 윗단락의 "노둔한지 날렵한지는 이제 더 자세히 살펴봐야 하네(還將駑逸細推尋)."에
　　서부터 "멧돼지 사타구니에 낙타 허리라면 잘 달리지 못하리(猪胯駝腰不善奔)."까지의 19구절을 가리킨다.

72　보금가(寶金歌): 중국 당나라의 서성(徐成, ?~?)이 지은 가결.

73　《馬經》〈春集〉"相馬寶金歌"(《新刻參輔馬經大全》, 41~43쪽);《馬經抄集諺解》上卷〈相良馬法〉, 25~41쪽.

꼬리뼈는 짧아야 좋다네. 【두 번째이다】   尾骨短爲精. 【二】

사슴 귀이면 태생적으로 빠르며,   鹿耳天然快,
노루 머리이면 가장 강하다네.   獐頭第一强.
발굽질이 경쾌하고 허리도 짧으면   蹄輕腰又短,
백락(伯樂)[74] 역시 좋다 했다오. 【세 번째이다】   伯樂亦稱良. 【三】

코 위에 '왕(王)'자 무늬 있고   鼻上紋王字,
눈동자 가운데에 푸른 테두리 들어와 있네.   目中靑暈侵.
비록 그렇더라도 힘줄과 뼈 있어야 하고,   雖然有筋骨,
다시 한구(汗溝) 깊어야 하리. 【네 번째이다】   更要汗溝深. 【四】

처음 태어났을 때 털 없으면   初生無毛者,
백락은 '용구(龍駒, 준마)'라 불렀지.   伯樂號龍駒.
칠조(七朝)[75]만에야 비로소 일어난 일이니,   七朝方始起,
천 필에 한 마리도 없으리. 【다섯 번째이다】   千匹也應無. 【五】

가까이 보면 작은 듯해도,   近看雖似小,
멀리 보면 도리어 높아 보이네.   遠望却成高.
매우 힘 센 말 있음을 알아야 하니,   要知深有力,
배 위로 털이 거슬러 난 말이지. 【여섯 번째이다】   腹上逆生毛. 【六】

발굽 크고 또한 부드러우며,   蹄大蹄又軟,

---

74 백락(伯樂) : ?~?. 중국 전국시대의 말 감정가. 성이 손(孫)이고, 이름은 양(陽)이다. 말을 감정하는 능력이 뛰어나, 말의 관상을 한 번 보면 말의 성질과 정력을 정확하게 파악했다고 한다.
75 칠조(七朝) : 미상. 왕량(王良, ?~?)은 진(晉)나라의 유명한 말몰이꾼이므로, 문맥상 진(晉)나라의 7대조를 가리키는 것으로 추정된다.

배 탁 트인데다 허리 길쭉하네.　　　　　　　　　　腹闊更腰長.

길 갈 때 느리게 걷거나 급히 달리지 않더라도　　　行時無步驟,

어찌 굳이 백락[孫陽]에게 좋은 말인지 묻겠는가?　　何必問孫陽?【七】

【일곱 번째이다】

입술 얇으면 잘 먹지 못하고,　　　　　　　　　　口淺不能食,

눈 깊숙하면 사람 무는 경우 많지.　　　　　　　　眼深多咬人.

돼지 무릎이면 무거운 짐 지기 어려우니,　　　　　豬膝難任重,

어찌 먼 길 갈 수 있겠는가?【여덟 번째이다】　　　焉堪致遠行?【八】

장수하는 말이 있음을 알아야 하니,　　　　　　　要知有壽馬,

입술의 움직임이 적고 입이 반듯한 말이지.　　　　脣慢口方停.

양의 눈과 같은 말도 좋으니,　　　　　　　　　　好是如羊目,

필량(驆良)[76]도 오래 산다오. 【아홉 번째이다】　　驆良壽亦長.【九】

용의 모습 같은 말 있지 않아도　　　　　　　　不在如龍狀,

준마[追風][77]는 예로부터 불려왔다네.　　　　　　追風號古來.

눈앞의 털과 뼈 뛰어나다면　　　　　　　　　　目前毛骨駿,

노둔한 말과는 견줄 수 없으리.【열 번째이다】　　未可比駑駘.【十】

《왕량백일가략상편(王良百一歌略相篇)[78]》[79]　　《王良百一歌略相篇》

수화(水化)가 분명해야 한다. 수화는 말의 콧구멍　　水火欲分明, 水火在鼻孔兩

---

76 필량(驆良):미상. 문맥상 거둥길에 모는 좋은 말로 추정된다.

77 준마[追風]:걸음이 매우 빠른 말.

78 왕량백일가략상편(王良百一歌略相篇):미상. 중국 춘추 시대에 진(晉)나라의 대부인 조간자(趙簡子, ?~B.
　C. 475) 밑에서 말을 몰던 왕량(王良, ?~?)의 이름을 가탁하여 저술한 책으로 추정된다.

79 《說郛》卷107〈相馬書〉“王良百一歌”(《文淵閣四庫全書》882, 217~218쪽).

양쪽 사이이다. 윗입술은 팽팽하면서 반듯해야 하고, 입 안은 붉으면서 광택이 돌아야 한다. 이런 말은 하루에 1,000리를 갈 수 있다. 턱 아래는 깊어야 하고, 아랫입술은 부드러워야 한다.

어금니는 앞을 향해 나와야 한다. 어금니는【유반(劉攽)[80]은 "어금니는 앞니와의 거리가 넓게 떨어져야 한다."[81]라 했다】앞니와의 거리가 0.1척 정도 떨어져야 한다. 그러면 하루에 400리를 갈 수 있다. 어금니가 칼날 같은 말이면 하루에 1,000리를 갈 수 있다.

눈은 눈뼈에 가득차면서 광택이 돌아야 하고, 배는 꽉 차야 하고, 허구리[臁]는 작아야 하며, 계륵(季肋, 갈비뼈의 끝부분)은 길어야 한다. 현박(縣薄)은【현(縣)은 다른 곳에서는 수(垂)라고도 했다】두텁고 부드러워야 한다. 현박은 넓적다리이다.

배 아래는 평평하고 가득차야 하고, 한구(汗溝)는 깊숙하고 길어야 한다【유반(劉攽)은 "'이(而)'자는 '장(長)'자 위에 있어야 한다."[82]라 했다】. 무릎뼈는 세워져야 하고, 무릎 관절과 겨드랑이는 열려 있어야 하며, 무릎은 반듯해야 한다. 발굽은 0.3척 정도 두께가 돌처럼 단단해야 한다.《마원동마상법(馬援銅馬相

間也. 上脣欲急而方, 口中欲紅而有光, 此馬千里. 頷下欲深, 下脣欲緩.

牙欲前向, 牙欲【劉攽曰："牙欲去齒之欲衍."】去齒一寸, 則四百里. 牙劍鋒則千里.

目欲滿而澤, 腹欲充, 臁欲小, 季肋欲長. 縣【縣一作垂】薄欲厚而緩, 縣薄, 股也.

腹下欲平滿, 汗溝欲深長, 而【劉攽曰："而當在長字上."】膝本欲起, 肘腋欲開. 膝欲方, 蹄欲厚三寸堅如石.《馬援銅馬相[57]法》

80　유반(劉攽)：1023~1089. 중국 북송의 관리. 사마광(司馬光)을 도와《자치통감(資治通鑑)》의 한사(漢史) 부분을 전담했다. 저서로《팽성집(彭城集)》·《공비집(公非集)》·《중산시화(中山詩話)》등이 있다.

81　어금니는⋯⋯한다：《齊民要術》卷6〈養牛, 馬, 驢, 騾〉"相牛, 馬及諸病方法"《齊民要術校釋》, 390쪽).

82　이(而)자는⋯⋯한다：《齊民要術》, 위와 같은 곳.

[57]　銅馬相：저본에는 "相銅馬".《太平御覽·獸部·馬四》에 근거하여 수정.

法)[83]》[84]

머리는 작아야 하고, 살은 가죽을 벗긴 토끼 대
가리 같아야 한다. 입 안은 선명해야 한다. 혀는 반
듯하면서 얇고, 길면서 크되, 색깔은 주사(朱砂, 입술
이나 뺨에 찍는 붉은 빛깔의 염료)처럼 붉어야 한다. 《안기
서(安驥書)[85]》[86]

頭宜少, 肉如剝兔頭. 口中
欲鮮明. 舌欲方而薄, 長而
大如朱. 《安驥書》

한구(汗溝, 땀골)는 대나무를 베어 놓은 듯 깊고 분
명해야 한다. 입 안의 색깔이 해와 달이 빛나는 듯
한 말은 하루에 1,000리를 갈 수 있다. 입 안이 검은
말은 '어오(御烏)'라 한다. 이런 말은 수명이 짧다. 흰
이마에 주둥이가 들어간 말을 '매안(梅雁)'이라 하고,
일명 '적로(的盧)'이다. 《국헌가유(國憲家猷)[87]》[88]

汗溝欲深入如斬竹. 口中
色如日月光者, 行千里. 口
中有黑者, 曰"御烏", 短壽.
白額入口, 名"梅雁", 一名
"的盧". 《國憲家猷》

잘 달리는 말은 앞발굽의 자국이 땅에 찍힌 곳을
살펴보면 뒷발굽의 자국이 도리어 앞발굽 자국의
앞에 있다. 이를 '과조(跨竈, 조문을 넘음)'라 한다. 말발
굽 아래의 양쪽 텅 빈 공간을 '조문(竈門)'이라 하기
때문이다. 《해객일담(海客日談)[89]》[90]

善走之馬, 前蹄之痕印地,
則後蹄之痕反在前蹄之先,
謂之"跨竈". 馬蹄之下有兩
空處, 名曰"竈門". 《海客
日談》

---

83 마원동마상법(馬援銅馬相法) : 미상. 중국 후한의 무장인 마원(馬援, ?~49)이 지은 책으로 추정된다.
84 《太平御覽》 卷896 〈獸部〉 8 "馬四"(《文淵閣四庫全書》 901, 67쪽).
85 안기서(安驥書) : 미상. 마의서(馬醫書)인 《사목안기집(司牧安驥集)》으로 추정된다.
86 출전 확인 안 됨 : 《五禮通考》 卷244 〈軍禮〉 12 "馬政"上(《文淵閣四庫全書》 141, 689쪽).
87 국헌가유(國憲家猷) : 중국 명나라의 학자 왕가대(王可大, 17세기 경 활동)가 편찬한 책. 여러 고사를 모아
   서 주제별로 분류했으며, 총 56권으로 구성되어 있다.
88 출전 확인 안 됨 : 《五禮通考》, 위와 같은 곳.
89 해객일담(海客日談) : 중국 청나라의 의원인 왕지(王芝, ?~?)가 저술한 의서로, 총 6권으로 구성되어 있다.
90 출전 확인 안 됨 : 《五禮通考》, 위와 같은 곳.

말을 손쉽게 고르는 법: 머리는 높고 준엄해야 한다. 얼굴은 여윈 듯이 살이 적어야 한다. 눈 아래에 살이 없으면, 대부분 사람을 문다. 앞가슴은 탁 트여야 한다. 늑골의 개수는 12개를 넘어야 좋다.

삼산골(三山骨)이 평평해야 하니, 그러면 살이 잘 찐다. 네 발굽은 가지런하고 단단해야 하니, 그러면 무거운 짐을 질 수 있다. 배 아래에 양쪽으로 난 역모(逆毛)가 자라서 허구리까지 이른 말이 좋다. 《편민도찬(便民圖纂)》[91][92]

오명(五明)[93]은 국마(國馬, 나라에서 키우는 말)로 삼는다. 네 발이 희면 말을 버린다. 세 발이 희면 직접타도 좋다. 두 발이 희면 재빨리 버린다. 발 하나가 희면 남겨둔다.

가결(歌訣)에 "일명(一明, 발 하나가 흰 말)이면 남겨두고, 이명(二明, 두 발이 흰 말)이면 버리고, 삼명(三明, 세 발이 흰 말)이면 거두고, 사명(四明, 네 발이 흰 말)이면 팔아버리며, 오명(五明)이면 국마로 삼아 왕후를 태운다."라 했다. 《농정전서》[94]

북방 사람들이 말을 살피는 법: 나이를 가늠할 때는 이빨을 보지 않고 그 눈을 본다. 사람이 말의

看馬捷法：頭欲高峻. 面欲瘦而少肉. 眼下無肉, 多咬人. 胸堂欲闊. 肋骨過十二條者良.

三山骨欲平, 則易肥. 四蹄欲注實, 則能負重. 腹下兩邊生逆毛到膁者良.《便民圖纂》

五明爲國馬, 四足白去之, 三足白可自乘, 二足白速去之, 一足白留之.

訣曰："一明留, 二明丟[58], 三明收取, 四明售, 五明國馬, 載王侯."《農政全書》

北方人相馬之法：老㹀, 不于其齒而于其目. 人與目

---

91 편민도찬(便民圖纂)：중국 명나라의 관리인 광번(鄺璠, 1465~1505)이 편찬한 책. 농사에 필요한 지식을 그림과 함께 수록했다.

92 출전 확인 안 됨；《農政全書》卷41〈牧養〉"六畜"(《農政全書校注》中, 1145쪽).

93 오명(五明)：네 다리와 이마까지 희고 온몸이 검은 말.

94 《農政全書》卷41〈牧養〉"六畜"(《農政全書校注》中, 1146쪽).

58 丟：저본에는 "去".《農政全書·牧養》에 근거하여 수정.

눈을 마주보고 말이 사람의 몸을 볼 때에, 머리에서부터 허리를 보면 2~3세 사이이고, 머리에서부터 배를 보면 5~6세 사이이고, 머리에서부터 가슴을 보면 7~8세 사이이고, 사람의 머리만 보면 이 말은 10세이다.

이 범주를 벗어나면 여기에 또 다른 요소가 가미된 것이다. 그러면 나이를 헤아릴 수 없다.《경재고금주(敬齋古今黈)》[95][96]

對, 視己之身, 自首見腰, 則二三歲之交;自首見腹, 則五六歲之交;自首見胸, 則七八歲之交;止見其首, 則此馬十歲矣.

過是以往, 又加以溟涬焉, 則不可得以年矣.《敬齋古今黈》

---

95 경재고금주(敬齋古今黈):중국 원나라의 학자 이치(李治, 1192~1279)의 문집으로, 총 8권으로 구성되어 있다.
96 《敬齋古今黈》卷4 (《叢書集成初編》216, 43쪽).

3) 말 기르기 총론

調養總論

말은 오행 가운데 화(火)에 속하는 가축이다. 따라서 그 본성이 습한 기운을 싫어하고 높고 건조한 장소에 머물기를 좋아한다. 밤낮으로 잘 먹여야 하고, 2월[仲春]에 무리를 이루게 하는 이유는 대개 그 본성을 따르기 위함이다. 3월[季春]에 반드시 잘 먹여야 하는 이유는 말이 여윌까 염려되기 때문이다.

馬者, 火畜也. 其性惡濕, 利居高燥之地. 日夜餵飼, 仲春群, 蓋順其性也. 季春必喰, 恐其退也.

한여름 낮에는 말을 반드시 물가로 끌고 가서 몸을 적셔주어야 한다. 말이 더위에 상할까 염려되기 때문이다. 12월[季冬]에는 말의 몸을 점차 덮어주어야 한다. 말이 추위에 상할까 염려되기 때문이다. 돼지쓸개나 개쓸개를 사료와 섞어 먹이는 이유는 말을 살찌우기 위함이다.

盛夏午間, 必牽於水浸之, 恐其傷于暑也. 季冬稍遮蔽之, 恐其傷于寒也. 喰以豬膽、犬膽和料餵之, 欲其肥也.

사료를 먹일 때는 반드시 신선한 풀을 골라 먹이고, 콩은 키질하여 잡물을 걸러내고 먹인다. 익힌 사료를 먹일 경우에는 새로 길어온 물에 담갔다가 식힌 다음에야 비로소 먹일 수 있다. 하룻밤에 반드시 2~3차례 일어나서 풀과 사료를 먹여야 한다. 날씨가 더울 때는 익힌 사료를 첨가해서는 안 되고, 완두(豌豆)나 보리[大麥] 등의 종류를 날것으로만 먹여도 좋다.

餵料時, 須擇新草, 篩簸豆料. 若熟料, 用新汲水浸淘放冷, 方可餵飼. 一夜須二三次起, 餵草料. 若天熱時, 不宜加熟料, 止可用豌豆、大麥之類生餵.

여름에는 아침부터 저녁까지 물을 3차례 먹여야 하지만, 가을과 겨울에는 1차례만 먹여도 좋다. 물을 먹일 때는 새로 길어온 물을 먹여야 한다. 묵은 물을 먹이면 말을 병들게 한다. 겨울에는 물을 다 먹

夏月自早至晚, 宜飲水三次, 秋冬只飲一次可也. 飲宜新水, 宿水能令馬病. 冬月飲畢, 亦宜緩騎[59]數里.

---

[59] 騎 : 저본에는 없음. 《便民圖纂·牧養類·養馬法》에 근거하여 보충.

굴레(국립민속박물관)

뱃대끈(국립민속박물관)

인 다음 또한 천천히 몇 리를 몰고 가야 한다. 안장을 벗기고는 말을 처마 아래에 두어서는 안 되니, 바람이 불면 병이 나기 때문이다. 《편민도찬(便民圖纂)》[97]

卸鞍, 不宜當簷下, 風吹則成病.《便民圖纂》

일반적으로 동물들의 성질은 또한 사람과 마찬가지이다. 고달프면 쉬고 싶고, 답답할 때는 탁 트인 장소를 찾고 싶고, 구부러진 곳은 펴고 싶고, 간지러우면 긁고 싶어지는 법이다.

凡物之性, 亦與人同. 勞則思逸, 鬱則思暢, 曲則思舒, 痒則思摩.

비록 마시고 먹을 때에는 사람에게 의지하더라도 때로는 제 신명을 풀고 싶은 경우가 있다. 그러므로 반드시 이따금 굴레[98]와 고삐를 풀어서 물가와 같은 곳에 뛰어놀게 하여 답답한 기운을 풀게 해주어야 한다. 이는 동물의 본성에 따라 말의 기분을 맞추어 주기 위함이다.

雖飲吃待人, 亦有時乎自求愉快. 故必時解其羈紲, 放之水澤之間以散其愁鬱之氣. 此所以順物之性, 而適其意也.

---

97 《便民圖纂》卷14〈牧養類〉"養馬法"(《中國農書叢刊》, 209쪽).

98 굴레 : 말이나 소 따위를 부리기 위하여 머리와 목에서 고삐에 걸쳐 얽어매는 줄.

그러나 우리나라에서 말 기르는 법은 오직 뱃대 끈[99]이나 굴레가 단단히 매어지지 않았는지 만을 생각하여 졸라맨다. 이 때문에 말은 빠르게 달릴 때도 고삐나 굴레가 조여지는 고통에서 벗어날 수 없고, 쉴 때에도 땅에 뒹굴거나 바닥을 긁는 재미를 느껴볼 수 없다.

게다가 사람과 말 사이에는 서로 뜻이 통하지 못하여 사람은 툭하면 말에게 욕하고, 말은 항상 부리는 사람을 원망하여 노한 상태이다. 이는 말을 기르는 방법이 잘못된 것이다. 《열하일기(熱河日記)[100]》[101]

吾東牧馬之法, 惟思絆繫之不固. 馳驟之時, 不離牽控之苦 ; 休息之際, 未獲驪靡之樂.

人與馬不相通志, 人輕呵叱, 馬常怨怒. 此其牧御乖方也.《熱河日記》

---

4) 종마(種馬) 얻는 법

3월에 준마[龍駒]의 암컷과 수컷을 짝지어준다. 나귀와 말의 암컷과 수컷을 짝짓는 시기는 3월 3일이 가장 좋다. 《예기(禮記)》〈월령(月令)〉[102]에 "3월[季春]에 짝을 찾는 소[累牛]와 발정난 말[騰馬]을 짝 지워주기 위해【안 〈월령〉편 주(注)에 '누(累)와 등(騰)은 모두 짝을 지으려 발정이 난 상태의 명칭이다'[103]라 했다】우리에서 암컷을 끌어내서 수컷을 찾아다니도록 목장에 풀어 놓는다.

5월[仲夏]에 수컷을 찾아다니던 풀어 놓은 암컷이 임신을 하여 무리에서 떼어놓으면, 발정이 난 수컷을 잡아맨다."[104]라 했다. 《사시유요》[105]

말은 커야지 작아서는 안 되며, 건장해야지 약해서는 안 되며, 날랜 준마를 구해야지 둔한 말을 구해서는 안 된다. 조선에서 말을 사육하는 목장이라고는 오직 탐라(耽羅)[106]가 가장 큰 곳인데, 이곳에 있는 말들은 모두 원(元)나라 세조(世祖)[107]때 방목한 종자이다.

그러나 400~500년의 세월이 흐르는 동안 그 종

取種法

三月收合龍駒. 合驢馬之牝牡, 此月三日爲上. 《月令》"季春之月, 乃合累牛、騰馬【按《月令》注'累、騰皆乘匹之名'】, 遊牝于牧.

仲夏之月, 遊牝別群, 則繫騰駒." 《四時類要》

馬要大不要小, 宜健不宜弱, 求駿不求駑. 我東牧場, 惟耽羅最大, 而馬皆元世祖所放之種也.

四五百年之間, 不易其種,

---

102 월령(月令):《예기(禮記)》의 편명으로, 매월 정치 및 농업 전반 행사에 관한 설명이 적혀 있다.

103 누(累)와……명칭이다:《禮記注疏》卷15〈月令〉(《十三經注疏整理本》13, 571쪽).

104 3월[季春]에……잡아맨다:《禮記正義》卷15〈月令〉(《十三經注疏整理本》13, 571쪽).

105 출전 확인 안 됨:《齊民要術》卷6〈養牛、馬、驢、騾〉"相牛、馬及諸病方法"(《齊民要術校釋》, 384쪽);《農桑輯要》卷7〈孳畜〉"馬"(《文淵閣四庫全書》730, 240쪽).

106 탐라(耽羅):제주특별자치도의 옛 지명.

107 원(元)나라 세조(世祖):1215~1294. 원나라의 5대 황제로, 이름은 홀필렬(忽必烈, 쿠빌라이 칸)이다.

자를 바꾸지 않았으니, 애초에는 용매(龍媒)[108]나 악와(渥洼)[109]와 같은 날랜 준마들에게서 나온 말들도 결국에는 작은 조랑말인 과하마(果下馬)나 느림뱅이 관단마(款段馬)[110]가 되고 마는 것은 이치상 틀림이 없다.

오늘날 조선과 청나라가 서로 태평하게 지내고 있는 시기에, 암컷과 수컷 수십 필을 정성을 다해 구한다면 대국인 청나라가 이러한 말 수십 필을 결코 아끼지는 않을 것이다.

만약 외국에서 말을 구해 와서 개인적으로 기르기가 꺼려진다면 해마다 드나드는 상인들에게 몰래 구매시키면 될 것이니, 어찌 그런 인편이 없겠는가? 한양 근교의 물과 풀이 있는 곳을 골라서 10년 동안 키우고 새끼를 쳐가면서 점차 탐라와 여러 감목(監牧)[111]에게 옮겨서 말의 종자를 바꾸어주어야 한다.

말을 번식시키는 방법으로는 《주례(周禮)》와 《예기(禮記)》〈월령(月令)〉편을 기준으로 삼아야 한다.

《주례》에 "일반적으로 말은 수놈이 넷 중에 하나를 차지하게 한다"라 했고, 그 주(注)에 다음과 같이 말했다. "말들의 성질을 서로 비슷하게 맞추기 위해서이다. 동물들이 기질이 같아지면 마음도 같아진

則龍媒、渥洼之産, 末乃爲果下、款段, 理所必然也.

及今兩國昇平之日, 誠求牝牡數十匹, 大國必不愛此數十匹.

若以外國求馬私養爲嫌, 則歲价潛購, 豈無其便? 擇郊甸水草之地, 十年取字, 漸移之耽羅及諸監牧以易其種.

其蕃孳之法, 當以《周禮》及《月令》爲率.
《周禮》"凡馬, 特居四之一", 注曰: "欲其乘之性相似也, 物同氣則心一." 鄭司農曰: "四之一者, 三牝而一

---

108 용매(龍媒): 날래고 튼튼한 준마를 가리키는 말로, '하늘의 말인 천마(天馬)는 용의 미끼(媒)이다.'라는 말에서 유래했다.
109 악와(渥洼): 신령스러운 준마를 가리키는 말로, 한나라 무제 때 지금의 감숙성(甘肅省) 인근에 있는 악와라는 강에서 출현했다고 한다.
110 관단마(款段馬): 걸음이 느린 조랑말.
111 감목(監牧): 국가에서 설치한 목장을 관리하는 임무를 맡았던 종6품의 무관직. 목장이 있는 곳의 수령이나 수군의 만호(萬戶)·첨절제사(僉節制使)가 이 일을 겸하였다. 조선 초에는 전국적으로 22인을 두었는데, 후기에는 24인으로 증원되었다.

다." 중국 후한(後漢)의 사농(司農)[112]인 정중(鄭衆)[113]은 '넷 중에 하나란 암놈 3마리에 수놈 1마리를 끼워 둔다는 것이다.'라 했다.[114]

《예기》〈월령〉을 살펴보면, "3월[季春]에 짝을 찾는 소[累牛]와 발정난 말[騰馬]을 짝 지워주기 위해 우리에서 암컷을 끌어내서 수컷을 찾아다니도록 목장에 풀어 놓는다."[115]라 했다.

청나라 학자 진혜전(秦蕙田)[116]은 다음과 같이 말했다. "말 먹이는 사람[廋人]이 수말을 번갈아 부려서 너무 피로하지 않게 하는 이유는 말의 기(氣)와 혈(血)을 안정시키기 위함이고, 말을 관리하는 사람[校人]이 여름에 수말을 거세시키는 이유는 다만 암말이 막 새끼를 배었기 때문이다.

그러므로 수말을 거세시켜 암말 근처에 가까이 가지 못하게 함으로써 말을 번식시키는 근본으로 삼았다. 이는 모두 선왕(先王)[117]들이 때에 맞게 만물을 길러서 만물들의 본성을 다할 수 있게 하려는 뜻이다."[118]

지금 중국에서는 매년 봄에 날씨가 온화하고 풀

牡."

按《月令》, "季春之月, 乃合累牛、騰[60]馬, 遊牝于牧."

秦蕙田曰 : "廋人佚特用之, 不使甚勞, 所以安其氣血, 校人夏攻, 特以牝馬方孕.

故攻去其特, 勿使近牝, 以爲蕃馬之本, 皆先王順時育物, 能盡物性之義."

今中國每春和草靑, 則懸

---

112 사농(司農) : 농사일을 관장하는 관직명.

113 정중(鄭衆) : ?~83. 중국 후한의 관리이자 경학자. 저서로 《주례정사농해고(周禮鄭司農解詁)》·《정중춘추첩례장구(鄭衆春秋牒例章句)》·《정씨혼례(鄭氏婚禮)》·《국어장구(國語章句)》등이 있다.

114 일반적으로……했다 : 《周禮注疏》 卷33 《十三經注疏整理本》9, 1012쪽).

115 3월[季春]에……놓는다 : 《禮記正義》 卷15 〈月令〉《十三經注疏整理本》13, 571쪽).

116 진혜전(秦蕙田) : 1702~1764. 청나라 건륭 연간의 관리이자 경학자. 저서로 《오례통고(五禮通考)》·《주역상일전(周易象日箋)》·《미경와류고(味經窩類稿)》등이 있다.

117 선왕(先王) : 여기에서의 선왕은 그저 이전 시대의 왕이 아니라, 지혜와 덕(德)을 갖추어 여러 백성들에게 성인(聖人)으로 추앙받는 존재를 말한다.

118 말 먹이는……뜻이다 : 《五禮通考》 卷244 〈軍禮〉12 "馬政" 上《文淵閣四庫全書》141, 692~693쪽).

[60] 騰 : 저본에는 "驢". 오사카본·《熱河日記·太學留館錄·十四日》에 근거하여 수정.

이 푸릇푸릇 돋아나면 수말 목에 방울을 달고 내어
놓아서 짝짓기를 하게 한다. 이때 수말의 임자는 교
뱃값으로 은화 5전(錢)을 받는다. 짝짓기한 말이나
노새가 뛰어난 수놈을 낳으면 다시 은화 5전을 더
받는다.

鈴于牡, 縱而風之. 牡之
主受銀五錢, 馬及騾生而
雄駿者, 再受銀五錢.

　이와 반대로 낳은 새끼가 뛰어나지 못한데다 털
빛도 좋지 않고 길들이기도 쉽지 않으면, 반드시 새
로 낳은 말을 거세시켜서 그 종자를 퍼지지 않게 한
다. 다만 수놈이 덩치가 커진 종자만 남게 하고 성질
도 길들이기 쉽게 한다.

馬騾生而不駿, 且毛色不
佳, 性不馴調, 則必攻去其
睾子, 令毋得易種, 且獨令
特大而性易調良.

　그러나 조선의 감목(監牧)들은 이런 생각은 하지
않고, 오직 토산말로만 종자를 받기 때문에 새끼를
낳을수록 종자는 더욱 작아지게 되었다. 결국에는
비록 거름을 올리거나 땔감을 싣는 자잘한 일에도
견디지 못할까 걱정한다. 그러니 하물며 군대나 나
라에서 필요로 하는 일을 견딜 수가 있겠는가?《열
하일기》[119]

我東監牧, 不此之思, 惟以
土産取種, 逾出逾少. 雖馱
溷載柴, 猶恐不堪, 況堪爲
軍國之需乎?《熱河日記》

119《熱河日記》〈太學留館錄〉"十四日"《국역 열하일기》, 633쪽).

5) 먹이는 법

말을 먹일 때는 밤낮으로 끊임이 없어야 한다. 풀은 잘게 썰어야 하며, 사료는 잘 익혀야 한다. 물을 먹이는 데는 때가 있으니, 봄과 겨울에는 매일 2차례씩, 여름과 가을에는 3차례씩 준다.

물을 먹인 뒤에는 말을 끌고 말이 수십 걸음을 걷게 하여, 물이 장위(腸胃)로 돌아가기를 기다렸다가 조금 뒤에 사료를 먹인다. 말을 타고 돌아와서 땀이 나고 몸에 열이 나는 말은 처마 밑에 묶어두었다가 거리에서 불어오는 바람을 맞히는 일을 절대 금한다. 겨울에는 안장을 풀지 않고, 여름에는 재갈을 풀어주지 않는다.

땀이 마르고 숨이 안정되기를 기다려, 다시 말을 다독이며 움직일 때에 비로소 사료를 먹일 수 있다. 물을 먹일 때는 언제나 천천히 먹여야지 조급하게 먹여서는 안 된다. 《무경회해(武經匯解)[120]》[121]

일반적으로 말을 먹일 때는 겨울에는 따뜻한 곳에서, 여름에는 서늘한 곳에서 먹인다. 말은 남쪽에 매어두어야지 북쪽에 매어두어서는 안 된다. 구유와 마굿간은 깨끗하게 해야 하며, 신선한 풀을 골라 먹이고, 콩과 곡물은 키질하여 잡물을 걸러내고 먹

餵法

喂馬, 日夜無間, 草宜細鍘, 料宜熱煮. 飲水有時, 春冬每日二次, 夏秋三次.

飲後牽行數十步, 待水歸腸胃, 少頃上料. 騎來有汗熱馬, 切忌拴於簷下, 羈於巷風. 冬不解鞍, 夏不去銜.

待汗乾喘定, 再弔移時, 方可喂料. 飲水, 總宜遲而不宜早也.《武經匯解》

凡喂馬, 冬暖處, 夏涼處. 宜南拴, 不宜北繫. 槽廄淨潔, 揀擇新草, 篩簸豆穀.

---

120 무경회해(武經匯解) : 중국 청나라의 학자 조왈위(曹曰瑋, 1671~1706)가 여리빈(黎利賓, ?~?), 하중령(夏仲齡, ?~?) 등과 함께 편찬한 병법서.《손자(孫子)》·《오자(吳子)》·《사마법(司馬法)》·《위료자(尉繚子)》·《이위공문대(李衛公問對)》·《삼략(三略)》·《육도(六韜)》의 중요한 병서(兵書)를 통칭하는 《무경칠서(武經七書)》를 근간으로 편찬된 책으로, 훗날 무과(武科) 시험의 주요 과목이 되었다.
121 출전 확인 안 됨.

인다.

익힌 사료를 먹일 경우에는 새로 길어온 물에 담갔다가 식혀서 먹인다. 새로 길어온 물을 때때로 먹이되, 밤이 지나면 먹이지 않는다. 겨울에는 물을 다 먹였으면 곧 반드시 끌고나와 걸어다니게 해야 한다. 그러면 물을 마셔서 속이 상하는 일이 없다.

묵은 물·얼어붙은 사료·묵은 꼴·모래와 자갈·재와 먼지·거미줄·머리카락 따위를 절대 금한다. 이와 같은 이물질을 먹으면 곧 몸이 수척해지고 병이 생긴다. 《마경(馬經)[122]》[123]

若熟料, 以新水浸淘, 放冷喂之. 新水時時飮之, 過夜不飮. 冬月飮訖, 便須牽行, 卽無傷水.

切忌宿水、凍料、陳草、沙礦、灰塵、蛛絲、毛髮等物食之, 卽瘦瘁生病.《馬經》

물 먹이는 세 방법과 먹이 먹이는 세 방법에 대한 가결:

三飮、三喂訣:

굶주리고 갈증 날 때 물 너무 많이 먹이지 말고,
늙고 여위었을 때 물 너무 많이 먹이지 말고,
새끼 배었을 때 물 너무 많이 먹이지 말라.
배 굶주렸을 때 너무 많이 먹이지 말고,
문 나설 때 너무 많이 먹이지 말고,
먼 길 왔을 때 너무 많이 먹이지 말라.
이것이 물 먹이고 먹이 먹이는 첫째 방법이다.
탁한 물 먹이지 말고,
더러운 물 먹이지 말고,
거품 낀 물 먹이지 말라.

飢渴休飮足,
尫羸休飮足,
妊娠休飮足.
飢腸休喂飽,
出門休喂飽,
遠來休喂飽.
此一飮一喂也.
濁水休敎飮,
惡水休敎飮,
沫水休敎飮.

---

122 마경(馬經):중국 명(明)나라의 수의원인 마사간(馬師間, ?~?)이 편찬한 마경대전(馬經大全)으로, 당시에도 고가의 재화라 할 수 있는 말의 치료법과 치료약제의 조제와 처방, 예후와 함께 침술이나 뜸법이 함께 제시되어 있다.
123 《馬經大全》春集〈芻水論〉(《新刻針醫參輔馬經大全》, 45쪽).

곡물이나 사료 먹일 때는 적절히 양 조절해야 하고, 穀料須當節,

풀과 사료는 깨끗해야 하며, 草料須當潔,

모발은 반드시 골라내야 한다. 毛髮須當擇.

이것이 물 먹이고 먹이 먹이는 둘째 방법이다. 此二飮二喂也.

타고 온 말에게 물 먹이지 말고, 騎來毋得飮,

사료 먹인 뒤에 물 먹이지 말고, 料後無得飮,

땀 났으면 물 먹이지 말라. 有汗無得飮.

살지고 몸집 큰 말에게는 사료 더 주지 말고, 膁大休加料,

짧은 거리 타고 온 말에게는 사료 더 주지 말고, 騎少休加料,

날 뜨거울 때 사료 더 주지 말라. 炎熱休加料.

이것이 물 먹이고 먹이 먹이는 셋째 방법이다. 此三飮三喂也.

물 먹이고 먹이 먹이는 데에 이 3가지 지키면, 飮喂有此三者,

말이 사계절 내내 병이 없을 것이다. 《마경》[124] 則馬四時無病也. 同上

물과 사료를 먹일 때는 규칙이 있다. 먹이에는 3종류의 꼴[三芻]이 있고, 물을 먹일 때는 3번의 때[三時]가 있다. 이는 무엇을 말하는가? 첫째는 질이 열악한 꼴[惡芻]이고, 둘째는 질이 보통인 꼴[中芻]이며, 셋째는 질이 좋은 꼴[善芻]이다. 飮食之節, 食有三芻, 飮有三時, 何謂也? 一曰惡芻, 二曰中芻, 三曰善芻.

【주】이 말은 배가 주릴 때는 질이 열악한 꼴을 주고, 배가 부를 때는 질이 좋은 꼴을 주어서, 먹이를 먹도록 이끌어주어야 함을 말한다. 항상 배부르게 먹이면, 말이 살이 찌지 않을 수가 없다. 【注】謂飢時與惡芻, 飽時與善芻, 引之令食. 食常飽則無不肥.

풀을 큼직하게 잘라주면 비록 콩과 곡물을 섞어 먹인다 해도 살이 충분히 찌지 않는다. 풀을 잘게 剉草粗, 雖是豆穀, 亦不肥充. 細剉無節, 簁去土而

124 《馬經大全》春集〈芻水論〉(《新刻針醫參輔馬經大全》, 45~46쪽).

썰어 마디가 없게 하고, 체질하여 흙을 제거한 뒤에 먹이면, 말을 살찌우고 목이 막히지[哽] 않게[강(哽)은 고(苦)와 강(江)의 반절이다]한다. 이와 같이 먹이면 저절로 상태가 좋아질 것이다]

'3번의 때'란 무엇인가? 첫째, 아침에 먹이는 물[朝飮]로, 물을 적게 먹인다. 둘째, 낮에 먹이는 물[晝飮]로, 가슴이 불룩해지도록 물을 적당히 먹인다. 셋째, 저녁에 먹이는 물[暮]로, 충분히 먹인다.

【주】또 다른 견해로는 "여름에 땀을 많이 흘리거나, 겨울에 날씨가 추우면 모두 물을 절제하여 먹여야 한다."라 했다. 속담에 "아침에 일어나면 말에 곡물을 싣고, 낮에는 물을 싣는다."라 했다. 이 말은 바로 아침에 먹이는 물은 반드시 물을 절제해서 먹인다는 뜻이다.

매번 물과 사료를 먹인 뒤에는 말을 몰고 가볍게 달리게 하면 수분을 소모시킨다. 종종 걸음으로 수백 보만 가도 효과가 좋다. 10일에 1번은 방목을 하면 말이 편안하게 몸을 이완할 수 있게 하고, 말을 튼실하게 한다】《제민요술》[125]

말이 먼 곳에서 돌아왔을 때 먹이고 기르는 법 : 겨울과 봄에 먼 곳에서 타고 돌아와 말이 피로하고 땀이 난 경우에는 안장을 벗겨서는 안 되며, 물도 먹이지 말아야 한다. 말의 호흡이 고르게 안정되고 땀

食之者, 令馬肥, 不哽[苦江反], 如此喂飼, 自然好矣】

何謂三時? 一曰朝飮, 少之;二曰晝飮, 則胸饜水;三曰暮, 極飮之.

【注】一曰:"夏汗冬寒, 皆當節飮." 諺曰:"朝起騎穀, 日中騎水." 斯言朝飮須節水也.

每飮食, 令行驟則消水. 小驟數百步亦佳. 十日一放, 令其陸梁舒展, 令馬硬實也】《齊民要術》

馬遠回喂養法:冬春遠回騎勞汗出, 則勿解鞍, 無得飮水. 待其喘息平定汗收後, 去鞍着屜【按】屜, 音

125《齊民要術》卷6〈養牛、馬、驢、騾〉56 "相牛、馬及諸病方法"(《齊民要術校釋》, 405~406쪽).

언치(한국마사회 마사박물관)

이 멎기를 기다린 뒤에 안장을 벗기고 언치[屜]126를 덮어준다【안 체(屜)는 음이 체(逮)이다. 민간에서는 '언치'라 한다】.

逮. 俗名"언치"】.

잠시 뒤에 물을 먹이고 사료를 먹이면, 말이 풍사나 한사에 감수(感受, 외부의 자극을 받아들임)되지 않는다. 먼저 긴 풀을 1다발 먹인 뒤에, 잘게 썬 풀을 오랜 시간 동안 먹인다. 또 사료 2~3승(升)과 물 큰 1두[一大斗]에 잘게 썬 풀을 섞어 먹인다. 《마경》127

移時飲喂, 則使馬不致外感風寒矣. 先飼長草一束後, 與切草良久. 又以料二三升, 水一大斗, 和切草喂之. 《馬經》

풀을 뜯고 물을 마심은 말의 본성이다. 옛날 중국의 말에게 풀과 물 이외에 주는 먹이는 곧 콩이나 곡식 4~5승이었다. 그런데 그 말이 살찌고 튼튼하여 꼴을 먹지 않고도 하루에 100리를 잘 달릴 수 있었던 이유는 대개 올바른 방법으로 길렀기 때문이다.

그러나 조선에서는 그렇지 않다. 추운 때든 더운 때든 가리지 않고, 풀과 사료 외에도 아침저녁으로

齕草飲水, 馬之性也. 故中國之馬, 草水之外所喂者, 卽四五升豆穀, 而其馬䏶肥壯健, 一日百里不喂而能走, 蓋養得其法故也. 我東則不然. 勿論寒暑, 草料之外, 又飼朝夕糜粥. 其

---

126 언치[屜] : 말이나 소의 안장이나 길마 밑에 깔아 그 등을 덮어 주는 방석이나 담요. 일종의 안장깔개이다.
127 출전 확인 안 됨 ; 《增補山林經濟》卷5〈牧養〉"馬遠回喂養法"(《農書》3, 309~310쪽).

죽을 먹인다. 그러면 말의 몸집은 비록 쉽게 커져도 근육이 튼실하지 않고, 말의 성질 또한 유약하게 변한다. 그 결과 30~40리를 달릴 때마다 곧바로 땀을 흘리고 숨을 헐떡이면서 배가 고파 쓰러지며, 잠깐 사이에 수척해지고 피곤해한다. 이는 참으로 올바른 방법으로 기르지 않았기 때문이다.

어떤 무인(武人)이 좋지 않은 말을 1마리 사서, 다만 잘게 썬 풀을 먹이고, 날씨가 추울 때는 익힌 콩을 말려서 먹이며, 물도 주지 않고 죽도 주지 않았다. 때때로 중국에서 말을 먹이는 방법에 따라 냉수를 먹였더니, 말이 살찌고 튼튼해졌고 배고픔을 잘 견뎌서, 기르기가 매우 편했다. 열도 조금밖에 나지 않았다. 그러므로 말을 먹이는 방법은 반드시 중국처럼 해야 좋다. 《증보산림경제》[128]

목마를 때에 물을 생각하기란 굶주릴 때에 밥을 생각하기보다 더 심하다. 그런데 조선의 말은 찬물을 마신 적이 없다. 말의 성질은 더운 먹이를 가장 싫어한다. 더운 먹이가 열병을 앓게 하기 때문이다.

콩이나 여물죽에 소금을 뿌리는 이유는 먹이를 짜게 하여 물을 마시도록 하기 위함이고, 물을 마시도록 하는 이유는 오줌을 잘 누도록 하기 위함이고, 오줌을 잘 누도록 하는 이유는 몸에 지닌 열기를 쏟아내게 하기 위함이고, 냉수를 먹이는 이유는 말 정강이를 굳세게 만들고 발굽을 단단하게 만들기 위

馬體雖易肥, 而肉不硬實, 性亦變柔, 每三四十里, 輒汗喘飢倒, 片時廋憊. 此實養不得其法故也.

有一武人買一劣馬, 只喂細剉草, 冷熟豆乾喂, 而不與水, 不與粥. 有時依中國法, 飲之以冷水, 則肥健耐飢, 喂養甚便. 熱亦少發. 故喂馬之法, 必如中國可也. 《增補山林經濟》

渴之思水, 有甚於飢食, 吾東之馬, 未嘗飲冷. 馬之性最忌熟食, 爲其病熱也.

荳蒭洒鹽令鹹, 欲其飲水也;飲水, 欲其利溲溺也;利溲溺, 欲其瀉熱也;飲冷, 欲其脛勁而蹄堅也.

128 《增補山林經濟》卷5 〈牧養〉 "養馬論" (《農書》3, 340~341쪽).

함이다.

조선의 말은 반드시 삶은 콩과 끓인 죽을 먹기 때문에 하루 종일 달리고 나면 벌써 열병을 저절로 앓고, 한 끼라도 죽을 거르면 평생토록 허약해져서 걸음이 늦어진다. 이는 더운 먹이를 먹이기 때문이다. 심지어 전쟁에서 쓸 군마에게도 더운 죽을 먹이는 일은 더욱 잘못된 계책이다.《열하일기》[129]

중국에서는 말을 먹일 때, 죽을 먹이지 않는다. 소금을 마른 곡식과 볶은 다음 짜게 먹여서 냉수를 마시게 한다. 소금을 가미하는 이유는 갈증이 나서 물을 마시게 하기 위함이다. 말이 물을 마시게 하려는 이유는 오줌을 잘 누게 하기 위함이다. 말이 오줌을 잘 누면 병에 걸리지 않기 때문이다.《북학의》[130]

吾東之馬, 必爛荳烹粥, 一日馳走, 已自病熱[61], 一站闕粥, 平生虛勞, 行旅遲頓, 寔緣熱[62]喂. 至於戰馬喂粥, 尤爲非計.《熱河日記》

中國喂馬, 不以粥. 鹽炒乾穀, 令鹹食之而飮以冷水. 鹹欲其渴而飮水也. 欲其飮水者, 欲其利溲溺也. 利溲溺則無病.《北學議》

129《熱河日記》〈太學留館錄〉"十四日"(《국역 열하일기》, 633쪽).
130《北學議》〈內篇〉"牧畜"(완역정본《北學議》, 124쪽).
[61] 自病熱:《燕轅直指·留館別錄·禽獸》에는 "有熱病".
[62] 熱:《燕轅直指·留館別錄·禽獸》에는 "熱".

6) 수말이 싸우지 않게 기르는 법

대부분이 수말인 경우에는 따로 우리[馬坊] 한 칸을 짓고, 그 안에 구유통과 마굿간을 여러 개 둔다. 자른 꼴 및 곡식과 콩은 각각 따로 놓아둔다. 말은 재갈만 물린 채로 고삐줄을 매지 않고 자유로이 움직이게 한다. 이와 같이 하면 말의 천성에 따라 마시고 먹을 뿐만이 아니라, 말들이 자유롭고 편안해진다.

분뇨의 경우, 자연스럽게 한 곳으로 모이게 하면 굳이 청소할 필요가 없다. 그러면 말은 마른 땅에서 잠을 자거나 누울 수 있어서 피부가 짓무르거나 더럽혀지지 않는다. 이와 같이 하면, 많은 무리가 무리지어 다니더라도 싸우지 않는다. 《제민요술》[131]

飼父馬令不鬪法

多有父馬者, 別作一坊, 多置槽廐. 剉芻及穀豆[63]各自別安. 唯著鞴頭, 浪放不繫. 非直飮食遂性, 舒適自在.

至於糞[64]溺, 自然一處, 不須掃除. 乾地眠[65]臥, 不濕不汚[66]. 百匹群行, 亦不鬪也.《齊民要術》

131《齊民要術》卷6〈養牛、馬、驢、騾〉"飼父馬令不鬪法"(《齊民要術校釋》, 406쪽).
[63] 豆 : 저본에는 "頭".《齊民要術·養牛、馬、驢、騾·相牛、馬及諸病方法》에 근거하여 수정.
[64] 糞 : 저본에는 "黃".《齊民要術·養牛、馬、驢、騾·相牛、馬及諸病方法》에 근거하여 수정.
[65] 眠 : 저본에는 "服".《齊民要術·養牛、馬、驢、騾·相牛、馬及諸病方法》에 근거하여 수정.
[66] 汚 : 저본에는 "汗". 오사카본·규장각본·《齊民要術·養牛、馬、驢、騾·相牛、馬及諸病方法》에 근거하여 수정.

7) 군마를 튼실하게 기르는 법

꼴을 잘게 썬 뒤, 가래를 이용하여 그 잎은 날려 버리고, 오로지 줄기만을 취한 다음 곡식과 콩을 섞어서 먹인다.

구유통은 먼 곳에 놓아두며, 비록 눈이 내리거나 날씨가 춥더라도 마구간 안에 놓아두지 않는다. 하루에 1번씩 달리게 하여 근육에 열이 나게 해주면, 말은 튼실해지고 추위를 잘 견디게 된다.《제민요술》[132]

飼征馬令硬實法

細剉芻, 杴擲揚去葉, 專取莖, 和穀豆秣之[67].

置槽於迥[68]地, 雖復雪寒, 勿[69]令安廠下. 一日一走, 令其肉熱, 馬則硬實而耐寒苦也.《齊民要術》

---

[132]《齊民要術》卷6〈養牛、馬、驢、騾〉"飼征馬令硬實法"(《齊民要術校釋》, 406쪽).

[67] 秣之 : 저본에는 "秫等".《齊民要術·養牛、馬、驢、騾·相牛、馬及諸病方法》에 근거하여 수정.

[68] 迥 : 저본에는 "廻".《齊民要術·養牛、馬、驢、騾·相牛、馬及諸病方法》에 근거하여 수정.

[69] 勿 : 저본에는 "仍".《齊民要術·養牛、馬、驢、騾·相牛、馬及諸病方法》에 근거하여 수정.

획비지도(劃鼻之圖, 말의 코 째는 그림)(《마경초집언해
(馬經抄集諺解)》)[133]

8) 코 째는 법

　4~5세가 되어 살진[䐃]【살이 올랐다는 뜻이다】
놈이 있으면 그제야 코를 째도 좋다. 대개 콧구멍이
넓으면 호흡이 순조롭게 되어 말에게 열병이 생기지
않게 한다.

　【날씨가 맑고 화창한 날을 골라 이른 새벽 빈속
에 말을 높은 기둥에 묶는다. 좋은 굴레로 말머리를
묶어 고정하고 바르게 세워 평온하게 한다. 왼손으
로 헝겊을 잡아 헝겊으로 콧구멍을 메꾸고, 오른손
으로 칼을 잡고, 말의 기해혈(氣海穴)을 아래로부터
위로 짼다.

　나귀는 곡선으로 째고 말은 직선으로 째되, 좌우

劃鼻法

　四、五歲有䐃[70]【肥也】者,
方許劃鼻. 蓋鼻孔寬大, 呼
吸通和, 令馬不生熱疾也.

　【擇天氣晴明, 早晨空草, 將
馬縛於高柱. 用好鞲頭束
定馬頭, 正立穩平. 左手執
襯, 塡於鼻孔, 右手持刃,
於氣海穴自下而上劃之.

　驢彎馬直, 左右均停. 以新

---

[70] 䐃 : 저본에는 "脑". 오사카본·규장각본·《馬經抄集諺解·劃鼻法》에 근거하여 수정.

를 고르게 한다. 새로 길어온 물로 피가 난 곳을 깨끗하게 씻고, 깨끗한 우리에 7일 동안 묶어두고 기른다. 아침저녁으로 짼 곳을 잡아당겨 찢어줌으로써 짼 곳이 말리거나 오므라들어 붙어버리지 않게 한다. 10일이면 낫는다】《마경》[134]

水淨洗血出, 拴養淨室七日. 朝夕扯拔, 不致卷縮生合. 十日愈】《馬經》

---

133 위의 그림은 《마경(馬經)》(《마경대전(馬經大全)》)에도 실려 있으나 《마경초집언해》에 실린 그림의 화질이 좋아서 이 책에 실린 그림을 싣도록 한다. 이하도 마찬가지이다. 《마경초집언해》는 조선 후기 이서(李曙, 1580~1637)가 《마경대전》의 내용을 간추려 언해한 수의학서이다.

134 《馬經大全》秋集 〈論馬劃鼻〉, 155~156쪽 ; 《馬經抄集諺解》上 〈劃鼻法〉, 98~103쪽.

9) 군살 빼는 법

북방의 오랑캐는 좋은 말을 얻으면 낮에는 약간 빠르게 달리다가 밤에는 앞발을 묶어서 날뛰지 못하게 한다.또 말의 재갈을 바짝 조여 물과 꼴을 먹지 못하도록 한다. 이와 같이 10일에서 1개월쯤 하면 부었던 군살이 모두 빠지고, 등은 날로 강해진다. 비록 하루에 수백 리를 달리더라도 굶주림과 목마름으로 피곤해하지 않는다.《복수전서(福壽全書)135》136

去臕71法

北虜得良馬, 日間小馳驟之, 夜則繫前足, 使不能跳躑. 又緊其銜勒, 令不能水草. 如此旬月, 浮臕72悉去, 脊背日强. 雖日馳數百里, 飢渴不困.《福壽全書》

---

135 복수전서(福壽全書) : 중국 명(明)나라의 문인 진계유(陳繼儒, 1558~1639)의 저서. 전현(前賢)의 격언(格言)·유사(遺事) 중에서 경계 삼을 만한 말을 골라 편찬한 책.

136 출전 확인 안 됨.

71 臕 : 저본에는 "臕". 문맥에 근거하여 수정.

72 臕 : 저본에는 "臕". 문맥에 근거하여 수정.

10) 말 거세법

거세[騸, 선]란 좋다[善, 선]는 말이다. 거센 성질을 없애고 온순한 성질을 보존하며, 둔한 말을 변화시켜 좋은 말이 되게 하는 일이다. 힘줄을 지지는 거세법은 화선(火騸)이다. 힘줄을 지지지 않는 거세법은 수선(水騸)이다. 기력과 체력이 약한 말은 화선이 좋고, 기력과 체력이 건장한 말은 수선이 좋다.

【그 방법은 다음과 같다. 맑고 화창한 날을 고르며, 비바람이 불거나 음습하고 추운 날은 절대 금한다. 혈지일(血支日)[137]·혈기일(血忌日)[138]을 범하지 말아야 하며, 본명일(本命日)[139]·도침일(刀砧日)[140]도 피한다.

맑은 새벽 빈속에 말을 묶어 넘어뜨려 땅에 눕히고 평온하게 한다. 오른손으로 칼끝을 잡고 왼손으로 혈자리를 누르며, 조심스럽게 심혈을 기울인다. 천금혈(千金穴)에서는 가벼운 손놀림으로 빠르게 가르고, 고환을 끄집어낸다. 고환의 피막(皮膜)을 밀어 일으키면서 손으로 고환을 잡고, 널빤지를 끼워 고환의 힘줄을 묶는다.

騸馬法

騸者, 善也. 祛烈性而存淳性, 化駑馬而爲良馬也. 烙筋者, 火騸也；不烙筋者, 水騸也. 氣體弱者, 宜火騸；氣體壯者, 宜水也.

【其法：擇晴明時日, 切忌風雨陰寒. 莫犯血支、血忌, 廻避本命、刀砧.

清晨空草, 將馬縛倒, 臥地穩平. 右手持鋒, 左手按穴, 仔細用心. 於千金穴, 輕手急剖, 挺出腎子. 推起皮膜, 以手擒其腎, 挾板束其筋.

---

137 혈지일(血支日)：침이나 뜸을 놓기를 꺼리는 날. 정월(正月)은 축일(丑日), 2월은 인일(寅日), 3월은 묘일(卯日), 4월은 진일(辰日), 5월은 사일(巳日), 6월은 오일(午日), 7월은 미일(未日), 8월은 신일(申日), 9월은 유일(酉日), 10월은 술일(戌日), 11월은 해일(亥日), 12월은 자일(子日)이다.

138 혈기일(血忌日)：흉신(凶神)의 날로서 화(禍)가 들어오는 날. 계절은 도침일(刀砧日)과 같으며 정월에는 축일(丑日), 2월은 미일(未日), 3월은 인일(寅日), 4월은 신일(申日), 5월은 묘일(卯日), 6월은 유일(酉日), 7월은 진일(辰日), 8월은 술일(戌日), 9월은 사일(巳日), 10월은 해일(亥日), 11월은 오일(午日), 12월은 자일(子日)이다.

139 본명일(本命日)：사람 또는 가축의 병을 고치거나 침을 주거나 뜸뜨기에 좋지 않은 날. 매월의 오일(午日), 9월은 사일(巳日), 10월은 해일(亥日), 12월은 자일(子日)이다.

140 도침일(刀砧日)：칼 쓰기를 꺼리는 날. 봄에는 해일(亥日)·자일(子日)이고, 여름에는 인일(寅日)·묘일(卯日)이며, 가을에는 사일(巳日)·오일(午日)이고, 겨울에는 신일(申日)·유일(酉日)이다.

선마지도(騸馬之圖. 말 거세하는 그림)《마경초집언해》)

묶은 부위를 불에 달군 쇠로 지지고, 새로 길어온 물로 피가 난 환부를 깨끗하게 씻어낸다. 기름과 소금 약간을 천금혈 안으로 기울여 넣고, 말을 풀고 일으켜 세워 천천히 끌고 다닌다. 깨끗한 우리에 21일 동안 묶어두고 기르면 상처가 낫는다. 이것이 화선이다.

불로 지지지 않고 백근(白筋)[141] 0.2척을 자르고, 혈근(血筋)[142] 0.5척을 짼 다음, 새로 길어온 물로 환부를 씻어내고, 기름과 소금 약간을 넣는다. 아침저

火燒鐵烙之, 用新水洗淨出血. 油、鹽小許傾入穴內, 卽令放起, 徐徐牽行. 拴[73]養淨室三七日, 瘥愈. 此火也.

不用火烙, 白筋二寸截之, 血筋五寸分之, 新水洗其瘡口, 油、鹽小許入之. 朝

---

141 백근(白筋): 척추동물의 골격근 중 비교적 흰색을 띠는 근육이다. 백근은 단시간에 빠른 수축을 한다.

142 혈근(血筋): 적근(赤筋)을 말하는 것으로 보인다. 적근은 척추동물의 골격근 중 적색을 띠는 근육이다. 적근은 지속적으로 천천히 수축을 한다.

[73] 拴: 저본에는 "絟". 《馬經大全·論馬水火二騸》·《馬經抄集諺解·水火二騸法》에 근거하여 수정. 이하 모든 "絟"은 "拴"으로 고치며 교감기를 달지 않음.

녁으로 끌고 다니며 예전처럼 먹이고 기른다. 이것
이 수선이다.

불로 지지는 거세법[烙騸]은 말의 허리와 사타구
니를 상하게 하지 않고, 수선은 말에게 열병이 생기
지 않게 한다】《마경》[143]

夕牽行, 如前喂養. 此水騸
也.

烙騸者, 令馬不損腰胯也 ;
水騸者, 令馬不生熱疾也】
《馬經》

143 《馬經大全》秋集〈論馬水火二騸〉, 150~151쪽 ;《馬經抄集諺解》上〈水火二騸法〉, 94~98쪽.

11) 방목법

일반적으로 방목하는 말은 5월 이후에 바로 거두어들여야 한다. 만약 비나 장맛비를 맞거나, 서리 또는 이슬을 맞거나 바람을 쏘이면 몸이 여위고 병이 생긴다.《마경》[144]

放牧法

凡放牧之馬, 五月後卽收. 若被陰雨、苦霖, 或經霜露風, 以致憔瘁而生病矣. 《馬經》

---

[144] 출전 확인 안 됨 ;《馬經抄集諺解》上〈放牧有法〉, 91쪽.

12) 혈기 흐트리는 법

말은 화축(火畜, 불기운을 지닌 가축)이다. 인(寅)에서 나고 오(午)에서 왕성하며 술(戌)에서 머문다.[145] 반드시 봄에 침을 놓고 혈기를 고르게 하여 혈기가 너무 왕성하지 않도록 하면, 여름에 몹시 더울 때 말의 영혈(營血, 영기와 혈)과 위기(衛氣)[146]를 고르게 하여 열병이 나지 않을 것이다. 《마경》[147]

放血法

馬爲火畜. 生於寅, 旺於午, 伏於戌. 必於春首針刺, 分調血氣, 不致太盛, 至夏火炎之時, 能使榮衛調均, 不生熱疾也.《馬經》

---

145 말은……머문다 : 인(寅)은 호랑이·봄·목(木)을 상징하고, 오(午)는 말·여름·화(火)를 상징하고, 술(戌)은 개·가을·토(土)를 상징한다. 오행의 상생관계에서 목은 화를 생하고[木生火], 화는 토를 생하는[火生土] 관계에 대해 설명하는 내용이다.

146 위기(衛氣) : 외부의 사기로부터 몸을 보호하는 기운.

147 《馬經大全》春集〈伯樂明堂論〉, 22쪽 ;《馬經抄集諺解》上〈放血法〉, 109쪽.

13) 말 모는 법

우리나라에서 말 모는 법은 몹시 위험하다. 옷소매가 넓은데다 한삼(汗衫)[148]도 길어 옷소매와 한삼이 양손을 감싸고 있기 때문에 고삐를 잡거나 채찍질하기에 모두 방해가 되는 요소이다. 이것이 1번째 위험이다.

형편상 어쩔 수 없이 다른 사람을 시켜 말의 재갈을 물리고 끌고 가게 하면 온 나라의 말이 이미 병들게 된다. 말을 끄는 사람은 항상 말의 한 쪽 눈을 가려서 말이 걷거나 달리기를 제 맘대로 하지 못한다. 이것이 2번째 위험이다.

말이 길에 나서면 곁을 살피고 조심하는 버릇은 사람보다 더 심하다. 하지만 사람과 말은 서로 마음이 통하지 않아서 말을 끄는 사람은 자신이 편한 곳으로 가려 하면 말의 발굽은 늘 치우치게 된다. 말이 피하려고 하는 곳을 말을 끄는 사람은, 억지로 가게 하고, 말이 가려고 하는 곳을 말을 끄는 사람은 반드시 못가도록 다른 쪽으로 억지로 끌고 간다. 말이 사람의 말을 듣지 않고 제멋대로 하는 일은 다른 이유가 아니다. 사람에게 항상 화난 마음을 품고 있기 때문이다. 이것이 3번째 위험이다.

御法

我東御馬之法極危. 衣袖旣闊, 汗衫又長, 裹纏兩手, 按轡揚鞭, 俱所妨礙：第一危也.

其勢[74]不得不代人牽鞚而行, 一國之馬已病矣. 牽者常蔽馬一目, 而馬之步驟不得自由：其危二也.

馬之上道, 其所審愼有甚於人, 而不相通志, 牽者自就便地, 馬蹄常置逼側. 馬所欲避, 人必强就；馬所欲就, 人必强牽. 馬之撓攘, 非他也, 於人常懷怒心：其危三也.

---

148 한삼(汗衫)：소매 끝에 길게 덧대는 흰 천.
[74] 勢：저본에는 "熱". 오사카본·규장각본·《熱河日記·漠北行程錄·初七日》에 근거하여 수정.

말의 한쪽 눈은 이미 사람에게 가려졌고, 또 다른 한쪽 눈은 사람의 기색을 살펴야 한다. 이 때문에 말은 길을 살피는 데 집중할 수 없어 넘어질 때도 있다. 이것은 말의 잘못이 아님에도 말에게 마구 채찍질한다. 이것이 4번째 위험이다.

우리나라의 안장 제도는 둔한데다 무거우며, 거기에 끈이나 대를 더하는 일이 너무 복잡하다. 말은 이미 등에 사람 1명을 태우고, 아가리는 또 1명을 매달고 있는 셈이다. 이것은 1마리 말에게 2마리가 힘써야 할 만큼의 짐을 지운 셈이어서 말의 힘이 다하면 넘어지게 된다. 이것이 5번째 위험이다.

사람이 몸 쓰는 일은 오른쪽이 왼쪽보다는 유리하니, 말 또한 그러해야 한다. 그러나 말의 오른쪽 입가는 말을 끄는 사람이 재갈을 잡아당기며 억눌리게 되기 때문에 심한 통증을 참을 수 없으니, 형편상 어쩔 수 없이 사람 쪽으로 목을 꺾고 옆으로 걸으며 채찍을 피하게 된다. 사람들은 그제야 말이 목을 꺾고 옆으로 걷는 모습을 좋아하며 말의 뛰어난 모습이라고 하지만 이는 말의 감정이 아니다. 이것이 6번째 위험이다.

말이 채찍을 맞을 때는 오른쪽 넓적다리로 치우쳐 있어 그곳만 아프다. 말에 탄 사람이 방심한 채로 안장에 앉아 있을 때, 말을 끄는 사람이 갑자기 채찍을 쳐서 말이 그 고통 때문에 화들짝 놀라면서 말에 탄 사람이 떨어질 때가 있다. 이때 도리어 말을 탓하지만, 이것은 말의 감정이 아니다. 이것이 7번째 위험이다.

馬之一目旣蔽於人, 又以一目察人氣色, 不能專心視道以致顚躓. 非馬之罪, 而鞭搖亂加：其危四也.

我東鞍韉之制, 旣鈍且重, 加以纓帶太繁. 馬旣背載一人, 口又懸人. 是一馬而任兩馬之力也, 力竭而仆：其危五也.

人之體用, 右利於左, 則馬亦宜然也. 然而馬之右咡爲人掣抑, 不禁苟痛, 則其勢不得不折頸與人, 而側步避鞭. 人方喜其折頸側步, 爲馬驕俊之態, 非馬之情也：其危六也.

其受鞭策, 右腿偏苦. 乘者放心據鞍, 牽者猝然施策以致翻隆, 而反以責馬, 非馬之情也：其危七也.

문관이나 무관이나 할 것 없이 지위가 높은 경우에는 또 좌견(左牽)[149]을 하는 경우가 있다. 이것이 무슨 법이란 말인가? 우견(右牽)[150]을 하는 일도 이미 안 되는 상황에, 하물며 좌견이란 말인가! 짧은 재갈끈도 오히려 안 되는 상황에 하물며 긴 재갈끈을 쓴단 말인가!

사가(私家, 개인의 집)의 문을 출입할 때에는 오히려 위의(威儀, 예법에 맞는 몸가짐)를 갖춰도 좋지만, 임금을 모시고 따라가는 무리가 되어 5장(丈) 길이의 긴 재갈끈으로 위의를 갖춘다면 이는 안 될 일이다. 문관도 오히려 불가한 상황에, 하물며 무관이 출진할 때는 어떻겠는가! 이는 이른바 제 손으로 올가미를 차고 다니는 일이라 한다. 이것이 8번째 위험이다.

무관들이 입는 복장을 '첩리(帖裏)'라 하며, 이를 군복으로 삼는다. 세상에 어찌 군복이라 이름 붙여놓고 소매가 마치 중의 장삼처럼 생긴 경우가 있겠는가? 지금 이 8가지 위험은 모두 넓은 소매와 긴 한삼 때문임에도 오히려 위험을 편안하게 여기다니, 슬프구나! 비록 백락(伯樂)이 오른쪽에서 말을 당기고 조보(造甫)[151]가 왼쪽에서 말을 끌더라도 만약 이런 8가지 위험을 가지고 말 끄는 일에 임하면 설령 팔준마(八駿馬)[152]라

無論文武, 而官高則又有左牽. 此何法也? 右牽已不可, 況左牽乎! 短鞭猶不可, 況長鞭乎!

私門出入, 尚可作威儀, 至於陪扈之班, 以五丈長鞭作爲威儀, 則不可矣. 文官尚不可, 況武將之上陣[75]乎! 是所謂自佩絆索:其危八也[76].

武將所服, 謂之"帖裏", 是爲戎服. 世安有名爲戎服, 而袖若僧衫乎? 今此八危, 皆由闊袖汗衫, 而猶安其危, 噫! 雖使伯樂右控, 造甫左牽, 若以八危臨之, 則八駿死矣.《熱河日記》

---

149 좌견(左牽):말의 왼쪽에 다는 넓고 긴 고삐. 여기서는 좌견을 달고 왼쪽에서 말을 끄는 일을 말한다.

150 우견(右牽):말의 오른쪽에 다는 넓고 긴 고삐. 여기서는 우견을 달고 오른쪽에서 말을 끄는 일을 말한다.

151 조보(造甫):?~?. 기원 전 10세기에 활동했다. 중국 주(周)나라의 마부. 조보(造父)라고도 한다. 말을 매우 잘 몰았으며, 주나라 목왕(穆王)에게 팔준마(八駿馬)를 바쳤다.

152 팔준마(八駿馬):팔준마는 8마리의 준마로, 모두 하루에 천리를 달렸다고 한다.

[75] 陣:《熱河日記·漠北行程錄·初七日》에는 "陳".

[76] 也:저본에는 "矣". 오사카본·《熱河日記·漠北行程錄·初七日》에 근거하여 수정.

하더라도 죽을 것이다. 《열하일기》[153]

---

153 《熱河日記》〈漠北行程錄〉 "初七日"(《국역 열하일기》, 616쪽).

14) 금기 사항

일반적으로 나귀나 망아지가 처음 태어났을 때 재냄새[灰氣] 맡는 일을 금해야 한다. 화로에서 막 나온 재냄새를 맡으면 바로 죽는다【주 비 맞은 재는 금하지 않아도 된다】.《제민요술》154

일반적으로 돼지구유에다 말을 먹이거나, 석회로 말구유를 바르거나, 말이 땀을 흘리고 있을 때 문에 묶어놓으면 모두 말이 망아지를 유산하게 된다.《제민요술》155

마구간에 원숭이를 항상 매어두는 이유는 말을 두렵지 않게 하고, 나쁜 일을 막아주며, 온갖 병을 사그라들게 하기 때문이다.《회남만필술(淮南萬畢術)156》157

宜忌

凡驢馬駒初生, 忌灰氣. 遇新出爐者, 輒死【注 經雨者不忌】.《齊民要術》

凡以豬槽飼馬, 以石灰泥馬槽, 馬汗繫著門, 皆令馬落駒. 同上

常繫獼猴於馬坊, 令馬不畏, 辟惡, 消百病故也. 《淮南萬畢術》

154《齊民要術》卷6〈養牛馬驢騾〉56(《齊民要術校釋》, 384쪽).
155《齊民要術》卷6〈養牛馬驢騾〉(《齊民要術校釋》, 406쪽).
156 회남만필술(淮南萬畢術) : 중국 한나라 회남왕(淮南王) 유안(劉安, B.C.179?~B.C.122)이 학자들을 초빙해서 만물 변화와 신선술에 관해서 지은 책《내서(內書)》,《중서(中書)》,《외서(外書)》중에서《외서》를 말하며, 지금은 전해지지 않는다.《내서》21편(篇)은 현재 전해지는《회남자》이다.
157 출전 확인 안 됨;《農政全書》卷41〈牧養〉"六畜"(《農政全書校注》中, 1147쪽).

15) 병의 유무 확인하는 법

말에게 병이 없음을 확인하는 구결(口訣):

"혀가 연꽃같이 선명하고 윤기 있으며,

입술이 복숭아꽃같이 색 다시 빛나네.

사지 가볍고 건장하여 걸음걸이에 거리낌 없고,

똥이 윤기 있고 오줌 맑으며 눈동자 흐리지 않네.

가죽과 털 광채 나며 생기 가득하고,

콧기운 따뜻하고 부드러워 들숨날숨 순조롭지.

머리와 꼬리 움직이지 않은 채로 뒷발 쉬고 있으니,

사시사철 이와 같으면 온갖 병이 없도다."

《마경》158

말에게 병이 있음을 확인하는 구결:

"입에서 비린내 나고 혀가 더럽고 안색 나쁘며,

모습 평상시와 멀면 맥박 다르네.

코에서 고름물 나고 계속 소리 내어 기침하며,

가죽과 털 바싹 마르고 여위지.

머리 낮추고 귀 늘어뜨리며 생기 적고,

사지 피곤하고 게을러져 걸음 더디네.

얼굴 부풀고 코 붓고 두 눈은 감으며,

배 가늘어지고 허리 휘며 숨소리가 미약해지지.

사시사철 이와 같으면 응당 수명 짧아지니,

비록 사황(師皇)159 같이 가벼운 병 만나더라도 반

驗病有無法

驗馬無病訣:

"舌如蓮花鮮明潤,

脣如桃花色更輝.

四肢輕健行無澁,

糞潤尿淸睛不迷.

皮毛光彩精神多,

鼻氣溫和往來隨.

頭尾不動後蹄歆,

四時如斯百病無."

《馬經》

驗馬有病訣:

"口腥舌穢無顔色,

形狀離常脈部殊.

鼻有膿77涕連聲咳,

皮毛焦燥瘦羸輪.

頭低耳搭精神少,

四肢困怠步行遲.

面浮鼻腫雙睛閉,

腹細腰弓喘息微.

如此四時應命短,

縱遇師皇必死歸."

---

158 출전 확인 안 됨;《齊民要術》卷6〈養牛馬驢騾〉第56(《齊民要術校釋》, 406쪽);《馬經抄集諺解》上〈馬無疾歌〉, 73쪽.

159 사황(師皇):말의 눈이 간지럽고 아프며 머리를 돌리지 못하는 병. 말의 내장안(內障眼)의 일종이다.

77 膿:저본에는 "濃". 오사카본·《馬經抄集諺解·馬有疾歌》에 근거하여 수정.

드시 죽는다네." 《마경》[160]

同上

말에게는 타고난 3가지 병이 있다. 발굽이 얇아서 멀리 갈 수 없는 점이 1번째 병이다. 앞다리가 허약해 바로 달릴 수 없는 점이 2번째 병이다. 뒷다리가 허약해 높은 곳에 오를 수 없는 점이 3번째 병이다. 이 3가지는 태생적으로 생기는 병이라 고칠 방법이 없다. 《마경》[161]

馬有天生三病. 蹄薄而不能致遠, 一病也;前蹄不能卽驟, 二病也;後蹄不能登峻, 三病也. 此三者胎病, 無方治之. 同上

---

160 출전 확인 안 됨;《馬經抄集諺解》上〈馬有疾歌〉, 74~75쪽.
161 《馬經大全》秋集〈論牛馬三病〉, 163쪽;《馬經抄集諺解》上〈馬有天生三病〉, 80~81쪽.

16) 오로(五勞, 5가지 피로)

① 오래 걸으면 근로(筋勞, 근육의 피로)가 생긴다. 근로가 생기면 발제(發蹄, 발굽의 염증)가 생기고, 통증이 몹시 심해진다【주 어떤 사람은 "발제가 뼈에 생기면 옹종(癰腫)이 발병한다."라 했다. 어떤 사람은 "발제는 발굽에 종기가 생기는 증상이다."라 했다】. ② 오래 서 있으면 골로(骨勞, 뼈의 피로)가 생긴다. 골로가 생기면 옹종이 발병한다.

③ 오래 땀을 흘리고 말리지 않으면 피로(皮勞, 피부의 피로)가 생긴다. 피로가 생기면 말이 땅에 뒹굴며 몸을 비비면서 벌떡 일어나지 못한다. ④ 땀이 아직 마르지 않았음에도 물을 마시게 하고 꼴을 먹이면 기로(氣勞, 기의 피로)가 생긴다. 기로가 생기면 말이 땅에 뒹굴며 몸을 비비면서 일어나지 못한다. ⑤ 무절제하게 말을 타고 빨리 달리면 혈로(血勞, 혈액의 피로)가 생긴다. 혈로가 생기면 말이 억지로 걷는다.

어떻게 이 오로(五勞)를 살필 수 있을까? 온종일 말을 타고 빨리 달리다가 쉬면서 살펴본다. 만일 말이 땅에 뒹굴며 몸을 비비지 않으면 근로(筋勞)이다. 땅에 뒹굴며 몸을 비비다 때맞춰 일어나지 못하면 골로(骨勞)이다. 일어나되 벌떡 일어나지 못하면 피로(皮勞)이다. 벌떡 일어났지만 숨을 내쉬지 못하면 기로(氣勞)이다. 숨을 내쉬지만 오줌을 누지 못하면 혈로(血勞)이다.

근로(筋勞)가 있는 말은 양다리를 묶어 뒤로 30보 물러서게 하면 될 뿐이다【주 어떤 사람은 "근로가 있는 말이 땅에 뒹굴며 몸을 비비다 일어나면 양다

論五勞

久步卽生筋勞. 筋勞則生蹄, 痛凌氣【注 一曰:"生骨則發癰腫." 一曰:"發蹄, 生癰也."】. 久立則發骨勞. 骨勞則發癰腫.

久汗不乾則生皮勞. 皮勞者, 驪而不振. 汗未燥而飲飼之, 則生 氣勞. 氣勞者, 驪而不起. 驅馳無節, 則生血勞. 血勞則發强行.

何以察五勞? 終日驅馳, 舍而視之. 不驪者, 筋勞也;驪而不時起者, 骨勞也;起而不振者, 皮勞也;振而不噴者, 氣勞也;噴而不溺者, 血勞也.

筋勞者, 兩絆却行三十步而已【注 一曰:"筋勞者, 驪起而絆之, 徐行三十里而

리를 묶어 천천히 30리를 걷게 하면 될 뿐이다."라 했다】. 골로(骨勞)가 있으면 사람이 끌어 일으키거나 뒤에서 볼기를 쳐서 일어나게 할 뿐이다.

피로(皮勞)가 있으면 등을 손으로 문질러 열이 나게 할 뿐이다. 기로(氣勞)가 있으면 말구유 위에 느슨하게 매고, 멀리 놓아둔 꼴을 먹이고, 숨을 내쉬게 하면 될 뿐이다. 혈로(血勞)가 있으면 높은 곳에 매어두고 꼴이나 물을 먹이지 말고 오줌을 많이 싸게 하면 될 뿐이다. 《제민요술》[162]

已."】. 骨勞者, 令人牽之起, 從後笞之起而已.

皮勞者, 夾脊摩之熱而已. 氣勞者, 緩繫之櫪上 遠飼草, 嗜而已. 血勞者, 高繫, 無飮食之, 大溺而已.《齊民要術》

162《齊民要術》卷6〈養牛馬驢騾〉56(《齊民要術校釋》, 405쪽).

17) 치료하기(처방 94종)

17-1) 말의 음신황(陰腎黃)을 치료하는 처방

【마경】[163] 음신황이란 잘못하여 탁한 물을 지나치게 많이 마심으로 인해 배꼽 아래에 물이 스며들어 생식기에 응체된 증상이다. 고환이 마치 돌이나 얼음처럼 단단하게 부어서 끌고 다니려고 해도 움직이지 않고, 사타구니와 허리가 질질 끌린다.

회향(茴香)[164]·천련자(川鍊子)[165]·감초(甘草)[166]·패모(貝母)[167]·진교(蓁艽)[168]·관계(官桂)[169]·치자(梔子)[170]·청피(靑皮)[171]·말린생강[乾薑][172]·지모(知母)[173]를 함께 가루 낸 뒤, 1.5냥씩 청파[靑蔥] 3줄기, 식초 1주발을 함께 3번 끓어오르도록 달인 다음 식으면 입에 흘려 넣는다.

불침을 음수혈(陰腧穴)에 놓는다. 음수혈은 생식기 뒤쪽 가운데 솔기처럼 생긴 부분에 있다.

醫治

治馬陰腎黃方

【馬經】 陰腎黃者, 誤飲濁水太過, 沁于臍下, 凝於外腎也. 令腎囊硬腫如石如氷, 牽行不動, 胯拽腰拖.

茴香、川鍊子、甘草、貝母、蓁艽、官桂、梔子、靑皮、乾薑、知母、共爲末、每服一兩半、靑蔥三枝、苦酒一椀, 同煎三沸, 候冷灌之.

火針陰腧穴. 穴在外腎後中心縫上.

---

163 《馬經大全》夏集〈馬患陰腎黃〉, 88쪽 ; 《馬經抄集諺解》上〈馬患陰腎黃〉, 168~169쪽.

164 회향(茴香) : 미나리과 식물인 회향의 열매를 말린 약재. 대회향(大茴香)이라고도 한다.

165 천련자(川鍊子) : 참죽나무과 식물인 멀구슬나무 열매를 말린 약재. 고련실(苦楝實)·금령자(金鈴子) ·고련자(苦楝子)·연실(楝實)이라고도 한다.

166 감초(甘草) : 콩과 식물인 감초의 뿌리를 말린 약재. 단맛이 나며, 모든 약의 독성을 조화시켜서 약효가 잘 나타나게 한다.

167 패모(貝母) : 백합과 식물인 패모의 비늘줄기를 말린 약재.

168 진교(蓁艽) : 바구지과 식물인 진교의 뿌리를 말린 약재.

169 관계(官桂) : 녹나무과 식물인 계수나무의 껍질을 말린 약재. 일반적으로는 육계(肉桂)라고 하는데, 관가(官家)에 납품할 정도로 품질이 좋은 육계를 관계(官桂)라 부른다.

170 치자(梔子) : 꼭두서니과 식물인 치자나무의 열매를 말린 약재.

171 청피(靑皮) : 운향과 식물인 귤나무의 덜 익은 열매의 껍질을 말린 약재. 청귤피(靑橘皮)라고도 한다.

172 말린생강[乾薑] : 생강과 식물인 생강의 뿌리를 말린 약재.

173 지모(知母) : 백합과 식물인 지모의 뿌리줄기를 말린 약재.

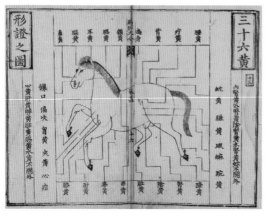

36황형증지도[三十六黃形證之圖. 말의 36가지 황(黃, 병의 일종)의 형증 그림]
《마경대전(馬經大全)》

신황지도(腎黃之圖. 말의 신황[음신황]을 치료
하는 혈자리 그림)《마경초집언해》

낮에는 들판에 풀어놓아 화창한 햇빛을 쬐고, 밤에는 마구간에 풀어놓고, 풀이 깔린 곳에 눕도록 한다. 빈속에 물 마시기를 주의하고, 습한 땅에 묶어뒀다가 거기서 잠들게 하는 일을 금한다】

日縱於郊, 麗日曬之. 夜散於廐, 草鋪[78]臥之. 戒飮空腸水, 忌拴濕地眠】

17-2) 말의 심황(心黃)을 치료하는 처방

【마경 [174] 심황이란 심풍황(心風黃)이다. 말이 살지고 기운이 넘친다는 이유로 여름에 짐을 무겁게 지우고 말을 타고 너무 빠르게 달렸다가 아직 안장[鞍][175]과 언치[鞍屜]를 풀어주지 않은 채로 급하게 너무 많이 먹임으로 인해 담과 피가 서로 엉겨서 심장을 어지럽히게 된다. 그렇게 되면 몸이 떨리고 땀이

治馬患心黃方

【又 心黃者, 心風黃也. 因膲肥[79]氣壯, 暑月負重, 乘騎疾走, 鞍屜未卸, 卒喂太多, 痰血相結, 迷亂其心. 令身顫汗出, 咬胸蹋足, 眼急驚狂.

---

174 《馬經大全》夏集〈馬患心黃〉, 92~94쪽;《馬經抄集諺解》上〈馬患心黃〉, 170~174쪽.

175 안장[鞍] : 말, 나귀 따위의 등에 얹어서 사람이 타기에 편리하도록 만든 도구.

[78] 鋪 : 저본에는 "腸". 오사카본·《馬經大全·馬患陰腎黃》·《馬經抄集諺解·馬患陰腎黃》에 근거하여 수정.

[79] 肥 : 저본에는 "胞". 오사카본·《馬經大全·馬患心黃》·《馬經抄集諺解·馬患心黃》에 근거하여 수정.

나서 가슴과 발을 물어뜯고, 눈이 급히 돌아가며 미
친 듯이 경기(驚氣)를 일으킨다.

주사(朱砂)[176][수비(水飛)][177한 것]·복신(茯神)[178]·인
삼(人蔘)[179]·방풍(防風)[180]·감초·원지(遠志)[181]·산치자
속씨[山梔仁][182]·울금(蔚金)[183]·황금(黃芩)[184]·황련(黃
連)[185]·마황(麻黃)[186]을 함께 가루 낸 뒤, 1냥씩 웅담즙

朱砂(水飛)、茯神、人蔘、防
風、甘草、遠志、山梔仁、
蔚金、黃芩、黃連、麻黃、共
爲末、每服一兩、熊膽汁半

안장(국립중앙박물관)

---

176 주사(朱砂) : 수은으로 이루어진 황화광물 광물성 약재. 단사(丹砂)·진사(辰砂)라고도 한다.
177 수비(水飛) : 한약 약재 포제법의 하나. 광물성 약재를 매우 가는 가루로 얻기 위해 물에서 갈아 추출하는
   방법을 말한다.
178 복신(茯神) : 구멍버섯과 버섯인 복령 사이로 소나무뿌리가 관통한 것을 말린 약재.
179 인삼(人蔘) : 두릅나무과 식물인 인삼의 뿌리를 말린 약재.
180 방풍(防風) : 미나리과 식물인 방풍의 뿌리를 말린 약재.
181 원지(遠志) : 원지과 식물인 원지의 뿌리를 말린 약재.
182 산치자속씨[山梔仁] : 꼭두서니과 식물인 치자나무의 속씨를 말린 약재.
183 울금(蔚金) : 생강과 식물인 울금의 덩이뿌리를 말린 약재.
184 황금(黃芩) : 꿀풀과 식물인 속썩은풀의 뿌리를 말린 약재.
185 황련(黃連) : 바구지과 식물인 황련의 뿌리줄기를 말린 약재.
186 마황(麻黃) : 마황과 식물인 초마황의 줄기를 말린 약재.

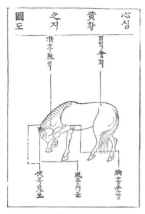

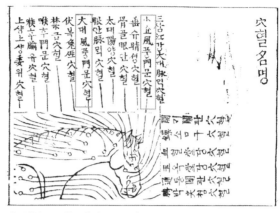

심황지도(心黃之圖. 말의 심황을 치료하는 혈자리 그림)《마경초집언해》

대풍문혈과 소풍문혈 그림《마경초집언해》

(熊膽汁, 곰쓸개즙) 0.5잔, 계란흰자 4개, 정화수와 함께 섞어 입에 흘려넣는다.

盞、鷄子淸四箇、井花水, 同調灌之.

대풍혈(大風穴)은 귀뿌리 뒷면에서 손가락 1개 두께만큼 떨어진 곳에 있고, 소풍혈(小風穴)은 이마 위 정수리 털 아래에 있고,[187] 복토혈(伏兎穴)은 귀 뒤쪽에서 손가락 2개 겹친 두께만큼 떨어진 곳에 있고, 백회혈(百會穴)은 허리 위 척추뼈 앞에 있다. 이 4개의 혈을 불로 지지고, 흉당혈(胸堂血)과 골맥혈(鶻脈血)[188]을 뚫는다.

大風穴在兩耳根後面一指, 小風穴在額上櫨睛髮下, 伏兎穴在耳後二指, 百會在腰上脊骨前. 此四穴火烙, 胸堂血、鶻脈徹之.

---

[187] 대풍혈(大風穴)은……있고 : 아래 〈심황지도〉에서 "풍문(風門)"이 대풍혈을 말하는 것으로 보인다. 《마경초집언해》의 〈혈명지도(穴名之圖, 혈자리 그림)〉에서는 대풍문혈(大風門穴)과 소풍문혈(小風門穴)의 자리를 위와 같이 표시하고 있다.

[188] 골맥혈(鶻脈血) : 다음 기사인 "말의 편신황을 치료하는 처방"에 보면 골맥혈[骨脈血, 골(骨)과 골(鶻)은 통용자]의 위치를 협골 아래로, 손가락 4개 겹친 두께만큼 떨어져 있다고 했다. 이는 〈심황지도〉의 후맥(喉脈), 〈편신황도〉의 대혈(大血) 위치와 유사한 것으로 보아 후맥과 대혈은 골맥혈을 지칭하는 다른 이름일 것으로 추정된다.

깨끗하고 서늘한 곳에 묶어두고, 정화수를 정수리 위에 부어준다.

拴淸涼之處, 井花水頂上澆之.

조금씩 끌고 다닌다. 따뜻한 마구간에 묶어두지 말아야 한다】

少令牽行. 休拴暖廐】

17-3) 말의 편신황(遍身黃)을 치료하는 처방

治馬患遍身黃方

【마경】[189] 편신황이란 '폐풍황(肺風黃)'이라고도 한다. 심장과 가슴이 꽉 막힘으로 인해 열이 삼초(三焦)[190]로 흘러들어 사료의 독이 위장 안에 모이며, 먼지가 살갗과 피부를 이리저리 막아서, 기혈이 서로 응결하여 편신황이 된다. 그렇게 되면 온몸에 부스럼이 나고 종기가 생기며, 피부는 마르고 가려우며, 입과 눈은 풍(風)으로 뜬다. 이것은 폐열(肺熱)이 풍을 낳은 증상이다.

【又】又名"肺風黃", 心胸壅極, 熱注三焦, 料毒聚於腸內, 垢塵迷塞肌膚, 氣血相凝結而成黃也. 令渾身疙瘩, 遍體生癧, 皮膚燥痒, 口眼風浮. 此肺熱生風之症也.

황약자(黃藥子)[191]·백약자(白藥子)[192]·지모·치자·대황(大黃)[193]·황금·방풍·황기(黃芪)[194]·패모·연교(連翹)[195]·울금·감초·매미허물[蟬退][196]을 함께 가루

黃藥子、白藥子、知母、栀子、大黃、黃芩、防風、黃芪、貝[80]母、連翹、蔚金、甘草、

---

189 《馬經大全》夏集〈馬患偏次黃〉, 79~80쪽 ;《馬經抄集諺解》上〈馬患遍身黃〉, 175~179쪽.

190 삼초(三焦) : 상초(上焦), 중초(中焦), 하초(下焦)를 통틀어 이르는 말. 상초는 횡격막 위, 중초는 횡격막과 배꼽 사이, 하초는 배꼽 아래의 부위에 해당한다.

191 황약자(黃藥子) : 마과 식물인 둥근마의 덩이줄기를 말린 약재.

192 백약자(白藥子) : 방기과 식물인 백약의 덩이뿌리를 말린 약재.

193 대황(大黃) : 마디풀과 식물인 대황의 뿌리를 말린 약재.

194 황기(黃芪) : 콩과 식물인 단너삼의 뿌리를 말린 약재. 대심(戴椹)·대삼(戴糝)·독심(獨椹)이라고도 한다.

195 연교(連翹) : 물푸레나무과 식물인 세잎개나리의 익은 열매를 말린 약재.

196 매미허물[蟬退] : 매미과 곤충인 매미가 성충이 될 때 벗은 허물을 말린 약재. 선태(蟬蛻)라고도 한다.

[80] 貝 : 저본에는 "員". 오사카본·규장각본·《馬經抄集諺解·馬患遍身黃》에 근거하여 수정.

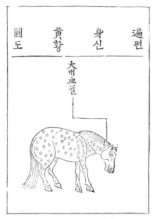

편신황도(遍身黃圖. 말의 편신황을 치료하는
혈자리 그림)(《마경초집언해》)

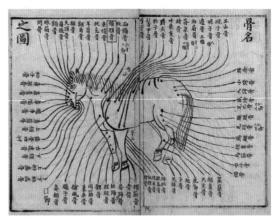

골명지도(骨名之圖. 말의 뼈 이름을 나타낸 그림)의 협시골(《신편집성마의방
(新編集成馬醫方)》)

낸 뒤, 2냥씩 꿀 2냥, 박초(朴硝)[197] 1냥, 계란 2개, 쌀뜨물 1잔과 함께 섞어 입에 흘려넣는다.	蟬退, 共爲末, 每服二兩, 蜜二兩、朴硝一兩、鷄子二箇、米泔一盞, 同調灌之.
골맥혈을 뚫는다. 골맥혈은 협골(頰骨)[198] 아래로 손가락 4개 겹친 두께만큼 떨어진 곳에 있다.	徹骨[81]脈穴, 在頰骨下四指.
깨끗하고 서늘한 곳에 묶어두고, 초록 풀과 녹두를 물에 담가 먹인다.	拴淸涼處, 浸靑草、綠豆, 喂之.
일체의 날 사료를 금한다.	忌一切生料.

---

197 박초(朴硝) : 천연 황산나트륨을 정제한 약재. 망소(芒消)·마아초(馬牙硝)라고도 한다.
198 협골(頰骨) : 말의 뺨뼈. 《신편집성마의방(新編集成馬醫方)》의 〈골명지도(骨名之圖. 말의 뼈 이름을 나타낸 그림)〉에는 협골은 없고, 협시골(頰顋骨)이 있다.
81 骨 : "骨脈穴"의 "骨"은 다른 기사에서 "鶻"로 되어 있기도 하다. "骨"은 "鶻"과 통용자로, 저본대로 반영하였다.

농정전서 199 일반적으로 말에게 발병한 편신황을 치료하려면, 황백·웅황(雄黃)200·목별자인 각각 같은 양을 가루 낸 뒤, 식초에 개어 이를 창(瘡, 종기) 위에 바른 다음 종이를 붙인다. 처음에 누렇게 부은 곳이 보이면 바로 침을 쓰고, 온몸에 퍼지면 바로 약을 바른다】

農政全書 凡治馬發黃, 用黃栢、雄黃、木鱉子仁等分, 爲末, 醋調, 塗瘡上, 紙貼之. 初見黃腫處, 便用針, 遍卽塗藥】

17-4) 말의 만장황(慢腸黃)을 치료하는 처방

【마경 201 급장황(急腸黃)과 만장황(慢腸黃)이란 사료를 과도하게 먹어 상한 증상이다. 말을 매우 왕성해지도록 길러 몸이 무거울 정도로 살진 상태인데, 여름에 이 말을 타고 너무 빠르게 달렸다가 배가 고플 때 사료를 많이 먹임으로 인해 곡기(穀氣)가 장부(臟腑) 안에 엉기고 열독이 위장 속에 쌓여서 장부가 꽉 막힘으로써 점차 그 병이 된다. 그렇게 되면 말이 허리를 말고 땅에 눕고, 머리를 돌려 배를 보며 물 쏟듯 설사한다.

治馬患慢腸黃方

【馬經 急、慢腸黃者, 料傷過度也. 因畜養太盛, 肉82 重膿肥, 暑月乘騎疾走, 乘飢穀料喂多, 穀氣凝於臟内, 熱毒積在腸中, 臟腑壅極, 釀成其疾. 令踡腰臥地, 回頭顧腹, 泄瀉如水.

울금·가자(柯子)202·황금·대황·황련·황백(黃栢)203·치자·백작약(白芍藥)204을 함께 가루 낸 뒤, 2냥씩

蔚金、柯子、黃芩、大黃、黃連、黃栢、梔子、白芍藥, 共

---

199 《農政全書》 卷41 〈牧養〉 "六畜"(《農政全書校注》, 1150쪽).

200 웅황(雄黃) : 천연 비소 화합물. 석웅황(石雄黃)이라고도 한다.

201 《馬經大全》 夏集 〈馬患慢腸黃〉, 99~100쪽 ;《馬經抄集諺解》 上 〈馬患慢腸黃〉, 179~183쪽.

202 가자(柯子) : 사군자과 식물인 가자나무의 열매를 말린 약재. 가자육(柯子肉)이라고도 한다.

203 황백(黃栢) : 운향과 식물인 황벽나무의 껍질을 말린 약재.

204 백작약(白芍藥) : 미나리아재비과 식물인 작약의 뿌리를 물에 넣고 끓여 겉껍질을 제거한 다음, 다시 끓여서 말린 약재.

82 肉 : 저본에는 "内". 《馬經大全·馬患慢腸黃》·《馬經抄集諺解·馬患慢腸黃》에 근거하여 수정.

끓인 물에 타서 입에 흘려넣는다. 급장황인 경우는 연속해서 3번 먹을 분량을 입에 흘려넣는다.

爲末, 每服二兩, 白湯調, 灌. 急者連灌三服.

대맥혈을 뚫어준다. 대맥혈은 발꿈치 뒤에서 손가락 4개 겹친 두께만큼 떨어진 곳에 있다. 무근수(無根水)[205]로 입, 코, 꼬리 3곳을 씻어준다.

徹帶脈穴, 在肘後四指. 以無根水, 洗口ㆍ鼻ㆍ尾三處.

깨끗한 곳에 묶어두고, 물을 먹이되 충분하게 주지 말아야 한다. 녹두와 찹쌀을 서로 섞고 끓여 죽을 쑤어 먹인다.

拴淸淨之所, 飮水勿令足. 綠豆ㆍ糯米, 相和煮粥, 喂之.

몹시 더울 때는 따뜻한 곳에 묶어두지 말고 일체의 날 사료를 금한다】

酷熱, 休拴煖處, 一切生料忌之】

17-5) 말의 속상황(束顙黃)[206]을 치료하는 처방

治馬患束顙黃方

【마경[207] 상황(顙黃)은 갑자기 생기는 증상이다. 말을 매우 왕성해지도록 길러 몸이 무거울 정도로 살지면서 삼초에 열이 쌓임으로 인해 심장과 가슴을 꽉 막히게 하고 목구멍에 맺히면 마침내 질환이 된다. 그렇게 되면 후두부가 부어서 합쳐져 붙어버리거나 음식이 넘어가는 부분이 통증 없이 부어서 머리를 내밀고 목을 곧게 뻗으며 호흡이 빠르고 거칠

【又 顙黃者, 卒急之病也. 因畜養太盛, 肉重臟肥, 三焦熱積, 壅極心胸, 結於咽喉, 乃成其患. 令氣喉腫合, 食顙虛浮, 伸頭直項, 氣促喘粗.

---

205 무근수(無根水) : 사람이 살지 않는 깊은 산 속의 우묵한 곳에 괸 물. 비위를 조절하고 몸을 보하는 약을 달이는 데 쓴다. 요수(潦水)라고도 한다.
206 속상황(束顙黃) : 상황을 속상황이라고도 부르는 이유는 증상 중 하나가 목구멍이 부어서 무언가로 묶은 [束] 듯하기 때문이 아닐까 추정된다.
207 《馬經大全》夏集 〈馬患束顙黃〉, 121~122쪽 ;《馬經抄集諺解》上 〈馬患慢腸黃〉, 185~187쪽.

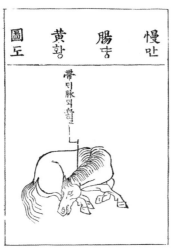

만장황도(慢腸黃圖. 말의 만장황을 치료하는 혈자리 그림)(《마경초집언해》)

속상황도(束顙黃圖. 말의 속상황을 치료하는 혈자리 그림)(《마경초집언해》)

어진다.

소황산[消黃散, 황병을 사그라뜨리는 산(散)]은 그 처방 이 앞에 나온 편신황(遍身黃) 조목의 아래에 보인다.

消黃散, 方見遍身黃條下.

웅황(雄黃)·백급(白芨)[208]·백렴(白歛)[209]·용골(龍 骨)[210]·대황을 함께 가루 낸 뒤, 물에 개어 이를 부 은 자리에 발랐다가 마르면 다시 바른다.

雄黃、白芨、白歛、龍骨、大 黃, 共爲末, 水調, 塗腫處, 乾則再塗.

골맥혈을 뚫어주고, 후수혈을 짼다. 후수혈은 빰 아래로 손가락 4개 겹친 두께만큼 떨어진 곳에 있다.

徹骨脈穴, 割喉膝穴, 在 頰下四指.

---

[208] 백급(白芨): 난초과 식물인 자란의 덩이줄기를 말린 약재.
[209] 백렴(白歛): 포도과 식물인 가회톱의 덩이뿌리를 말린 약재.
[210] 용골(龍骨): 큰 포유동물의 뼈화석. 이를 약재로 쓴다.

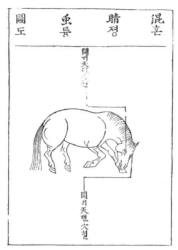

혼정충도(混睛蟲圖, 말의 혼정충을 치료하는 혈자리 그림)(《마경초집언해》)

| 서늘한 곳에 묶어두고, 초록 풀을 물에 담가 먹인다. | 拴涼處, 浸靑草, 喂之. |

| 몹시 더울 때는 따뜻한 마구간에 묶어두지 말고, 모든 사료는 금해야 한다】 | 酷熱, 休拴煖廏, 諸料忌之】 |

17-6) 말의 혼정충(混睛蟲)을 치료하는 처방

【마경 211 혼정충이란 전염병의 기운이 변해서 생기는 증상이다. 가을 3개월 동안에 장역(瘴疫, 유행성 열병)이 두루 퍼졌을 때, 갓 태어난 망아지나 어린 말을 오경(五更, 새벽 4~6시)에 교외에 방목했다가 거미줄에 맺힌 이슬이 잘못하여 눈에 들어가기도 한다. 이때 천지의 무기(霧氣, 안개기운)에 감수되고 거미의

治馬患混睛蟲方

【又 混睛蟲者, 疫氣化生也. 三秋之月, 瘴疫遍行之時, 新駒、幼馬, 五更放牧於郊, 蛛網上露水誤入其目. 感天地之霧氣, 受蜘蛛之精水, 陰陽交混, 變化而

---

211 《馬經大全》夏集〈馬患混睛〉, 102~103쪽 ; 《馬經抄集諺解》上〈馬患慢腸黃〉, 189~192쪽.

정수(精水)를 받아, 음양이 서로 뒤섞이다가 변화하여 벌레가 생겨난다. 벌레가 오륜(五輪)[212] 안에 있으면서 오락가락하며 한곳에 머물지 않는다.

그렇게 되면 눈동자에 예막(瞖膜)[213]이 생겨 흑백을 구분하지 못하게 된다.

치료법 : 흰자위 근처 아래와 검은자위 근처 위의 중앙이 개천혈(開天穴)이다. 실을 침 끝 0.01척(1푼) 위치에 묶고, 왼손으로는 말의 눈을 크게 벌린 채로 오른손으로는 침을 잡는다. 가벼운 손놀림으로 개천혈 위를 빠르게 0.01척 깊이로 찌르면 벌레가 물을 따라 흘러나와 곧 효과를 볼 수 있다. 3일 내에 구름처럼 뿌연 예막이 저절로 없어진다.

7일이 지나도록 낫지 않으면, 매미허물·마린화(馬藺花)[214]·지골피(地骨皮)[215]·황련·형개(荊芥)[216]·밀몽화(蜜蒙花)[217]·창출(蒼朮)[218]·치자·초룡담(草龍膽)[219]·감초·천궁(川芎)[220]을 함께 가루 낸 뒤, 2냥씩 꿀 2냥, 끓인 물 1잔과 함께 섞어 꿀을 배불리 먹인 뒤에 입에 흘려넣는다.

成蟲. 在五輪之內, 往來不住.

令睛生瞖膜, 黑白不分.

治法 : 白睛近下, 黑睛近上, 中心是開天穴. 以線縛定針尖一分, 左手睜開馬眼, 右手持針. 於開天穴上, 輕手急刺一分, 則蟲隨水流出, 便見其效. 三日內雲膜自退.

七日不愈, 則蟬退、馬藺花、地骨皮、黃連、荊芥、蜜蒙花、蒼朮、梔子、草龍膽、甘草、川芎, 共爲末, 每服二兩、蜜二兩、白湯一杯, 同調, 草飽後灌之.

---

212 오륜(五輪) : 눈을 5개 부위로 나눈 것으로, 육륜(肉輪, 아래위 눈꺼풀)·혈륜(血輪, 눈구석과 눈꼬리)·기륜(氣輪, 흰자위)·풍륜(風輪, 홍채)·수륜(水輪, 동공)을 말한다.

213 예막(瞖膜) : 눈동자 위에 막이 생겨 눈을 덮는 병증.

214 마린화(馬藺花) : 붓꽃과 식물인 타래붓꽃의 꽃을 말린 약재.

215 지골피(地骨皮) : 가지과 식물인 구기자나무의 뿌리껍질을 말린 약재.

216 형개(荊芥) : 꿀풀과 식물인 형개의 전초(全草)를 말린 약재.

217 밀몽화(蜜蒙花) : 마전과 식물인 밀몽화의 꽃이나 꽃봉오리를 말린 약재.

218 창출(蒼朮) : 국화과 식물인 삽주의 뿌리줄기를 말린 약재.

219 초룡담(草龍膽) : 용담과 식물인 용담의 뿌리를 말린 약재. 능유(陵游)·용담초(龍膽草)라고도 한다.

220 천궁(川芎) : 미나리과 식물인 궁궁이의 뿌리줄기를 말린 약재.

깨끗한 우리에서 먹이고 기르며, 바람을 쐬지 말　喂養淨室, 勿令冒風】
아야 한다】

17-7) 말의 골안(骨眼)을 치료하는 처방　治馬患骨眼方

【마경】[221] 골안은 간경풍열(肝經風熱)[222]로 인해 생
기는 증상이다. 밖으로는 풍사와 한사에 감수되고
안으로는 노역(勞役)으로 상함으로 인해 간이 그 사
기(邪氣)를 받았다가 밖으로 눈에 전해진다. 그렇게
되면 양쪽 눈꼬리가 짓무르고, 눈곱이 많이 생겨 눈
을 뜨기가 어려워지게 된다. 양쪽 눈꺼풀이 뒤집혀
붓고, 섬골(閃骨)[223]에 좁쌀 같은 게 생겨나 날마다
점점 자라고 커져서, 마치 물고기비늘처럼 되고, 자
주 눈물을 흘리게 된다.

【又】骨眼, 肝經風熱也.
因外感風寒, 內傷勞役,
肝受其邪, 外傳於目. 令兩
眥潰爛, 眵盛難睜. 二胞
翻腫, 閃骨生如粟米, 日漸
長大, 恰似魚鱗, 頻頻涙
下.

말을 데려다 묶어 세우고 눈 안의 섬골을 자세히
살펴본다. 먼저 실을 꿴 침으로 막(膜)과 눈꺼풀 사

將馬縛立, 細察眼內閃骨,
先用綿針度膜, 皮間貫之,

---

221 《馬經大全》夏集〈馬患骨眼〉, 100~101쪽 ;《馬經抄集諺解》上〈馬患慢腸黃〉, 194~197쪽.

222 간경풍열(肝經風熱) : 족궐음간경(足厥陰肝經)에 풍사(風邪)와 열사(熱邪)가 침입한 증상.

223 섬골(閃骨) : 말의 눈가 주변의 뼈. 섬골의 위치는 다음 쪽의 그림과 같다. 이 외에도 조선 초기 1399년 권
중화(權仲和, 1322~1408) 등이 편찬한 수의학서인 《신편집성마의방우의방(新編集成馬醫方牛醫方)》에
는 말의 뼈 이름을 상세하게 기재하고 있다. 골명지도에 수록된 말의 뼈 이름은 다음과 같다. 섬골(閃骨)·
안상골(眼箱骨)·액골(額骨)·미릉골(眉稜骨)·천정골(天頂骨)·뇌골(腦骨)·액각골(額角骨)·이사골(耳箭
骨)·복토골(伏兔骨)·수정골(垂睛骨)·협시골(頰顋骨)·후골(喉骨)·면쇄골62절(面鎖骨六十二節)·궁자골
(弓子骨)·기갑골(鬐甲骨)·험자골(枕子骨)·박첨골(膊尖骨)·외승중골(外乘重骨)·주골(肘骨)·척량골32조
(脊梁骨三十二條)·늑선골12조(肋扇骨十二條)·변골3조(邊骨三條)·명자골8조(明子骨八條)·연자골(硯子
骨)·삼산골(三山骨)·접척골(接脊骨)·소과골(小胯骨)·대과골(大胯骨)·성과골(盛胯骨)·미파골22절(尾巴
骨二十二節)·퇴정골(腿脡骨)·미고골24절(尾股骨二十四節)·안시골(鴈翅骨)·약초골(掠草骨)·오근골(烏筋
骨)·합자골(合子骨)·게골(揭骨)·질려골(蒺藜骨)·아비골(鵝鼻骨)·천정골(天定骨)·녹절골(鹿節骨)·월골
(越骨)·자골(子骨)·협슬골(夾膝骨)·제태골(蹄胎骨)·슬개골(膝蓋骨)·슬각골(膝角骨)·주슬골(柱膝骨)·주
골(肘骨)·찬근골(攢筋骨)·당골(堂骨)·엄제골(罨蹄骨)·주제골(柱蹄骨)·경정골(脛脡骨)·비골(髀骨)·동근
골(同筋骨)·이승골(裏乘骨)·창풍골(搶風骨)·억자골(臆子骨)·엄상골□절(罨顙骨□節)·하배치골(下排齒
骨)·상배치골(上排齒骨)·하함골(下頷骨)·설연골(舌連骨)·치골40개(齒骨四十个)·상함골(鼸頷骨)·비통골
(鼻筒骨)·억거골(臆車骨)·비격골(鼻隔骨)·비소골(鼻素骨)·비량골(鼻梁骨)·송자골(松子骨).

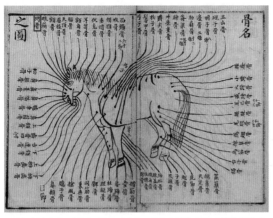

골명지도(骨名之圖, 말의 뼈 이름을 나타낸 그림)의 섬골((신편집성마의방(新編集成馬醫方)))

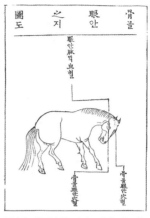

골안지도(骨眼之圖, 말의 골안을 치료하는 혈자리 그림)((마경초집언해))

이를 헤아려 꿰뚫고, 날카로운 침으로 병골(病骨, 섬골)을 째서 제거하되 혈륜(血輪, 눈구석과 눈꼬리)을 손상시키지 않아야 신묘한 효과가 있다.

以利針割去病骨, 不損血輪爲妙.

안맥혈(眼脈血)을 뚫어주고, 골안혈(骨眼穴)을 짼다. 골안혈은 눈 안쪽에 있다.

徹眼脈血, 割骨眼穴, 在眼內.

맨드라미씨[靑箱子]²²⁴ · 전복껍데기[石決明]²²⁵ · 지골피 · 선복화(旋覆花)²²⁶ · 용담초(龍膽草, 초롱담) · 방풍 · 황련 · 초결명(草決明)²²⁷ · 국화(菊花)²²⁸ · 석고(石膏)²²⁹ · 속

靑箱子、石決明、地骨皮、旋覆花、龍膽草、防風、黃連、草決明、菊花、石膏、木賊、

---

224 맨드라미씨[靑箱子] : 비름과 식물인 맨드라미의 씨를 말린 약재.
225 전복껍데기[石決明] : 전복과 어패류인 전복의 껍데기를 말린 약재.
226 선복화(旋覆花) : 국화과 식물인 금불초의 꽃을 말린 약재.
227 초결명(草決明) : 콩과 식물인 결명의 씨를 말린 약재.
228 국화(菊花) : 국화과 식물인 국화의 꽃을 말린 약재. 감국화(甘菊花)라고도 한다.
229 석고(石膏) : 황산칼슘으로 이루어진 광물성 약재.

새[木賊]230을 함께 가루 낸 뒤, 2냥씩 꿀 2냥, 돼지쓸 개즙 0.5잔, 쌀뜨물과 함께 섞어 입에 흘려넣는다.

共爲末, 每服二兩, 蜜二兩、猪膽汁半蓋、米泔水, 同調灌之.

깨끗한 우리에서 먹이고 기르며, 매일 아침 청포(靑布, 살충 효능이 있는 쪽물 들인 베)를 따뜻한 물에 담갔다가 우러나온 물로 양쪽 눈꼬리 안쪽 부분을 씻어준다.

喂養淨室, 每朝以靑布浸溫水, 於兩眼角內洗之.

몹시 더울 때는 들에 방목해서는 안 되고, 일체의 날 사료를 금한다】

酷熱, 不可野放, 一切生料忌之】

17-8) 말 눈의 내장(內障)을 치료하는 처방

治馬患內障眼方

【마경】231 내장(內障)이란 독기(毒氣)가 간을 찌르는 증상이다. 여름에 꼴을 배불리 먹이고 말을 탈 때, 너무 급히 달림으로 인해 열독이 간을 찌른 증상이다.

그렇게 되면 눈에 황색의 둥근 테가 생김으로써 눈동자를 가려서, 말을 끌고 가면 이리저리 달려 벽에 부딪히거나 담을 들이받게 된다.

【又】內障者, 毒氣衝肝也. 因暑月草飽乘騎, 奔走太急, 熱毒衝肝.

令眼生黃暈, 掩閉瞳人, 撺行亂走, 撞壁衝墻.

전복껍데기·초결명·용담초·선복화·맨드라미씨·치자·울금·황련·감초를 함께 가루 낸 뒤, 1.5냥씩 물 1되에 타서 입에 흘려넣고 꼴을 배불리 먹인다. 다음날 또 입에 흘려넣는다.

石決明、草決明、龍膽草、旋覆花、靑箱子、梔子、蔚金、黃連、甘草, 共爲末, 每服一兩半, 水一升, 調灌, 草飽. 次日又灌之.

---

230 속새[木賊] : 속새과 식물인 속새의 전초를 말린 약재.
231 《馬經大全》夏集 〈馬患內障眼〉, 101~102쪽 ; 《馬經抄集諺解》上 〈馬患內障眼〉, 197~202쪽.

눈동자가 가려져 동공이 녹색이 된 경우는 치료할 수 없다. 황색의 둥근 테가 동공을 침식한 경우는 눈 안의 섬골을 째어 제거하고, 안맥혈을 뚫어준다.

瞳人掩閉, 眼珠綠色者, 不治. 黃暈侵睛者, 割去眼中閃骨, 眼脈血徹之.

깨끗한 곳에서 먹이고 기르며, 꼴을 배불리 먹이고 나서는 말을 타고 달리지 말아야 한다. 맑은 아침에 정화수를 정수리 위에 부어준다. 날 사료를 조금씩 먹인다】

喂養淨處, 草飽, 休令騎走. 淸朝, 用井花水頂上澆之. 生料少令喂之】

17-9) 말의 간경풍열(肝經風熱, 간풍)을 치료하는 처방

【마경 232 간풍(肝風)이란 족궐음간경[肝經]의 열(熱)이 풍(風)을 생기게 한 증상이다. 말을 매우 왕성해지도록 먹이고 기름으로 인해 외감(外感)과 내상(內傷)

治馬患肝經風熱方

【又 肝風者, 肝熱生風也. 因喂養太盛, 外感內傷, 暑月負重, 乘騎疾走, 熱積

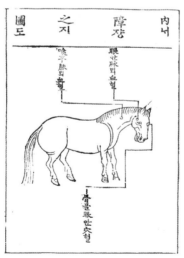

내장지도(內障之圖. 말 눈의 내장을 치료하는 혈자리 그림)(《마경초집언해》)

---

232 《馬經大全》夏集〈馬患肝經風熱〉, 110~111쪽;《馬經抄集諺解》上〈馬患肝經風熱〉, 202~206쪽.

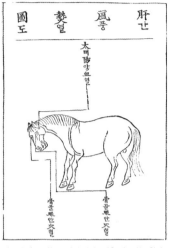

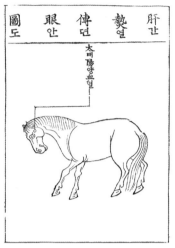

간풍열도(肝風熱圖, 말의 간경풍열을 치료하는 혈자리 그림)(《마경초집언해》)

간열전안도(肝熱傳眼圖, 말의 간열전안을 치료하는 혈자리 그림)(《마경초집언해》)

이 생긴다. 이 상태인데도 여름에 짐을 무겁게 지우고, 말을 타고 너무 빠르게 달리면 열이 몸 안에 쌓인다.

그렇게 되면 눈꺼풀이 뒤집히면서 붓고, 눈꼬리의 살에 어혈이 생겨 붉어지고, 눈동자에 예장(翳障)이 생기고, 눈곱이 많아져서 눈을 뜨기 어렵게 된다.

방풍·황련·황금·맨드라미씨·용담초·전복껍데기·형개·몰약(沒藥)233·감초·매미허물·초결명을 함께 가루 낸 뒤, 2냥씩 꿀 2냥, 계란흰자 2개, 쌀뜨물 1주발과 함께 섞어 꼴을 먹인 뒤에 입에 흘려넣는다.

於內.

令眼胞翻腫, 眥肉瘀紅, 睛生翳[83]障, 眵盛難睜.

防風、黃連、黃芩、靑箱子、龍膽草、石決明、荊芥、沒藥、甘草、蟬殼、草決明, 共爲末, 每服二兩, 蜜二兩、

233몰약(沒藥) : 감람나무과 식물인 몰약나무의 수지를 건조시킨 약재.

[83] 翳 : 저본에는 "醫". 오사카본·규장각본·《馬經大全·馬患肝經風熱》·《馬經抄集諺解·馬患肝經風熱》에 근거하여 수정.

	鷄子淸二箇、米泔水一椀, 同調, 草後灌之.

태양혈(太陽穴)을 뚫어주고, 골안혈을 째며, 정수혈(睛臉穴)을 지진다.

徹太陽穴, 割骨眼穴, 烙睛臉穴.

깨끗한 우리에서 먹이고 기르며, 매일 아침 청포(靑布)를 따뜻한 물에 담갔다가 그 물로 입 안을 씻어 준다. 바람을 쐬지 말고, 날 사료를 금한다】

喂養淨室, 每朝以靑布搵溫水, 於口內洗之. 勿令冒風, 生料忌之】

17-10) 말의 간열전안(肝熱傳眼)을 치료하는 처방

治馬患肝熱傳眼方

【마경】[234] 말을 지나치게 많이 먹이고 기르며, 과도하게 빨리 달림으로 인해 열독이 간에 들어가(肝熱] 밖으로 눈에 전해진 증상이다[傳眼].

【又】因喂養太過, 奔走過度, 熱毒入肝, 外傳於目.

그렇게 되면 눈동자에 흰 막이 생기고, 눈곱이 많아져 눈을 뜨기 어려워지고, 끌고 다니려고 해도 움직이지 않으며, 귀를 늘어뜨리고 머리를 낮추며, 사물을 만나도 보지 못해 이쪽저쪽 아무데나 부딪힌다.

令睛生白膜, 眵盛難睜, 牽行不動, 耳搭頭低, 逢物不見, 東西亂撞.

전복껍데기·황련·몰약·치자·대황·황기·황금·울금·초결명을 함께 가루 낸 뒤, 2냥씩 꿀 2냥, 계란흰자 2개, 쌀뜨물 1승과 함께 섞어 꿀을 배불리 먹인 뒤에 입에 흘려넣는다.

石決明、黃連、沒藥、梔子、大黃、黃芪、黃芩、蔚金、草決明, 共爲末, 每服二兩、蜜二兩、鷄子淸二箇、米泔水一升, 同調, 草飽後灌之.

---

234 출전 확인 안 됨;《馬經抄集諺解》上〈馬患肝熱傳眼〉, 206~210쪽.《마경대전》목록에는 "마환간열전안(馬患肝熱傳眼)"이 있는데, 막상 원문에는 그림도 없고, 내용도 없다.

태양혈을 뚫어준다.　　　　　　　　　　徹太陽穴.

깨끗한 우리에 묶어두고 먹인다. 봄과 겨울에는　　喂拴淨室, 春冬綠豆喂之,
녹두를 먹이고, 여름과 가을에는 초록 풀을 물에　　夏秋水浸靑草喂之.
담갔다가 먹인다.

바람을 쐬지 말고, 날 사료는 먹이기를 멈춘다.　　勿令冒風, 生料停止.

농정전서 235 청염(靑鹽)236·황련·마아초(馬牙硝, 박　　農政全書 靑鹽、黃連、馬
초)·유인(蕤仁)237 각각 같은 양을 함께 갈아 가루 낸　　牙硝、蕤仁等分, 同研爲
뒤, 꿀과 섞어 달이고, 자기병 안에 담아둔다. 눈에　　末, 用蜜煎, 入磁瓶盛貯.
점안할 때는 약이 끈적거리므로 막대에 약을 돌돌　　點時, 旋取少許, 以井水浸
말아 조금 떠서 우물물에 담가 녹은 물로 점안한다】　　化, 點】

17-11) 말의 간옹(肝癰, 간이 막히는 증상)을 치료하는 처방　　治馬肝癰方
【박문록(博聞錄)238 239 박초·황련을 가루 낸 뒤,　　【博聞錄 朴硝、黃連, 爲
남자의 머리카락을 약성이 남도록 태워 나온 재를　　末, 男子頭髮燒灰存性,
좁쌀죽웃물에 타서 입에 흘려넣는다.　　漿水調, 灌.
사기(邪氣)가 간을 찔러 마치 졸고 있는 듯 눈이 흐　　一應邪氣衝肝, 眼昏似睡,
려지게 하다가 갑자기 현기증을 일으켜 넘어지는 일　　忽然眩倒, 此方主之】

235《農政全書》卷41〈牧養〉“六畜”(《農政全書校注》, 1151쪽).
236 청염(靑鹽):바닷물을 햇볕에 말리거나 인공적인 열로 말려 얻은 소금. 이를 약재로 쓴다. 융염(戎鹽)이라
　　고도 한다.
237 유인(蕤仁):장미과 식물인 참빈추나무의 씨를 말린 약재.
238 박문록(博聞錄):중국 남송(南宋)의 진원정(陳元靚, ?~?)이 지은 책. 송나라와 원나라의 전적들을 편집하
　　여 수록하고 있다.
239 출전 확인 안 됨;《農政全書》卷41〈牧養〉“六畜”(《農政全書校注》, 1152쪽);《農桑輯要》卷7〈葊畜〉
　　“馬”(《農桑輯要校注》, 242쪽).

체의 증상은, 이 처방으로 치료한다】

17-12) 말이 번위(翻胃)[240]로 꼴을 토하는 증상을 치료하는 처방

治馬患翻胃吐草方

【마경】[241] 밖으로는 풍사(風邪)와 한사(寒邪)에 감수되고, 안으로는 음기와 냉기에 상함으로 인해 비장과 위가 사기(邪氣)를 받아, 비장이 차가워지면서 토기(土氣)가 쇠하며, 위가 차가워지면서 화기(火氣)가 약해져서 음식물을 소화시킬 수 없다. 이에 사료와 꼴을 삼켜도 위가 받아들이지 못하므로 말이 토한다.

【馬經】因外感風寒, 內傷陰冷, 脾胃受邪, 脾冷而土衰, 胃寒而火弱, 不能轉化. 致使料草下咽而胃不容納, 故吐出也.

그렇게 되면 생기가 없이 피로하고 나른해지며, 귀를 늘어뜨리고 머리를 낮추며, 코와 얼굴이 붓고, 허구리가 늘어지고, 털은 바싹 마른다. 이것을 '한극증(寒極症, 추위가 극심해서 나타나는 증상)'이라 한다.

令精神倦怠, 耳搭頭低, 鼻浮面腫, 膁弔毛焦. 此謂"寒極之症"也.

익지인(益智仁)[242]·육두구(肉荳蔲)[243]·오미자(五味子)[244]·목향(木香)[245]·빈랑(檳榔)[246]·초과(草果)[247]·세신(細辛)[248]·청피·당귀(當歸)[249]·후박(厚朴)[250]·천궁·관

益智仁、肉荳蔲、五味子、木香、檳榔、草果、細辛、靑皮、當歸、厚朴、川芎、官桂、

---

240 번위(翻胃) : 음식을 먹으면 구역질이 심하게 나며 먹은 것을 토해내는 위병.
241 《馬經大全》夏集〈馬翻胃吐草〉, 57~59쪽;《馬經抄集諺解》上〈馬患翻胃吐草〉, 210~215쪽.
242 익지인(益智仁) : 생강과 식물인 익지의 열매를 말린 약재.
243 육두구(肉荳蔲) : 육두구과 식물인 육두구나무의 열매를 말린 약재.
244 오미자(五味子) : 목련과 식물인 오미자나무의 열매를 말린 약재.
245 목향(木香) : 국화과 식물인 목향의 뿌리를 말린 약재.
246 빈랑(檳榔) : 종려과 식물인 빈랑나무의 씨를 말린 약재.
247 초과(草果) : 생강과 식물인 초과의 열매를 말린 약재.
248 세신(細辛) : 쥐방울덩굴과 식물인 족두리풀의 뿌리를 말린 약재.
249 당귀(當歸) : 산형과 식물인 참당귀의 뿌리를 말린 약재.
250 후박(厚朴) : 녹나무과 식물인 후박나무의 줄기나 뿌리껍질을 말린 약재. 후피(厚皮)·적박(赤朴)이라고도 한다.

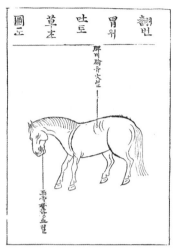

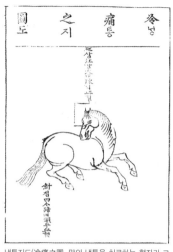

번위토초도(飜胃吐草圖, 말이 번위로 꼴을 토하는 증상을 치료하는 혈자리 그림)(《마경초집언해》)

냉통지도(冷痛之圖, 말의 냉통을 치료하는 혈자리 그림)(《마경초집언해》)

계·감초·사인(砂仁)[251]·백출(白朮)[252]·작약(芍藥)[253]·백지(白芷)[254]·탱자껍질[枳殼][255]을 함께 가루 낸 뒤, 1.5냥씩 대추 5개, 생강 5조각, 식초 1승과 함께 3번 끓어오르도록 달여 따뜻할 때 입에 흘려넣는다.

甘草、砂仁、白朮、芍藥、白芷、枳殼, 共爲末, 每服兩半、棗五枚、薑五片、苦酒一升, 同煎三沸, 溫灌之.

비수혈(脾腧穴)에 화침(火針)을 놓는다. 비수혈은 뒤쪽 3번째 갈빗대 안쪽에 있는데, 척량(脊梁, 등골뼈)으로부터 손을 올렸을 때 문득 손과 만나는 자리가 이 혈이다.

火針脾腧穴, 在從後第三肋裏, 自脊梁仰手却合手, 是穴.

---

251 사인(砂仁): 생강과 식물인 축사의 씨를 말린 약재. 축사인(縮沙仁)이라고도 한다.

252 백출(白朮): 국화과 식물인 삽주의 뿌리줄기껍질을 벗겨서 말린 약재.

253 작약(芍藥): 미나리아재비과 식물인 작약의 뿌리를 말린 약재.

254 백지(白芷): 산형과 식물인 구릿대의 뿌리를 말린 약재.

255 탱자껍질[枳殼]: 운향과 식물인 탱자의 덜 익은 열매를 반으로 잘라 말린 약재. 열매 껍질부를 약용으로 쓴다.

매일 아침 밀기울사료와 익힌 사료 각 8홉을 숙미탕(熟米湯, 숭늉)과 함께 하루에 1번 먹인다. 마구간은 따뜻해야 하고, 추운 밤에는 털로 짠 언치를 등 위에 얹어준다. 일체의 냉수와 찬 음식을 금한다】

每朝麩料、熟料各八合, 熟米湯一日一次飮之. 廏宜溫煖, 寒夜氈䪝背上搭之. 忌一切冷水、冷物】

17-13) 말의 냉통(冷痛)을 치료하는 처방

治馬患冷痛方

【마경】[256] 냉통이란 음기가 지나치게 성한 증상이다. 빈속에 물을 지나치게 많이 마셨다가 비장이 상함으로 인해 이것이 위에 전해져서 위의 화기(火氣)가 미약해지고 음식을 보낼 수 없어 장 안에 음식이 쌓이게 됨으로써 기가 오르내리지 않아 뱃속에 통증이 생긴다.

【又】冷痛, 陰氣太盛也. 因空腸, 飮水太過, 傷於脾, 傳於胃, 胃火微弱, 不能傳送, 積於腸內, 氣不升降, 腹中作痛也.

그렇게 되면 온몸이 떨리고, 배를 쳐다보며, 고개를 돌리고, 계속 땅에 눕고, 코로 거칠게 숨을 쉰다.

令渾身發顫, 覷腹回頭, 連連臥地, 鼻咋喘粗.

그 통증에는 다음과 같이 5가지가 있다. ① 꼬리를 곧게 뻗고 걷는 경우는 대장의 통증이다. ② 꼬리를 말고 걷는 경우는 소장의 통증이다. ③ 허리를 웅크리고 땅을 밟는 경우는 수궐음심포경(手厥陰心包經)의 통증이다. ④ 장에서 소리가 나며 설사하는 경우는 냉기로 인한 통증이다. ⑤ 급히 일어났다가 급히 눕는 경우는 족태음비경(足太陰脾經)의 통증이다.

其痛有五 : 直尾行者, 大腸痛也 ; 捲尾行者, 小腸痛也 ; 蹲腰踏地者, 胞經痛也 ; 腸鳴泄瀉者, 冷氣痛也 ; 急起急臥者, 脾經痛也.

청귤피(靑橘皮, 청피) · 진귤피(陳橘皮)[257] · 후박 · 계심

靑橘皮、陳橘皮、厚朴、桂

256《馬經大全》夏集〈馬患冷痛〉, 75~76쪽 ;《馬經抄集諺解》上〈馬患冷痛〉, 215~221쪽.
257 진귤피(陳橘皮) : 운향과 식물인 귤나무의 잘 익은 열매의 껍질을 말린 약재. 진피(陳皮)라고도 한다.

(桂心)258·세신·회향·당귀·백지·빈랑을 함께 가루
낸 뒤, 2냥씩 파 3줄기, 가는 소금 3돈, 식초 1승과
함께 3~5번 끓어오르도록 달여 따뜻할 때 입에 흘
려넣는다.

대장의 통증에는 위의 처방에서 백지를 빼고 창
출·목통(木通)259을 더한다. 소장의 통증에는 오수
유(吳茱萸)260·창출을 더한다. 궐음심포경의 통증에
는 회향을 빼고 목통·탱자껍질·사철쑥[茵陳]261·활
석(滑石)262을 더한다. 냉기로 인한 통증에는 조각(皂
角)263·쑥잎[艾葉]264을 더한다. 족태음비경의 통증에
는 회향을 줄이고 백출·감초를 더한다.

4개의 제두혈(蹄頭血)과 삼강대맥혈(三江大脈穴)에
침을 놓는다. 삼강대맥혈은 콧등 양쪽으로 손가락
4개 겹친 두께만큼 떨어진 곳에 있다.

추운 밤에는 찬 곳에 묶어두지 말고, 냉수를 금
한다】

心、細辛、茴香、當歸、白芷、
檳榔，共爲末，每服二兩，
蔥三枝、飛鹽三錢、苦酒一
升，同煎三五沸，溫灌之.

大腸痛，去白芷，加蒼朮、
木通；小腸痛，加吳茱萸、
蒼朮；胞經痛，去茴香，加
木通、枳殼、茵陳、滑石；冷
氣痛，加皂角、艾葉；脾經
痛，減茴香，加白朮、甘草.

針四蹄頭血、三江大脈血.
三江大脈穴在鼻梁兩邊四
指.

寒夜休拴冷處，冷水忌之】

258 계심(桂心) : 녹나무과 식물인 계수나무의 껍질에서 겉껍질(코르크층)을 제거하고 말린 약재.
259 목통(木通) : 으름덩굴과 식물인 으름덩굴의 줄기에서 껍질을 제거하고 말린 약재.
260 오수유(吳茱萸) : 운향과의 오수유나무의 덜 익은 열매를 말린 약재.
261 사철쑥[茵陳] : 국화과 식물인 사철쑥의 전초를 말린 약재. 인진호(茵陳蒿)라고도 한다.
262 활석(滑石) : 규산마그네슘이 주성분인 광물성 약재.
263 조각(皂角) : 자귀과 식물인 쥐엄나무의 열매를 말린 약재. 조협(皂莢)이라고도 한다.
264 쑥잎[艾葉] : 국화과 식물인 쑥의 잎을 말린 약재.

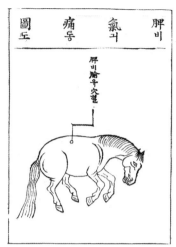

비기통도(脾氣痛圖, 말의 비기통을 치료하는 혈자리 그림)(《마경초집언해》)

17-14) 말의 비기통(脾氣痛)을 치료하는 처방

【마경】265 살이 빠지고 수척해져, 외감(外感)과 내상(內傷)이 생긴데다 들에 방목하여 장맛비를 맞고, 밤이슬과 바람과 서리를 맞으며, 빈속에 물을 지나치게 많이 마심으로 인해 족태음비경(足太陰脾經)이 상한다. 그리하여 위(胃)의 화기가 미약해지고, 기가 오르내리지 않는다.

그렇게 되면 입술을 걷어 올려 말이 웃는 듯하고, 설사하고 장에서 소리가 나며, 머리를 흔들고 꼬리를 치고, 땅에 누워 허리를 펴게 된다.

治馬患脾氣痛方

【又】因羸瘦, 外感內傷, 野放霖雨, 夜露風霜, 空腸飮水太過, 傷於脾經. 胃火微弱, 氣不升降.

令褰唇似[84]笑, 泄瀉腸鳴, 擺頭打尾, 臥地舒腰.

265 《馬經大全》夏集〈馬患脾氣痛〉, 80~81쪽 ; 《馬經抄集諺解》上〈馬患脾氣痛〉, 221~225쪽.
[84] 似 : 저본에는 "以". 오사카본·《馬經大全·馬患脾氣痛》·《馬經抄集諺解·馬患脾氣痛》에 근거하여 수정.

당귀·오미자·백출·감초·창포(菖蒲)266·사인·택사(澤瀉)267·백복령(白茯苓)268·후박·관계·청피·진피(陳皮, 진귤피)·말린생강을 함께 가루 낸 뒤, 2냥씩 생강 3조각, 소금 1자밤[捻]269, 술 1승에 3번 끓어오르도록 달인 다음 화기(火氣)를 날려버리고, 뜨거울 때 입에 흘려넣는다.

비수혈(脾腧穴)에 화침을 놓는다.

한곳에 머물지 않고 끌고 다니며, 털로 짠 언치를 등 위에 얹어준다. 추운 밤에는 찬 곳에 묶어두지 말고, 치료한 당일에는 냉수를 피해야 한다】

17-15) 말의 비장이 상한 증상을 치료하는 처방

【博聞錄270 천후박(川厚朴)271(거친 껍질을 제거한 것)을 가루 낸 뒤, 생강·대추와 함께 달여 입에 흘려넣는다.

비장과 위에 상처가 있어 물과 꼴을 먹지 않고, 입술을 걷어 올려 말이 웃는 듯하며, 코로 쉬는 호흡이 짧아지는 일체의 증상이 나타나면 빨리 이 약을 먹여야 한다】

當歸、五味子、白朮、甘草、菖蒲、砂仁、澤瀉、白茯苓、厚朴、官桂、靑皮、陳皮、乾薑, 共爲末, 每服二兩, 薑三片、鹽一捻、酒一升, 煎三沸, 揚去火氣, 帶熱灌之.

火針脾腧穴.

不住牽行, 背上氈屜搭之. 寒夜休拴冷處, 當日冷水避之】

治馬傷脾方

【博聞錄 川厚朴(去麤皮)爲末, 同薑棗煎, 灌.

一應脾胃有傷, 不食水草, 褰唇似笑, 鼻中氣短, 宜速與此藥】

---

266 창포(菖蒲) : 천남성과 식물인 창포의 뿌리를 말린 약재.
267 택사(澤瀉) : 택사과 식물인 택사의 덩이줄기를 말린 약재.
268 백복령(白茯苓) : 구멍나무과 버섯인 복령의 균핵을 말린 약재.
269 자밤[捻] : 손가락을 모아서 그 끝으로 집을 만한 분량을 세는 단위.
270 출전 확인 안 됨 ;《農政全書》 卷41 〈牧養〉 "六畜"(《農政全書校注》, 1151쪽) ;《農桑輯要》 卷7 〈孶畜〉 "馬"(《農桑輯要校注》, 242쪽).
271 천후박(川厚朴) : 중국 사천성(四川省)에서 나는 후박나무의 껍질을 말린 약재.

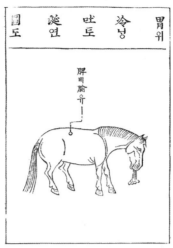

위냉토연도(胃冷吐涎圖, 말의 위가 차가워져 침을 흘리는 증상을 치료하는 혈자리 그림)(《마경초집언해》)

17-16) 말의 위냉토연(胃冷吐涎, 위가 차가워져 침을 흘리는 증상)을 치료하는 처방

治馬患胃冷吐涎方

【마경 272】 오랫동안 목이 말랐다가 잘못하여 냉수를 지나치게 많이 마시거나, 장맛비가 오는 와중에 방목하거나, 이슬과 서리가 내리는 곳에 묶어둠으로 인해 냉기가 기육(肌肉)에 침투하여 족태음비경(足太陰脾經)으로 전해져 들어옴으로써 비장과 위장이 냉기를 합하게 된다.

【馬經】 因久渴, 失飮冷水過多, 或放於霖雨中, 或拴於霜露下, 冷氣侵入肌肉, 傳入脾經, 脾胃合冷.

그렇게 되면 온몸이 떨리고, 입으로 맑은 침을 토하고, 코가 막히고 귀가 차가워지며, 허구리가 늘어지고, 털은 바싹 마르게 된다.

令渾身發顫, 口吐淸涎, 鼻塞耳冷, 膁弔毛焦.

272《馬經大全》夏集〈馬患胃冷吐涎〉, 88쪽;《馬經抄集諺解》上〈馬患胃冷吐涎〉, 225~229쪽.

관계·백출·당귀·탱자껍질·감초·창포·후박·택사·승마(升麻)[273]·반하(半夏)[274]·적석지(赤石脂)[275]를 함께 가루 낸 뒤, 2냥씩 생강 1조각, 식초 1승과 함께 3번 끓어오르도록 달여 따뜻할 때 입에 흘려넣는다.

官桂、白朮、當歸、枳殼、甘草、菖蒲、厚朴、澤瀉、升麻、半夏、赤石脂、共爲末，每服二兩，生薑一片、苦酒一升、同煎三沸，溫灌之.

비수혈(脾腧穴)에 화침을 놓는다.

火針脾腧穴.

따뜻한 마구간에서 먹이고 기르며, 사료와 꼴의 양을 늘려주고, 밤에는 털로 짠 언치를 등 위에 덮어주며, 물을 먹일 때는 충분하게 주어서는 안 된다. 치료한 당일에는 냉수를 금한다】

喂養煖廏，增加料草，夜加氊於背上，飮水莫令足，當日冷水忌之】

17-17) 말의 숙수(宿水)[276]가 배꼽에 머무는 증상을 치료하는 처방

治馬患宿水停臍方

【마경[277] 숙수(宿水)가 머물러 있는 증상은 노상(勞傷, 피로로 몸이 상한 증상)으로 수척해진 말이나 힘이 쭉 빠지고 야윈 망아지가 빈속에 잘못하여 흙탕물을 지나치게 많이 마심으로 인해 끌고 다닐 때 잘못되어 이 물이 위장에 머물러 있게 되어서 생긴다. 그 결과 음식을 소화시키지 못하고 배꼽 아래에 쌓여, 이것이 맺히고 서로 엉기게 된다.

【又 停留宿水者，因勞傷瘦馬，力敗羸駒，空腸誤飮濁水過多，失於牽行，停住於腸，不能運化，積於臍下，結而相凝也.

---

273 승마(升麻) : 미나리아재비과 식물인 승마의 뿌리줄기를 말린 약재.
274 반하(半夏) : 천남성과 식물인 반하의 덩이줄기에서 껍질을 벗기고 말린 약재.
275 적석지(赤石脂) : 규산알루미늄이 주성분인 붉은색 흙.
276 숙수(宿水) : 마신 물이 몸에 흡수되지 않고 몸 안의 일정한 곳에 몰려 있는 경우, 또는 그러한 물.
277 《馬經大全》夏集〈馬患宿水停臍〉, 91~92쪽 ;《馬經抄集諺解》上〈馬患宿水停臍〉, 230~233쪽.

숙수정제도(宿水停臍圖, 말의 숙수가 배꼽에 머무는
증상을 치료하는 혈자리 그림)(《마경초집언해》)

그렇게 되면 털이 바싹 마르고 몸이 수척해지며,
머리를 낮추고 귀를 늘어뜨리며, 가거나 멈춰서는
동작에 생기[神]가 없다.

令毛焦體瘦, 頭低耳搭, 行
立無神.

건비산(健脾散)은 그 처방이 위쪽의 위냉토연(胃冷
吐涎) 조목에 보인다.[278]

健脾散, 方見上胃冷吐涎
條.

운문혈(雲門穴)에 침을 놓는다. 운문혈은 큰 말의
경우 배꼽 앞쪽으로 0.3척 되는 곳에, 작은 말의 경
우 0.15척 되는 곳에 있다.

針雲門穴, 在大馬臍前三
寸, 小馬寸半.

따뜻한 마구간에서 먹이고 기르며, 사료와 꼴을
늘려주고, 하루에 1번 숙미탕(熟米湯)을 마시게 한

喂養煖廐, 增加料草, 一日
一次熟米湯飲之. 寒夜不

278 건비산(健脾散)은……보인다 : 17-16)의 '위냉토연을 치료하는 처방'에 있다.

다. 추운 밤에는 바깥에 묶어두어서는 안 되고, 충분하게 물을 먹여서도 안 되며, 빈속에 냉수는 금한다】

可外拴, 飮水莫令足, 空腸忌冷水】

17-18) 말이 위가 차가워져 꼴을 먹지 못하는 증상을 치료하는 처방

治馬患胃寒不食草方

【마경 [279] 오랫동안 목이 마른 상태에서 물을 마시지 못하다가, 빈속에 물을 너무 많이 먹어 음기가 오장 안에 쌓임으로 인해 차고 습한 기운이 족태음비경(足太陰脾經)에 흘러 들어온다. 그 결과 비장과 위의 냉기가 합하게 되고, 토기(土氣)가 쇠하고 화기(火氣)가 약해짐으로써 음식을 소화할 수 없어서 병이 된다.

【又】 因久渴失飮, 空腸飮水過多, 陰氣積於臟內, 寒濕流入脾經, 脾胃合冷, 土衰火弱, 不能運化, 致成其患.

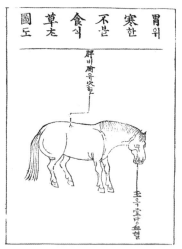

위한불식초도(胃寒不食草圖, 말의 위가 차가워져 꼴을 먹지 못하는 증상을 치료하는 혈자리 그림)(《마경초집언해》)

279 《馬經大全》夏集 〈馬患胃寒不食草〉, 98~99쪽 ; 《馬經抄集諺解》上 〈馬患胃寒不食草〉, 233~237쪽.

그렇게 되면 털이 바싹 마르고 꼴을 적게 먹으며, 허구리가 늘어지고 머리를 낮추고, 코가 차갑고 귀가 냉하며, 입 안에서 침을 흘린다.

令毛焦草細, 牒弔頭低, 鼻寒耳冷, 口內垂涎.

계심·청피·백출·후박·익지인·말린생강·오미자·육두구·당귀·진피·사인·감초를 함께 가루 낸 뒤, 2냥씩 소금 0.5냥, 청파 3뿌리, 술 1승을 함께 달여 입에 흘려넣는다.

桂心、靑皮、白朮、厚朴、益智仁、乾薑、五味子、肉荳蔲、當歸、陳皮、砂仁、甘草, 共爲末, 每服二兩, 鹽半兩、靑蔥三根、酒一升, 同煎灌之.

옥당혈(玉堂穴)에 침을 놓는다. 옥당혈은 입 안 위턱에 있는 세 번째 주름[稜]280에 있다.

針玉堂穴. 玉堂穴在口內上齶第三稜.

따뜻한 곳에 묶어두고 먹이며, 사료와 꼴을 늘려준다. 숙미탕(熟米湯)과 따뜻한 물을 먹이고, 추운 밤에는 찬 곳에 묶어두지 말아야 한다】

喂拴煖處, 增加料草. 熟米湯、溫水飮之, 寒夜休拴冷處】

17-19) 말이 결열(結熱, 맺힌 열기)로 일어났다 누웠다 하고 몸을 떨며 물과 꼴을 먹지 않는 증상을 치료하는 처방

治馬結熱起臥戰不食水草方

【 농정전서 281 황련 2냥(찧어 가루 낸 것), 백선피(白鮮皮)282 1냥(찧어 가루 낸 것), 기름 5홉, 돼지비

【 農政全書 黃連二兩(杵末)、白鮮皮一兩(杵末)、油五

---

280 세……주름[稜] : 말의 입 속 입천장에 있는 횡구개주름 중 세 번째 주름 부분을 말하는 것으로 보인다.
281 《農政全書》 卷41 〈牧養〉 "六畜"(《農政全書校注》, 1153쪽).
282 백선피(白鮮皮) : 운향과 식물인 백선의 뿌리껍질을 말린 약재.

계 4냥(잘게 썬 것). 이상의 약미들을 따뜻한 물 1.5 승에 약과 함께 타서 두었다가 입에 흘려넣는다.

合, 猪脂四兩(細切). 右以溫水一升半, 和藥調停, 灌下.

말을 끌고 다니며 똥을 누게 하면 곧 낫는다】

牽行抛糞, 卽愈】

17-20) 말이 물을 잘못 마셔 일어났다 앉았다 하는 증상을 치료하는 처방

治馬患傷水起臥方

【마경283 오랫동안 목이 마른 상태에서 물을 마시지 못하다가, 잘못하여 냉수를 지나치게 많이 마심으로 인해 냉수가 장에 머물러 있게 되면 양기가 위로 오르지 않고 음기는 아래로 내려가지 않아, 냉기와 열기가 서로 부딪혀 통증이 생기게 된다.

【馬經 因久渴失飮, 誤飮冷水太過, 停住於腸, 陽氣不升, 陰氣不降, 冷熱相擊, 致成其痛.

그렇게 되면 발굽으로 땅을 긁어 파고, 꼬리를 치며, 배를 쳐다보고 고개를 돌리며, 허리를 웅크리고 땅에 누우며, 장에서 천둥이 치는 듯한 소리가 난다.

令跑蹄打尾, 覷腹回頭, 蹲腰臥地, 腸鳴如雷.

당귀·후박·청피·진피·감초·익지·나팔꽃[牽牛]284 세신·창출을 함께 가루 낸 뒤, 2냥씩 청파 3줄기, 식초 1승과 함께 3번 끓어오르도록 달여 뜨거울 때 입에 흘려넣는다.

當歸、厚朴、青皮、陳皮、甘草、益智、牽牛、細辛、蒼朮, 共爲末, 每服二兩, 青蔥三枝、苦酒一升, 同煎三沸, 帶熱灌之.

제두혈(蹄頭血)에 침을 놓는다. 제두혈은 앞다리에 천(川)자처럼 생긴 부위 위쪽과, 뒷다리에 팔(八)

針蹄頭血. 蹄頭穴在前脚川字上, 後脚八字上. 不住

283《馬經大全》夏集〈馬患傷水起臥〉, 109~110쪽 ;《馬經抄集諺解》上〈馬患傷水起臥〉, 238~242쪽.
284 나팔꽃[牽牛] : 메꽃과 식물인 나팔꽃을 말린 약재.

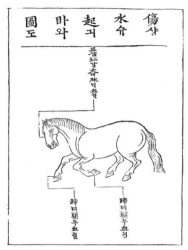

상수기와도(傷水起臥圖, 말이 물을 잘못 마셔 일어났다 앉
았다 하는 증상을 치료하는 혈자리 그림)(《마경초집언해》)

자처럼 생긴 부위 위쪽에 있다. 한곳에 머물지 않고 끌고 다니며, 대빗자루로 배 아래쪽을 긁어준다. 물을 마시게 하지 말았다가 다음날부터 차츰차츰 마시게 한다.

牽行, 竹掃箒於腹下刮之. 勿令飮水, 次日徐徐飮之.

사향(麝香)[285]·조각·참외꼭지[瓜蔕][286]·후추[胡椒][287]·유채씨[蕓薹子][288]를 함께 곱게 가루 낸 뒤, 1자(字, 2.5푼)씩 대나무관에 넣어 말의 코 속에 불어 넣고 맑은 콧물이 몇 방울 나오면 바로 효과가 있다.

麝香、皁角、瓜蔕、胡椒、蕓薹子, 共細末, 每用一字, 以竹管吹入鼻中, 滴出清水, 立效.

---

285 사향(麝香) : 사슴과 동물인 사향노루 수컷의 사향주머니 속에 들어 있는 분비물을 말린 약재.
286 참외꼭지[瓜蔕] : 박과 식물인 참외의 열매꼭지를 말린 약재.
287 후추[胡椒] : 후추과 식물인 후추나무의 덜 익은 열매를 말린 약재.
288 유채씨[蕓薹子] : 십자화과 식물인 유채의 씨를 말린 약재.

원(元) 사농사(司農司)[289] 농상집요(農桑輯要) [290][291] 파·소금·기름을 서로 섞는다. 이를 비벼서 둥글게 만들어 코 속에 넣고, 손으로 말의 코를 덮어서 기(氣)가 통하지 않도록 한다. 한참 있다가 눈물이 나오면 바로 증상이 그친다】

元 司農司 農桑輯要 用蔥、鹽、油相和. 搓成團子, 納鼻中, 以手掩馬鼻, 令不通氣. 良久, 待眼淚出, 卽止】

17-21) 말이 물을 잘못 마셔 탈이 난 증상을 치료하는 처방

治馬錯水方

【농정전서 [292] 말이 빠르게 달렸다가 아직 숨을 고르기 전에 바로 물을 줘서 마시게 함으로 인해 잠시 뒤에 양쪽 귀와 코로 내쉬는 숨이 모두 차가워지거나 찬 콧물을 흘린다. 이것이 바로 물을 잘못 마셔 탈이 난 증상이다.

【農政全書 緣馳驟, 喘息未定, 卽與水飮, 須臾兩耳幷鼻息皆冷, 或流冷涕, 卽此証也.

이때는 먼저 사람의 난발(亂髮, 헝클어진 머리카락)을 태워 양쪽 콧구멍에 연기를 쏘이고, 이후에 천오(川烏)[293]·초오(草烏)[294]·백지·저아조각(猪牙皂角)[295]·후추 각각 같은 양과 사향 조금을 섞어 곱게 가루 낸 뒤,

先燒人亂髮, 燻兩鼻, 後用川烏·草烏·白芷·猪牙皂角·胡椒[85]各[86]等分、麝香少許, 爲細末, 用竹筒盛

---

289 사농사(司農司) : 중국 원(元)나라의 관청. 농업의 전반적인 업무를 담당하였다.

290 농상집요(農桑輯要) : 중국 원나라의 사농사(司農司)에 소속된 창사문(暢師文, 1247~1317) 등이 편찬한 농서. 중국 최초의 관찬(官撰) 농서이다.

291 《農桑輯要》 卷7 〈葺畜〉 "馬"(《農桑輯要校注》, 240쪽).

292 《農政全書》 卷41 〈牧養〉 "六畜"(《農政全書校注》, 1151쪽).

293 천오(川烏) : 미나리아재비과 식물인 오두의 덩이뿌리를 말린 약재. 천오두(川烏頭)라고도 한다.

294 초오(草烏) : 미나리아재비과 식물인 놋젓가락나물의 덩이뿌리를 말린 약재.

295 저아조각(猪牙皂角) : 자풀과 식물인 쥐엄나무의 열매를 말린 약재인 조각(皂角)의 일종. 돼지이빨과 비슷한 모양이라 이러한 이름이 붙었다.

85 猪牙皂角胡椒 : 저본에는 "皂角胡椒猪牙". 오사카본·《農政全書·牧養·六畜》에 근거하여 수정.

86 各 : 저본에는 없음. 오사카본·《農政全書·牧養·六畜》에 근거하여 보충.

대나무관에 약가루 1자(字)를 담고 말의 코 속에 불어넣으면 바로 효과가 있다.

또 다른 방법 : 파 1줌, 소금 1냥을 함께 찧어 진흙처럼 흐물흐물하게 만든 뒤, 양쪽 코 속을 덮는다. 잠시 뒤에 콧구멍을 뚫어 맑은 콧물이 흘러나오면 이것이 치료 효과이다】

17-22) 말의 기운을 치료하는 약처방

【농정전서】[296] 청귤피·당귀·계심·대황·작약·목통·욱리인(郁李仁)[297]·패랭이꽃[瞿麥][298]·백지·나팔꽃씨[牽牛子][299] 각각 같은 양을 함께 빻아 체질하고 가루 낸 뒤, 따뜻한 술에 타서 입에 흘려넣는다.

말 1필을 치료하는 데에 약가루 0.5냥씩 넣는다】

17-23) 말이 흥분하여 일어났다 누웠다 하는 증상을 치료하는 처방

【농정전서】[300] 벽 위에서 여러 해 묵은 석회를 긁어고 잘게 빻아 체질한 다음 술에 2냥 이상을 타서 입에 흘려넣으면 바로 효과가 있다】

藥[87]一字, 吹入鼻中, 立效.

又法 : 蔥一握、鹽一兩, 同杵爲泥, 罨兩鼻內, 須臾打通, 淸水流出, 是其效也】

治馬氣藥方

【又】 靑橘皮、當歸、桂心、大黃、芍藥、木通、郁李仁、瞿麥、白芷、牽牛子等分, 同擣羅, 爲末, 用溫酒調, 灌,

每匹馬, 藥末半兩】

治馬急起臥方

【又】 取壁上多年石灰, 細杵羅, 用酒調二兩已來[88], 灌之, 立效】

---

296 《農政全書》 卷41 〈牧養〉 "六畜"(《農政全書校注》, 1153쪽).
297 욱리인(郁李仁) : 벚나무과 식물인 이스라치나무의 씨를 말린 약재.
298 패랭이꽃[瞿麥] : 패랭이꽃과 식물인 패랭이꽃의 전초를 말린 약재.
299 나팔꽃씨[牽牛子] : 메꽃과 식물인 나팔꽃의 씨를 말린 약재. 백축(白丑)이라고도 한다.
300 《農政全書》, 위와 같은 곳.
87 盛藥 : 저본에는 없음. 오사카본·《農政全書·牧養·六畜》에 근거하여 보충.
88 酒調……已來 : 《農政全書·牧養·六畜》에는 "油酒調二兩以水".

17-24) 말이 구유의 꼴을 먹고 체한 증상을 치료하는 처방　治馬食槽內草結方

【농정전서[301] 좋은 백반(白礬)[302]가루 1냥을 2번에 나누어 먹인다. 1첩마다 마시는 물에 섞은 후에 먹인다. 불과 2~3번만 먹어도 바로 속이 풀린다. 이 치료법은 신묘한 효험이 있다】

【又】 好白礬末一兩, 分爲二服. 每貼, 和飮水後, 唊之. 不過三兩度, 卽內消却. 此法神驗】

17-25) 말의 신장이 당기는 증상을 치료하는 처방　治馬腎搐方

【박문록[303] 오약(烏藥)[304]·작약·당귀·현삼(玄蔘)[305]·산사철쑥·백지·마[山藥][306]·살구속씨[杏仁][307]·진교를 가루 낸 뒤[308], 1냥씩 술 1큰승에 타고 함께 달여 따뜻할 때 입에 흘려넣는다. 하루 간격으로 다시 입에 흘려넣는다】

【博聞錄】 烏藥、芍藥、當歸、玄蔘、山茵蔯、白芷、山藥、杏仁、秦艽, 每服一兩, 酒一大升, 同煎, 溫灌. 隔日再灌】

17-26) 말의 횡격막 통증을 치료하는 처방　治馬膈痛方

【박문록[309] 강활(羌活)[310]·백약·참외씨[甛瓜子][311]·당귀·몰약·작약을 가루 낸 뒤, 봄과 여름에는 좁

【又】 羌活、白藥、甛瓜子、當歸、沒藥、芍藥, 爲末,

---

301 《農政全書》, 위와 같은 곳.
302 백반(白礬): 명반석을 가공하여 얻은 광물성 약재.
303 출전 확인 안 됨;《農政全書》卷41〈牧養〉"六畜"(《農政全書校注》, 1153쪽);《農桑輯要》卷7〈孳畜〉"馬"(《農桑輯要校注》, 242쪽).
304 오약(烏藥): 녹나무과 식물인 천태오약의 뿌리를 말린 약재.
305 현삼(玄蔘): 현삼과 식물인 현삼의 뿌리를 말린 약재.
306 마[山藥]: 마과 식물인 마의 덩이뿌리를 말린 약재.
307 살구속씨[杏仁]: 벚나무과 식물인 살구나무의 속씨를 말린 약재.
308 가루……뒤: 원문에는 "爲末"이 없지만 생략된 것으로 보고 보충 번역하였다.
309 출전 확인 안 됨;《農政全書》卷41〈牧養〉"六畜"(《農政全書校注》, 1154쪽);《農桑輯要》卷7〈孳畜〉"馬"(《農桑輯要校注》, 243쪽).
310 강활(羌活): 미나리과 식물인 강활의 뿌리를 말린 약재.
311 참외씨[甛瓜子]: 박과 식물인 참외의 씨를 말린 약재.

냉장즐사도(冷腸瀦瀉圖, 말의 장이 차가워져 물찌똥을
싸는 증상을 치료하는 혈자리 그림)(《마경초집언해》)

쌀죽웃물에 꿀을 더하고, 가을과 겨울에는 소변에
탄다. 이 처방은 횡경막 통증으로 말이 고개를 낮추
기 어려워 굶주려도 꼴을 먹지 못하는 증상을 치료
한다】

春夏漿水加蜜, 秋冬小便
調. 此方療膈痛, 低頭, 飢
不食草】

17-27) 말의 장이 차가워져서 물찌똥[瀦瀉] 싸는 증
상을 치료하는 처방

治馬患冷腸瀦瀉方

【마경312 물찌똥이란 물처럼 줄줄 흐르는 설사
이다. 오랫동안 목마른 채로 물을 마시지 못하다가,
배가 고픈 상태에서 잘못하여 냉수를 너무 많이 마
심으로 인해 물을 이끌어 온몸에 분산시키지를 못
하고 장에 흘러들어가 머물게 된다. 이에 오장이 차

【馬經】瀦瀉者, 水瀉也. 因
久渴失飮, 乘飢誤飮冷水
過多, 失於牽散, 停注於
腸. 臟冷氣虛, 陰陽不分,
釀成其瀉.

312《馬經大全》夏集〈馬患冷腸瀦瀉〉, 119~120쪽;《馬經抄集諺解》下〈馬患冷腸瀦瀉〉, 7~10쪽.

가워지고 기가 허해지며, 음양이 나누어지지 않아 점차 설사가 생기게 된다.

그렇게 되면 항문에서 물똥이 줄줄 흐르고, 뱃속에서 천둥치는 소리가 나며, 물을 많이 마시고 사료는 적게 먹고, 허구리가 늘어지고 털은 바싹 마른다.

저령(猪苓)[313] · 택사 · 청피 · 진피 · 낭탕(莨菪)[314] · 나팔꽃을 함께 가루 낸 뒤, 2냥씩 좁쌀 2홉으로 쑨 죽과 함께 섞어서 입에 흘려넣는다. 이후에 무근수(無根水)로 입과 코를 씻어주면 바로 낫는다.

대맥혈(帶脈血)을 개방해준다. 대맥혈은 앞넓적다리의 뒤쪽에서 손가락 4개 겹친 두께만큼 떨어진 곳에 있다.

물을 마시게 할 때는 충분하게 마시게 하지 말아야 한다. 물을 마신 뒤에 100보 정도 끌고 다니다가 마구간에 돌아온다. 빈속에 냉수를 먹이는 일은 3일간 금한다.

농정전서 [315] 말이 물을 너무 많이 마심으로 인해 수시로 물찌똥을 싸는 증상을 치료한다.

令肛門溜水, 腹內如雷, 多飮少食, 臁弔毛焦.

猪苓、澤瀉、靑皮、陳皮、莨菪、牽牛, 共爲末, 每服二兩, 粟米二合煮粥, 同調灌之. 後以無根水洗口鼻, 立痊.

放帶脈血, 帶脈穴在肘後四指.

飮水, 休飮足. 飮後牽行百步歸廐. 空腹冷水, 三日忌之.

農政全書 治馬飮水過多, 非時溜瀉.

---

313 저령(猪苓): 잔나비걸상과 버섯인 저령의 균핵을 말린 약재.
314 낭탕(莨菪): 가지과 식물인 미치광이풀의 뿌리줄기를 말린 약재.
315 출전 확인 안 됨;《馬經大全》冬集〈治脾部〉, 201쪽.

탱자껍질·관계·당귀·적석지·말린생강[포제(炮製)316한 것]을 함께 가루 낸 뒤, 1냥씩 물 1승과 함께 3번 끓어오르도록 달여 따뜻할 때 입에 흘려넣는다.

枳殼、官桂、當歸、赤石脂、乾薑(炮)、共爲末、每服一兩、水一升、煎三沸、溫灌.

[농정전서]317 말이 냉수를 너무 많이 마심으로 인해 비장을 상하여 설사하는 증상을 치료한다.

계심·후박·당귀·세신·청피·나팔꽃·진피·상백피(桑白皮)318를 함께 가루 낸 뒤, 1.5냥씩 따뜻한 물 0.5주발과 동변 1주발과 함께 섞어 입에 흘려넣는다.

【又】治馬飮冷過多, 傷脾作泄瀉.
桂心、厚朴、當歸、細辛、靑皮、牽牛、陳皮、桑白皮、共爲末, 每服兩半, 溫水半椀、童便一椀, 同調灌之.

[농정전서]319 말의 비장이 차고 위가 냉함으로 인해 장에서 소리가 나고 설사하며, 배가 아픈 증상을 치료한다. 백축(白丑, 나팔꽃씨)(볶은 것)·익지인(볶은 것)·당귀·후박·청피·진피·적작약을 함께 가루 낸 뒤, 1냥씩 생강 1조각, 물 1승과 함께 3번 끓어오르도록 달여 따뜻해지면 빈속에 입에 흘려넣는다】

【又】治馬脾寒胃冷, 腸鳴泄瀉腹痛. 白丑(炒)、益智仁(炒)、當歸、厚朴、靑皮、陳皮、赤芍藥、共爲末, 每服一兩、薑⑧⑨一片, 水一升, 同煎三沸, 候溫, 空草, 灌之】

17-28) 갓 태어난 망아지가 젖을 먹고 설사하는 증상을 치료하는 처방

治馬患新駒嬭瀉方

【마경】320 갓 태어난 망아지가 젖을 먹고 설사하

【馬經】新駒嬭瀉者, 熱乳

는 증상은 뜨거운 젖에 상한 질환이다. 큰 말(어미말)을 볕이 내리쬐는 곳에 먹이고 묶어두거나, 아니면 멀리 달려갔다가 돌아와서 아직 숨을 고르기 전에, 어린 망아지가 배가 고파서 잘못하여 어미의 뜨거운 젖을 먹음으로 인해 젖이 위(胃)에 머물러 청탁(淸濁)이 나뉘지 않음으로써 점차 설사가 생기게 된다.

所傷也. 因大馬喂拴暴日之中, 又或遠驟歸來, 喘息未定, 幼駒乘飢, 誤食熱乳, 停之於胃, 淸濁不分, 釀成其瀉.

그렇게 되면 배가 부어 아프고, 좁쌀죽웃물 같은 설사똥을 싸고, 땅에 누워 일어나지 못하며, 배를 보려고 머리를 돌린다.

令肚腹脹痛, 瀉糞如漿, 臥地不起, 顧腹回首.

오매(烏梅)321·곶감[乾枾]322·황련·강황(姜黃)323·가자육(柯子肉, 가자)을 함께 가루 낸 뒤, 물 1잔에 타서 어린 망아지 입에 흘려넣고, 입에 흘려넣은 다음 잠시 뒤에 젖을 먹인다.

烏梅、乾枾、黃連、姜黃、柯子肉, 共爲末, 白湯一盞, 調, 灌幼駒, 灌後移時喂乳.

당귀(전체)·연잎[荷葉]324·홍화(紅花)325(볶은 것)·해대(海帶)326·작약·청피·하눌타리뿌리[天花粉]327·연교를 함께 가루 낸 뒤, 1냥씩 끓인 물 1잔에 2~3번 끓어오르도록 달인 다음 동변 0.5잔을 넣어서 뜨거울 때 어미말의 입에 흘려넣는다.

當歸(全)、荷葉、紅花(炒)、海帶、芍藥、靑皮、天花粉、連翹, 共爲末, 每服一兩, 水一盞, 煎二三沸, 入童便半盞, 帶熱灌母馬.

---

321 오매(烏梅) : 장미과 식물인 매실나무의 덜 익은 열매를 훈증한 약재.
322 곶감[乾枾] : 감나무과 식물인 감나무의 열매를 말린 약재.
323 강황(姜黃) : 생강과 식물인 강황의 뿌리를 말린 약재.
324 연잎[荷葉] : 수련과 식물인 연의 잎을 말린 약재.
325 홍화(紅花) : 국화과 식물인 잇꽃의 꽃을 말린 약재.
326 해대(海帶) : 거머리말과 식물인 대엽초의 전초를 말린 약재.
327 하눌타리뿌리[天花粉] : 박과 식물인 하눌타리의 뿌리를 말린 약재. 천과(天瓜)·과라(果蓏)·과루(瓜蔞)·괄루근(栝樓根)이라고도 한다.

신구나사도(新駒姚瀉圖. 갓 태어난 망아지가 젖을 먹고 설사하는 그림)(《마경초집언해》)

깨끗한 우리에서 먹이고 기르며, 큰 말은 날 사료를 반으로 줄여 먹인다. 몹시 더울 때는 마구간 안에 묶어두지 말고, 추운 밤에는 밖에 묶어두지 말아야 한다.

농정전서[328] 갓 태어난 작은 망아지가 설사하는 증상을 치료하는 처방: 고본(藁本)[329]가루 3돈을, 대마씨[大麻子][330]를 갈아낸 즙과 섞어 목구멍에 흘려넣으면 곧 효과가 있다. 그 다음에 황련가루와 대마즙으로 풀어준다】

喂養淨室, 大馬生料減半, 喂之. 酷熱休拴廐內, 寒夜莫[90]令外拴.

農政全書 治新生小駒子瀉肚方：藁本末三錢, 用大麻子硏汁調, 灌下咽喉, 便效. 次以黃連末、大麻汁解之】

328《農政全書》卷41〈牧養〉"六畜"(《農政全書校注》, 1153쪽).

329 고본(藁本)：미나리과 식물인 고본의 뿌리를 말린 약재.

330 대마씨[大麻子]：뽕나무과 식물인 대마의 씨를 말린 약재.

[90] 莫：저본에는 "其". 오사카본·규장각본·《馬經大全·馬患新駒姚瀉》·《馬經抄集諺解·馬患新駒姚瀉》에 근거하여 수정.

17-29) 말의 탈항(脫肛)을 치료하는 처방

治馬脫肛方

【마경 331 탈항이란 장의 끄트머리가 항문 밖으로 삐져나온 증상이다. 마른 나귀나 수척한 말이 무거운 짐을 지고 높은 언덕에 오르거나, 밤에 오목한 곳에서 하늘을 향해 누웠다가 일어나려고 안간힘을 씀으로 인해 항문 끄트머리의 굳은살이 삐져나오게 된다. 굳은살의 병든 막(膜)이 바람을 쏘이면 단단하고 차가워져 항문 안으로 거두기 어려워진다.

【馬經】 脫肛者, 腸頭脫出也. 羸驢、瘦馬, 或負重而上高坡, 或夜臥仰於凹處, 因努力以致肛頭努出, 風吹瘀膜, 硬冷難收.

욱리인·삼속씨[麻子仁]332·복숭아속씨[桃仁]333·당귀·방풍·강활·대황[외제(煨製)334한 것]·조각자(皂角

郁李仁、麻子仁、桃仁、當歸、防風、羌活、大黃(煨)、

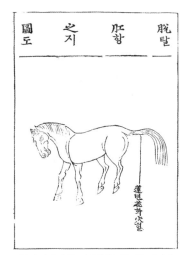

탈항지도(脫肛之圖, 말의 탈항을 치료하는 혈자리 그림)(《마경초집언해》)

---

331 《馬經大全》夏集〈馬患脫肛〉, 63~64쪽 ; 《馬經抄集諺解》下〈馬患脫肛〉, 21~26쪽.

332 삼속씨[麻子仁] : 삼과 식물인 삼의 속씨를 말린 약재.

333 복숭아속씨[桃仁] : 장미과 식물인 복숭아나무의 속씨를 말린 약재.

334 외제(煨製) : 한약 포제법의 하나. 약재를 축축한 밀가루로 싸서 뜨거운 활석가루 속에 파묻어 표면이 그을린 듯한 황색이 될 때까지 굽거나 여러 겹의 종이에 싸서 굽는 방법.

子)335를 함께 가루 낸 뒤, 1.5냥씩 생 기름 0.5잔, 물 1잔과 함께 섞어 꼴을 먹기 전에 입에 흘려넣는다.

皁角子, 共爲末, 每服一兩半, 生油半盞、水一盞, 同調, 草前灌之.

연화혈(蓮花穴)을 잘라준다.

剪蓮花穴,

꿀을 늘리고 사료를 줄인다. 이와 같이 피로하여 속이 상했으면, 추운 밤에는 따뜻한 곳에 묶어둔다. 7일간은 타고 달리지 말아야 한다.

增草減料. 若是勞傷, 寒夜煖處拴之. 七日勿令騎驟.

방풍·형개·화초(花椒)336·백반·창출·쑥잎을 함께 썬 뒤, 물 2승에 3~5번 끓어오르도록 달여 찌꺼기를 제거한 뒤, 뜨거울 때 환부를 깨끗이 씻는다. 먼저 가위로 바람을 맞은 피막(皮膜)과 살을 다 잘라 없애고, 가운뎃손가락으로 항문에서 딱딱한 똥 1덩어리를 끄집어낸 다음 다시 항문을 씻어 피를 제거하고 항문 끄트머리를 집어넣는다. 마른 신발의 바닥을 뜨겁게 구워 환부를 찜질한다】

防風、荊芥、花椒、白礬、蒼朮、艾葉, 共爲剉, 水二升, 煎三五沸, 去滓, 帶熱洗淨. 先用剪刀, 去盡風皮膜、肉, 以中指取出硬糞一塊, 再洗去血, 送入肛頭. 乾履底炙熱, 熨之】

17-30) 말의 강아(薑芽) 증상을 치료하는 처방

治馬患薑芽方

【마경 337 사료를 먹은 뒤에 물을 지나치게 많이 마심으로 인해 물과 곡식이 서로 뒤섞여 비위를 상하게 하면서, 위의 화기(火氣)가 조금 약해지고 음기

【又 因料後飮水太過, 水穀相併, 傷於脾胃, 胃火微弱, 陰氣生而傳入心經, 心

---

335 조각자(皁角子) : 자풀과 식물인 쥐엄나무의 씨를 말린 약재. 조협자(皁莢子)라고도 한다.
336 화초(花椒) : 산초과 식물인 초피나무의 열매를 말린 약재. 촉초(蜀椒)·진초(秦椒)·천초(川椒)·파초(巴椒)라고도 한다.
337《馬經大全》夏集〈馬患薑芽〉, 62~63쪽 ;《馬經抄集諺解》下〈馬患薑芽〉, 26~32쪽.

가 생겨서 수소음심경(手少陰心經)에 전해 들어가고, 수소음심경에서 폐로 전해진다.

폐기(肺氣)가 타오르듯 성하여 코를 공격함으로써 기(氣)와 혈(血)이 서로 엉겨 콧마루에 쌓여서 병골(病骨)[338]이 발생하게 된다. 이 병골은 마치 생강의 싹[薑芽]이 생겨나는 모습과 비슷하다.

그렇게 되면 장 안에 통증이 생기고, 배를 처다보고 발굽으로 땅을 긁어 파며, 계속해서 땅에 누워 있고 코로 거칠게 숨을 쉰다.

진피·청피·빈랑·후박·계심·세신·당귀·회향·백지·목통·사인·감초를 함께 가루 낸 뒤, 2냥씩 소금 3돈, 청파 3줄기(가늘게 썬 것), 식초 1승을 함께 3번 끓어오르도록 달여 따뜻할 때 입에 흘려넣는다.

2개의 강아(薑牙, 병골)를 째고, 삼강혈(三江血)에 침을 놓고, 제두혈(蹄頭血)을 뚫어준다.

한곳에 머물지 않고 타고 달리며, 오줌을 누이거나 설사를 시켜서 잘 통하게 하면 낫는다. 물을 마시게 하지 말고, 추운 밤에는 이슬을 맞히지 말아야 한다.

傳於肺.

肺氣燔盛, 攻之於鼻, 氣血相凝, 積於準頭, 發生病骨, 有似薑芽萌生而發也.

令腸中作痛, 觀腹跑蹄, 連連臥地, 鼻咋喘粗.

陳皮、靑皮、檳榔、厚朴、桂心、細辛、當歸、茴香、白芷、木通、砂仁、甘草, 共爲末, 每服二兩, 鹽三錢、靑蔥三枝(細切)、苦酒一升, 同煎三沸, 溫灌之.

割雙薑, 針三江血, 徹蹄頭血.

不住騎走, 或溺或瀉, 通利則愈. 勿令飮水, 寒夜不露.

---

338 병골(病骨):뼈에 병이 생겼다는 의미로 보인다. 본문에서는 생강의 싹과 같은 모양의 병골이 생긴다고 했다.

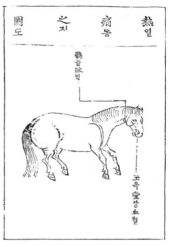

강아지도(薑芽之圖. 말의 강아를 치료하는 혈자리 그림)(《마경초집언해》)

열통지도(熱痛之圖. 말의 열통을 치료하는 혈자리 그림)(《마경초집언해》)

여로(藜蘆)339·후추·반하·백지·참외꼭지·사향·조협(皂莢, 조각)·유채씨를 함께 가루 낸 뒤, 1자(字)씩 대나무관에 넣어 말의 코 속에 불어넣는다. 한곳에 머물지 않고 끌고 다녔다가 코 속에서 콧물이 나오거나 오줌을 누이면 크게 효과가 있다. 새끼를 밴말에게는 코 속에 불어넣는 일을 금한다】

藜蘆、胡椒、半夏、白芷、瓜蔕、麝香、皂莢、蕓薹子, 共爲末, 每用一字, 以竹管吹入鼻中. 不住牽行, 鼻中出水, 或溺之, 大效. 孕馬忌吹鼻】

17-31) 말의 열통(熱痛)을 치료하는 처방

【마경】340 열통이란 양기가 매우 왕성한 증상이다. 여름의 몹시 더운 날에 말을 타고 멀리 달렸다가 안장과 언치를 제때 풀어주지 않아 열이 위(胃)에 쌓임으로 인해 위의 화기(火氣)가 경락에 두루 퍼진다.

治馬患熱痛方

【又】熱痛者, 陽氣太盛也. 因暑月炎天, 乘騎馳91遠, 鞍屜失於解卸, 熱積於胃, 胃火遍行經絡.

---

339 여로(藜蘆): 백합과 식물인 참여로의 뿌리줄기를 말린 약재.

340 《馬經大全》夏集〈馬患熱痛〉, 76~77쪽;《馬經抄集諺解》下〈馬患熱痛〉, 32~35쪽.

91 馳:《馬經大全·馬患熱痛》·《馬經抄集諺解·馬患熱痛》에는 "地".

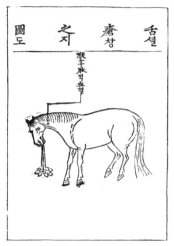

설창지도(舌瘡之圖, 말의 혓바닥 위에 창이 생기
는 증상을 치료하는 혈자리 그림)(《마경초집언해》)

심경열도(心經熱圖, 말의 수소음신경이 뜨거워진 증
상을 치료하는 혈자리 그림)(《마경초집언해》)

그렇게 되면 머리를 낮추고 눈이 감기며, 가거나
서는 모습이 바보천치같이 되고, 누워 있는 일이 많
고 서 있는 일이 줄어들며, 뜨거운 것을 싫어하고 찬
것을 좋아하게 된다.

俯頭低眼閉, 行立如痴, 臥
多立少, 惡熱喜冷.

향유(香薷)[341]·황금·황련·감초·시호(柴胡)[342]·당
귀·연교·산치자·하눌타리뿌리를 함께 가루 낸 뒤,
2냥씩 꿀 2냥, 좁쌀죽웃물 0.5승, 동변 0.5잔을 함
께 섞어 꼴을 먹인 후에 입에 흘려넣는다.

香薷、黃芩、黃連、甘草、柴
胡、當歸、連翹、山梔子、天
花粉, 共爲末, 每服二兩,
蜜二兩、漿水半升、童便半
盞, 同調, 草後灌之.

골맥혈(鶻脈血)을 뚫어준다.

徹鶻脈血.

341 향유(香薷) : 꿀풀과 식물인 노야기의 전초를 말린 약재.
342 시호(柴胡) : 산형과 식물인 시호의 뿌리를 말린 약재.

맑고 서늘한 곳에 풀어놓고, 초록 풀을 물에 담 갔다가 먹인다. 따뜻한 곳에 묶어두지 말고, 모든 사료를 금한다.

散放清涼之[92]處, 水浸靑草, 喂之. 休拴煖處, 諸料忌之.

農政全書 343 말의 중열(中熱)344을 치료한다. 메주콩 과 뜨거운 밥을 끓여서 말에게 3번 먹이면 낫는다.

農政全書 治馬中熱. 煮大豆及熱飯, 噉馬三度, 愈.

程湖漁牧志 (程湖漁牧志)345 346 참깨[胡麻]의 대[稭]와 잎 을 푹 끓여서 먹인다】

程湖漁牧志 胡麻稭、葉, 煮熟餵之】

17-32) 말의 수소음심경(手少陰心經)이 뜨거워져 혓바닥 위에 창(瘡)이 생기는 증상을 치료하는 처방

治馬患心經熱舌上生瘡方

【馬經 347 말을 매우 왕성해지도록 먹이고 길러 몸이 매우 살진 상태로 무거운 짐을 싣고 먼 곳에 타 고 갔다 와서 안장과 언치를 제때 풀어주지 않고, 몸이 더운 채로 사료와 꼴을 먹임으로 인해 열독(熱毒)이 횡격막 안에 쌓이고, 어혈과 담이 가슴 속에 맺힌다. 이에 심장과 폐가 꽉 막힘으로써 열기가 목 을 찌른다.

【馬經 因喂養太盛, 肉滿膁肥, 負重乘騎遠地, 鞍韂失於解卸, 乘熱而喂料草, 熱毒積於膈內, 瘀痰結在胸中, 心肺壅極, 熱氣衝咽.

그렇게 되면 혀와 입술에 창(瘡)이 생기고, 입 안 에서 침을 흘리고, 생기가 없어 피곤하고, 두 눈이

令舌脣生瘡, 口內垂涎, 精神困倦, 兩眼如朱. 此謂

343《農政全書》卷41〈牧養〉 "六畜"(《農政全書校注》, 1148쪽).
344 중열(中熱) : 더위로 인해서 두통·현훈(眩暈)·체온 상승·맥박 미약 등의 증세가 생기고 심하면 까무러쳐 인 사불성에 빠지는 병이다. 중서(中暑)라고도 한다.
345 정호어목지(程湖漁牧志) : 미상. 난호어목지(蘭湖漁牧志)의 오기로 보인다.
346 출전 확인 안 됨.
347《馬經大全》夏集〈馬患舌瘡〉, 90~91쪽;《馬經大全》夏集〈馬患心經熱〉, 103~104쪽;《馬經抄集諺解》 下〈馬患舌瘡〉, 36~40쪽;《馬經抄集諺解》下〈馬患心經熱〉, 40~45쪽.
[92] 之 : 저본에는 "散". 오사카본·《馬經大全·馬患熱痛》·《馬經抄集諺解·馬患熱痛》에 근거하여 수정.

주사(朱砂, 붉은 염료)처럼 붉어진다. 이것을 '열적심흉증(熱積心胸症, 열이 심장과 가슴에 쌓인 증상)'이라 한다.

"熱積心胸之症"也.

대황·지모·감초·하눌타리뿌리·박초·황백(술에 적셨다가 볶은 것)·산치자를 함께 가루 낸 뒤, 1.5냥씩 계란흰자 1개, 쌀뜨물 1잔과 함께 섞어 꿀을 배불리 먹인 뒤에 입에 흘려넣는다.

大黃、知母、甘草、瓜蔞、朴硝、黃柏(酒炒)、山梔子, 共爲末, 每服兩半, 鷄子淸一箇、米泔水一盞, 同調, 草飽灌之.

골맥혈을 뚫어준다.

徹骨脈血.

모든 날 사료를 금한다.

忌諸生料.

청대(靑黛)[348]·황련·황백·박하(薄荷)[349]·도라지[桔梗][350]·해아다(孩兒茶)[351]를 함께 가루 낸 뒤, 생 비단으로 만든 포대 안에 가득 담아 물에 담가 적셨다가 입 안에 머금게 한다.

靑黛、黃連、黃柏、薄荷、桔梗、孩兒茶, 共爲末, 生絹袋內盛貯, 水中浸濕, 於口內噙之.

하눌타리뿌리·목통·황금·황련·연교·복신·황백·산사자(山査子)[352]·백지·도라지·우엉씨[牛旁子][353]를 함께 가루 낸 뒤, 2냥씩 꿀 2냥, 쌀뜨물 1승과 함께 섞어 꿀을 배불리 먹이고 입에 흘려넣는다.

天花粉、木通、黃芩、黃連、連翹、茯神、黃柏、山査子、白芷、桔梗、牛旁子, 共爲末, 每服二兩, 蜜二兩、米泔水一升, 同調, 草飽灌之.

---

348 청대(靑黛) : 마디풀과 식물인 숭람의 전초를 가공한 약재.
349 박하(薄荷) : 꿀풀과 식물인 박하의 지상부를 말린 약재.
350 도라지[桔梗] : 초롱꽃과 식물인 도라지의 뿌리를 말린 약재.
351 해아다(孩兒茶) : 콩과 식물인 아다의 줄기나, 꼭두서니과 식물인 아선약나무의 가지와 잎을 졸여서 만든 약재.
352 산사자(山査子) : 장미과 식물인 산사나무의 열매를 말린 약재.
353 우엉씨[牛旁子] : 국화과 식물인 우엉의 열매를 말린 약재.

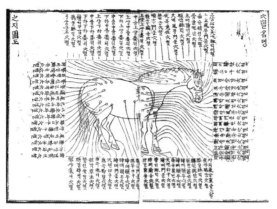

말의 흉당혈(胸堂穴) 위치(《마경초집언해(馬經抄集諺解)》)

심통지도(心痛之圖, 말의 심통 그림)(《마경초집언해》)

담반(膽礬)[354]·황금·황백·해아다를 함께 가루 낸 뒤, 먼저 쌀뜨물로 입 안을 깨끗이 씻어주고, 대나무관에 가루를 넣어 말의 혀 위에 불어넣는다】

膽礬、黃芩、黃柏、孩兒茶, 共爲末, 先用米泔水, 洗淨口內, 以竹管吹入舌上】

17-33) 말의 심통(心痛)을 치료하는 처방

治馬患心痛方

【마경[355] 말에게 너무 배불리 먹이고, 말을 타고 너무 급하게 달림으로 인해 어담(瘀痰)이 횡경막에 엉기고 비기(痞氣)[356]가 심장과 가슴을 찌르고 막는다.

그렇게 되면 흉당(胸堂)[357]에서 땀이 나고, 호흡이 빠르고 거칠어지고, 앞발굽을 굽혀 땅에 꿇어앉고, 눈이 감기고 머리를 낮춘다.

【又 因食之太飽, 乘騎奔走太急, 瘀痰凝於羅膈, 痞氣衝塞心胸.

令胸堂汗出, 氣促喘粗, 前蹄跪地, 眼閉頭低.

---

354 담반(膽礬): 황산동을 주성분으로 하는 광물성 약재.
355 《馬經大全》夏集〈馬患心痛〉, 109쪽;《馬經抄集諺解》下〈馬患心痛〉, 45~51쪽.
356 비기(痞氣): 비장의 기운이 허하여 기가 막혀서 명치 아래가 더부룩한 증상.
357 흉당(胸堂): 일반적으로 사람의 경우 양쪽 젖꼭지를 연결한 선의 중간점으로, 임맥(任脈)에 속하는 곳을 말한다. 말의 경우는 말 앞다리쪽의 가슴 중간지점이다.

당귀·복신·원지·감초·대황·궁궁(芎藭, 천궁)·자완(紫菀)[358]·작약·황련·울금·맥문동(麥門冬)[359]·생지황(生地黃)[360]을 함께 가루 낸 뒤, 2냥씩 꿀 2냥, 생강 3조각, 계란흰자, 무근수(無根水)와 함께 섞어 입에 흘려넣는다.

當歸、茯神、遠志、甘草、大黃、芎藭、紫菀、芍藥、黃連、蔚金、麥門冬、生地黃, 共爲末, 每服二兩、蜜二兩、薑三片、鷄子淸、無根水, 同調灌之.

깨끗한 우리에서 먹이고 기르며, 매번 동변 1잔을, 꼴을 먹인 뒤에 입에 흘려넣는다.

喂養淨室, 每用童便一盞, 草後灌之.

몹시 더울 때는 따뜻한 곳에 묶어두지 말고, 일체의 날 사료를 금한다.

酷熱, 休拴煖處, 一切生料忌之.

말의 수소음심경(手少陰心經)에 열이 잠복하여 사물을 보면 미친 듯이 경기를 일으키며 땅에 넘어지고, 눈의 안쪽이 주사(硃砂)처럼 빨갛게 되는 증상을 치료한다.

治馬心經伏熱, 見物驚狂倒地, 眼內如硃之症.

대황·마황·황금·감초·방풍·산치자를 함께 가루 낸 뒤, 1.5냥씩 꿀 2냥, 끓인 물 1잔과 함께 섞어 입에 흘려넣는다. 하루 간격으로 다시 입에 흘려넣으면 바로 효과가 있다.

大黃、麻黃、黃芩、甘草、防風、山梔子, 共爲末, 每服一兩半、蜜二兩、沸湯一盞, 同調灌之. 隔日再灌, 立效.

---

358 자완(紫菀) : 국화과 식물인 개미취의 뿌리를 말린 약재.
359 맥문동(麥門冬) : 백합과 식물인 맥문동의 덩이뿌리를 말린 약재.
360 생지황(生地黃) : 현삼과 식물인 지황의 뿌리를 말리지 않고 생으로 쓰는 약재.

게안풍도(揭鞍風圖. 말의 게안풍을 치료하는
혈자리 그림)(《마경초집언해》)

원지·사철쑥·인삼·복령·대청(大靑)³⁶¹·지골피·
황련·감초·방풍·판람(板藍)³⁶²을 함께 가루 낸 뒤,
1.5냥씩 물 1승과 함께 3번 끓어오르도록 달여 따뜻
할 때 꿀을 배불리 먹인 뒤 입에 흘려넣는다】

遠志、茵陳、人蔘、茯苓、大
靑、地骨皮、黃連、甘草、防
風、板藍、共爲末、每服兩
半、水一升、同煎三沸、放
溫草飽灌之】

17-34) 말의 게안풍(揭鞍風)을 치료하는 처방

【마경 ³⁶³ 게안풍은 안장을 벗긴 뒤[揭鞍] 외부로
부터 풍사(風邪)에 감수된 증상이다. 말을 타고 와서
말이 땀이 날 때 처마 밑에서 안장을 풀으로 인해
해로운 바람이 말의 허한 곳을 타고 몸으로 들어간

治馬患揭鞍風方

【又 揭鞍風, 揭鞍外感風.
因騎來有汗, 簷下卸鞍, 賊
風乘虛而入. 初患渾身揩
擦, 次傳肌肉.

---

³⁶¹ 대청(大靑):배추과 식물인 대청의 잎을 말린 약재. 대청엽(大靑葉)이라고도 한다.
³⁶² 판람(板藍):마디풀과 식물인 쪽의 뿌리를 말린 약재. 마람(馬藍)이라고도 한다.
³⁶³《馬經大全》夏集〈馬患揭鞍風〉, 60~62쪽;《馬經抄集諺解》下〈馬患揭鞍風〉, 51~55쪽.

다. 처음 질환이 나타날 때는 온몸을 비비고, 다음
에는 기육으로 전해진다.

　그렇게 되면 사지가 뻣뻣해지고, 입 안에서 침을
흘리고, 귀가 단단해지고 꼬리를 곧게 뻗으며, 아관(牙
關)364을 열기가 어려워 물과 꼴을 먹지 못하게 된다.

令四肢強硬, 口內垂涎, 耳
緊尾直, 牙關難開, 不食水
草.

　오사(烏蛇)365·말린전갈[乾蝎]366·매미허물·후박·
천문동(天門冬)367·당귀·마황·천궁·오두·계심·방
풍·백부자(白附子)368를 함께 가루 낸 뒤, 5돈씩 따뜻
한 술 0.5잔에 타서 입에 흘려넣는다.

烏蛇、乾蝎、蟬殼、厚朴、天
門冬、當歸、麻黃、川芎、烏
頭、桂心、防風、白附子, 共
爲末, 每服五錢[93], 溫酒
半盞調, 灌之.

　골맥혈을 뚫어주고, 풍문혈(風門穴)·복토혈(伏兔穴)
을 지진다. 복토혈은 귀 뒤로 손가락 2개 겹친 두께
만큼 떨어진 곳에 있다.

徹鶻脈血, 烙風門穴、伏兔
穴, 在耳後二指.

　이따금 말을 타고 달렸다가 돌아와서는 따뜻한
마구간을 돌다가 묶어두고, 땀이 식으면 안장을 풀
어준다. 일체의 바람과 추위를 금한다.

時常騎走, 回拴煖廄, 汗
息卸鞍. 一切風寒忌之.

　주사·웅황 각 1돈, 조각(구운 것) 1정(挺)369, 참

朱砂·雄黃各一錢、皁角

---

364 아관(牙關) : 입 속 양쪽 구석의 윗잇몸과 아랫잇몸이 맞닿는 부분.
365 오사(烏蛇) : 유사과 동물인 오초사(烏梢蛇)의 몸통을 말린 약재.
366 말린전갈[乾蝎] : 전갈과 곤충인 전갈을 말린 약재.
367 천문동(天門冬) : 백합과 식물인 천문동의 덩이뿌리를 말린 약재.
368 백부자(白附子) : 미나리아재비과 식물인 백부자의 덩이뿌리를 말린 약재.
369 정(挺) : 호미·삽·먹·양초 따위를 셀 때 쓰는 단위.
[93] 錢 : 저본에는 "盞". 오사카본·《馬經大全·馬患揭鞍風》·《馬經抄集諺解·馬患揭鞍風》에 근거하여 수정.

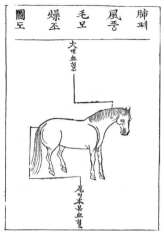

폐풍모조도(肺風毛燥圖. 말이 폐풍으로 털이 마르는
증상을 치료하는 혈자리 그림)《마경초집언해》)

외꼭지 2돈, 사향 조금을 함께 가루 낸 뒤, 1자(字)
씩 대나무관(管) 안에 넣고 양쪽 콧구멍 안으로 하루
에 2번씩 불어넣는다】

(炙)一挺、瓜蔕二錢、麝香
小許、共爲末、每用一字、
入竹管中、吹鼻兩孔內、日
兩次】

17-35) 말이 폐풍(肺風)[370]으로 털이 마르는 증상을
       치료하는 처방

治馬患肺風毛燥方

【마경[371] 말을 매우 왕성해지도록 길러 몸이 지
나치게 살진데다 말은 조금 타면서도 많이 먹이며,
오랫동안 씻기지 않음으로 인해 어한(瘀汗)[372]이 털구
멍에 가라앉고, 때와 먼지가 살진 피부를 이리저리
막아, 영위(榮衛)가 꽉 막힘으로써 열이 심장과 가슴

【又 因畜養太盛、肉滿膔
肥、少騎多喂、日久失於洗
浴、瘀汗沈於毛竅、垢塵迷
塞肥膚、榮衛壅極、熱積心
胸. 傳之於肺、肺受其邪、

---

370 폐풍(肺風) : 폐가 풍사(風邪)에 감수되어 생긴 증상.
371《馬經大全》夏集〈馬患肺風毛燥〉, 85~86쪽;《馬經抄集諺解》下〈馬患肺風毛燥〉, 56~61쪽.
372 어한(瘀汗) : 땀을 흘리고 그 기운이 엉기고 뭉친 증상.

에 쌓인다. 그것이 폐에 전해져, 폐가 그 사기(邪氣) 를 받아, 경락에 두루 전해진다.

遍傳經絡.

그렇게 되면 온몸에 부스럼이 나고 가려우며, 몸 전체에 풍(風)이 생겨서 가죽과 피부를 비비고, 갈기 털이 빠지게 된다.

令渾身瘙痒, 遍體風生, 皮肌揩擦, 脫落鬃毛.

인삼·고삼(苦蔘)373·현삼·자삼(紫蔘)374·사삼(沙蔘)375·진교·하수오(何首烏)376를 함께 가루 낸 뒤, 1.5 냥씩 꿀 2냥, 신 좁쌀죽웃물 1잔, 조협 1정(挺)을 갈고 부수어서 낸 즙 0.5잔과 함께 섞어 입에 흘려넣는다.

人蔘、苦蔘、玄蔘、紫蔘、沙蔘、秦艽、何首烏, 共爲末, 每服兩半, 蜜二兩、酸漿水一盞、皁莢一挺擂碎取汁半盞, 同調灌之.

골맥혈(鶻脈血)을 뚫어준다. 여름에는 서늘한 우리에 묶어두고, 겨울에는 따뜻한 마구간에 묶어둔다. 타고 남은 재에 가까이 가게 하지 말아야 한다.

徹鶻脈血. 夏繫涼棚, 冬拴煖廐. 勿近火灰.

감초·여로·방풍·형개·조각·고삼·황백·박하·취춘피(臭椿皮)377를 함께 썰어 물 3승에 3~5번 끓어 오르도록 달여 찌꺼기를 버리고 뜨거울 때 환부를 씻는다. 씻은 후에 물기가 마르면 납촉유(蠟燭油)378

甘草、藜蘆、防風、荊芥、皁角、苦蔘、黃柏、薄荷、臭[94]椿皮, 共剉, 水三升, 煎三五沸, 去滓, 帶熱洗之.

---

373 고삼(苦蔘) : 콩과에 속하는 고삼의 뿌리를 말린 약재.
374 자삼(紫蔘) : 여뀌과 식물인 범꼬리풀의 뿌리줄기를 말린 약재. 권삼(拳參)이라고도 한다.
375 사삼(沙蔘) : 초롱꽃과 식물인 잔대의 뿌리를 말린 약재.
376 하수오(何首烏) : 미다풀과 식물인 하수오의 덩이뿌리를 말린 약재. 저백피(樗白皮)·저피(樗皮)라고도 한다.
377 취춘피(臭椿皮) : 소태나무과 식물인 가죽나무의 뿌리껍질을 말린 약재.
378 납촉유(蠟燭油) : 촛불을 켤 때 쓰는, 밀랍으로 만든 기름.
[94] 臭 : 저본에는 "鼻". 오사카본·규장각본·《馬經大全·馬患肺風毛燥》·《馬經抄集諺解·馬患肺風毛燥》에 근거하여 수정.

를 발라준다】

洗後候乾, 以蠟燭油搽之】

17-36) 늙은 말이 혈기가 약해져서 마르며 부스럼이
생기는 증상을 치료하는 처방

治老馬血弱瘦瘡方

【마경】379 만형자(蔓荊子)380 · 위령선(威靈仙)381 · 하
수오·현삼·고삼을 함께 가루 낸 뒤, 1.5냥씩 사탕[砂
糖] 1냥, 따뜻한 물 1큰잔과 함께 섞어, 꼴을 먹이고
한참 지난 뒤 입에 흘려넣는다.

【又】蔓荊子、威靈仙、何
首烏、玄蔘、苦蔘, 共爲末,
每服兩半, 砂糖一兩、溫水
一大盞, 同調, 草遠灌之.

완화(莞花)382 · 사상자(蛇床子)383를 함께 곱게 가루
낸 뒤, 생유(生油)에 고루 갠다. 이 약을 바르기 전에 먼
저 고삼·무이(蕪荑)384 · 조협·여로·취춘피를 넣고 끓
인 물로 씻긴 뒤 물기가 마르면 환부에 약을 발라
준다】

莞95花、蛇床子, 共爲細末,
生油調均. 先以苦蔘、蕪荑、
皂莢、藜蘆、臭96椿皮煎湯
洗後, 令乾, 搽】

17-37) 말이 목과 등 움직이기를 꺼려하는 증상을 치
료하는 처방

治馬患項脊恔方

【마경】385 말을 타고 멀리서부터 이르러 땀이 난
상태에서 안장을 벗긴 채로 밤에 처마 밑에 묶어둠

【又】因乘騎遠至, 帶汗卸
鞍, 夜拴舍簷之下, 外感風

---

379 《馬經大全》夏集〈馬患肺風毛燥〉, 86~87쪽 ;《馬經抄集諺解》下〈馬患肺風毛燥〉, 61~62쪽.

380 만형자(蔓荊子) : 말초리풀과 식물인 순비기나무의 열매를 말린 약재.

381 위령선(威靈仙) : 바구지과 식물인 으아리의 뿌리를 말린 약재.

382 완화(莞花) : 팥꽃나무과 서향의 꽃봉오리를 말린 약재.

383 사상자(蛇床子) : 산형과 식물인 사상자의 열매를 말린 약재.

384 무이(蕪荑) : 느릅나무과 식물인 느릅나무의 열매를 말린 약재.

385 《馬經大全》夏集〈馬患項脊恔〉, 87~88쪽 ;《馬經抄集諺解》下〈馬患項脊恔〉, 63~66쪽.

95 莞 : 저본에는 없음. 오사카본·규장각본·《馬經大全·馬患肺風毛燥》·《馬經抄集諺解·馬患肺風毛燥》에 근
거하여 보충.

96 臭 : 저본에는 "鼻". 오사카본·규장각본에 근거하여 수정.

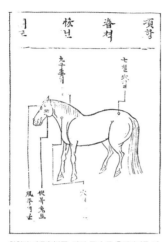
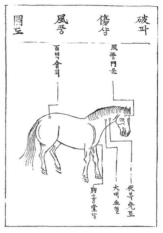

항척린도(項脊悋圖, 말이 목과 등 움직이기를 꺼려하는 증상을 치료하는 혈자리 그림)《마경초집언해》)

파상풍도(破傷風圖, 말의 파상풍을 치료하는 혈자리 그림)《마경초집언해》)

으로 인해 밖으로 풍사(風邪)에 감수된다.

　그렇게 되면 말이 머리를 내밀고 목을 곧게 뻗으며, 등마루가 서까래처럼 굳어 고개를 돌릴 수 없고, 머리 움직이기를 꺼려하며[悋] 낮추기 어려워한다.

　연교·지모·차조기[紫蘇]386·당귀·도라지·패모·마두령(馬兜鈴)387·참외씨·마·백지·살구속씨를 함께 가루 낸 뒤, 1.5냥씩 꿀 2냥, 생강 5조각, 물 1승과 함께 2~3번 끓어오르도록 달여 따뜻할 때 입에 흘려넣는다. 하눌타리뿌리를 더하면 더욱 효과가 빼어나다.

邪.

令伸頭直項, 脊板如椽,
顧回不得, 首悋難低.

連翹、知母、紫蘇、當歸、桔
梗、貝母、馬兜鈴、恬瓜子、
山藥、白芷、杏仁, 共爲末,
每服兩半, 蜜二兩、薑五片,
水一升, 煎二三沸, 溫灌.
加瓜蔞根, 尤妙.

---

386 차조기[紫蘇] : 꿀풀과 식물인 차조기의 씨를 말린 약재.
387 마두령(馬兜鈴) : 방울풀과 식물인 방울풀의 열매를 말린 약재.

목 위에 9번, 허리 사이에 7번 침을 놓고, 골맥혈을 뚫어준다.

項上九針, 腰間[97]七針, 徹鶻脈血.

따뜻한 마구간에서 먹이고 기르며, 맑은 날에 교외에 풀어놓아 햇볕을 쬐게 하고, 추운 밤에는 찬 곳에 묶어 두지 말며, 처마나 골목에서 부는 바람을 막아줘야 한다】

喂養煖廄, 晴明放於郊, 令日曬之, 寒夜休拴冷處, 須防簷巷風吹】

17-38) 말의 파상풍(破傷風)을 치료하는 처방

治馬患破傷風方

【마경 [388] 피로로 과도하게 속이 상하고, 먹이고 기르는 일에 조화를 잃음으로 인해 안장에 갈기와 머리를 부딪쳐 붓고, 털로 짠 언치에 등을 부딪쳐 다치고, 밀치끈[鞦][389] 표면에 꼬리의 뿌리 부분이 마찰되어 갈라지고, 배를 둘러 묶은 끈에 말의 발목 뒤쪽이 문질러져 상하게 된다. 혹은 처마 아래나 골목에 묶어두어 해로운 바람이 말의 허한 상태를 틈타 피부에 들어온다.

【又 因勞傷過度, 蓄養失調, 鞍轎撞腫鬐頭, 氈屜打傷脊背, 鞦皮磨破尾根, 肚帶搽損肘後. 或拴簷巷之處, 賊風因虛而入皮膚.

그렇게 되면 온몸이 마비되고, 눈이 당기면서 미친 듯이 경기를 일으키고, 사지가 뻣뻣해지며, 입에서 침을 흘리고, 귀가 단단해지고 꼬리를 곧게 뻗으며, 아관을 열기 어려워 물과 꼴을 먹지 못하게 된다.

令渾身麻痺, 眼急驚狂, 四肢强硬, 口內垂涎, 耳緊[98]尾直, 牙關難開, 不食水草.

---

388 《馬經大全》夏集〈馬患破傷風〉, 94~95쪽 ; 《馬經抄集諺解》下〈馬患破傷風〉, 67~71쪽.

389 밀치끈[鞦] : 말의 안장에 걸고 꼬리 밑에 거는 좁다란 나무막대기를 밀치라고 하는데, 밀치에 걸어 안장에 매는 끈을 말한다.

97 間 : 저본에는 "門". 오사카본·규장각본·《馬經大全·馬患項脊恍》·《馬經抄集諺解·馬患項脊恍》에 근거하여 수정.

98 緊 : 저본에는 "堅".《馬經大全·馬患破傷風》·《馬經抄集諺解·馬患破傷風》에 근거하여 수정.

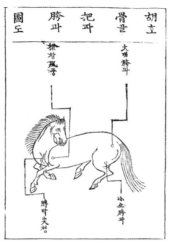

만형자·선복화·백강잠(白彊蠶)390·하수오·상표
초(桑螵蛸)391·천남성(天南星)392·천마(天麻)393·오사·
사삼·방풍·아교(阿膠)394·천궁·강활·매미허물·세
신·말린전갈·승마·곽향(藿香)395·독활(獨活)396을 함
께 가루 낸 뒤, 1냥씩 따뜻한 물 1잔에 타서 입에 흘
려넣는다. 날이 흐리면 생강 달인 물에 타서 입에 흘
려넣는다.

蔓荊子、旋覆花、白彊蠶、
何首烏、桑螵蛸、天南星、
天麻、烏蛇、沙蔘、防風、阿
膠、川芎、羌活、蟬殼、細辛、
乾蝎、升麻、藿香、獨活, 共
爲末, 每服一兩, 溫水一盞
調, 灌. 天陰, 薑湯調, 灌.

골맥혈을 뚫어주고, 풍문혈(風門穴)·복토혈(伏兔

徹鶻脈血, 烙風門穴、伏兔

---

390 백강잠(白彊蠶) : 누에나방과 곤충인 누에나방의 유충이 흰가루병에 걸려 죽은 상태로 말린 약재.
391 상표초(桑螵蛸) : 사마귀과 곤충인 사마귀의 알이 들어 있는 알집을 찐 약재.
392 천남성(天南星) : 천남성과 식물인 천남성의 덩이줄기를 말린 약재.
393 천마(天麻) : 난초과 식물인 천마의 덩이줄기를 말린 약재.
394 아교(阿膠) : 소가죽으로 만든 갖풀. 우피교(牛皮膠)·부치교(傅致膠)라고도 한다.
395 곽향(藿香) : 꿀풀과 식물인 광곽향의 전초를 말린 약재.
396 독활(獨活) : 두릅나무과 식물인 독활의 뿌리를 말린 약재.

穴)·백회혈(百會穴)을 지진다.

穴, 百會穴.

따뜻한 마구간에서 먹이고 기르며, 입에 음식이 머물지 않게 하고, 털로 짠 언치를 등 위에 얹어 준다. 추운 밤에는 밖에 묶어두지 말고, 처마 아래나 골목에서 불어오는 해로운 바람을 막아주어야 한다.

喂養煖廐, 口不住食, 氈雁背上搭之. 寒夜休拴外, 須防簷巷賊風.

주사산(朱砂散)을 코 안에 불어넣는 방법은 위쪽에 보인다[397]】

朱砂散吹鼻內方, 見上】

17-39) 말의 호골파과(胡骨把胯, 비대해진 말에게 생기는 마비 증상)를 치료하는 처방

治馬患胡骨把胯方

【마경[398] 일명 '외퇴풍(腲腿風)'이다. 말이 살쪄서 몸이 무거워지고, 많이 먹이고 적게 탐으로 인해 곡식과 사료의 열독(熱毒)이 오장 안에 쌓이고, 열이 너무 심해져 풍이 생긴 증상이다.

【又 一名"腲腿風". 因膽肥肉重, 喂多騎少, 穀料熱毒積於臟內, 熱極而生風也.

이렇게 되면 중풍으로 좌우가 뒤틀리고 마비되며, 네 발에 경련이 일어서, 땅에 누워 일어나지를 않고, 호흡이 빠르고 거칠어진다. 심한 경우에는 고치기 어렵다.

令左癱右瘓, 四足拳攣, 臥地不起, 氣促喘粗. 甚者難治.

기린갈(麒麟蝎)[399]·당귀·백출·목통·회향·파극(巴

麒麟蝎、當歸、白朮、木通、

---

397 위쪽에 보인다 : 17-34)의 '말의 게안풍(揭鞍風)을 치료하는 처방'에 있다.

398 《馬經大全》夏集〈馬患胡骨肥胯〉, 120~121쪽 ;《馬經抄集諺解》下〈馬患胡骨肥胯〉, 72~76쪽.

399 기린갈(麒麟蝎) : 종려과 식물인 기린갈나무의 수지를 말린 약재. 혈갈(血竭)이라고도 한다.

載)400·고본(藁本)·나팔꽃·호로파(胡蘆芭)401·파고지 (破故紙)402·몰약·천련자를 함께 가루 낸 뒤, 1냥씩 식초 1잔과 함께 3번 끓어오르도록 달여 따뜻할 때 입에 흘려넣는다.

茴香、巴戟、藁本、牽牛、胡 蘆芭、破故紙、沒藥、川鍊 子、共爲末、每服一兩、苦 酒一盞、同煎三沸、溫灌.

박첨혈(膊尖穴)·창풍혈(搶風穴)·대과혈(大胯穴)·소 과혈(小胯穴)에 불침을 놓는다. 박첨혈과 창풍혈은 앞다리 위쪽에 있고, 대과혈과 소과혈은 뒷다리 위 쪽에 있다.

火針膊尖、搶風、大胯、小 胯穴. 膊尖、搶風兩穴在膊 上、大、小胯兩穴在胯上.

따뜻한 마구간에서 먹이고 기르며, 냉한 곳에 묶 어두는 일을 금한다】

喂⁹⁹養煖廐, 忌拴冷處】

17-40) 말의 심열풍사(心熱風邪)를 치료하는 처방

治馬患心熱風邪方

【마경】403 열사(熱邪)란 중풍(中風)을 올바로 이름 지은 증상이다. 삼초에 열이 쌓임으로 인해 가슴과 횡격막에 담이 정체되고, 심장의 구멍에 담과 어혈 이 생겨서, 심장을 혼미하고 어지럽게 만든다.

【又】熱邪者, 正名中風也. 因三焦積熱, 胸膈停痰, 心 竅痰瘀, 迷亂其心.

그렇게 되면 온몸에 땀이 나고, 살이 떨리고 머 리를 흔들며, 좌우로 마구 넘어지고, 호흡이 빠르고 거칠어진다.

令渾身出汗, 肉顫頭搖, 左 右亂跌, 氣促喘粗.

---

400 파극(巴戟) : 꼭두서니과 식물인 파극천의 뿌리를 말린 약재.
401 호로파(胡蘆芭) : 콩과 식물인 호로파의 씨를 말린 약재.
402 파고지(破故紙) : 콩과 식물인 보골지의 씨를 말린 약재.
403《馬經大全》夏集〈馬患心熱風邪〉, 122~123쪽 ;《馬經抄集諺解》下〈馬患心熱風邪〉, 76~81쪽.
99 喂 : 저본에는 없음.《馬經抄集諺解·馬患心熱風邪》에 근거하여 보충.

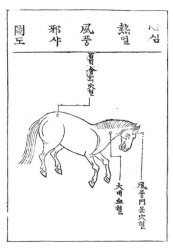

심열풍사도(心熱風邪圖, 말의 심열풍사를 치료하는
혈자리 그림)《마경초집언해》)

인삼·도라지·백지·백복령을 함께 가루 낸 뒤, 1
냥씩 동변 1잔과 함께 섞어 꼴을 먹인 후 입에 흘려
넣는다.

人蔘、桔梗、白芷、白伏苓、
共爲末、每服一兩、童便一
盞、同調、草後灌之.

골맥혈(鶻脈血)·제두혈(蹄頭血)을 뚫어주고, 풍문
혈(風門穴)·백회혈(百會穴)을 불로 지진다.

徹鶻脈血、蹄頭血, 火烙
風門穴, 百會穴.

서늘한 곳에서 먹이고 기르며, 초록 풀을 물에
담갔다가 먹이고, 청죽엽을 먹이면 또한 효과가 빼
어나다. 조금씩 끌고 다니고 모든 사료는 금한다.

喂養涼處, 水浸青草, 喂
之、青竹葉、喂之, 亦妙.
少令牽行, 諸料忌之.

주사 1돈, 인삼 2돈, 복신 3돈, 황련 2돈을 함께
가루 낸 뒤, 돼지쓸개즙 0.5잔, 동변 0.5잔과 함께
섞어 입에 흘려넣는다.

朱砂一錢、人蔘二錢、茯神
三錢、黃連二錢、共爲末、
猪膽汁半盞、童便半盞、同
調灌之.

사향 조금·참외꼭지·주사·웅황·조각을 함께 곱게 가루 낸 뒤, 1자(字)씩 대나무관에 넣어 말의 코 속에 불어넣는다】

麝香少許、瓜蔕、朱砂、雄黃、皁角, 共爲細末, 每用一字, 以竹管吹入鼻內】

17-41) 말의 한상(寒傷)으로 인한 요과통(腰胯痛, 허리와 사타구니 통증)을 치료하는 처방

治馬患寒傷腰胯痛方

【마경404 요과통(腰胯痛)은 한상(寒傷, 추위에 상함)으로 인한 요과통이고, 한편으로는 섬상(閃傷, 몸의 접질림)으로 인한 요과통이다. 2가지 모두 말이 쇠약하고 늙어 수척해짐으로 인해 생긴다.

【又】腰胯痛者, 一謂"寒傷", 一謂"閃傷". 皆因衰羸老瘦.

한상으로 인한 요과통은, 먹이고 기르는 일에 조화를 잃음으로 인해 먼 길을 가던 도중에 열이 난 채로 강을 건너고, 급하게 안장을 풀어 땀이 난 상태로, 낮에는 장맛비 속에 풀어놓고, 밤에는 춥고 습한 곳에 누워 있게 함으로써 습기가 허한 곳을 틈타 족소음신경(足少陰腎經)으로 들어와 신장이 한사(寒邪)를 받고, 그것이 허리와 사타구니에 전해진 증상이다.

蓄養失調, 遠行乘熱渡河, 卒至卸鞍而帶汗, 晝放於霖雨之中, 夜臥於寒濕之處, 濕氣乘虛而入腎經, 腎受寒邪, 傳之腰胯.

섬상으로 인한 요과통은 혹은 너무 빨리 달리다 조화를 잃음으로 인해 몸이 접질려 손상을 입음으로써 정체된 기운이 사타구니 안에 엉기고 어혈이 허리 사이에 흘러들고 쌓이게 된 증상이다.

又或奔走失調, 閃傷促損, 滯氣凝於胯內, 瘀血注積腰間.

그렇게 되면 앞으로 가면서 뒤로 끌리며, 사타구니가 아파 허리가 끌리고, 털은 바싹 마르고 허구리가 늘어지고, 귀를 늘어뜨리고 머리를 낮추게 된다.

令前行後拽, 胯痛腰拖, 毛焦膁弔, 耳搭頭低.

404《馬經大全》夏集〈馬患寒傷腰胯痛〉, 65~67쪽;《馬經抄集諺解》下〈馬患寒傷腰胯痛〉, 81~90쪽.

한상으로 인한 경우는 회향·백부자·천련자·육계(肉桂)[405]·육두구·필징가(蓽澄茄)[406]·빈랑·백출·목통·파극·당귀·검은나팔꽃씨·고본을 함께 가루 낸 뒤, 1.5냥씩 소금 3돈, 식초 1승에 3번 끓어오르도록 달여 따뜻할 때 빈속에 입에 흘려넣는다.

섬상으로 인한 경우에는 홍화·당귀·몰약·회향·천련자·파극·탱자껍질·기린갈·목통·오약·고본을 함께 가루 낸 뒤, 2냥씩 가는 소금 1자밤, 봄과 겨울에는 따뜻한 술 1승, 여름과 가을에는 끓인 물 1잔과 함께 섞어 빈속에 입에 흘려넣는다.

한상으로 인해 허리를 웅크리고 걷는 경우는 대과혈(大胯穴)·한구혈(汗溝血)에 불침을 놓는다. 섬상(閃傷)으로 인해 허리를 오그린 채로 걷는 경우는 미본혈(尾本血)을 뚫어준다. 미본혈은 꼬리의 뿌리 부분 아래에서 손가락 4개 겹친 두께만큼 떨어진 곳에 있다.

낮에는 교외에 풀어놓고, 밤에는 마구간에 풀어놓는다. 습한 땅에 눕는 일을 금하고, 해로운 바람을 막아주어야 한다.

寒傷者, 茴香, 白附子, 川鍊子, 肉桂, 肉荳蔻, 蓽澄茄, 檳榔, 白朮, 木通, 巴戟, 當歸, 黑牽牛, 藁本, 共爲末, 每服兩半, 鹽三錢, 苦酒一升, 煎三沸, 溫灌, 空草.

閃傷者, 紅花, 當歸, 沒藥, 茴香, 川鍊子, 巴戟, 枳殼, 麒麟蝎, 木通, 烏藥, 藁本, 共爲末, 每服二兩, 飛鹽一捻, 春冬溫酒一升, 秋夏白湯一盞, 同調, 空草灌之.

寒傷蹲腰行者, 火針大胯, 汗溝血. 閃傷弔腰行者, 徹尾本血, 尾本穴在尾根底四指.

日縱於郊, 夜散於廐. 忌臥濕地, 須防賊風.

---

405 육계(肉桂): 녹나무과 식물인 계수나무의 껍질을 말린 약재.
406 필징가(蓽澄茄): 후추과 식물인 필징가의 열매를 말린 약재.

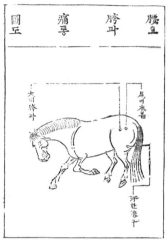
요과통도(腰胯痛圖, 말의 요과통을 치료하는 혈자리
그림)(《마경초집언해》)

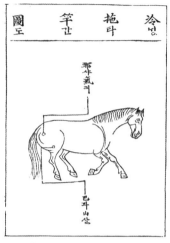
냉타간도(冷拖竿圖, 말의 냉타간을 치료하는 혈자리
그림)(《마경초집언해》)

후온산(後溫散)은 말이 후한(後寒, 오한)이 있어 뒷
다리를 끄는 증상을 치료한다. 고량강(高良薑)[407]·백
부자·오수유·창출·후박·백출·백지·세신을 함께
가루 낸 뒤, 약 1큰술, 술 1잔을 섞어 3번 끓어오르
도록 달여 따뜻해지면 항문을 통해 넓은 창자 속으
로 집어넣는다. 머무르지 말고 끌고 다니다가, 흰 고
름을 띤 똥이 나오면 효험이 있다. 일반적으로 이를
3차례 하면 낫는다.

말의 후한을 치료할 때는 밀기울 1승을 식초로
촉촉해지도록 고루 휘저은 다음, 이를 볶아서 뜨겁

後溫散, 治馬後寒, 令拖後
脚. 高良薑、白附子、吳茱
萸、蒼朮、厚朴、白朮、白芷、
細辛, 共爲末, 用藥一大
匙[100], 酒一盞, 調煎三沸,
候溫入送糞門廣腸中. 不
住牽行, 以抛糞帶出白濃爲
驗. 凡三次差矣.

治馬後寒, 用麵麩一升, 以
醋拌濕令均, 炒熱入袋中,

---

407 고량강(高良薑) : 생강과 식물인 고량강의 뿌리줄기를 말린 약재.
[100] 匙 : 저본에는 "題". 오사카본·규장각본·《馬經大全·馬患寒傷腰胯痛》·《馬經抄集諺解·馬患寒傷腰胯痛》
에 근거하여 수정.

게 되면 자루 속에 넣어 허리 위에 얹어준다. 하룻 밤 동안 두었다가 제거한다.

搭於腰上. 隔宿去之.

말의 요통이 오래도록 낫지 않는 증상을 치료할 때는 두충(杜沖)[408] 0.5냥·새삼씨[兔絲子][409]·사상자 각 3돈을 함께 가루 낸 뒤, 소금 1자밤과 곤주(滾酒, 끓인 술)에 섞어 미지근할 때 입에 흘려넣는다】

治馬腰痛, 久不愈, 杜沖 半兩、兔絲子·蛇床子各三 錢, 共爲末, 鹽一捻·滾酒 調, 微熱灌之】

17-42) 말의 냉타간(冷拖竿)[410]을 치료하는 처방

治馬患冷拖竿方

【마경[411] 냉타간(冷拖竿)이란 하초의 원기가 차가 워진 증상이다. 살이 빠진 월따말[騮][412]이나 수척한 말이 빈속에 냉수를 과도하게 마시고, 땀이 난 상태 에서 안장을 풀어줌으로 인해 사기(邪氣)가 말의 허 한 곳을 틈타 족소음신경(足少陰腎經)에 들어왔다가 신장에서 뒤쪽 사타구니로 전해진다.

【又 冷拖竿者, 下元寒也[101]. 羸騮瘦馬, 空腸過飮冷水, 帶汗卸鞍, 邪氣乘虛, 入腎 經, 腎傳於胯.

그렇게 되면 허리를 웅크리고 힘이 없어지며, 넓 적다리가 장대처럼 뻣뻣하게 되고, 끌어도 움직이지 않게 된다.

令蹲腰無力, 腿直如竿, 牽 拽不動.

회향·호로파·천련자·청피·나팔꽃·세신·파극· 필징가·파고지·진피·참외씨·목통을 함께 가루 낸

茴香、胡蘆巴、川鍊子、青 皮、牽牛、細辛、巴戟、蓽澄

---

408 두충(杜沖) : 두충과 식물인 두충나무의 나무껍질을 말린 약재.

409 새삼씨[兔絲子] : 메꽃과 식물인 새삼의 씨를 말린 약재.

410 냉타간(冷拖竿) : 말이 차가운 기운에 감수되어 끌어도 움직이지 못하고, 넓적다리가 장대처럼 뻣뻣해지는 증상.

411 《馬經大全》夏集〈馬患冷拖桿〉, 89~90쪽 ;《馬經抄集諺解》下〈馬患冷拖竿〉, 91~95쪽.

412 월따말[騮] : 털빛이 붉고 갈기가 검은 말.

[101] 也 : 저본에는 없음. 오사카본·《馬經大全·馬患冷拖桿》·《馬經抄集諺解·馬患冷拖竿》에 근거하여 보충.

뒤, 2냥씩 비염(飛鹽, 고운 소금) 3돈, 식초 1승과 함
께 3번 끓어오르도록 달여 빈속에 입으로 흘려넣
는다.

양쪽 다리를 나란히 해서 걷는 이유는 엉덩이가 아
프기 때문이다. 이때는 대과혈(大胯穴)·한구혈(汗溝穴)
에 불침을 놓는다. 다리를 뻣뻣하게 하고 걷는 이유는
습기(濕氣)로 인해 아프기 때문이다. 이때는 약초혈
(掠草穴)을 불로 지진다. 약초혈은 곡지혈(曲池穴) 위에
있다.

따뜻한 마구간에서 먹이고 기르며, 냉한 곳에 묶
어두는 일을 금하며, 바람에 맞는 일을 막아주어야
한다】

17-43) 말의 콩팥[腎]이 냉[冷]하여 허리가 땅기는
　　　질환을 치료하는 처방

【마경 413 말의 콩팥이 냉한 질환은 밖에서 나쁜
기운에 감수되어 내장이 상한 증상이다. 말이 오랫
동안 목마른데도 물을 못 마시거나, 장(腸)이 비어
있는 상태에서 물을 너무 많이 먹어 물이 장에 머물

茄、破故紙、陳皮、甛瓜子、
木通, 共爲末, 每服二兩,
飛鹽三錢, 苦酒一升, 煎三
沸, 空草灌之.

幷脚行, 胯瓦痛, 火針大
胯、汗溝穴. 直脚行, 濕氣
痛, 火烙掠草穴, 在曲池
上.

喂養煖廄, 忌拴冷處, 須
防風吹】

治馬患腎冷腰拖方

【又 腎冷者, 外感內傷也.
因久渴失飮, 空腸飮水過
多, 停住於腸, 夜臥濕處,
濕氣入腎經, 簷下卸[102]鞍,

413《馬經大全》夏集〈馬患腎冷腰拖〉, 106~107쪽 ;《馬經抄集諺解》下〈馬患腎冷腰拖〉, 95~99쪽.
[102] 卸 : 저본에는 "御". 오사카본·규장각본·《馬經大全·馬患腎冷腰拖》·《馬經抄集諺解·馬患腎冷腰拖》에 근
거하여 수정.

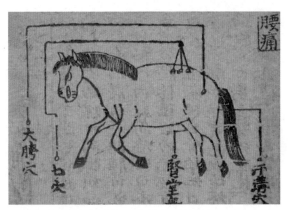

요통(腰痛, 말의 허리가 아픈 질환) 그림 《마경대전(馬經大全)》

러 있거나, 밤에 음습한 곳에 누워서 습기가 신경(腎
經, 콩팥 경맥)에 들어가거나, 처마 밑에서 안장을 풀
어놓았다가 해로운 바람이 불어 허리와 사타구니를
상하게 했기 때문에 허리가 땅기면서 사타구니를 질
질 끌게 되고, 뒷다리를 옮기기 어려워하고 귀를 늘
어뜨리고 머리가 처지게 된다.

천련자·필징가·몰약·당귀·빈랑·백부자·육계·
육두구·회향·방풍·형개·목통·종용을 함께 가루
낸 뒤, 2냥씩 청파·소금·술과 함께 3번 끓어오르도
록 달여 동변 0.5잔을 넣은 뒤 입에 흘려넣는다.

賊風吹傷腰胯, 令腰拖胯
𨂽[103], 後脚難移, 耳搭頭
低.

川鍊子、蓽澄茄、沒藥、當
歸、檳榔、白附子、肉桂、肉
荳蔲、茴香、防風、荊芥、木
通、蓯蓉, 共爲末, 每服二
兩, 靑蔥、鹽、酒, 煎三沸,
入童便半盞, 灌之.

---

[103] 𨂽 : 저본에는 "跋".《馬經大全·夏集·馬患腎冷腰拖》에 근거하여 수정.

척추 근육이 아플 때는 미본혈(尾本血)을 뚫어준다. 신경(腎經)이 아플 때는 신당혈(腎堂血)을 뚫어준다. 신당혈은 콩팥 끝 양쪽 주변에 있다. 안시(雁翅)414가 아플 때는 대과혈(大胯穴)·한구혈(汗溝穴)에 불침을 놓는다. 콩팥이 아플 때는 허리 위 칠혈(七穴)에 불침을 놓는다.

脊筋痛, 徹尾本血. 腎經痛, 徹腎堂血, 腎堂血104在腎尖兩邊. 雁翅痛, 火針大胯、汗溝穴. 內腎痛, 火針腰上七穴.

따뜻한 마구간에서 먹이고 길러야 한다. 습한 곳에 묶어두는 일을 금하고, 일체의 바람과 추위를 금한다】

喂養煖廄. 忌拴濕處, 忌一切風寒】

17-44) 말의 지라[脾]가 허하여 생긴 습사(濕邪) 치료하는 처방

治馬患脾虛濕邪方

【마경】415 습사(濕邪)란 말의 지라[脾]가 허하여 생긴 풍증(風症)이다. 어린 망아지와 작은 말이 혈기(血氣)가 아직 온전하지 않은데, 밤에 관사 처마 밑에 묶어두어 온몸에 바람을 쏘이고 비를 맞으면, 습기가 모공에 맺히면서 주리(腠理)416에 침입하여 속으로 전달된다. 그렇게 되면 머리가 한쪽으로 치우치고, 목은 곧게 뻗으며, 눈은 일그러지고 삐뚤어지며, 정신이 술에 취한 상태처럼 혼미해져서 가거나 서 있

【又】濕邪, 脾虛風症也. 幼駒、小105馬, 血氣未全, 夜繫舍簷之下, 櫛106風沐107雨, 濕氣凝於毛竅, 浸入腠理, 傳之於內. 令偏頭直項, 眼目歪斜, 神昏似醉, 行立如癡.

---

414 안시(雁翅) : 짐승의 넓적다리 근처, 기러기날개 모양과 비슷한 부분.
415 《馬經大全》夏集〈馬患脾虛濕邪〉, 118~119쪽 ; 《馬經抄集諺解》下〈馬患脾虛濕邪〉, 99~104쪽.
416 주리(腠理) : 피부 및 살결. 여기서는 말의 가죽 및 살을 지칭한다.
104 血 : 저본에는 "穴". 《馬經大全·馬患腎冷腰拖》에 근거하여 수정.
105 小 : 저본에는 "少". 《馬經大全·馬患脾虛濕邪》에 근거하여 수정.
106 櫛 : 《馬經大全·馬患脾虛濕邪》에는 "斜".
107 沐 : 《馬經大全·馬患脾虛濕邪》에는 "斜".

을 때 얼이 빠진 듯하다.

천마·인삼·천궁·방풍·형개·감초·하수오·박하·매미허물·백복령을 함께 가루 낸 뒤, 1.5냥씩 꿀 1냥, 미음 1잔에 함께 섞어 꿀을 먹인 뒤 이 약을 입에 흘려넣는다.

天麻、人蔘、川芎、防風、荊芥、甘草、何首烏、薄荷、蟬殼、白茯苓、共爲末、每服兩半、蜜一兩、米飮一盞、同調、草後、灌之.

삼강혈(三江血)·골맥혈(鶻脈血)을 뚫어준다. 풍문혈(風門穴)·백회혈(百會穴)을 불로 지진다.

徹三江血、鶻脈血. 火烙風門穴、百會穴.

따뜻한 마구간에서 먹이고 기르며, 등 위에 전체(氈罽, 털로 짠 언치)를 얹어준다. 바깥에 묶어두지 말아야 한다.

喂養煖廐、背上氈罽搭之. 休令外拴.

운대산(芸薹散)은 말의 편풍(偏風)을 치료한다. 유채씨·주사·웅황·과체·조각·사향 조금을 함께 가루 낸 뒤, 1자(字)씩을 대나무관 속에 넣어 코 속으로 불어넣는다】

芸薹散、治馬偏風. 芸薹子、朱砂、雄黃、苽蔕、皁角、麝香小許、共爲末、每用一字、入竹管中、吹鼻內】

17-45) 말의 허파[肺]가 차가워 거품을 토하는 질환을 치료하는 처방

治馬患肺寒吐沫方

【마경】417 허파가 차가워 거품을 토하는 증상은 기(氣)가 허파의 구멍에 엉겨서 생긴 증상이다. 말을 타고 급하게 달린 뒤 냉수를 너무 급히 먹였다가, 냉

【又】肺寒吐沫者、氣凝肺竅也. 因乘騎緊驟、冷水飮之太急、搶於肺脘、肺氣

417《馬經大全》夏集〈馬患肺寒吐沫〉, 68쪽;《馬經抄集諺解》下〈馬患肺寒吐沫〉, 104~108쪽.

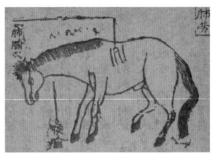

폐한토말(肺寒吐沫. 말의 허파가 차가워 거품을 토하는 질환) 그림 《마경대전》   폐패(肺敗. 말의 허파가 상한 질환) 그림 《마경대전》

수가 허파와 밥통에 부딪혀 허파의 기운이 응결되고 진액이 변해 담(痰)이 됨으로써, 정신이 피곤해지면서 귀를 늘어뜨리고 머리는 처지며 자주 이빨을 갈고 거품을 토하며 침을 흘리게 된다. 이 증상은 구창(口瘡, 입의 상처)으로 침을 흘리는 증상과 같지 않다.

맥이 크고[洪] 입술이 붉은 증상은 구창이다. 맥이 가라앉고 입술이 하얀 증상은 허파가 차서 거품을 토하는 질환이다. 치료하는 자가 자세히 살펴야 할 것이다.

凝結, 津液變化成痰, 使精神困倦, 耳搭頭低, 頻頻咬齒, 吐沫垂涎, 此症與口瘡垂涎不同.

脈洪脣赤者, 口瘡. 脈沈脣白者, 肺寒吐沫, 治者詳之.

반하·승마·방풍·비반(飛礬, 수비한 백반)을 함께 가루 낸 뒤, 1.5냥씩 교면(蕎麪, 메밀가루) 1술, 꿀 1술, 생강 1조각, 신 좁쌀죽웃물 1승을 함께 섞어 꼴을 배불리 먹인 뒤 입에 흘려넣는다.

半夏、升麻、防風、飛礬, 共爲末, 每服兩半, 蕎麪一匙、蜜一匙[108]、生薑一片、酸漿水一升, 同調, 草飽, 灌之.

마구간 안에서 먹이고 기르며, 물을 만족할 때까   喂養廐內, 飮水勿令足. 寒

---

[108] 匙:《馬經大全·馬患肺寒吐沫》에는 "兩".

지 먹어서는 안 된다. 추운 밤에는 밖에 묶어두거나 들에 풀어놓아서는 안 된다.

夜不可拴外放野.

박문록 [418] 당귀·창포·백출·택사·적석지·탱자 껍질·후박·감초를 가루 낸 뒤, 1.5냥씩 술 1승·총백 3줌과 함께 물에 달이고 따뜻하게 하여 입에 흘려넣는다】

博聞錄 當歸、菖蒲、白朮、澤瀉、赤石脂、枳殼、厚朴、甘草, 爲末, 每一兩半, 酒一升、蔥白三握, 水煎溫, 灌之】

17-46) 말의 허파가 상한 질환을 치료하는 처방

治馬患肺敗方

【마경 [419] 허파가 상한 질환은 허파가 피로하여 생긴 증상이다. 사료를 너무 배불리 먹이고 짐을 무겁게 실어서 타고 달리기를 너무 급히 하여, 허파 경맥을 오그라들게 하고 손상시켜, 적체된 기가 허파 부위에 엉기면서 어혈이 가슴 가운데에 맺혔기 때문이다.

【馬經 肺敗, 肺勞也. 因食之太飽, 負重乘騎, 太過湧急, 蹙損肺經, 滯氣凝於肺部, 瘀血結在胸中.

그렇게 되면 코에서 고름과 콧물이 흐르고, 숨이 가빠지면서 거칠게 숨을 쉬며, 털이 바싹 마르고 허구리가 늘어지며, 귀는 늘어지고 머리는 처진다. 그 고름과 피가 서로 섞여서 척추와 등이 판자처럼 딱딱해진 결과, 숨을 쉬는 동안 톱질 하는 소리가 나면 치료하지 못한다.

令鼻流膿[109]涕, 氣促喘粗, 毛焦臁弔, 耳搭頭低[110]. 其膿血相兼, 及脊背板硬, 氣如抽鋸者, 不治.

---

418 출전 확인 안 됨;《農桑輯要》卷7〈孳畜〉"馬"(《農桑輯要校注》, 243쪽).
419《馬經大全》夏集〈馬患肺敗〉, 108쪽;《馬經抄集諺解》下〈馬患肺敗〉, 108~112쪽.
[109] 膿:저본에는 "濃". 오사카본·《馬經大全·馬患肺敗》·《馬經抄集諺解·馬患肺敗》에 근거하여 수정.
[110] 低:저본에는 "底". 오사카본·규장각본·《馬經大全·馬患肺敗》·《馬經抄集諺解·馬患肺敗》에 근거하여 수정.

진교·지모·백합·감초·대황·치자·맥문동·자완·패모·모란뿌리껍질·마·황금·원지를 함께 가루낸 뒤, 2냥씩 꿀 2냥·제즙(虀汁)⁴²⁰ 1잔·동변 0.5잔을 함께 섞어 입에 흘려넣는다.

秦艽、知母、百合、甘草、大黃、梔子、麥門冬、紫菀、貝母、牡丹皮、山藥、黃芩、遠志、共爲末、每服二兩、蜜二兩、虀汁一盞、童便半盞、同調、灌之.

후수혈(喉臉穴)을 열어준다. 후수혈은 뺨 아래 손가락 4개 겹친 두께만큼 떨어진 곳에 있다.

開喉臉穴, 在頰下四指.

깨끗한 우리에서 먹이고 기르며, 익힌 사료를 늘려주고, 매일 아침 동변 1잔을 입에 흘려넣는다. 추운 밤에 밖에 묶어두어서는 안 된다. 돼지쓸개[猪膽]를 약으로 쓰는 것은 금한다】

喂養淨室, 熟料增加, 每朝童便一盞, 灌之. 寒夜不可外拴. 忌用猪膽⑪】

17-47) 말의 폐독(肺毒, 허파에 쌓인 독) 치료하는 처방
【박문록】⁴²¹ 폐독으로 열이 심한 증상을 치료하려면, 코 속에 물을 뿜어준다.

治馬肺毒方
【博聞錄】 療肺毒熱極, 鼻中噴水.

천문동·지모·패모·차조기·망초·황금·감초·박하를 함께 가루 낸 뒤, 숭늉[飯湯] 약간과 식초를 섞어 입에 흘려넣는다】

天門冬、知母、貝母、紫蘇、芒硝、黃芩、甘草、薄荷, 同爲末、飯湯少許、醋調、灌】

---

420 제즙(虀汁) : 살짝 데친 배추와 맑은 면탕(麵湯)으로 담은 물김치류의 음료.
421 출전 확인 안 됨 ; 《農桑輯要》 卷7 〈孳畜〉 "馬" (《農桑輯要校注》, 242쪽).
⑪ 膽 : 《馬經大全·馬患肺敗》에는 "脂".

17-48) 말의 기침 질환을 치료하는 처방

【마경】[422] 허파가 막혀 생긴 기침 질환은, 뚱뚱한 월따말[騮]이나 살진 말이 기운과 정신이 씩씩하고 강하다는 이유로, 꼴을 배불리 먹이고 짐을 무겁게 실어서 타고 너무 지나치게 빨리 달린 결과, 허파 경맥을 손상시켜, 담이 나격(羅膈)[423]에 엉기고, 기운이 염통과 가슴에서 막힌 증상이다.

그렇게 되면 목구멍이 메이고 막히며, 콧구멍에서 고름이 흐르고, 기침소리가 시원하지 않으며, 허구리가 늘어지고 털이 바싹 마르게 된다.

이런 증상 중에서 숨이 가빠지면서 거칠게 숨을 쉬며 골맥(鶻脈)이 튀어나온 경우는 치료하기 어렵다. 피로하여 몸이 상하게 된 경우도 치료하기 어렵다.

백합·패모·대황·감초·하눌타리뿌리를 함께 가루 낸 뒤, 1냥씩 꿀 1술, 교면(蕎麵, 메밀가루) 1술, 무 달인물 1잔에 함께 섞어 꿀을 먹인 뒤 입에 흘려넣는다.

골맥혈(鶻脈血)을 뚫어준다.

깨끗한 우리에서 먹이고 기르며, 매일 아침 동변을 입에 흘려넣는다. 말을 탈 때는 잠깐씩 타서 달려

治馬患哐嗽方

【馬經】肺壅哐嗽, 因脿驦肥馬, 氣壯神强, 草飽, 負重乘騎, 奔走太過, 損傷肺經, 痰凝於羅隔, 氣痞於心胸.

令咽喉哽噎, 鼻孔流膿[112], 哐嗽不爽, 膁弔毛焦.

其氣促喘粗, 鶻脈抽者, 難治. 勞傷發者, 亦難治.

百合、貝母、大黃、甘草、瓜蔞根, 共爲末, 每服一兩, 蜜一匙、蕎麵一匙、蘿蔔湯一盞, 同調, 草後, 灌之.

徹鶻[113]脈血.

喂養淨室, 每朝童便, 灌之. 少令騎驟, 生料忌之.

422《馬經大全》夏集〈馬患肺壅〉, 111~112쪽 ;《馬經抄集諺解》下〈馬患肺壅〉, 112~129쪽.
423 나격(羅膈) : 가슴과 배를 나누는 가로무늬근육인 횡격막(橫膈膜) 부위.
[112] 膿 : 저본에는 "濃". 오사카본·《馬經大全·馬患肺壅》·《馬經抄集諺解·馬患肺壅》에 근거하여 수정.
[113] 鶻 : 저본에는 "骨".《馬經大全·馬患肺壅》·《馬經抄集諺解·馬患肺壅》에 근거하여 수정.

주고, 날 사료는 금한다.

백급산(白芨散)은 말의 허파 열로 인해 허파가 상하여 기침하고, 헐떡거릴 때 소리가 나며, 코에 고름이 흐르는 증상을 치료한다. 백급·사철쑥·치자·감초·황련·방풍 각각 4냥, 살구속씨 0.5냥, 아교주 2냥을 함께 가루 낸 뒤, 2냥씩 하눌타리 1개를 갈아 물 1승에 3번 끓어오르도록 달여 꿀을 배불리 먹인 뒤 입에 흘려넣는다.

白芨散, 治馬肺熱肺傷咳嗽, 喘息有音, 鼻流膿[114]涕. 白芨·茵陳·梔子·甘草·黃連·防風各四兩, 杏仁半兩, 阿膠珠二兩, 共爲末, 每服二兩, 瓜蔞一箇研, 水一升煎三沸, 草飽, 灌之.

방기산(防己散)은 말의 허파가 기침을 멈추지 않고 똥을 눌 때 방귀가 나면서 똥을 흘리는 증상을 치료한다. 한방기·백축·관동화·진피·감초·지모·상백피·황련·목통·살구속씨를 함께 가루 낸 뒤, 1냥씩 꿀 2냥, 생강 3조각과 함께 물 1승에 3번 끓어오르도록 달여 꿀을 먹인 뒤 입에 흘려넣는다.

防己散, 治馬肺咳不止, 大便屁出遺糞. 漢防己·白丑·款冬花·陳皮·甘草·知母·桑白皮·黃連·木通·杏仁, 共爲末, 每服一兩, 蜜二兩·生薑三片, 水一升煎三沸, 草後, 灌之.

연교산(連翹散)은 말이 피로하여 몸이 상함으로 인해 가슴에서부터 기침이 나오므로 속이 울렁거리고 편안하지 않아 기침할 때마다 앞발굽으로 땅을 구르는 증상을 치료한다. 연교·도라지·패모·차조기씨·하눌타리씨·살구속씨·백지·참외씨·마두령·마·지모·당귀를 함께 가루 낸 뒤, 2냥씩 꿀 2냥, 생

連翹散, 治馬勞傷心咳, 怔忡不寧, 咳動前蹄跑地. 連翹·桔梗·貝母·紫蘇子·瓜蔞仁·杏仁·白芷·甜瓜子·馬兜鈴·山藥·知母·當歸, 共爲末, 每服二兩, 蜜

---

[114] 膿 : 저본에는 "濃". 《馬經大全·馬患肺癰》·《馬經抄集諺解·馬患肺癰》에 근거하여 수정.

강 3조각과 함께 물 1승에 달여 꿀을 먹인 뒤 입에 흘려넣는다.

비파산(枇杷散)은 말의 간이 상함으로 인해 기침하며 왼쪽 옆구리가 아파서, 머리를 돌려 왼쪽을 보는 증상을 치료한다. 비파잎·관동화·지모·하눌타리씨·차조기씨·건지황·자연동·홍화자·천문동·맥문동·마·마두령·살구속씨·패모·자완·진교·당귀·작약·목통·감초·패랭이꽃·몰약·아교주·지렁이·황련을 함께 가루 낸 뒤, 2냥씩 동변 1승에 함께 섞어 꿀을 먹인 뒤 입에 흘려넣는다.

백부산(百部散)은 말의 지라와 밥통이 상함으로 인해 기침하고, 오른쪽 옆구리가 아파서, 머리를 돌려 오른쪽을 보는 증상을 치료한다. 백부 3냥, 비파잎 4냥(털을 제거한 것), 청피 2냥, 후박 1냥을 함께 가루 낸 뒤, 3번에 나누어 복용시키되, 파 2줄기, 찹쌀죽 0.5잔, 술 0.5승에 함께 섞어 이 약을 꿀을 먹인 뒤 입에 흘려넣는다.

몰약산(沒藥散)은 말의 콩팥이 상함으로 인해 기

二兩、薑三片、水一升煎，草後，灌之.

枇杷散，治馬肝腸嗌嗽，左脇痛，回頭左顧. 枇杷葉、款冬花、知母、瓜蔞仁、紫蘇子、乾地黃、自然銅、紅花子、天門冬、麥門冬、山藥、馬兜鈴、杏仁、貝母、紫菀、秦芁、當歸、芍藥、木通、甘草、瞿麥、沒藥、阿膠珠、地龍、黃連，共爲末，每服二兩，童便一升，同調，草後，灌之.

百部散，治馬脾胃傷嗌，右脇痛，回頭右顧. 百部三兩、枇杷葉四兩(去毛)、靑皮二兩、厚[115]朴一兩，共爲末，分作三服，蔥二莖、糯米粥半盞、酒半升，同調，草後，灌之.

沒藥散，治馬腎傷嗌嗽，腰

---

[115] 厚 : 저본에는 "原". 오사카본·《馬經大全·馬患肺壅》·《馬經抄集諺解·馬患肺壅》에 근거하여 수정.

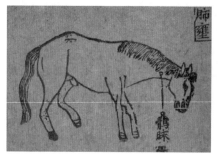

폐옹(肺壅, 말의 허파가 막혀 생긴 질환) 그림 《마경대전》

후골창(喉骨脹, 말의 후골이 붓는 질환) 그림 《마경대전》

침하며 허리 가운데가 아프고, 기침 할 때마다 그 뒷다리를 드는 증상을 치료한다. 몰약·당귀·현삼·백약자·참외씨·자연동(식초에 포제한 것)·패모·홍화·백지·진교를 함께 가루 낸 뒤, 1.5냥씩 제즙 0.5잔과 함께 끓어오르도록 달여 동변 0.5잔을 넣은 뒤 함께 섞어 입에 흘려넣는다.

中痛, 喹動懸其後脚. 沒藥、當歸、玄蔘、白藥子、甛瓜子、自然銅(醋炮)、貝母、紅花、白芷、秦芁, 共爲末, 每服兩半, 薑汁半盞, 煎沸, 入童便半盞, 同調, 灌之.

農政全書 424 말이 기침함으로 인해 털이 바싹 마른 증상을 치료할 때는 대마씨(깨끗하게 고른 것) 1승을 먹이면 큰 효과가 있다.

農政全書 治馬喹嗽毛焦, 用大麻子(揀淨)一升喂之, 大效.

博聞錄 425 현삼·정력·승마·우방·두령·황기·지모·패모를 함께 가루 낸 뒤, 2냥씩 좁쌀죽웃물에 섞어 꼴을 먹인 뒤 입에 흘려넣는다. 모든 기침하는 증상에 사용하면, 모두 치료된다】

博聞錄 玄蔘、葶藶、升麻、牛蒡、兜苓、黃耆、知母、貝母, 同爲末, 每服二兩, 漿水調, 草後, 灌之. 一應喘嗽, 皆治】

424 《農政全書》 卷41 〈牧養〉 "六畜(雜附)" '治馬喹喘毛焦方'(《農政全書校注》, 1152쪽).
425 출전 확인 안 됨 ;《農桑輯要》 卷7 〈孳畜〉 "馬"(《農桑輯要校注》, 242쪽).

17-49) 말의 협골(頰骨, 얼굴뼈)이 붓는 질환을 치료하는 처방

治馬頰骨脹方

【농정전서[426] 소루쟁이뿌리[羊蹄根] 49개를 태운 재로 협골 위를 찜질해주고, 식으면 갈아준다. 만약 소루쟁이뿌리가 없으면 손가락 굵기와 같은 버들가지를 뜨겁게 구워서 찜질해준다】

【農政全書 用羊蹄根草四十九箇燒灰, 熨骨上, 冷則換之. 如無羊蹄根, 以楊柳枝如指頭大者, 炙熱熨之】

17-50) 말의 후골(喉骨, 목뼈)이 붓는 질환을 치료하는 처방

治馬患喉骨脹方

【마경[427] 후골이 붓는 질환은 삼후(三喉)[428]의 증상이다. 어린 망아지나 작은 말을 먹이고 기르면서 조절을 잘못해주며, 꼴을 배불리 먹이고선 타고 달리기를 급히 하며, 살쪄 있는데 곡료(穀料, 곡식과 사료)를 많이 먹여서 기혈이 너무 성하게 되어, 열이 염통과 가슴에 쌓임으로써 목구멍에 생긴 증상이다.

그렇게 되면 식조(食槽, 말의 볼때기)가 붓고, 딱딱한 멍울이 목구멍을 메워서, 머리를 내밀고 목을 곧게 뻗고, 콧구멍에서 고름을 흘리며, 꼴과 물을 삼키기 어려워지고, 기침을 연이어 하게 된다.

황기·당귀·울금·감초·치자·황개·황련·지모·패모·도라지를 함께 가루 낸 뒤, 2냥씩 꿀 2냥, 계자

【馬經 喉骨脹者, 三喉之症也. 因幼駒、小馬, 蓄養失調, 草飽, 乘騎走急, 膁肥, 穀料喂多, 以致氣血太盛, 熱積心胸, 傳於咽喉.

令食槽脹腫, 硬核填喉, 伸頭直項, 鼻孔流膿[116], 水草難嚥, 哐嗽連聲.

黃芪、當歸、蔚金、甘草、栀子、黃芥、黃連、知母、貝母、

426《農政全書》卷41〈牧養〉"六畜(雜附)·'治馬頰骨脹方'《農政全書校注》, 1151쪽).
427《馬經大全》夏集《馬患喉骨脹》, 96쪽;《馬經抄集諺解》下〈馬患喉骨脹〉, 129~133쪽.
428 삼후(三喉) : 인후(咽喉, 목구멍)의 이칭.
[116] 膿 : 저본에는 "濃". 오사카본·《馬經大全·馬患喉骨脹》·《馬經抄集諺解·馬患喉骨脹》에 근거하여 수정.

청(鷄子淸, 계란흰자) 2개, 새로 길어온 물 2승에 함께 섞어 꿀을 먹인 뒤 입에 흘려넣는다.

桔梗[117], 共爲末, 每服二兩, 蜜二兩、鷄子淸二箇、新汲水二升, 同調, 草後, 灌之.

골맥혈을 뚫어주고, 후수혈(喉臉穴)을 열어준다.

徹骨脈血, 開喉臉穴.

서늘한 우리[棚] 아래에 묶어두고, 물에 담근 초록 풀을 먹인다. 아주 더울 때는 따뜻한 곳에 묶어두지 말고, 날 사료는 금한다】

拴喂涼棚之下, 水浸靑草喂之. 酷熱休拴煖處, 生料忌之】

17-51) 말의 코 속에서 고름이 나오는 질환을 치료하는 처방

治馬鼻內出膿[118]方

【마경[429] 백합·패모·대황·감초·하눌타리씨를 함께 가루 낸 뒤, 1냥씩 꿀 1술, 메밀가루 1술, 무 달인 물 1잔에 함께 섞어 입에 흘려넣는다】

【又 百合、貝母、大黃、甘草、瓜蔞仁[119], 共爲末, 每服一兩, 蜜一匙、蕎麪一匙、蘿蔔湯一盞, 同調, 灌之】

17-52) 말의 흑한(黑汗)[430] 치료하는 처방

治馬黑汗方

【마경[431] 흑한(黑汗)이란 피가 뭉쳐서 통하지 않는 증상이다. 말을 매우 왕성해지도록 기르고 먹임으로 인해 육중하게 살이 찌고, 많이 먹이되 적게 타면, 사료가 뱃속에 뭉쳐 있고 피가 염통과 가슴에

【又 黑汗者, 血瘀不通也. 因蓄養太盛, 肉重膁肥, 喂多騎少, 料瘀在腹中, 血積心胸, 氣凝痰閉, 壅塞

---

429 《馬經大全》冬集〈治咽喉〉"百合散", 196~197쪽;《馬經抄集諺解》下〈馬患喉骨脹〉, 133~134쪽.
430 흑한(黑汗): 피가 한곳에 몰리거나 뭉쳐 있어 잘 통하지 않는 증상.
431 《馬經大全》夏集〈馬患黑汗〉, 64쪽;《馬經抄集諺解》下〈馬患黑汗〉, 134~139쪽.
[117] 桔梗:《馬經大全·馬患喉骨脹》에는 "桔梗白樂子".
[118] 膿: 저본에는 "濃". 오사카본·《馬經大全·治咽喉·百合散》·《馬經抄集諺解·馬患喉骨脹》에 근거하여 수정.
[119] 仁:《馬經大全·治咽喉·百合散》에는 "根".

흑한(黑汗, 말의 흑한) 그림 《마경대전》

쌓이며 기가 엉기고 담(痰)이 닫힘으로써 꽉 막혀 통하지 않는다.

不通.

그렇게 되면 온몸의 살이 떨리고, 땀이 기름처럼 나오며, 술에 취한 사람 처럼 걷고, 눈은 멍하게 뜨며, 머리가 처진다.

渾身肉顫, 汗出如油, 行如醉人, 目瞪頭低.

복신 3돈, 주사 1돈, 웅황 1돈을 함께 가루 낸 뒤, 똥에 담가 추출한 물 0.5잔, 전말(氈襪, 털버선)에서 짜낸 즙·돼지쓸개즙 0.5잔에 함께 섞어 입에 흘려넣는다.

茯神三錢、朱砂一錢、雄黃一錢, 共爲末, 糞浸水半盞、氈襪取汁、猪膽汁半盞, 同調, 灌之.

골맥혈(鶻脈血)·삼강대맥혈(三江大脈血)을 뚫어준다. 또 날카로운 칼로 미첨혈(尾尖穴)〔꼬리 끝에 있다〕위를 십(十)자 모양으로 갈라준다.

徹鶻脈血、三江大脈血. 又以利刀於尾尖穴〔在尾尖〕上十字劈之.

서늘한 곳에 묶어두고, 잠방이[褌]⁴³²를 뇌(머리)에

拴於涼處, 褌衣蒙腦, 井

---

432 잠방이[褌]: 무릎 정도 길이까지 내려오도록 만든 홑바지로, 주로 여름철에 입는다.

씌우고, 정화수를 정수리 위에 부어준다. 말을 끌고 다니지 말고, 따뜻한 곳에 묶어두지 말아야 한다.

花水頂上澆之. 勿令牽行, 休拴煖處.

제민요술 [433] 마른 말똥을 와기(瓦器) 위에 올려놓고 인두난발(人頭亂髮, 사람 머리카락 뭉치)로 덮은 다음, 말똥과 난발을 불에 태워 연기가 나오면 말의 코 아래에 대고 쏘인다. 그 연기가 말의 코 속으로 들어가게 하면 잠시 뒤 곧 낫는다.

齊民要術 取燥馬屎置瓦上, 以人頭亂髮覆之, 火燒馬屎及髮, 令煙出, 着馬鼻下熏之, 使煙入馬鼻中, 須臾卽瘥.

또 돼지등뼈에서 빼낸 기름·웅황·난발(인두난발) 등 모두 3가지 재료를 말의 코 아래 붙이고 불로 태워 그 연기가 말의 코 속으로 들어가게 하면 잠시 뒤 곧 낫는다】

取猪脊引脂、雄黃、亂髮, 凡三物, 著馬鼻下燒之, 使煙入馬鼻中, 須臾卽瘥】

17-53) 말의 오한[汗凌]을 치료하는 처방

治馬汗凌方

【제민요술 [434] 좋은 두시(豆豉)[435] 1승과 좋은 술 1승을 여름에 햇빛에 내놓고, 겨울에는 따뜻하게 만든다. 그 뒤 두시를 술에 담가서 액(液)을 만드는데, 손으로 두시를 쥐고 꼭 짜내어 찌꺼기는 버린 뒤 그 즙을 입속에 흘려넣는다. 말이 땀을 흘리면 낫는다】

【又 取美豉一升、好酒一升, 夏著日中, 冬則溫熱, 浸豉使液, 以手搦之, 絞去滓, 以汁[120]灌口中, 汗出則愈矣】

---

433 《齊民要術》卷6 〈養牛馬驢騾第〉56 "治馬黑汗方"(《齊民要術絞釋》, 286쪽).

433 《齊民要術》卷6 〈養牛馬驢騾第〉56 "治馬黑汗方"(《齊民要術絞釋》, 286쪽).
434 《齊民要術》卷6 〈養牛馬驢騾第〉56 "治馬汗凌方"(《齊民要術絞釋》, 286쪽).
435 두시(豆豉) : 콩을 삶은 다음 소금과 생강 등을 넣고 상온에서 3일 동안 발효시켜 만든 약. 상한(傷寒)이나 두통 등의 질병에 사용한다.
[120] 汁 : 저본에는 "斗". 《齊民要術·養牛馬驢騾第·治馬汗凌方》에 근거하여 수정.

패혈응제(敗血凝蹄, 말의 썩은 피가 말의 발굽에 엉긴 질환) 그림 (《마경대전》)

17-54) 썩은 피가 말의 발굽에 엉긴 질환을 치료하는 처방

治馬敗血凝蹄方

【마경】[436] 썩은 피가 말의 발굽에 엉기는 질환은 발굽 각질이 바싹 마르게 되는 증상이다. 말을 타고 먼 곳까지 달렸다가 갑자기 묶어 두고 끌거나 풀어 두지 못하여 피가 발굽에 방울져 맺히거나, 혹은 오래 묶어두고 오래 세워두어 피가 제태(蹄胎, 발굽 밑 속살)에 몰림으로 인해 생긴다. 그리하여 발굽 각질이 점점 자라는데도 오래 시간이 지나도록 제때 다듬고 깎아주지 않으면 발굽 부위의 근육과 각질이 바싹 마르고, 발굽 끄트머리가 굳어 단단해진다.

【馬經】敗血凝蹄, 蹄甲焦枯也. 因乘驟遠至, 卒拴, 未得牽散, 血瀝於蹄, 或久拴久立, 血注蹄胎, 以致蹄甲漸長, 日久失於修削, 致筋甲焦枯, 蹄頭堅硬.

그렇게 되면 말이 앞뒤로 발을 긁고, 허리가 굽어지고 머리가 처지며, 많이 누워 있고 조금 서 있으며, 일어나 달리는 모양은 마치 다리를 묶어놓은[攢] 듯하다.

令馬把前把後, 腰曲頭低, 臥多立少, 起走如攢.

---

[436] 《馬經大全》夏集〈馬患敗血凝蹄〉, 67쪽 ; 《馬經抄集諺解》下〈馬患敗血凝蹄〉, 139~143쪽.

자황·역청·황랍·머리카락(태운 재). 이상의 4가지 약미를 쟁개비(냄비) 안에 녹여 고(膏)를 만든다. 이에 앞서 날카로운 칼로 죽은 발굽의 단단한 각질을 잘라버리고, 고를 발굽에 발라주고, 불로 달군 철기(鐵器)로 환부를 지진다.

紫黃、瀝靑、黃蠟、人髮(灰). 右四味於銚內熔成膏, 先用利刀削去死蹄硬甲, 塗膏於蹄, 火燒鐵器烙之.

수천혈(垂泉穴)을 깎아주고 오금고(烏金膏, 윗 단락에서 소개한 고)를 발굽에 바르고 환부를 지진다. 발굽을 3번 다듬어주고 3번 지져주면 낫는다〔수천혈은 발굽 아래에 있다〕.

削垂泉穴, 以烏金膏塗蹄, 烙之. 三修三烙, 差〔垂泉穴在蹄下〕.

낮에는 들에 풀어놓고 밤에는 마구간에 풀어놓는다. 모래흙을 마구간 안에 깔아주고, 묵은 돼지기름을 발굽 각질에 발라 반질반질하게 만든다.

불에 탄 재 및 발굽이 빠질만한 땅은 절대 금한다. 육맥(六脈)에 침을 놓아서는 안 된다〕

日縱於郊, 夜散於廄. 沙土鋪於廄內, 陳猪脂塗於蹄甲, 潤之.

切忌火灰, 墊[121]地. 六脈不可施針〕

17-55) 말의 흉박(胸膊, 가슴과 어깨뼈)부 통증 치료하는 처방

治馬患胸膊痛方

【마경】[437] 흉박부 통증은 피가 나격(羅膈)에 뭉쳐 있는 증상이다. 너무 배불리 먹인 뒤에 짐을 무겁게 싣고 타거나, 달리기를 너무 급하다가 갑자기 멈추고 갑자기 묶어두어서 끌거나 풀어주는 일을 제대로 하지 않음으로 인해 어혈이 횡격막 안에 뭉치고 답

【又】胸膊痛者, 血瘀羅膈也. 因食之太飽, 負重乘騎, 奔走太急, 卒至卒拴, 失於捧散, 瘀血凝於膈內, 痞氣結在胸中.

437《馬經大全》夏集〈馬患胸膊痛〉, 104쪽;《馬經抄集諺解》下〈馬患胸膊痛〉, 143~147쪽.
121 墊 : 저본에는 "熱".《馬經大全·馬患敗血凝蹄》에 근거하여 수정.

흉박통(胸膊痛, 말의 흉박부 통증) 그림 (《마경대전》)

답한 기운이 가슴 속에 맺혔기 때문이다.

그렇게 되면 가슴이 아프고 어깨가 아프며, 잡아매서 걷게 해도 잘 걷지 못하고, 자주 발을 바꾸며, 우두커니 서 있는 것도 힘겨워한다.

令胸痛膊痛, 束步難行, 頻頻換脚, 站立艱辛.

비파잎·하눌타리뿌리·홍화·도라지·당귀·모란뿌리껍질·대황·몰약·감초·백작약을 함께 가루 낸 뒤, 2냥씩 물 1승과 함께 3~5번 끓어오르도록 달여, 동변 0.5잔을 넣고 꿀을 먹인 뒤 이 약이 따뜻할 때 입에 흘려넣는다.

枇杷葉、天花粉、紅花、桔梗、當歸、牡丹皮、大黃、沒藥、甘草、白芍藥, 共爲末, 每服二兩, 水一升煎三五沸, 入童便半盞, 溫灌草後.

흉당혈(胸堂血)을 뚫어준다. 흉당혈은 가슴 양쪽 주변에 있다.

徹胸堂血, 在胸臆兩邊.

낮에는 교외에 풀어놓고 밤에는 마구간에 풀어놓아, 스스로 눕고 스스로 일어나게 맡겨둔다. 꿀은 배불리 먹이고 타고 달리지 말아야 한다. 일체의 날

日縱於郊, 夜散於廏, 任其自臥自起. 草飽, 休令騎驟. 一切生料忌之】

사료를 금한다】

17-56) 말의 콩팥이 허한 질환을 치료하는 처방

治馬患腎虛方

【마경 438 과도하게 피로하여 몸이 상하며, 적게 먹이고 많이 탐으로 인해 오장(五臟)을 상하여 나쁜 기가 신경(腎經, 콩팥 경맥)에 전해짐으로써, 콩팥이 나쁜 기를 감수하며 밖으로는 사타구니와 허리까지 전이된 증상이다.

【又 因勞傷過度, 喂少騎多, 傷於五臟, 傳入腎經, 腎受其邪, 外傳胯腰.

그렇게 되면 뒷발굽이 허하게 부어오르며, 사타구니가 아프고 허리가 땅기며, 정신을 차리지 못하고, 귀가 늘어지고 머리가 처진다.

令後蹄虛腫, 胯痛腰拖, 精神短慢, 耳搭頭低.

필징가·후박·회향·파극·계심·익지·빈랑·파고지·호로파·천련자·육종용·육두구를 함께 가루 낸 뒤, 2냥씩 청파 2줄기, 수비한 소금 0.5냥, 식초 1승을 함께 3번 끓어오르도록 달여 꼴을 먹인 뒤 입에 흘려넣는다.

蓽澄茄、厚朴、茴香、巴戟、桂心、益智、檳榔、破故紙、胡蘆芭、川錬子、肉蓯蓉、肉荳蔲, 共爲末, 每服二兩, 青蔥二枝, 飛鹽半兩, 苦酒一升, 同煎三沸, 草後, 灌之.

백회혈(百會穴)·파산혈(巴山穴)에 불침을 놓는다. 이 혈들은 사타구니 위쪽에 있다.

火針百會穴、巴山穴, 在胯上.

따뜻한 마구간에서 먹이고 기르며, 사료와 꼴을 늘려준다. 추운 밤에 밖에 묶어두지 말아야 한다】

喂養煖廄, 增加料草. 寒夜休拴外】

438《馬經大全》夏集〈馬患腎虛〉, 114~115쪽;《馬經抄集諺解》下〈馬患腎虛〉, 147~151쪽.

신허(腎虛, 말의 콩팥이 허한 질환) 그림 (《마경대전》)

신통(腎痛, 말의 콩팥이 아픈 질환) 그림 (《마경대전》)

17-57) 말의 신경통(腎經痛, 콩팥 경락의 통증) 치료하는
처방

治馬腎經痛方

【마경】[439] 신경통(腎經痛)이란 콩팥이 아픈 증상이다. 말을 타고 달리면서 조절을 잘못하여 너무 급히 달리거나, 발을 헛디뎌 편히 앉지를 못함으로 인해 말이 사타구니를 상하면, 말의 눈은 초점을 잃고 허리의 우묵한 곳을 움찔거리며 손상을 입음으로써 막힌 기운이 콩팥 부위에 엉기고 어혈이 방광에 흘러들어 기혈이 허리와 척추에 맺힌다.

【又】腎經痛者, 內腎痛也. 因騎驟失調, 奔走太急, 蹉不平坐傷胯, 眼踏空虛, 蹙損腰窩, 滯氣凝於腎部, 瘀血流注膀胱, 氣血結於腰脊.

그렇게 되면 앞으로 갈 때 뒤로 끌리며 사타구니에 통증을 느끼고 허리가 욱신거려서 눕기도 어렵고 일어서기도 어려우며, 몸뚱이는 야위게 된다.

令前行後拽, 胯痛腰疼, 難臥難起, 形體羸瘦.

파고지·기린갈(麒麟蝎)·현호색(玄胡索)·몰약·청피·감초·오약·당귀·호로파·회향·진피·육계·백출·백축·천련자·오수유를 함께 가루 낸 뒤, 2냥씩 파와 술과 함께 3번 끓어오르도록 달여 동변을 0.5

破故紙、麒麟蝎、玄胡索、沒藥、靑皮、甘草、烏藥、當歸、胡蘆芭、茴香、陳皮、肉桂、白朮、白丑、川鍊子、吳

---

439 《馬經大全》夏集〈馬患腎經痛〉, 115~116쪽;《馬經抄集諺解》下〈馬患腎經痛〉, 151~156쪽.

포전(胞轉, 말의 포전) 그림 (《마경대전》)

익혈(溺血, 말이 피오줌 싸는 질환) 그림 (《마경대전》)

잔 넣되, 꿀을 먹이지 않고 입에 흘려넣는다.

茱萸, 共爲末, 每服二兩,
蔥、酒同煎三沸, 入童便半
盞, 空草, 灌之.

신당혈(腎堂血)을 개방해주고, 허리 위 칠혈(七穴)
에 불침을 놓는다.

放腎堂血, 火針腰上七穴.

마구간에서 먹이고 기르며, 춥고 습한 곳에 묶어
두지 말아야 한다. 바람 부는 곳은 금한다】

喂養於廏, 休拴寒濕之處.
忌風吹】

17-58) 말의 포전(胞轉)[440] 치료하는 처방

治馬患胞轉方

【마경[441] 일명 '소장결(小腸結)'이다. 말을 타고 너
무 급히 달려 갑자기 열이 난 데다가 냉수를 먹여 물
이 아직 창자에 들어가지 못한 상태에서 또 다시 급
히 달림으로 인해 맑은 기운은 아직 올라가지 못하

【又 一名"小腸結". 因乘騎
湧急, 卒熱[122]而飮冷水, 水
未入腸, 又且加之緊驟, 淸
氣未升, 濁氣未降, 淸濁未

---

440 포전(胞轉): 방광 부위가 아파서 소변을 제대로 배출하지 못하는 병증.
441 《馬經大全》 夏集〈馬患胞轉〉, 77~78쪽;《馬經抄集諺解》下〈馬患胞轉〉, 156~159쪽.
[122] 熱: 저본에는 "熟". 오사카본·《馬經大全·馬患胞轉》·《馬經抄集諺解·馬患胞轉》에 근거하여 수정.

고 탁한 기운은 아직 내려가지 못하여 청탁(清濁)이 나뉘지 않음으로써 찬 기운과 뜨거운 기운이 서로 뒤엉켜 방광이 꽉 막히게 된다.

그렇게 되면 배가 부풀고 아프며, 땅을 밟을 때 허리를 웅크리고, 누우려 해도 눕지를 못하고, 꼬리를 치며 굽으로 땅을 허빈다.

활석·택사·등심·사철쑥·지모·황백(술에 적셨다가 볶은 것)·저령을 함께 가루 낸 뒤, 2냥씩 물 1승과 섞고 3번 끓어오르도록 달여 동변 0.5잔을 넣되 꼴을 먹이지 않고 뜨거운 채로 입에 흘려넣는다.

삼강혈(三江血)을 뚫어준다.

천천히 끌고 달리며 배 아래를 긁어준다】

分, 冷熱相繫[123]以致膀胱閉塞.

令肚腹脹痛, 踏地蹲腰, 欲臥不臥, 打尾跑蹄.

滑石、澤瀉、燈心、茵陳、知母、黃栢(酒炒)、猪苓, 共爲末, 每服二兩, 水一升調煎三沸, 入童便半盞, 空草, 熱灌.

徹三江血.

徐徐牽走, 腹下刮之】

17-59) 말의 익혈(溺血, 피오줌 싸는 질환)을 치료하는 처방

治馬患溺[124]血方

【마경[442] 익혈은 피로하여 몸이 상한 증상이다. 삐쩍 마른 말이 짐을 무겁게 실어서 피로로 상하거나 타고 달리기를 지나치게 급히 함으로 인해 열독(熱毒)이 신경(腎經)에 흘러들어감으로써 음양(陰陽)이 순서를 잃고 청탁(清濁)이 나뉘지 않게 된다.

【又 溺血者, 勞傷也. 因羸馬負重勞傷, 乘騎奔走太過, 熱毒流入腎經, 陰陽失序, 清濁不分.

그렇게 되면 피오줌을 싸고, 머리가 처지고 귀가

令尿血, 頭低耳搭, 腰弔毛

442《馬經大全》夏集〈馬患尿血〉, 113~114쪽;《馬經抄集諺解》下〈馬患溺血〉, 160~163쪽.

[123] 繫 : 저본에는 "擊".《馬經大全·馬患胞轉》·《馬經抄集諺解·馬患胞轉》에 근거하여 수정.

[124] 溺 :《馬經大全·馬患尿血》에는 "尿".

늘어지며, 허구리는 늘어지고 털은 바싹 마르게 된다. 이것을 '혈림(血淋, 피오줌) 증상'이라 한다.

焦. 此謂"血淋之症".

진교·포황·패랭이꽃·당귀·황금·감초·질경이씨·홍화·대황·작약·치자·하눌타리뿌리를 함께 가루 낸 뒤, 1.5냥씩 청죽엽 달인 물 1잔과 함께 섞어 꿀을 먹이지 않고 입에 흘려넣는다.

秦艽、蒲黃、瞿麥、當歸、黃芩、甘草、車前子、紅花、大黃、芍藥、梔子、天花粉, 共爲末, 每服一兩半, 靑竹葉煎湯一盞, 同調, 空草, 灌之.

따뜻한 마구간에서 먹이고 묶어두며, 꿀과 사료를 늘려주고, 청죽엽을 빈속에 먹인다. 타고 달려서는 안 된다.

喂拴煖廄, 增加草料, 靑竹葉空腸喂之. 勿令騎驟.

박문록 [443] 황기·오약·작약·산사철쑥·지황·두령·비파를 가루 낸 뒤, 좁쌀죽웃물과 함께 수차례 끓어오르도록 달여 식기를 기다렸다가 잘 섞어서 입에 흘려 넣는다. 갑자기 열이 나고 피오줌을 싸는 일체의 증상은 모두 이 약이 주로 치료할 수 있다】

博聞錄 黃耆、烏藥、芍藥、山茵陳、地黃、兜苓、枇杷, 爲末, 漿水煎沸, 候冷, 調灌, 一應卒熱尿血, 皆主療之】

17-60) 말의 생식기가 축 처져서 거두지 못하는 질환을 치료하는 처방

治馬患垂縷不收方

【마경 [444] 말의 생식기가 축 처져서 거두지 못하는 질환은 콩팥이 줄어든 증상이다. 야윈 말이 피로로 과도하게 상했을 때 빈속에 탁한 물을 지나치

【馬經 垂縷不收者, 腎虧之症也. 因瘦馬勞傷過度, 空腸誤飮濁水太過, 停立

---

443 출전 확인 안 됨;《農桑輯要》卷7〈葦畜〉"馬"(《農桑輯要校注》, 242쪽).
444《馬經大全》夏集〈馬患垂縷不收〉, 95쪽;《馬經抄集諺解》下〈馬患垂縷不收〉, 163~168쪽.

게 먹음으로 인해 그 물이 한 곳에 머물러 서서 흩어지지 않고, 신경(腎經)에 흘러들어 배꼽 아래에 스며듦으로써 수구(袖口)445에 쌓이고 응결되어 종기가 된다.

그렇게 되면 요심(尿膁, 생식기)이 오그라들지 않아 축 처져서 거두기 어렵고, 꼴을 적게 먹고 허구리가 늘어지고 사타구니가 끌리며 허리가 땅기게 된다.

파고지·육두구·회향·후박·청피·진피·호로파·천련자·파극을 함께 가루 낸 뒤, 1냥씩 물 1종지[鍾]와 함께 3번 끓어오르도록 달인 다음 동변을 0.5잔 넣고 꼴을 먹이지 않은 상태에서 따뜻한 채로 입에 흘려넣는다.

不散, 流入腎經, 滲於臍下, 積於袖口, 凝結而成腫.

令尿膁不縮, 垂縷難收, 草細膁弔, 胯拽腰拖.

破故紙、肉荳蔲、茴香、厚朴、靑皮、陳皮、胡蘆芭、川鍊子、巴戟, 共爲末, 每服一兩, 水一鍾煎三沸, 入童便半盞, 空草, 溫灌.

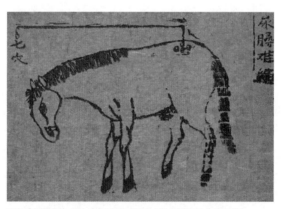

요심난축(尿膁難縮, 말의 생식기가 오그라들지 않는 질환) 그림 《마경대전》

허리 위쪽 칠혈(七穴)에 불침을 놓는다.

火針腰上七穴.

사료와 꼴을 늘려주고, 달리기를 줄이고, 밤에 따뜻한 마구간에 묶어두고, 마른 말똥을 땅에 깔아 주어 눕게 한다. 빈속에 물을 먹이지 말고, 축축한 땅에 매어 거기서 자게 해서는 안 된다.

增料草, 省奔馳, 夜拴煖廄, 乾馬糞鋪地臥之. 莫飮空腸水, 休拴濕地眠.

방풍·창출·박하·쑥잎·배풍초·형개를 함께 썰어 물 3승에 3번 끓어오르도록 달인 다음 찌꺼기는 버리고 화기(火氣)를 날려버린 뒤 뜨거울 때 이 물로 환부를 씻어준다】

防風、蒼朮、薄荷、艾葉、排風草、荊芥, 共剉, 水三升煎三沸, 去滓, 揚去火氣, 帶熱洗之】

17-61) 말의 오줌이 막히는 질환을 치료하는 처방

治馬結尿方

【博聞錄 446 활석·박초·목통·질경이씨를 가루 낸 뒤, 1냥씩 따뜻한 물에 섞어 입에 흘려넣되, 시간을 두고 2번 복용시킨다. 막히는 증상이 심하면 산치자·적작약을 더한다】

【博聞錄 滑石、朴硝、木通、車前子, 爲末, 每服一兩, 溫水調, 灌, 隔時再服. 結甚則加山梔子、赤芍藥】

17-62) 말이 꼴 먹다 목 메는 질환을 치료하는 처방

治馬患草噎方

【마경 447 꼴 먹다 목 메는 질환은 목구멍이 꽉 막히는 증상이다. 말이 멀리까지 급히 달려와서 아직 숨을 고르지 않은 상태에서 갑자기 사료와 꼴을 먹이면 말은 허기진 터라 너무 급히 먹다 보니 입의 침이 아직 맑지 않고, 재갈을 아직 풀어 주지 않아

【馬經 草噎, 咽隔噎塞也. 因奔走遠來, 喘息未定, 卒然而喂料草, 乘飢食之太急, 口涎未淸, 御環未卸, 嚼之少細, 嚥之太猛,

446 출전 확인 안 됨 ;《農桑輯要》卷7〈莩畜〉"馬"(《農桑輯要校注》, 242~243쪽).
447《馬經大全》夏集〈馬患草噎〉, 81~82쪽 ;《馬經抄集諺解》下〈馬患草噎〉, 168~172쪽.

초일(草噎, 말이 꼴 먹다 목 메는 질환) 그림 《마경대전》

너무 적게 씹고 너무 빨리 삼킨다. 이 때문에 입 안의 침거품이 사료와 꼴을 싸고 머물게 하기 때문에 서로 한 덩어리로 엉켜서 목구멍 중간을 번갈아 넘어가다 목이 메이게 된다.

그렇게 되면 말이 머리를 내밀고 목을 움츠리며, 코와 입에서 침을 돌리고, 연신 기침을 해대고, 숨이 가빠지면서 거칠게 숨을 쉰다.

유채씨·사향(조금)·참외꼭지·후주·조각 1개(구운 것)를 함께 가루 낸 뒤, 1자(字, 2.5푼)씩 대나무통에 쟁여 넣고 콧구멍 속에서 불어 넣는다.

고삐를 뒷다리에 매고 높은 언덕에 끌고 가서 달렸다가 급하게 돌아오기를 십 수 번 반복하면 목 메인 것이 자연히 내려가게 될 것이다. 이어서 기름물을 입에 흘려넣는다.

以致口中涎沫裹住料草, 相纏一塊, 遞至咽喉中半而噎也.

令伸頭縮項, 鼻口回涎, 連連喹嗽, 氣促喘粗.

芸薹子、麝香(小許)、瓜蔕、胡椒、皁角一挺(炙), 共爲末, 每用一字, 裝入竹筒, 鼻孔內吹之.

用遊韁繫後脚, 牽往高坂, 趕返急行十數遭, 噎自下矣. 油水灌之.

이마 아래를 손으로 부드럽게 주무르고 쓰다듬어주고, 가슴 앞쪽을 나무막대기로 긁어주면 목 메인 증상이 뚫린다. 잠시 사료와 꼴 먹이는 일을 멈추었다가 시간이 지나면 먹인다】

額下, 以手揉抹;胸前, 木杖刮之, 噎通. 暫停[125]料草, 移時喂之】

17-63) 말의 배[肚]가 팽창하는[脹] 질환을 치료하는 처방

治馬患肚脹方

【마경[448] 배가 팽창하는 질환은 살쪄서 육중해진 데다, 짐을 무겁게 실어서 피로로 상하며, 꼴을 배불리 먹이고 너무 급히 달림으로 인해, 기가 가슴에 맺혀 올라가지도 않고 내려가지도 않는 증상이다.

【又 肚脹者, 因腠肥肉重, 負重勞傷, 草飽奔走太急, 氣結於胸, 不升不降.

그렇게 되면 말의 배가 불러 꽉 차고, 횡경막이 부풀고 가슴이 팽창하며, 목구멍이 막히고, 숨이 가빠지면서 거칠게 숨을 쉰다.

令獸肚腹飽滿, 膈脹胸膨, 咽喉哽噎, 氣促喘粗.

천선자·당귀·연교·대황·백지·패모·흑축·백합·감초·백작약을 함께 가루 낸 뒤, 2냥씩 꿀 1냥, 염교즙 1승에 함께 섞어 입에 흘려넣는다.

天仙子、當歸、連翹、大黃、白芷、貝母、黑丑、百[126]合、甘草、白芍藥, 共爲末, 每服二兩, 蜜一兩、薤汁一升, 同調, 灌之.

후맥혈(喉脈血)을 뚫어준다.

徹喉脈血.

448《馬經大全》夏集〈馬患肚脹〉, 112~113쪽;《馬經抄集諺解》下〈馬患肚脹〉, 173~176쪽.
[125] 暫停:《馬經大全·馬患草噎》에는 "停止".
[126] 百 : 저본에는 "自".《馬經大全·馬患肚脹》에 근거하여 수정.

두창(肚脹, 말의 배가 팽창하는 질환) 그림 《마경대전》   요상(料傷, 말의 상료 질환) 그림 《마경대전》

서서히 끌고 달리며 배 아래를 긁어준다.

<농정전서>[449] 말이 갑자기 열이 나고 배가 팽창하여 일어났다 누웠다 하면서 거의 죽을 듯하면, 쪽즙 2승, 정화수 2승, 또는 냉수를 섞어 입에 흘려넣으면 바로 효과가 있다】

17-64) 말의 상료(傷料)[450] 질환을 치료하는 처방

【마경[451] 상료(傷料)란 말이 날 사료를 지나치게 먹어 몸이 상한 증상이다. 말을 매우 왕성해지도록 먹여 기르고, 많이 먹이면서 적게 탐으로 인해, 곡기(穀氣)가 지라와 밥통에 뭉치고, 사료의 독이 창자 속에 쌓여서 소화시키지 못함으로써 나쁜 열이 몸 속에 멋대로 돌아다니게 된다.

그렇게 되면 정신이 혼미해져 술 취한 듯이 되고,

徐徐捧走, 腹下刮之.

農政全書 馬猝熱腹脹, 起臥欲死, 藍汁二升, 井花水二升或冷水和, 灌之, 立效】

治馬患傷料方

馬經 傷料者, 生料過傷也. 因蓄養太盛, 多喂少騎, 穀氣凝於脾胃, 料毒積於腸中, 不能運化, 邪熱妄行.

令神昏似醉, 眼閉頭低, 拘

---

449 《農政全書》 卷41 〈牧養〉 "六畜(雜附)" '治馬卒腹脹眠臥欲死方'(《農政全書校注》, 1150쪽);《農桑輯要》 卷7 〈孶畜〉 "馬"(《農桑輯要校注》, 241쪽).

450 상료(傷料) : 익히지 않은 날 사료를 많이 먹거나 신선하지 않은 사료를 먹어 말이 병에 걸린 증상.

451 《馬經大全》 夏集 〈馬患傷料〉, 114~115쪽;《馬經抄集諺解》 下 〈馬患傷料〉, 176~180쪽.

눈이 감기고, 머리가 처지며, 묶여 있는 것처럼 걸으며 네 발이 묶어놓은[攢] 듯하다.

行步束, 四足如攢.

국얼(麴蘖, 누룩)·신국·감초·산사자(山查子, 산사열매)·후박·탱자껍질·진피·청피·창출을 함께 가루 낸 뒤, 2냥씩 생기름 2냥·생 무 1개(흐물흐물하게 찧은 것)·동변 1승과 함께 섞어 입에 흘려넣는다.

麴蘖、神麴、甘草、山查子、厚朴、枳殼、陳皮、靑皮、蒼朮, 共爲末, 每服二兩, 生油二兩、生蘿蔔一箇(擣爛)、童便一升, 同調, 灌之.

제두혈(蹄頭血)을 뚫어준다.

徹蹄頭血.

낮에는 교외에 풀어놓고 밤에는 마구간에 풀어놓아야지, 묶어두어서는 안 된다. 일체의 날 사료를 금한다.

日縱於郊, 夜散於廄, 勿令繫之. 一切生料忌之.

농정전서 [452] 생 무 3~5개를 얇게 잘라 먹이면 효과가 있다】

農政全書 用生蘿蔔三五個, 切作片子啖之, 效】

17-65) 말의 전결(前結)[453]을 치료하는 처방

治馬患前結方

【마경 [454] 전결(前結)이란 대장(大腸) 앞쪽이 맺힌 증상이다. 사료를 먹인 뒤 말을 타고 급히 달린 다음 돌아와서 또 먹임으로 인해, 숨이 아직 고르지 않고 입안의 침이 아직 맑지 않아 담이 사료와 꼴을

【 馬經 前結者, 大腸前面結也. 因料後乘騎急驟, 歸來又喂, 喘息未定, 口涎未淸以致痰裹料草, 相和

---

452 《農政全書》卷41〈牧養〉"六畜(雜附)"'治馬傷料方'(《農政全書校注》, 1151쪽).
453 전결(前結):말의 대장(大腸) 앞쪽이 막힌 증상. 중결(中結)은 대장 중간이 막힌 증상이고, 후결(後結)은 대장 뒤쪽이 막힌 증상이다.
454 《馬經大全》夏集〈馬患前結〉, 72쪽;《馬經抄集諺解》下〈馬患前結〉, 180~184쪽.

전결(前結. 말의 전결) 그림 (《마경대전》)

싸게 되어 서로 한 덩어리가 됨으로써 번갈아 대장 앞쪽에 들어가 모이고 쌓여서 맺히게 된다.

그렇게 되면 배가 부풀어 아프고 가슴을 쥐어짜 듯이 허비고, 아무 때나 땅에 누워 하늘에 조회라도 하듯 발을 쳐들게 된다.

속수자(續隨子)[455]·활석·목통·쥐똥·흑축·소유 1홉, 조각(구운 것)을 함께 가루 낸 뒤, 2냥씩 생유 (生油) 4냥, 회탕(灰湯. 재 끓인 물) 0.5잔, 식초 1승을 섞어 3번 끓어오르도록 달여 대황·망초 각 1냥씩을 넣고 입에 흘려넣는다.

一塊, 遞入大腸前面, 聚積而成結.
令肚腹脹痛, 咬[127]膹跑胸, 不時臥地, 足仰朝天.

續隨子、滑石、木通、鼠糞、黑丑、酥油一合、皁角(炙), 共爲末, 每服二兩、生油四兩、灰湯半盞、苦酒一升, 調煎三沸, 入大黃、芒硝各一兩, 灌之.

---

455 속수자(續隨子) : 쥐손이풀목에 속하는 약용 식물로, 이뇨작용 등의 효능이 있다. 천금자(千金子) 또는 천양금(千兩金)이라고도 한다.

[127] 咬 : 저본에는 "交".《馬經大全·馬患前結》에 근거하여 수정.

제두혈(蹄頭血)을 뚫어준다.

徹蹄頭血.

말을 한곳에 머무르게 하지 말고 끌고 다니며, 빗자루로 배 아래를 긁어준다】

不住捽行, 用帚於腹下刮之】

17-66) 말의 중결(中結)을 치료하는 처방

治馬患中結方

【마경 456 중결(中結)이란 대장 중간이 맺힌 증상이다. 말이 살쪄서 육중한데, 말을 타고 멀리까지 급히 달려 열이 오른 상태에서 날 사료를 먹이고, 사료를 먹인 뒤 또 냉수를 마시게 함으로 인해 차가운 기와 뜨거운 기가 서로 부딪쳐, 곡료(穀料)가 대장의 중간에 쌓여 맺히게 된다.

【又 中結者, 大腸中面結也. 因膘肥肉重, 遠騎奔馳, 乘熱而喂生料, 料後又飮冷水, 冷熱相擊[128], 致使穀料[129]積於大腸中面而結也.

그렇게 되면 배가 부풀어 오르고 아프며, 누워서 가슴을 허비고, 연신 일어났다 앉았다 하며, 코로 거칠게 숨을 쉰다.

令肚腹脹痛, 仆臥跑胸, 連連起臥, 鼻咋喘粗.

말을 묶어 넘어뜨리고 먼저 따뜻한 기름물 3승을 곡도(穀道, 항문) 속에 흘려넣는다. 그런 뒤에 다시 기름을 손과 팔뚝의 아래위로 바르고, 서서히 대장 안에 손을 넣어 조심조심 더듬어 찾는다. 그러다가 매끄럽고 단단하면서 공처럼 둥근 것이 손을 치면 바로 이것이 맺혀 있는 똥이다. 그 똥을 주물러 부수면, 즉시 효과를 보게 된다.

將獸縛倒, 先以溫煖油水三升, 灌入穀道中, 然後再將油塗手臂上下, 徐徐入手於大腸中, 輕輕搜尋, 如遇滑硬如毬打手者, 卽是結糞, 掘破其糞, 便時見效.

456《馬經大全》夏集〈馬患中結〉, 73쪽 ;《馬經抄集諺解》下〈馬患中結〉, 184~189쪽.

128 擊 :《馬經大全·馬患中結》에는 "繫".

129 料 : 저본에는 "草".《馬經大全·馬患中結》에 근거하여 수정.

중결(中結, 말의 중결) 그림 《마경대전》

만일 사람 손으로는 너무 짧아 잡을 수가 없는 경우라면, 오령지·나팔꽃·감수·대극·속수자·대황·활석·향부자·패랭이꽃·목통 각 2냥을 가루 낸 뒤, 식초를 넣고 쑨 풀로 반죽하여 탄환크기의 환을 만든다. 이 환약 1개를 갈고 부수어 따뜻한 술 1잔에 생유 4냥과 섞어 입에 흘러넣는다.

若人手短不能取者, 五靈脂、牽牛、甘遂、大戟、續隨子、大黃、滑石、香附子、瞿麥、木通各二兩, 爲末, 醋糊丸彈子大, 每用一丸擂碎, 溫酒一盞, 和生油四兩, 灌之.

제두혈을 개방한다.

放蹄頭穴.

한곳에 머무르게 하지 말고 끌고 다니며, 대나무 빗자루로 배 아래를 긁어준다.

不住牽行, 竹帚腹下刮之.

농정전서457 천산갑(누렇게 볶은 것)·대황·욱리인

農政全書 川山甲(炒黃色)·

---

457 《農政全書》卷41〈牧養〉"六畜(雜附)" '治馬中結方'(《農政全書校注》, 1150쪽).

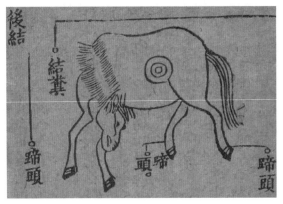
후결(後結, 말의 후결) 그림 (《마경대전》)

각 1냥, 풍화(風化)한 석회 1홉(만약 석회가 없으면 박초로 대신한다)을 함께 가루 낸 뒤, 한번 먹일 때마다 참기름 4냥과 진한 식초 1승을 고르게 타서 입에 흘려넣으면 바로 효과가 있다.

만약 약을 흘려넣어도 통하지 않으면, 저아조각(猪牙皂角)을 곱게 가루 낸 뒤, 이 가루 4냥과 참기름 4냥을 함께 고르게 섞어 항문 속에 메꿔넣는다. 그리고 다시 앞에서 만든 약을 입에 흘려넣어 1번 복용시키면 곧 낫는다】

17-67) 말의 후결(後結)을 치료하는 처방

【마경458 후결(後結)이란 대장 뒤쪽이 맺힌 증상

大黃·郁李仁各一兩、風化石灰一合(如無石灰, 以朴硝代之), 共爲末, 作一服, 用麻油四兩、釀醋一升, 調均, 灌之, 立效.

如灌藥不通, 用猪牙皂角爲細末, 同麻油各四兩和均, 塡糞門中. 再灌前藥一服, 卽愈】

治馬患後結方

【馬經】 後結, 大腸後面結

458《馬經大全》夏集〈馬患後結〉, 74쪽;《馬經抄集諺解》下〈馬患後結〉, 189~193쪽.

이다. 빈속에 마른 사료를 먹이고, 사료를 먹인 뒤에 또 냉수를 마시게 함으로 인해 물이 곡료(穀料)에 스며들어 채워져, 대장 뒤쪽에 쌓여 맺힌다.

그렇게 되면 배가 불러 부풀어 오르고, 머리 뒤쪽을 돌아보고, 일어났다가 다시 눕고, 누웠다가 다시 일어났다가 하게 된다.

의사로 하여금 대장에 손을 집어넣어 그것을 꺼내게 한다. 일어났다 누웠다 하며 가만히 있지를 못하는 경우에는 속수자 4냥, 욱리인 1냥, 조각 0.5냥, 패랭이꽃 1냥, 쥐똥 4냥, 느릅나무속껍질 2냥, 나팔꽃 1냥, 완화 2냥(식초에 적셨다가 볶은 것)을 함께 가루 낸 뒤, 밀가루풀로 반죽하여 탄환크기의 환을 만든다. 이 환 1개씩을 잘게 잘라서 청파 3가닥, 식초 1잔과 함께 3번 끓어오르도록 달여 생유 4냥, 동변 0.5잔을 넣은 뒤 입에 흘려넣는다.

삼강대맥혈(三江大脈血)·제두혈(蹄頭穴)을 뚫어준다.

박문록 459 조각(약성이 남도록 태워 재를 낸 것)·대황·탱자껍질·삼속씨·황련·후박을 가루 낸 뒤, 맑은 쌀뜨물에 섞어 입에 흘려넣는다. 만일 상처가 돌출해 있으면, 순비기나무열매가루를 더하여 함께 섞는다】

也. 因空腸喂乾料, 料後又飮冷水, 水充穀料, 積於大腸後面而結也.
令肚腹飽脹, 覰後回頭, 起而後臥, 臥而復起.

令醫人入手取之. 其起臥不住者, 續隨子四兩、郁李仁一兩、皂角半兩、瞿麥一兩、鼠糞四兩、榆白皮二兩、牽牛一兩、莞花二兩(醋炒)、共爲末, 麵糊爲丸彈子大, 每用一丸細切, 靑蔥三枝、苦酒一盞, 同煎三沸, 入生油四兩、童便半盞, 灌之.

徹三江大脈血、蹄頭穴.

博聞錄 皂角(燒灰存性)、大黃、枳殼、麻子仁、黃連、厚朴, 爲末, 淸米泔調, 灌. 若傷[130]突, 加蔓荊子末, 同調】

---

459 출전 확인 안 됨:《農桑輯要》卷7〈孶畜〉"馬"(《農桑輯要校注》, 243쪽).
[130] 傷 : 저본에는 "腸".《農桑輯要·孶畜·馬》에 근거하여 수정.

17-68) 말의 태기(胎氣)와 태풍(胎風)을 치료하는 처방

【마경 460 태기(胎氣)란 태 안의 기운이 불순한 증상이다. 임신한 상태에서 짐을 무겁게 실어서 밖에서 사기에 감수되어 안이 상함으로 인해 맑은 기는 올라가지 못하고 탁한 기는 내려가지 못하여 청탁(淸濁)이 나뉘지 않음으로써, 자궁이 답답하고 마르며 태 안의 기가 불편하게 된다.

그렇게 되면 말의 사지가 허(虛)하게 부어올라 걷기 어렵고, 귀가 늘어지고 머리가 처지게 된다.

태풍(胎風)이란 새끼를 낳은 후에 밖에서 풍사에 감수된 증상이다. 그렇게 되면 말이 앞으로 갈 때 뒤가 끌리고, 허리와 허벅다리가 중풍으로 마비되고, 네 발이 오그라들어서 눕고는 일어나지 못하게 된다.

태기(胎氣)를 치료하려면, 당귀·숙지황·백작약·천궁·탱자·청피를 함께 가루 낸 뒤, 1.5냥씩 홍화 0.1냥·물 2승과 함께 3번 끓어오르도록 달여 따뜻할 때 입에 흘려넣는다.

태풍(胎風)을 치료하려면, 기린갈·호로파·당귀·몰약·백출·천련자·목통·파극·파고지·흑축·회향·고본을 함께 가루 낸 뒤, 1.5냥씩 식초 2승과 함께 3~5번 끓어오르도록 달여 따뜻할 때 입에 흘려

治馬患胎氣胎風方

【馬經】胎氣者, 胎中氣不順也. 因妊娠負重, 外感內傷, 淸氣不升, 濁氣不降, 淸濁不分, 以致子宮煩燥, 胎氣不寧.

令馬四肢虛腫難行, 耳搭頭低.

胎風者, 産後外感風也. 令馬前行後拽, 腰癱腿瘓, 四足卷攣, 臥而不起.

胎氣, 當歸、熟地黃、白芍藥、川芎、枳實、靑皮, 共爲末, 每服一兩半, 紅花一錢、水二升, 同煎三沸, 溫灌.

胎風, 麒麟蝎、葫蘆芭、當歸、沒藥、白朮、川錬子、木通、巴戟、破故紙、黑丑、茴香、藁本, 共爲末, 每服一

460《馬經大全》夏集〈馬患胎氣胎風〉, 59쪽 ;《馬經抄集諺解》下〈馬患胎氣胎風〉, 193~198쪽.

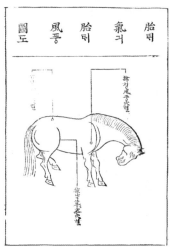

태기태풍도(胎氣胎風圖. 말의 태기와 태풍
그림)(《마경초집언해》)

넣는다.

兩半, 苦酒二升, 同煎三五
沸, 溫灌.

태풍을 치료하려면, 백회혈(百會穴)·약초혈(掠草穴)
에 불침을 놓는다.

胎風, 火針百會穴、掠草
穴.

마구간에 풀어 놓아 스스로 눕고 스스로 일어날
수 있게 한다. 빈속에 물을 먹이는 일은 금하고, 축
축한 땅에 묶어두는 일도 금한다】

散放於廏, 自臥自起. 空腸
忌飮, 忌拴濕地】

17-69) 말의 태(胎)가 움직여 편안하지 않은 질환을
치료하는 처방

治馬胎動不安方

【마경461 백출·당귀·천궁·인삼·감초·사인·숙

【又 白朮、當歸、川芎、人

461 《馬經大全》夏集〈白朮散〉 "治馬胎動安胎", 60쪽 ; 《馬經抄集諺解》下〈馬患胎氣胎風〉, 198~199쪽.

지황 각각 2돈, 진피·차조기·황금 각각 1돈, 백작약·아교주 각각 6돈을 함께 가루 낸 뒤, 1.5냥씩 생강 5조각, 물 1승과 함께 4~5번 끓어오르도록 달여 따뜻할 때 입에 흘려넣는다】

蔘、甘草、砂仁、熟地黃各二錢、陳皮、紫蘇、黃芩各一錢、白芍藥、阿膠珠各六錢、共爲末、每一兩半、薑五片、水一升、同煎四五沸，溫灌之】

17-70) 새끼 밴 말의 복통을 치료하는 처방

【마경】[462] 대복피(大腹皮, 빈랑열매껍질)·인삼·천궁·당귀·백작약·숙지황·진피·감초·도라지·반하·차조기를 함께 가루 낸 뒤, 1.5냥씩을 잘게 자른 청파 3가닥을 물 1승에 함께 섞어 3번 끓어오르도록 달여 따뜻할 때 입에 흘려넣는다】

治孕馬腹痛方

【又】 大腹皮、人蔘、川芎、當歸、白芍藥、熟地黃、陳皮、甘草、桔梗、半夏、紫蘇、共爲末、每服一兩半、細切靑蔥三枝、水一升、調煎三沸，溫灌之】

17-71) 비충(蜱蟲, 진드기)이 말의 수구(袖口)를 깨물어 생긴 질환을 치료하는 처방

【마경】[463] 비충(蜱蟲)이란 기화(氣化, 기의 변화)로 생긴 벌레이다. 말을 매우 왕성해지도록 먹여 길러 넘치도록 살찐데다, 오랫동안 제때 씻기지를 않아, 똥과 오줌이 어지러이 붙어 있고 땀과 때가 서로 엉겨 있음으로 인해 막힌 기운이 변화하여 벌레가 생겨나

治馬患蜱蟲咬袖方

【又】 蜱蟲者，氣化也. 因喂養太盛，肉滿脿肥，日久失於洗浴，尿溺交混，汗垢相凝[131]，痞氣化生爲蟲，在於袖袋之中，有似蜂錐、

462《馬經大全》夏集〈腹皮散〉"治孕馬腹痛不寧"，60쪽;《馬經抄集諺解》下〈馬患胎氣胎風〉，199~200쪽.
463《馬經大全》夏集〈馬患蜱蟲咬袖〉，71~72쪽;《馬經抄集諺解》下〈馬患蜱蟲咬袖〉，200~204쪽.
[131] 凝:《馬經大全·馬患蜱蟲咬袖》에는 "功".

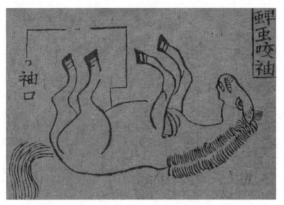

비충교수(蜱蟲咬袖. 비충이 말의 수구를 깨물어 생긴 질환) 그림 (《마경대전》)

서 이 벌레가 수대(袖袋)⁴⁶⁴ 속에 있으면 벌에 쏘이거나 전갈에 쏘인 듯한 통증이 있다.

　그렇게 되면 말이 갑자기 땅에 넘어지고, 네 발을 허공에 조회(朝會)하듯 쳐들었다가 일어나서는 예전처럼 회복되어 물과 꼴을 평상시처럼 먹는다. 이것을 '충교음심증[蟲咬陰膟症, 벌레가 말의 음심(陰膟, 생식기)을 깨물어 생기는 증상]'이라 한다.

　관중·학슬·화초·취귤·무이·사상자를 함께 썰어서 물 2승과 함께 3번 끓어오르노록 달여, 찌꺼기를 제거한다. 말을 묶어 넘어뜨리고 나서 비충을 잡아준 다음에 수구(袖口)를 뒤집고 이 약탕(藥湯)으로 뜨거울 때 씻어준다.

蝎螫[132].

令馬忽然倒地, 四足朝[133]空, 起而復舊, 水草如常, 此謂"蟲咬陰膟之症".

貫衆、鶴蝨、花椒、臭橘、蕪荑、蛇床子, 共剉, 水二升煎三沸, 去滓. 將獸縛倒, 摘去蜱蟲, 次用藥湯, 將袖口飜, 帶熱洗之.

---

464 수대(袖袋) : 말의 생식기를 감싸고 있는 귀두.
[132] 螫 : 저본에는 "蜇". 문맥에 근거하여 수정.
[133] 朝 : 《馬經大全·馬患蜱蟲咬袖》에는 "稍".

겨울에는 깨끗한 마구간에 묶어두고, 여름에는 서늘한 우리[棚]에 묶어두어야 한다. 더러운 곳에는 묶어두지 말아야 한다】

冬拴淨廄, 夏繫涼棚. 休拴穢處】

17-72) 말의 정(疔)⁴⁶⁵과 독(毒)을 치료하는 처방

治馬疔、毒方

【마경⁴⁶⁶ 말을 타고 먼 길을 달리면서 오랫동안 안장과 언치[鞍屜]를 매고 제때 풀어주지 않음으로 인해 어한(瘀汗)이 털구멍에 가라앉고, 패혈(敗血, 악혈)이 피부에 엉기고 흘러서 기갑(鬐甲)⁴⁶⁷의 꼭대기와 배안(排鞍, 안장이 닿는 평평한 부분)의 피부막 양쪽에 종기가 나거나, 안장과 언치[鞍氈]에 땀이 맺혀 마찰되면서 피부가 터지고 상한 증상이다.⁴⁶⁸

【又 因乘騎路遠, 日久鞍屜, 失於解卸, 瘀汗沈¹³⁴於毛竅, 敗血凝注皮膚, 以致鬐甲梁頭、排鞍平膜兩邊發腫, 或汗結鞍氈, 擦磨打破而傷.

그 증상에는 5가지가 있다[5정, 五疔].

其狀有五：

① 딱지가 마르고 붓지 않는 경우는 그 가죽을 상하게 한 증상으로, '흑정(黑疔)'이라 한다. ② 등살이 헐고 누런 막이 생기는 경우는 그 힘줄을 상하게 한 증상으로, '근정(筋疔)'이라 한다. ③ 피부가 터지고 누런 진물이 나오는 경우는 그 기(氣)를 상하게 한 증상으로, '기정(氣疔)'이라 한다. ④ 딱지가 뜨면서 넓고 크며 창의 꼭대기가 없는 경우

乾殼而不腫者, 傷其皮者也, 名曰"黑疔"；脊肉潰而有黃膜者, 傷其筋者也, 名曰"筋疔"；破而有黃水出者, 傷其氣者也, 名曰"氣疔"；浮而洪大無頭者, 傷其膜者也, 名曰"水疔"；破

---

465 정(疔)：작고 단단하고 뿌리가 깊이 박혀 쇠못과 같은 모양의 정창(疔瘡)이 심한 증상. 정창은 체내의 다양한 부위에 돋아난다. 면정(面疔)·지정(指疔)·족정(足疔)·난정(爛疔)·홍사정(紅絲疔)·역정(疫疔)이라고도 한다. 흔히 열독(熱毒)이 몰려서 생기며, 초기에 좁쌀 같이 헌데가 생겼다가 단단하고 깊게 뿌리박는 특징이 있다.

466 《馬經大全》冬集〈治疔毒〉, 192~193쪽；《馬經大全》冬集〈治肺部〉, 204~205쪽；《馬經抄集諺解》下〈疔毒〉, 204~224쪽.

467 기갑(鬐甲)：말 목에서 연장된 몸의 일부분으로, 두 견갑골이 불록하게 도드라진 부분.

468 말을……증상이다：이상의 증상은 '정(疔)'을 설명한 대목이다. 이후 그 증상들과 각 치료법이 소개된다.

134 沈：저본에는 "泥". 오사카본·《馬經抄集諺解·疔毒》에 근거하여 수정.

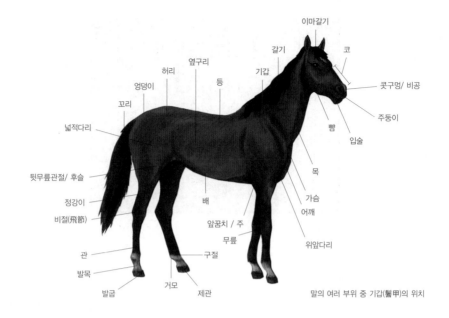

이마갈기

갈기

코

기갑

엽구리

허리

등

엉덩이

콧구멍/ 비공

꼬리

주둥이

넓적다리

뺨

입술

뒷무릎관절/ 후슬

목

정강이

가슴

비절(飛節)

어깨

배

관

앞꿈치 / 주

위앞다리

발목

무릎

발굽

구절

거모

제관

말의 여러 부위 중 기갑(鬐甲)의 위치

는 그 막을 상하게 한 증상으로, '수정(水疔)'이라 한다. ⑤ 피부가 터져 색이 붉어지고 고름이 많은 경우는 그 혈(血)을 상하게 한 증상으로, '혈정(血疔)'이라 한다.

而赤色多膿者, 傷其血者也, 名曰"血疔".

치료하는 사람은 반드시 맑은 날을 골라서 끝이 날카로운 침으로 굳은살과 헌 살을 터뜨리고 째서 제거한다. 그런 뒤에 방풍·형개·화초(花椒, 천초)·박하·고삼·황백을 함께 쓴다. 이를 물에 넣고 3번 끓어오르도록 달여 찌꺼기를 버리고, 따뜻할 때 창(瘡)이 생긴 환부를 씻어내어 누런 진물과 피고름을 모두 제거한다.

治者, 必擇晴日, 以鋒利針, 刺破割去死皮、潰肉. 後防風、荊芥、花椒、薄荷、苦蔘、黃柏, 共剉, 水煎三沸, 去滓, 溫洗瘡處, 盡去黃水、血膿[135].

[135] 膿 : 저본에는 "濃". 오사카본·《馬經抄集諺解·疔毒》에 근거하여 수정.

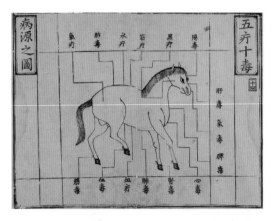

오정십독병원지도[五疔十毒病源之圖. 5가지 정(疔)과 10가지 독(毒)의 병의 근원 그림]《마경대전》

흑정인 경우에는 속단·쥐똥·말린생강(태워 재를 낸 것)을 함께 가루 낸 뒤, 식초와 밀가루로 쑨 풀에 개어서 환부에 바른다.

근정·기정인 경우에는 초오(뾰족한 끝을 제거한 것)·파두(기름을 제거한 것)·살구속씨·반묘·정력을 함께 가루 낸 뒤, 말려서 환부에 붙인다.

수정인 경우에는 파두·오두·홍랑자(紅娘子, 메뚜기)·역청·혈갈을 함께 가루 낸 뒤, 말려서 환부에 붙인다.

혈정인 경우에는 정력·초오·천산갑·맹충(蝱蟲)[469]·망사(碙砂)[470]·용골 각각 같은 양을 곱게 가루 낸 뒤, 말려서 환부에 붙인다.

黑疔者, 續斷、鼠糞、乾薑(燒灰), 共爲末, 醋、麪糊調, 塗之.

筋疔、氣疔者, 草烏(去尖)、巴豆(去油)、杏仁、斑猫、葶藶, 共爲末, 乾貼之.

水疔者, 巴豆、烏頭、紅娘子、瀝靑、血蝎, 共爲末, 乾貼之.

血疔者, 葶藶、草烏、穿山甲、蝱蟲、碙砂、龍骨等分, 細末, 乾貼之.

---

469 맹충(蝱蟲) : 등에과 곤충인 등에를 말린 약재.
470 망사(碙砂) : 염화암모늄 광물성 약재. 요사(硇砂)라고도 한다.

독(毒)이란 또한 창(瘡)으로, 육부(六腑) 가운데 독기가 엉긴 증상이다.

그 증상에는 10가지가 있다[10독, 十毒].

① 양쪽 흉당(胸堂)⁴⁷¹과 뒤쪽 사타구니 전체에 나력(瘰癧)⁴⁷²이 생기는 경우는 음독(陰毒)이다. ② 양쪽 앞다리의 허벅지와 등 앞쪽 꼭대기에 종독(腫毒, 종기의 독)이 생기는 경우는 양독(陽毒)이다. ③ 양쪽 아관(牙關)⁴⁷³ 가운데와 혀끝에 적색이 있고 창이 생기는 경우는 심독(心毒, 심장독)이다. ④ 양쪽 눈 아래와 눈물샘 안에 붉은 창이 생겨서 오래도록 낫지 않는 경우는 간독(肝毒)이다. ⑤ 양쪽 입꼬리와 입 안이 터져서 피가 나는 경우는 비독(脾毒, 지라독)이다.

⑥ 양쪽 기갑(鬐甲)과 온몸의 털에 부스럼이 생기고 꼬리 갈기가 빠지는 경우는 폐독(肺毒, 허파독)이다. ⑦ 네 발의 발굽 아래 수천혈(垂泉穴)⁴⁷⁴ 근처에 구멍이 생겨 피고름이 나오는 경우는 신독(腎毒, 콩팥독)이다. ⑧ 네 발 사이 발굽 위 0.1척(1촌) 발회목[踠]⁴⁷⁵ 가운데가 마르고 터져서 피고름이 나오는 경우는 근독(筋毒, 힘줄독)이다. ⑨ 양쪽 콧구멍 속과 코끝이 찢어지고 창이 생기는 경우는 기독(氣毒)이다.

毒者，亦瘡也，乃六腑之中，毒氣凝也.

其症有十：

兩胸堂及後胯遍身生瘰癧者，陰之毒也；兩前膊及梁頭脊背生腫毒者，陽之毒也；兩牙關中及舌尖上有赤色而生瘡者，心之毒也；兩眼下及淚堂中有赤瘡，久而不差者，肝之毒也；兩唇角及口中破裂血出者，脾之毒也；

兩鬐甲及遍身毛瘙而尾鬃脫落者，肺之毒也；四蹄下垂泉穴上有孔，出膿[136]血者，腎之毒也；四足間蹄上寸踠中燥破而出膿[137]血者，筋之毒也；兩鼻孔中及準頭破裂而成瘡者，氣之毒也；四蹄甲焦枯堅硬，行步

---

471 흉당(胸堂) : 양쪽 젖꼭지를 연결한 선의 중간점.
472 나력(瘰癧) : 목 뒤·귀 뒤·겨드랑이·사타구니 쪽에 크고 작은 멍울이 생긴 증상.
473 아관(牙關) : 윗잇몸과 아랫잇몸이 맞닿는 부분.
474 수천혈(垂泉穴) : 수천혈(水泉穴)을 말하는 것으로 보인다. 안쪽 복사뼈의 중심을 지나는 수평선상에서 안쪽 복사뼈의 뒤쪽 아랫부분과 종골건(踵骨腱)의 안쪽 앞쪽 아랫부분 중심인 태계혈(太谿穴)에서 0.1척 아래를 말한다.
475 발회목[踠] : 말의 다리와 발이 이어지는 관절에서 잘록하게 들어간 부분.
136 膿 : 저본에는 "濃". 문맥에 근거하여 수정.
137 膿 : 저본에는 "濃". 문맥에 근거하여 수정.

⑩ 네 발의 발굽이 바싹 마르고 딱딱해져서 걷기 어렵게 되는 경우는 혈독(血毒)이다.

難者, 血之毒也.

웅황산(雄黃散)은 말이 음독(陰毒)으로 나력창(瘰癧瘡)이 생긴 증상을 치료한다. 비상(砒礵)[476]·웅황·유황·경분(輕粉)[477]·붕사(硼砂)[478]를 함께 가루 낸 뒤, 밀가루풀과 섞어 대추씨크기의 환을 만든 다음 침으로 환부를 찔러 터뜨리고 창구(瘡口)에 환 1개를 집어넣는다.

雄黃散, 治馬陰毒瘰癧瘡. 砒礵、雄黃、硫黃、輕粉、硼砂, 共爲末, 麵糊和作棗核大, 以針刺破, 瘡口納一枚.

황백산(黃柏散)은 말이 양독(陽毒)으로 등에 비창(肥瘡)[479]이 생긴 증상을 치료한다. 황백·당귀·대황·백급·백렴·방풍 각각 같은 양을 가루 낸 뒤, 식초에 개어서 창 위에 발라주면 즉시 낫는다.

黃柏散, 治馬陽毒脊背肥瘡. 黃柏、當歸、大黃、白芨、白蘞、防風等分, 爲末, 醋調, 塗瘡上, 立差.

청대산(靑黛散)은 말이 심독(心毒)으로 혀 위에 창이 생긴 증상을 치료한다. 청대·황백·가자(柯子)·백반·방풍을 함께 가루 낸 뒤, 꿀물에 고루 개어 비단주머니에 넣고 말의 입 안에 머금게 한다.

靑黛散, 治馬心毒舌上生瘡. 靑黛、黃柏、柯子、白礬、防風, 共爲末, 蜜水調均, 入絹袋, 馬口內噙之.

범반산(凡礬散)은 말이 간독(肝毒)으로 눈 아래에 붉은 창이 생긴 증상을 치료한다. 백반·망사·경분·황단을 함께 가루 낸 뒤, 먼저 좁쌀죽웃물로 창이 생긴 환부를 씻은 뒤에 말려서 환부에 붙인다. 다음날 다시 씻고 다시 붙인다.

凡礬[138]散, 治馬肝毒眼下赤瘡. 白礬、礵砂、輕粉、黃丹, 共爲末, 先以漿水洗瘡後, 乾貼之. 次日再洗, 再貼.

---

476 비상(砒礵) : 비석(砒石)에 열을 가하여 승화시켜 얻은 결정상태의 약재.
477 경분(輕粉) : 염화제일수은 광물성 약재. 수은분(水銀粉)·홍분(汞粉)·이분(膩粉)·초분(峭粉)이라고도 한다.
478 붕사(硼砂) : 천연붕사광이나 붕소광(흘동석)을 정제한 광물성 약재.
479 비창(肥瘡) : 독창(禿瘡)의 하나. 주로 머리에 두껍고 누런 딱지가 앉으며 그 부위에 털이 빠지는 피부병을 말한다.
138 凡礬 :《馬經大全·治疗毒》에는 "白凡".

진교산(秦艽散)은 말이 비독(脾毒)으로 입술이 붓고 창이 생긴 증상을 치료한다. 진교·염시(鹽豉, 된장)·황백·볶은소금을 함께 가루 낸 뒤, 좋은 식초에 개어 입술 위에 발라주면 즉시 낫는다.

유향산(乳香散)은 말이 폐독(肺毒)으로 털이 마르고 꼬리 갈기가 빠지는 증상을 치료한다. 갑오징어뼈 3냥, 백반(수비한 것) 2냥, 유향(乳香)480 0.5냥을 함께 가루 낸다. 혈소(血瘙, 피가 나는 부스럼)인 경우 방풍 끓인 물로 먼저 환부를 깨끗하게 씻고 붙인다. 건소(乾瘙, 마른 부스럼)인 경우 기름에 개어 환부에 바른다.

역청고(瀝靑膏)는 말이 골독(骨毒)으로 발굽에 진물이 흐르거나, 혈독(血毒)으로 발굽이 마르는 증상을 치료한다. 자황·역청·마황·황단·머리카락(재를 낸 것)을 함께 가루 낸 뒤, 녹여서 고(膏)를 만든다. 발굽에 진물이 흐르는 경우는 날카로운 칼로 환부를 째고 벌려서 고름을 짜낸 다음 환부에 고(膏)를 바르고 달군 쇠로 지진다. 발굽이 마른 경우는 딱딱한 발톱을 잘라 버린 다음 그 위에 고(膏)를 바르고 달군 쇠로 지진다.

용골산(龍骨散)은 말이 근독(筋毒)으로 발굽이 마르고, 발굽 위 0.1척(1촌) 발회목[踠]에 창이 생긴 증상을 치료한다. 용골·백반·유향·갑오징어뼈를 함께 가루 낸 뒤, 먼저 좁쌀죽웃물로 환부를 깨끗하게 씻은 다음 말려서 환부에 붙이면 즉시 낫는다.

목별자산(木別子散)은 말이 기독(氣毒)으로 콧구멍

秦艽散, 治馬脾毒脣腫生瘡. 蓁艽、鹽豉、黃柏、炒鹽, 共爲末, 好醋調, 塗脣上, 立差.

乳香散, 治馬肺毒毛燥尾鬃脫落. 烏賊魚骨三兩、白礬(飛)二兩、乳香半兩, 共爲末, 血瘙, 防風湯洗淨, 貼之. 乾瘙, 油調, 塗之.

瀝靑膏, 治馬骨毒漏蹄, 血毒枯蹄. 雌黃、瀝靑、麻黃、黃丹、頭髮(灰), 共爲末, 溶化作膏. 漏蹄, 利刀削開, 出了膿, 塗膏, 燒鐵烙之. 枯蹄, 削去硬甲, 塗膏於上, 燒鐵烙之.

龍骨散, 治馬筋毒燥蹄, 寸踠生瘡. 龍骨、白礬、乳香、烏賊魚骨, 共爲末, 先以漿水淨洗後, 乾貼, 立差.

木別子散, 治馬氣毒鼻孔、

---

480 유향(乳香): 감람과 식물인 유향나무의 수액을 굳힌 약재.

과 코끝이 터져서 풍창(風瘡)이 생긴 증상을 치료한다. 목별자·철의분(鐵衣粉, 철녹가루)·천산갑·황백을 함께 가루 낸 뒤, 식초에 밀가루를 넣고 쑨 풀에 넣고, 졸여서 고(膏)를 만든 다음 코끝에 바른다. 하루 걸러 다시 바른다.

지룡산(地龍散)은 말이 폐독(肺毒)으로 창이 생긴 증상을 치료한다. 지렁이[地龍] 30마리·박쥐똥 2냥·백반(수비한 것) 3냥을 함께 가루 낸 뒤, 2냥씩 꿀 1냥, 물 1승을 함께 섞어 말에게 꼴을 적게 먹인 뒤에 입에 흘려넣는다.

비상산(砒礵散)은 말이 폐독으로 창이 생긴 증상을 치료한다. 비상 1돈, 여로 0.5냥, 백초상(百草霜)481 1냥을 함께 가루 낸 뒤, 창이 생긴 환부에 붙인다. 모두 3번 하면 낫는다.

서점자산(鼠粘子散)은 말이 폐독으로 창이 생긴 증상을 치료한다. 우엉씨[鼠粘子]·감초·연교·황금·대황·시호·지골피·당귀·황기를 함께 가루 낸 뒤, 1.5냥씩 물 1종지와 함께 3번 끓어오르도록 달이고, 따뜻해지면 꼴을 평소의 반만 먹인 뒤에 입에 흘려넣는다】

準頭破裂風瘡. 木別子、鐵衣粉、穿山甲、黃柏, 共爲末, 醋打麵糊, 熬成膏, 塗鼻準. 隔日再塗.

地龍散, 治馬肺毒瘡. 地龍三十條、夜明砂二兩、白礬(飛)三兩, 共爲末, 每服二兩、蜜一兩、水一升, 同調, 草少, 灌之.

砒礵散, 治馬肺毒瘡. 砒礵一錢、藜蘆半兩、百草霜一兩, 共爲末, 貼瘡處. 凡三次則效.

鼠粘子散, 治馬肺毒瘡. 鼠粘子、甘草、連翹、黃芩、大黃、柴胡、地骨皮、當歸、黃芪, 共爲末, 每服一兩半, 水一鍾, 煎三沸, 候溫, 草半, 灌之】

---

481 백초상(百草霜) : 풀이나 나무를 땐 아궁이나 굴뚝 안에 생긴 검댕을 모은 가루.

17-73) 허파의 열로 온몸에 생긴 말의 개(疥)[482]와 부스럼을 치료하는 처방

【마경[483] 진교·당귀·작약·지모·패모·도라지·감초·자완·맥문동·백지·치자를 함께 가루 낸 뒤, 2냥씩 꿀 2냥, 생강 1조각, 김칫국물[虀汁] 1승과 함께 3번 끓어오르도록 달이고 따뜻할 때 입에 흘려넣는다.

농정전서[484] 말의 개(疥)와 노증(癆症)[485] 및 가려움증에는 천궁·대황·방풍·전갈(全蝎)[486] 각 1냥, 형개수(荊芥穗)[487] 5냥을 가루 낸 뒤, 5번 먹을 분량으로 나누어 만든다. 이를 끓인 물에 타서 식혔다가 입에 흘려넣는다】

17-74) 말의 개창(疥瘡)을 치료하는 처방

【마경[488] 맹회(猛灰)[489] 2두, 백출(흐물흐물하게 찧은 것) 1두를 물 2동이와 함께 물이 1동이가 될 때까지 달인다. 이를 조금 뜨거운 상태에서 환부에 바르면 불과 3번 만에 완전히 낫는다.

治馬肺熱渾身疥瘙方

【又 秦艽、當歸、芍藥、知母、貝母、桔梗、甘草、紫菀、麥門冬、白芷、梔子、共爲末、每服二兩、蜜二兩、生薑一片[139]、虀汁一升、同煎三沸、溫灌.

農政全書 馬疥、癆及瘙痒、用川芎·大黃·防風·全蝎各一兩、荊芥穗五兩、爲末、分作五服. 白湯調、冷灌之】

治馬疥瘡方

【馬經 猛灰二斗、白朮(爛擣)一斗、水二盆、煎至一盆. 稍熱塗之、不過三度、永差.

---

482 개(疥) : 옴벌레가 옮아 붙어서 일으키는 피부병. 개창(疥瘡)이라고도 한다.

483《馬經大全》冬集〈治疗毒〉, 209쪽 ;《馬經抄集諺解》下〈疗毒〉, 225쪽.

484《農政全書》卷41〈牧養〉 "六畜"(《農政全書校注》, 1150쪽).

485 노증(癆症) : 몸이 점점 수척해지고 쇠약해지는 증상.

486 전갈(全蝎) : 전갈과 곤충인 전갈을 말린 약재.

487 형개수(荊芥穗) : 꿀풀과 식물인 형개의 꽃이삭을 말린 약재.

488 출전 확인 안 됨 ;《馬經抄集諺解》下〈治疥瘡方〉, 237~239쪽.

489 맹회(猛灰) : 진한 잿물을 내릴 수 있는 독한 재.

139 片 :《馬經大全·治疗毒》에는 "分".

고삼·할미꽃[白頭翁]490 각 3근을 물 5동이와 함께 물이 2동이가 될 때까지 달인다. 여기에 홍초(紅椒)491·고련(苦練)492(각각 껍질을 가루 낸 것)을 타고 따뜻할 때 환부를 씻는다.

苦蔘、白頭翁各三斤, 水五盆, 煎至二盆. 紅椒、苦練(各皮末)和, 溫洗之.

좋은 식초에 석회가루를 타고 뜨겁게 해서 환부에 바르면 효과가 매우 빼어나다.

用好醋和石灰末, 熱搽, 大妙.

겨자를 환부에 바르고, 생칠목(生漆木, 생 옻나무)을 잘라 횃불처럼 만든 뒤, 불로 태워 기름을 얻는다. 이를 개창(疥瘡)이 난 환부에 1~2번 바르면, 비록 여러 해를 앓은 개창일지라도 효과를 본다.

芥子塗之, 生漆木切作如炬, 以火燒取油. 塗疥瘡一二度, 雖積年疥瘡, 見效.

꼭두서니[茹藘]493·여로·위령선 각각 같은 양을 가루 낸 뒤, 물에 타서 묽은 죽을 쑨 다음 환부에 바른다.

茹藘、藜蘆、葳靈仙等分, 爲末, 水和稀粥, 塗之.

제민요술494 웅황·머리카락 이 2가지 재료를 12월에 잡은 돼지의 기름에 달이면 머리카락이 녹는다. 벽돌로 개(疥)가 빨개지도록 문질러 열이 날 때 이를 환부에 바르면 곧 낫는다.

齊民要術 用雄黃、頭髮二物, 以臘猪脂煎之, 髮消. 以磚140揩疥令赤, 及熱塗之, 卽愈.

---

490 할미꽃[白頭翁]: 미나리아재비과 식물인 할미꽃의 뿌리를 말린 약재.
491 홍초(紅椒): 운향과 식물인 초피나무의 씨를 말린 약재.
492 고련(苦練): 멀구슬나무과 식물인 멀구슬나무의 수피를 말린 약재.
493 꼭두서니[茹藘]: 꼭두서니과 식물인 꼭두서니의 뿌리를 말린 약재.
494 《齊民要術》卷6〈養牛馬驢騾〉第56(《齊民要術校釋》, 410쪽).
140 磚: 저본에는 "搏". 《齊民要術·養牛馬驢騾》에 근거하여 수정.

끓인 물로 개(疥)를 씻고 닦아서 말린 뒤, 밀가루 풀을 쑤어 뜨거울 때 환부에 바르면 곧 낫는다.

湯洗疥, 拭令乾, 煮麪糊, 熱塗之, 卽愈.

측백나무를 태워 생긴 기름을 환부에 바르면 좋다.

燒柏脂, 塗之, 良.

겨자를 갈아 환부에 바른다. 육축(소·말·돼지·양·닭·개)의 개(疥)가 모두 낫는다. 그러나 백력(柏瀝)495과 겨자는 모두 조약(燥藥)496이기 때문에 온몸에 개(疥)를 앓는 경우에는 반드시 환부에 점진적으로 발라야 한다】

研芥子, 塗之. 六畜疥悉愈. 然柏瀝、芥子竝是[141]燥藥, 其偏體患疥者, 須宜以漸塗之】

17-75) 말의 여러 가지 종독(腫毒) 및 힘줄과 뼈가 크게 부풀어 오르는 증상을 치료하는 처방

治馬諸般腫毒及筋骨脹大方

【마경497 웅황·천초·백급·백렴·관계·초오·유채씨·대황·유황·백겨자를 함께 가루 낸 뒤, 1큰술씩 밀가루 1술·식초 1주발과 함께 졸여 뜨거울 때 부어 오른 환부에 바른다】

【馬經 雄黃、川椒、白芨、白蘞、官桂、草烏、蕓薹子、大黃、硫黃、白芥子, 共爲末, 每用一大匙、麪一匙、醋一椀, 同熬, 熱敷腫處】

17-76) 말의 수구(袖口)와 음경이 부은 증상을 치료하는 처방

治馬袖口、陰腫方

【마경498 굴껍데기[牡蠣]499·축사·천남성·천선

【又 牡蠣、縮砂、天南星、

---

495 백력(柏瀝) : 측백나무 기름을 졸인 진액.
496 조약(燥藥) : 약성이 건조한 약. 주로 습(濕)을 제거하는 데 효과가 있다.
497 《馬經大全》 冬集 〈雜治〉, 211쪽; 《馬經抄集諺解》 下 〈疔毒〉, 226쪽.
498 《馬經大全》, 위와 같은 곳; 《馬經抄集諺解》 下 〈疔毒〉, 227쪽.
499 굴껍데기[牡蠣] : 굴조개과 어패류인 참굴의 조가비.
[141] 是 : 저본에는 없음. 오사카본·《齊民要術·養牛馬驢騾》에 근거하여 수정.

자·목별자를 함께 가루 낸 뒤, 1큰술씩 식초 1잔과 함께 달여 고(膏)를 만들고, 뜨거울 때 부어 오른 환부에 발라주면 부기가 곧 사그라든다】

天仙子、木別子, 共爲末, 每用一大匙, 醋一盞, 煎成膏, 熱塗腫處, 卽消】

17-77) 말의 화창(花瘡)500을 치료하는 처방

治馬花瘡方

【마경501 정분(定粉)502 5돈, 비상 1돈, 이분(膩粉, 경분) 5푼, 녹두 200알을 함께 가루 낸 뒤, 좁쌀죽 윗물로 환부를 씻은 후에 붙인다】

【又 定粉五錢、砒礵一錢、膩粉五分、綠豆二百粒, 共爲末, 漿水洗患處後, 貼之】

17-78) 말발굽 부스럼을 치료하는 처방

治馬瘙蹄方

【마경503 망사 1냥, 황단 2돈을 함께 가루 낸 뒤, 양의 골수에 개어 환부에 바른다.

【又 硇砂一兩、黃丹二錢, 共爲末, 羊骨髓調, 塗.

제민요술504 칼로 말의 발회목[跐]에 수북히 난 털 사이를 찔러 피를 내면 낫는다.

齊民要術 以刀刺馬跐叢毛中, 使出血, 愈.

양의 기름을 녹여서 창 위에 바르고, 베로 환부를 싸맨다.

融羊脂, 塗瘡上, 以布裹之.

소금기가 있는 흙 2석(石) 가량에 물을 뿌리고, 1.5석을 가져다가 솥 안에 넣고 달인다. 2~3두를 꺼

取醶土兩石許, 以水淋, 取一石五斗, 釜中煎. 取三二

---

500 화창(花瘡):목화송이가 퍼지는 모양처럼 생긴 창(瘡).
501《馬經大全》, 위와 같은 곳;《馬經抄集諺解》下〈疔毒〉, 228쪽.
502 정분(定粉):염기성 탄산연 광물성 약재.
503《馬經大全》冬集〈雜治〉, 212쪽;《馬經抄集諺解》, 위와 같은 곳.
504《齊民要術》卷6〈養牛馬驢騾〉第56(《齊民要術校釋》, 411~412쪽).

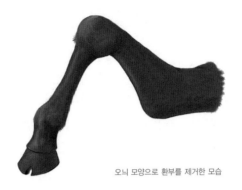

오늬 모양으로 환부를 제거한 모습

내서 발굽의 털을 깎아 제거하고 쌀뜨물 맑은 부분으로 환부를 깨끗이 씻어 말린 뒤, 소금물로 씻어준다. 이렇게 3번 하면 곧 낫는다.

끓인 물로 발굽을 깨끗하게 씻어 닦고 말린다. 씹은 겨자를 환부에 바르고 베나 비단으로 싸맨다. 3번 하면 낫는다. 만약 근절되지 않으면, 좁쌀즙[穀]을 환부에 5~6번 바르면 곧 낫는다.[505]

털을 깎아 버리고 끓인 소금물로 환부를 깨끗하게 씻은 다음 딱지를 제거하고 닦아 말린다. 깨진 와기(瓦器)에 인분을 끓어오르도록 끓여 뜨거울 때 환부에 바르면 낫는다.

斗, 剪去毛, 以泔清淨洗, 乾, 以醶汁洗之. 三度, 卽愈.

以湯洗淨, 燥拭之. 嚼芥子[142], 塗之, 以布帛裹. 三度愈. 若不斷, 用穀塗五六度, 卽愈.

剪去毛, 以鹽湯淨洗, 去痂, 燥拭. 於破瓦中, 煮入屎令沸, 熱塗之, 愈.

---

505 좁쌀즙[穀]을……낫는다 : 좁쌀을 어떻게 가공하여 바른다는 것인지는 언급이 되지 않았지만 《제민요술교석》에서 "穀"자에 대하여 여러 가공법을 소개해 놓은 것에 근거하여 옮겼다. 《제민요술교석》에는 생좁쌀을 찧거나, 누렇게 볶아 가루 내고, 이 가루를 물에 담궈 즙을 내거나 혹 식초에 섞어 즙을 내어 약으로 바르는 여러 의학서의 처방이 소개되어있다.
142 芥子 : 《齊民要術·養牛馬驢騾》에는 "明麻子".

부스럼을 앓고 있는 발굽의 제두혈(蹄頭穴) 앞 한가운데를 톱으로 째되, 비스듬히 째서 위쪽은 좁고 아래쪽은 넓게 하여 마치 톱날 같은 모양('V'자 모양)이 되게 한다. 이어서 환부를 제거할 때는 마치 화살의 오늬(화살의 머리를 활시위에 끼도록 베어 낸 부분)를 잘라내듯 한다.[506] 발굽 안쪽으로 0.1척 가량을 칼로 따서 피가 나오게 하면, 색깔이 반드시 검을 것이다. 피가 5승 가량 나왔을 때 풀어놓으면 곧 낫는다.

以鋸[143]子割所患蹄頭前正當中, 斜割之, 令上狹下闊, 如鋸[144]齒形. 去之, 如剪箭括. 向深一寸許, 刀子摘令血出, 色必黑. 出五升許, 解放, 卽愈.

먼저 신 쌀뜨물 맑은 부분으로 환부를 깨끗하게 씻고 나서 돼지발굽을 흐물흐물하게 삶아 즙을 낸다. 즙이 뜨거울 때 환부를 씻으면 곧 낫는다.

先以酸泔淸洗淨, 然後爛煮猪蹄取汁. 及熱洗之, 卽瘥.

솥에서 끓여낸 뜨거운 물로 환부를 깨끗하게 씻고 베로 닦아 물기를 완전히 제거한다. 기장쌀 1승으로 걸쭉한 죽을 끓인 다음 너비 0.3~0.4척, 길이 0.7~0.8척 되는 오래된 베 위를 죽으로 풀칠하여, 발굽 위의 창이 생긴 환부를 두껍게 싸매고 산마(散麻)[507]로 묶는다. 3일 뒤에 싸맨 베를 제거하면 곧 낫는다.

取炊底釜湯淨洗, 以布拭水令盡. 取黍米一升, 作稠粥, 以故布廣三四寸, 長七八寸, 以粥糊布上, 厚裹蹄上瘡處, 以散麻纏之. 三日去之, 卽當瘥也.

밭에서 동쪽으로 쓰러져 있거나 서쪽으로 쓰러져

耕地中, 拾取禾芅東倒西

---

506 톱으로……한다 : 위의 설명을 토대로 말발굽을 자르는 모습은 다음과 같다.
507 산마(散麻) : 상복을 입을 때 허리춤에 매어 늘어뜨리는 삼끈.
[143] 鋸 : 저본에는 "鉅". 오사카본·《齊民要術·養牛馬驢騾》에 근거하여 수정.
[144] 鋸 : 저본에는 "鉅". 오사카본·《齊民要術·養牛馬驢騾》에 근거하여 수정.

있는 조[禾]의 밑동을 모은다. 만약 완전히 동서 방향으로 가로가 긴 땅이면, 남쪽으로 쓰러져 있거나 북쪽으로 쓰러져 있는 조의 밑동을 모은다. 하나의 두둑[壟]에서 7개를 모으면, 3개의 두둑에서 모두 21개를 모은다.

倒. 若嚴[145]東西橫地, 取南倒北倒者. 一壟取七科, 三壟凡取二十一科.

이를 깨끗이 씻어 솥 안에 넣고 삶아 즙을 내되, 색깔이 검게 변해야 멈춘다. 발굽의 털을 깎고 쌀뜨물로 환부를 깨끗이 씻어 딱지를 제거한 다음, 조짚 밑동의 즙을 뜨겁게 해서 환부에 바른다. 1번만 바르면 곧 낫는다.

淨洗, 釜中煮取汁, 色黑乃止. 剪却毛, 泔水淨洗, 去痂, 以禾茇汁熱塗之, 一上, 卽愈.

오줌에 양의 똥을 담가 액체로 만들고, 집 네 귀퉁이에 자라는 풀을 가져다 이 똥즙 위에서 태워 풀 태운 재가 주발 안에 들어가게 한다. 발굽을 문질러 열이 나게 한 다음, 쌀뜨물로 발굽을 씻고 똥물을 발라준다. 2~3번 하면 낫는다.

尿漬羊糞, 令液, 取屋四角草, 就上燒, 令灰入鉢中, 研令熱, 用泔洗蹄, 以糞塗之. 再三, 愈.

멧대추나무뿌리[酸棗根]를 삶아 즙을 내고, 그 즙으로 환부를 깨끗하게 씻고 그친다. 물에 술지게미를 섞어서 모대(毛袋)[508]에 담고, 여기에 발굽을 담가서 안쪽에 창이 생긴 환부가 잠기게 한다. 몇 번 하면 곧 낫는다.

煮酸棗根, 取汁淨洗, 訖. 水和酒糟, 毛袋盛, 漬蹄沒瘡處, 數度, 卽瘥也.

환부를 깨끗하게 씻고, 살구속씨를 찧어 돼지

淨洗了, 擣杏仁, 和猪脂,

---

508 모대(毛袋):술을 짤 때 쓰는, 양털로 만든 부대.

508 모대(毛袋):술을 짤 때 쓰는, 양털로 만든 부대.
[145] 嚴:《齊民要術·養牛馬驢騾》에는 없음.

기름과 섞은 다음 환부에 4~5번 이상 바르면 곧 낫는다】

17-79) 말 등골뼈에 창이 터진 증상을 치료하는 처방

【마경[509] 쇠비름[馬齒莧][510]·석회를 함께 찧고 섞어서 환을 만든 다음 그늘에 말린다. 다시 맷돌에 갈아서 가루 낸 뒤, 산초나무 끓인 물로 환부를 씻고 마르기를 기다렸다가 이 가루를 환부에 붙이면 바로 효과가 있다.

생강(태워 재를 낸 것)·백반(수비한 것)을 함께 가루 낸 뒤, 창이 마른 곳에는 이 가루를 기름에 개어 환부에 바르고, 창이 습한 곳에는 말려서 환부에 붙인다.

가자씨[柯子核][511] 5개, 백반(수비한 것) 5돈, 황단 5돈. 이상의 약미들 중 먼저 백반을 냄비 안에서 녹여 즙을 만든다. 여기에 황단을 넣고 골고루 뒤섞어 황단 색깔이 자줏빛으로 될 때까지 볶는다. 그 뒤에 가자씨를 흐물흐물하게 찧은 다음 여기에 황단과 백반을 넣고 함께 찧어 가루 낸다.

약을 쓸 때에는 먼저 따뜻한 좁쌀죽웃물로 창구

塗四五上, 即當愈】

治馬打破脊梁方

【馬經】 馬齒莧、石灰, 共擣和丸, 陰乾. 再碾[146]爲末, 椒湯洗患處, 待乾貼之, 立效.

生薑(燒灰)、白礬(飛), 共爲末, 瘡乾, 油調塗之 ; 瘡濕, 乾貼.

柯子核五介、白礬(飛)五錢、黃丹五錢. 右先將礬, 銚內熔作汁. 入黃丹, 攪均令熬, 以黃丹色紫爲度. 後將柯子核擣爛, 入丹、礬, 同擣爲末.

臨用, 先以溫漿水洗瘡口,

509《馬經大全》冬集〈雜治〉, 213쪽 ;《馬經抄集諺解》下〈治馬打破脊梁方〉, 230~234쪽.

510 쇠비름[馬齒莧] : 쇠비름과 식물인 쇠비름의 전초를 말린 약재.

511 가자씨[柯子核] : 사군자과 식물인 가자나무의 씨를 말린 약재.

[146] 碾 : 저본에는 "碾". 오사카본·규장각본·《馬經大全·雜治》·《馬經抄集諺解·治馬打破脊梁方》에 근거하여 수정.

(瘡口)를 씻고 닦아내어 창구가 마른 뒤에 약가루를 환부에 붙인다. 심한 경우라도 불과 2번 만에 바로 효과가 있다.

拭乾, 用藥末貼之. 極者, 不過兩次, 立效.

거북의 등껍질을 양에 관계없이 가루 낸 뒤, 창이 말랐으면 기름에 개어 환부에 바른다. 고름이 있으면, 깨끗하게 씻고, 환부를 말려서 이 가루를 붙인다. 이어서 주머니로 환부를 봉하여 덮어주면 바로 효과가 있다.

敗龜板, 不拘多少, 爲末, 瘡乾[147], 油調塗之. 有膿水, 洗淨, 乾貼之. 用袋封蓋, 立效.

백렴 3돈, 천남성 4돈을 함께 가루 낸 뒤, 소금물로 창이 생긴 환부를 씻고 붙이면 바로 효과가 있다.

白薟三錢、天南星四錢, 共爲末, 鹽水洗瘡處, 貼[148]之, 立效.

농정전서[512] 말 등골뼈에 창이 생기면 말을 타고 앉을 수 없다. 만약 창이 아직 터지지 않았으면 말의 다리 아래쪽에 축축한 진흙을 발라주되, 마르면 다시 축축한 것으로 바꿔준다. 이렇게 3~5번 하면 창이 저절로 사그라든다. 혹은 도랑 속의 푸르고 냄새나는 진흙을 써도 좋다.

農政全書 成瘡, 不能騎坐. 如未破, 將馬脚下濕稀泥塗上, 乾卽再易濕者. 三五次, 自消. 或只用溝中青臭泥亦可.

이미 창이 터져버린 경우에는 황단·고백반(枯白礬)[513]·생강(약성이 남도록 태운 것)·사람의 윗머리

已破成瘡者, 用黃丹、枯白礬、生薑(燒存性)、人天靈

512《農政全書》卷41〈牧養〉"六畜"(《農政全書校注》, 1150쪽).
513 고백반(枯白礬) : 칼륨알루미늄 광물성 약재인 백반을 가열하여 결정수를 증발시킨 약재.
[147] 乾 : 《馬經大全·雜治》에는 "腫".
[148] 貼 : 《馬經大全·雜治》에는 "乾貼".

뼈[人天靈蓋]514(약성이 남도록 태운 것) 각각 같은 양을 가루 낸 뒤, 사향을 조금 넣는다.

창이 말랐으면 마유(麻油, 참기름)에 갠다. 만약 창이 습하고 고름이 있으면 좁쌀죽웃물을 총백과 함께 달인 탕으로 환부를 깨끗하게 씻은 뒤 붙여주면 바로 효과가 있다】

蓋(燒存性)各等分, 爲末, 入麝香少許.

瘡乾, 用麻油調. 若瘡濕有膿, 用漿水同蔥白煎湯, 洗淨, 傅之, 立效】

17-80) 말의 발굽이 상한 증상을 치료하는 처방

【마경515 해동피(海桐皮)516·백겨자·대황·오령지·유채씨·감초·목별자를 함께 가루 낸다. 황미(黃米, 기장) 1홉으로 죽을 쑤고, 이를 약가루와 섞어 비단 위에 펴 바른 다음 말발굽 위를 싸매면 바로 효과가 있다】

治馬傷蹄方

【馬經 海桐皮、白芥子、大黃、五靈脂、蓖蕷子、甘草、木鼈子, 共爲末, 黃米一合, 煮粥, 調藥末, 攤於帛[149] 上, 於蹄上裹之, 立效】

17-81) 말의 부골저(附骨疽)517를 치료하는 처방

【마경518 명송지(明松脂)519·총백·장(醬)·소금 각각 같은 양을 흐물흐물하게 찧어 창구(瘡口)에 집어 넣는다.

治馬附骨疽方

【又 明松脂、蔥白、醬、鹽等分, 爛擣, 納瘡口.

제민요술520 말 다리에 생긴 부골저를 치료하지

齊民要術 馬脚生附骨不治

---

514 사람의 윗머리뼈[人天靈蓋] : 사람 두개골의 정수리에 있는, 좌우 한쌍의 네모넓적한 뼈.
515 《馬經大全》 冬集 〈雜治〉, 213쪽 ; 《馬經抄集諺解》 下 〈治馬打破脊梁方〉, 234~235쪽.
516 해동피(海桐皮) : 오갈나무과 식물인 엄나무의 껍질을 말린 약재.
517 부골저(附骨疽) : 뼈[骨]에 붙어[附] 생기는 저(疽). 뼈가 썩어서 생기므로 후골저(朽骨疽)라고도 한다.
518 출전 확인 안 됨 ; 《馬經抄集諺解》 下 〈治馬附骨疽〉, 235쪽.
519 명송지(明松脂) : 소나무과 식물인 잣나무의 수지를 굳힌 약재.
520 《齊民要術》 卷6 〈養牛馬驢騾〉 第56(《齊民要術校釋》, 410~411쪽).
[149] 帛 : 저본에는 "白". 오사카본·《馬經大全·雜治》·《馬經抄集諺解·治馬打破脊梁方》에 근거하여 수정.

않아 증상이 무릎관절까지 퍼져 말이 오랫동안 절뚝거리게 되는 증상. 이때는 겨자씨를 충분히 빻되, 계란 노른자 크기만 하게 한다. 파두 3개는 껍질을 벗기고 배꼽[臍]521은 남겨두어 3개 모두 충분히 빻는다.

이를 물과 섞어 서로 잘 엉기게 한다. 섞을 때는 칼을 사용한다. 그렇지 않으면 사람 손을 트게 한다. 반드시 부골(附骨) 위에 있는 털을 뽑아 제거하고, 뼈의 바깥쪽에는 녹인 밀랍을 환부 주위로 넓게 펴서 봉한다. 그렇지 않으면 약이 말라버리고 창이 더 커질까 걱정되기 때문이다.

밀랍 붙이는 일을 끝내면 뼈 위에 약을 붙이고 생포(生布, 생 베)의 양끝을 잘라 약 위에 3번을 감아서 단단히 싸맨다. 뼈가 작으면 하루 밤이면 다 제거되고, 커도 이틀이 지나지 않아 낫는다. 그러나 반드시 여러 번 살펴보아야 한다. 부골은 다 제거되었어도 곧 괜찮은 곳까지 번져 상하게 될까 걱정되기 때문이다.

부골이 다 없어졌는지 살펴보고 냉수로 창 위를 깨끗이 씻는다. 수레바퀴굴대 끝의 기름을 긁어모아 떡[餅] 모양으로 만든 다음 창 위에 붙이고, 재빨리 깨끗한 베로 단단히 싸맨다. 3~4일 뒤에 풀어 약을 제거하면 털이 자라 흉터가 보이지 않는다.

者, 入膝節, 令馬長跛. 取芥子熟擣, 如雞子黃許. 取芭豆三枚, 去皮留臍[150], 三枚亦擣熟.

以水和, 令相著. 和時用刀子. 不爾, 破人手. 當附骨上, 拔去毛, 骨外, 融蜜蠟周匝擁之. 不爾, 恐藥燥瘡大.

著蠟罷, 以藥傅骨上, 取生布割兩頭, 作三道急裹之. 骨小者, 一宿便盡; 大者, 不過再宿. 然須要數看. 恐骨盡便傷好處.

看附骨盡, 取冷水淨洗瘡上. 刮取車軸頭脂作餅子, 着瘡上, 速以淨布急裹之. 三四日, 解去, 卽生毛而無瘢.

---

521 배꼽[臍] : 종자가 씨방에 달려 있을 때 붙어 있던 흔적으로, 종자가 씨방에서 떨어져나오면서 오목하게 패인 모양이 된다.
[150] 臍 : 저본에는 "齊". 《齊民要術·養牛馬驢騾》에 근거하여 수정.

이 치료법은 아주 훌륭해서 뜸을 뜨는 치료보다 훨씬 낫다. 그러나 창이 아직 낫지 않았으면 서둘러 말에 올라타서는 안 된다. 만약 창에서 피가 나면 곧 큰 병이 되기 때문이다】

此法甚良, 大勝灸者. 然瘡未瘥, 不得輒乘. 若瘡中出血, 便成大病也】

17-82) 말의 노서창(老鼠瘡, 나력)을 치료하는 처방

治馬老鼠瘡方

【마경[522] 일명 '접창(蝶瘡)'이다. 명송지·백반 각각 같은 양을 곱게 가루 낸다. 침으로 환부를 가로로 찔러, 나쁜 진물을 제거한 다음 약가루를 당지(唐紙)[523]로 싸매서 환부에 집어넣는다.

【馬經 一名"蝶瘡". 明松脂, 白礬等分, 細末, 以針橫刺, 去惡汁, 用唐紙裏納.

침으로 창구(瘡口)를 벌리고, 조협을 곱게 가루 낸 뒤, 그 안에 집어넣으면 큰 효과가 있다.

針開瘡口, 以皁莢細末, 納之, 大效.

누런 개의 가죽과 살을 뼈와 함께 약성이 남도록 태우고 곱게 가루 낸 뒤, 당지로 싸매서 창 안에 집어넣는다.

黃獷皮肉幷骨燒存性, 細末, 唐紙裏納瘡中.

사간(射干)을 대추씨만 한 크기로 깎아 침으로 창을 찔러 구멍을 만들고, 나쁜 진물을 제거하고, 사간을 집어넣는다. 부은 환부에서 고름이 나오면 곧 낫는다】

射干削如棗核大, 以針刺瘡作孔, 去惡汁, 納之. 其腫膿出, 卽愈】

---

522 출전 확인 안 됨 ;《馬經抄集諺解》下〈治馬附骨疽〉, 235~237쪽.
523 당지(唐紙):중국 남부 지방에서 생산되는 종이. 닥나무 껍질과 어린 대나무의 섬유를 이용하여 만든다.

17-83) 말이 후비(喉痺)[524]를 앓아 죽을 듯한 증상을 치료하는 처방

【제민요술[525] 베 같은 것으로 칼을 싸서 칼날이 0.1척 정도만 나오게 한 뒤, 목구멍을 찔러 헐게 하면 곧 낫는다. 치료하지 않으면 반드시 죽는다.

농정전서[526] 마른 말똥을 병 안에 넣어두고 머리카락으로 덮은 다음 태워 그 연기를 양쪽 코에 쐬인다.

박문록[527] 나청(螺靑, 푸른색 안료)·천궁·지모·천울금(川鬱金, 울금)·우방(볶은 것)·박하·패모를 함께 가루 낸 뒤, 2냥씩 꿀 2냥, 물과 함께 끓어오르도록 달이고, 따뜻할 때 섞어 입에 흘려넣는다】

17-84) 말의 혀가 단단해진 증상을 치료하는 처방

【박문록[528] 관동화·패랭이꽃·산치자·짚신나물[地仙草][529]·청대·붕사·박초·유연묵(油煙墨, 기름 그을음으로 만든 먹) 각각 같은 양을 곱게 가루 낸 뒤, 5돈가량씩을 혀 위에 발라주면 즉시 낫는다】

治馬患喉痺欲死方

【齊民要術 以物纏刀子, 露鋒刃一寸許, 刺咽喉, 令潰, 卽愈. 不治, 必死.

農政全書 取乾馬糞置瓶中, 以頭髮蓋覆, 燒煙, 熏其兩鼻.

博聞錄 螺靑、川芎、知母、川鬱金、牛蒡(炒)、薄荷、貝母, 同爲末, 每服二兩, 蜜二兩, 水煎沸, 候溫調, 灌】

治馬舌硬方

【又 用款冬花、瞿麥、山梔子、地仙草、靑黛、硼砂、朴硝、油煙墨等分, 爲細末, 每用五錢許塗舌上, 立差】

---

524 후비(喉痺) : 목구멍에 창이 생기거나 목구멍이 좁아져서 막히는 증상.
525 《齊民要術》 卷6 〈養牛馬驢騾〉 第56(《齊民要術校釋》, 409쪽).
526 《農政全書》 卷41 〈牧養〉 "六畜"(《農政全書校注》, 1151쪽).
527 출전 확인 안 됨;《農政全書》 卷41 〈牧養〉 "六畜"(《農政全書校注》, 1151쪽);《農桑輯要》 卷7 〈孳畜〉 "馬"(《農桑輯要校注》, 242쪽).
528 출전 확인 안 됨;《農政全書》, 위와 같은 곳;《農桑輯要》 卷7 〈孳畜〉 "馬"(《農桑輯要校注》, 243쪽).
529 짚신나물[地仙草] : 장미과 식물인 짚신나물의 전초를 말린 약재. 선학초(仙鶴草)라고도 한다.

17-85) 말이 곡식으로 탈이 난 증상을 치료하는 처방

【제민요술】530 손으로 말의 견갑 위의 긴 갈기를 쥐고 위로 치켜들어 살가죽이 살에서 떨어지게 한다. 이와 같이 수차례 하고, 피침(鈹針, 종기를 째는 데 쓰는 파종침)이나 칼로 살가죽과 살 사이의 빈곳을 찔러 뚫는다. 이때 찌른 구멍에 손을 대면 마치 사람 손에 바람이 부는 듯하니,531 이는 '곡기(穀氣)'일 뿐이다. 그 위에 사람이 소변을 누게 하고, 또 소금을 바른 뒤에 사람이 말을 타고 수십 보 걷게 하면 곧 낫는다.

계란만 한 엿을 부순 다음 꼴과 섞어 말에게 먹이면 매우 좋다.

엿기름가루 3승을 곡물에 섞어 말에게 먹이면 또한 좋다】

17-86) 말이 대소변을 누지 못하고 자다가 일어나 죽을 듯한 증상을 치료하는 처방

【제민요술】532 반드시 급히 치료해야 한다. 치료하지 않으면 하루 만에 바로 죽는다. 기름을 사람 손에 바르고 항문 속을 더듬어 찾아 맺힌 똥을 제거한다. 소금을 요도(尿道) 속에 집어넣고 잠시 뒤 오

治馬中穀方

【齊民要術】 手捉甲上長髮, 向上提之, 令皮離肉, 如此數過, 以鈹、刀子刺空中皮, 令突過. 以手當刺孔, 則有如風吹人手, 則是 "穀氣" 耳. 令人溺上, 又以鹽塗, 使人立乘數十步, 卽愈.

取餳如鷄子大, 打碎, 和草飼馬, 甚佳.

取麥蘗末三升, 和穀飼馬, 亦良】

治馬大小便不通眠起欲死方

【又】 須急治之. 不治, 一日卽死也. 以脂塗人手, 探穀道中, 去結屎. 以鹽納溺道中, 須臾得溺, 便當差也】

530《齊民要術》卷6〈養牛馬驢騾〉第56(《齊民要術校釋》, 410쪽).
531 마치……듯하니 : 말이 곡식을 먹고 탈이 나서 뱃속에 차 있던 가스(곡기)가 피침이나 칼로 찌른 구멍을 통해 나온다는 의미이다.
532《齊民要術》卷6〈養牛馬驢騾〉第56(《齊民要術校釋》, 412쪽).

줌을 누면 곧 낫는다】

17-87) 말이 갑자기 배가 터질 듯 부풀어 올라 누워 자다가 죽을 듯한 증상을 치료하는 처방

【제민요술533 냉수 5승에 소금 2승을 넣고, 소금을 갈아 녹인 다음 입 속에 흘려넣으면 반드시 낫는다】

治馬卒腹脹眠臥欲死方

【又 用冷水五升, 鹽二升, 研鹽令消, 以灌口中, 必愈】

17-88) 말의 전염병을 치료하는 처방

【마경534 백출·여로·궁궁·세신·귀구(鬼臼)535·창포 각각 같은 양을 가루 낸 뒤, 이 가루를 태우고 말의 양쪽 코에 연기를 쏘여, 연기가 뱃속에 들어가게 하면 곧 낫는다.

治馬瘟疫方

【馬經 白朮、藜蘆、芎藭、細辛、鬼臼、菖蒲等分, 爲末、燒、熏馬兩鼻, 令煙入腹, 卽愈.

오목력(五木瀝)은 말의 전염병 기운이 이미 발동했거나, 아직 발동하지 않은 증상을 치료한다. 오목력이란 오동나무·황철나무[白楊木]·흰 느릅나무·자작나무[紫柞]536·가래나무를 함께 잘라서 각각 같은 양으로 한 뒤, 횃불처럼 묶고 태워 기름을 얻은 약물이다. 병든 소나 말의 온몸과 발굽까지 발라주면 거의 죽을 듯해도 곧 살아나게 된다.

五木瀝, 治馬疫氣已發未發. 五木瀝者, 梧桐木、白楊木、白楡木、紫柞木、梓木, 共剉等分, 束作如炬, 取油. 塗病牛馬滿身至蹄甲, 垂死, 卽活.

533《齊民要術》, 위와 같은 곳.
534 출전 확인 안 됨;《馬經抄集諺解》下〈治馬時疫〉, 240~241쪽.
535 귀구(鬼臼): 소벽과 식물인 팔각련(八角蓮)의 뿌리줄기를 말린 약재.
536 자작나무[紫柞]: 미상. 떡갈나무의 일종으로 추정된다.

전염병 기운이 처음 발동했을 때, 소루쟁이[羊蹄草]537로 2~3승 즙을 내어 입에 흘려넣는다.

始發, 羊蹄草取汁二三升, 灌口.

수달의 고기·간·밥통[肚]을 물에 달이고 즙을 얻어, 즙을 입에 흘려넣는다】

獺肉、肝、肚, 以水煮汁, 灌之】

17-89) 말의 가죽이 들뜬 증상을 치료하는 처방

【증보산림경제538 말이 다른 말과 서로 발로 차서 맞거나 다른 사물에 부딪히면, 어혈이 엉겨서 흩어지지 않음으로 인해 가죽이 살에서 떨어지게 된다. 이렇게 되면 말이 걷거나 달릴 때 갑자기 다리를 절거나, 다리를 절다가 곧 멈추게 된다.

말이 상처 입은 곳을 알고 싶으면, 털이 반드시 바싹 마르고 뻣뻣하여 윤기가 흐르지 않은 곳을 찾으면 된다. 바로 물로 상처 주위를 두루 씻어주고 해가 드는 곳에 말을 묶어두면 상처가 저절로 서서히 마르기 마련이다.

이것은 가죽이 살과 붙어 있지 않기 때문이다. 바로 말을 묶어 넘어뜨리고, 피침(鈹鍼)으로 가죽 위를 여기저기 찔러주면 반드시 검붉은 어혈이 나올 것이다. 어혈이 아직 다 나오지 않았을 때, 소금으로 환부 위를 비벼준다. 이에 앞서 쑥 몇 움큼을 사람 오줌 속에 담가놓았다가 출혈이 멈추면 쑥을 침

治馬皮浮方

【增補山林經濟 馬被他馬相踢, 或爲物撞觸, 則瘀血凝而不散, 令皮離肉. 馬於151行走之時, 忽然乍蹇, 或蹇而卽止.

欲知其傷處, 則毛必焦豎不澤. 便以水徧洗其近處, 拴於向陽地, 則傷處自當後乾.

此是皮不貼肉故也. 卽縛倒馬, 用鈹鍼亂刺皮上, 則必出紫瘀血. 血未盡出, 以鹽擦其上. 先以艾數把浸人尿中, 待血止, 取艾安鍼孔上, 用鐵器燒烙艾上,

---

537 소루쟁이[羊蹄草]: 마디풀과 식물인 소루쟁이 전초.
538 《增補山林經濟》卷5 〈牧養〉 "治馬皮浮方"(《農書》3, 338~339쪽).
151 於:《增補山林經濟·牧養·治馬皮浮方》에는 "必".

구멍 위에 놓는다. 철기(鐵器)를 달구어 쑥 위를 지지면 피가 다시 나오지 않을 것이다.

이어서 곧 개가죽 등과 같은 물건으로 침구멍을 싸매서 바람을 쐬지 않도록 한다. 며칠 뒤에 비록 다른부위로 옮아서 가죽이 높이 들뜨는 증세가 있다 해도, 빨리 냉수로 환부를 씻으면 나을 것이다.

어떤 이는 "침을 써서는 안 된다. 다만 아주까리기름을 환부에 자주 바르면, 어혈이 저절로 흩어져서 가죽은 다시 살에 붙어 낫는다."라 했다】

17-90) 말의 뒷발 관절이 부은 증상을 치료하는 처방

【 증보산림경제 [539] 말을 묶어 넘어뜨리고, 철기(鐵器)를 달구어 철기로 관절 주위를 빙 돌면서 지져, '전(田)'자 모양이나 '일(日)'자 모양을 만든다. 미나리와 개똥을 함께 짓찧어 지진 글자 위에 붙인 다음 썩혀 궂은살을 제거하면 새살이 다시 돋는다. 만약 이전처럼 크게 부을까 걱정될 때는, 와기(瓦器)조각으로 살살 문질러 편평하게 가라앉히고, 이어서 사람 오줌으로 환부를 깨끗하게 씻는다. 일반적으로 1개월 남짓 동안 몇 번 하면 곧 나을 것이다】

17-91) 말의 입천장이 부은 증상을 치료하는 처방

【 증보산림경제 [540] 대침(大鍼)으로 세 번째 입천장

則血不復出.

便以狗皮等物, 包裹鍼孔, 令不觸風. 數日後, 雖有他處流移浮高之症, 旋以冷水洗之則差矣.
或云:"不須用鍼. 只以蓖麻油頻頻塗之, 則瘀血自散, 皮更貼肉而差."】

治馬後脚節腫方

【 又 將馬縛倒, 燒鐵器繞節烙, 成田字形或日字形. 以水芹、犬糞合擣, 付於烙字上, 令腐, 去惡肉, 更生新肉. 恐如前腫大時, 以瓦[152]片輕輕磨平, 仍以人尿洗淨. 凡幾次月餘卽可差】

治馬上齶腫方

【 又 以大鍼橫刺第三齶,

539《增補山林經濟》卷5〈牧養〉"治馬後脚節目腫方"(《農書》3, 339쪽).
540《增補山林經濟》卷5〈牧養〉"治馬上齶腫方"(《農書》3, 340쪽).
[152] 瓦:《增補山林經濟·牧養·治馬後脚節目腫方》에는 "尾".

[第三腭]541을 비스듬하게 찔러서 피를 내면 낫는다. 혹은 입천장의 살을 째어 제거하고, 썰지 않은 콩깍지를 먹이면 낫는다. 그러나 이 방법은 말을 상하게 하여 효과가 빼어나지 않다】

出血, 差. 或割去上腭肉, 喂以不剉荳箕, 差. 然此法損馬, 不妙】

17-92) 말이 더위 먹은 증상을 치료하는 처방

【 증보산림경제 542 누에가 첫잠[初眠] 잘 때의 누에똥을 누렇게 볶은 다음 따뜻한 물로 우려낸 즙을 입에 흘려넣으면 낫는다】

治馬中暑方

【又 初眠蠶砂炒黃, 溫水出汁, 灌之, 愈】

17-93) 말이 자주 열병을 앓는 증상을 치료하는 처방

【 증보산림경제 543 인분에 좋은 황토를 섞어서 진흙반죽을 만든 다음 말구유의 양쪽 끝 안쪽에 바르고, 이 상태에서 말구유에 물을 부어 진흙반죽이 우러난 물을 스스로 마시게 한다. 또 다른 방법은 참기름을 1승씩 입에 흘려넣는 것이다】

治馬尋常患熱方

【又 人屎和眞黃土, 作泥, 塗馬槽兩頭內, 仍灌水, 令自飮汁. 又方, 胡麻油, 每灌一升】

17-94) 말의 잡다한 병을 치료하는 민간 처방

【 증보산림경제 544 발굽의 피를 빼주는 법 : 일반적으로 말의 발굽이 더위로 뜨거워진데다 건조하고 딱딱해지거나, 저절로 갈라진 곳이 있거나, 발굽 위에 난 털 사이에 발굽을 빙 둘러 약간 부어오른 모

治馬雜病俗方

【又 徹蹄血法 : 凡馬蹄甲烘熱, 且燥硬, 或有自裂處, 或蹄上生毛之際, 稍有環蹄腫起之形者, 是血熱

---

541 세번째 입천장[第三腭] : 연구개에 해당 되는 입천장 안쪽 연한 부위로 판단된다. 입구에서부터 목구멍 쪽을 향해 세 부분으로 구분하여 설명한 것이다. 입구 쪽은 골조직으로 이루어진 경구개.

542 《增補山林經濟》卷5 〈牧養〉 "治馬中暑方"(《農書》3, 340쪽).

543 《增補山林經濟》卷5 〈牧養〉 "治馬尋常患熱方"(《農書》3, 340쪽).

544 《增補山林經濟》卷5 〈牧養〉 "俗方治馬雜病法"(《農書》3, 336~337쪽) ;《增補山林經濟》卷5 〈牧養〉 "刺脛水俗法"(《農書》3, 338쪽).

양을 하는 이유는 피가 뜨겁기 때문이다.

이렇게 되면 말이 쉽게 넘어져서 걷거나 달릴 때 또한 좋지 않다. 이때는 바로 발굽의 피를 빼줘야 한다. 발굽의 좌우 각 정중앙에서 빼낸 피를 민간에서는 '연적혈(燕赤血, 제비의 피)545'이라 하고, 발굽 꼭대기에서 빼낸 피를 민간에서는 '정혈(頂血, 이마피)546'이라 한다.

말을 묶어 넘어뜨리고, 날카로운 칼로 발굽을 깎아내 제태(蹄胎, 발굽 안쪽의 속살)에 바로 이르러 이미 핏빛이 보이면 잠시 그대로 둔다. 맞은편 발굽도 앞에서 했듯이 발굽을 깎아내서 피가 보이면 침 끝으로 양쪽 제두혈(蹄頭穴)을 째고 피를 내어 한동안 피가 흘러나오게 한다. 이때 봄에는 많이 흘러나오게 해야 하지만, 가을·겨울·여름에는 많이 흘러나오게 해서는 안 된다.

일반적으로 피를 흘러나오게 할 때 만약 피가 엉기고 막히면 반드시 소금을 약간 뿌려줘야 피가 저절로 맑아져 쉽게 나올 것이다. 피가 적당히 나왔으면 곧 묶어두었던 말을 풀어주고 건조하고 깨끗한 나무널빤지 위에 세운다. 그리고 밧줄을 말의 허리에 걸어 놓고 눕지 못하게 한다.

더러운 물을 절대 금한다. 발굽의 혈자리에 더러운 물이 튀어 들어가면 반드시 고름이 생기기 때문

也.

令馬易蹶, 行走亦不利. 卽徹蹄血. 去蹄甲左右各當中血者, 俗稱"燕赤血"; 去蹄頭血, 俗稱"頂血".

縛倒馬, 用利刀剦刻蹄甲, 直至蹄胎已見血色, 姑留之. 去對處如前剦刻, 見血, 卽以鍼尖開出兩蹄二穴之血, 令一時注下, 而春宜多, 秋冬夏不宜多.

凡注血之時, 血若凝澁[153], 必少糝鹽, 則血自淸而易出矣. 血出適宜, 便解其縛, 立於乾淨板上. 以索懸馬腰, 令不得臥.

切忌汚水, 糝入蹄穴, 必成膿矣. 以綿或南草葉, 塞

545 연적혈(燕赤血, 제비의 피):《증보산림경제》원문에는 연적혈을 "졉의지피(제비의 피)"라고 한다는 세주가 적혀 있다.
546 정혈(頂血, 이마피):《증보산림경제》원문에는 정혈을 "니마피(이마피)"라고 한다는 세주가 적혀 있다.
[153] 澁 : 저본에는 "澁".《增補山林經濟·牧養·俗方治馬雜病法》에 근거하여 수정.

이다. 목화잎이나 담뱃잎으로 발굽을 깎아 낸 구멍 부분을 막아서 파리를 막아야 한다. 7~8일 뒤에 편자를 끼우고 말을 탄다. 목화잎으로 구멍을 막을 경우에는 반드시 향유(香油, 참기름)를 목화잎에 발라야 한다.

剟刻之穴以防蠅子. 七八日着鐵騎之. 其用綿塞穴者, 必以香油塗綿.

말 정강이에 찬 물을 찔러서 빼는 법 : 말의 발이 발회목[腕]과 접하는 위쪽의 뼈를 민간에서는 '주자골(珠子骨)'이라 한다. 뼈 뒤쪽에 털이 모여 있는 근처를 민간에서는 '수가(水家)'라 한다. 이곳에 침을 잘못 놓으면 다리를 절게 되면서 치료하지 못한다. 수가(水家)에서 바로 위로 몇 촌 가량 떨어진 곳으로, 정강이뼈 뒤쪽의 굵은 힘줄 앞쪽을 손톱으로 쳐보면 비어서 푹 꺼져 있는 곳이 있음을 알 수 있다. 몸속에 맺혀 있던 어수(瘀水, 고인 물)가 여기에 모였다가 마침내 아래로 내려간다.

刺脛水法 : 馬[154]足接踠上骨, 俗稱"珠子骨". 骨後聚毛近處, 俗稱"水家". 誤鍼之, 患蹇不治. 自水家直上數寸許, 脛骨後䐴筋之前, 以爪搯之, 則可知有空陷處. 瘀水聚此, 遂下.

침을 놓을 때는 반드시 정강이뼈 주변을 찔러서 어수(瘀水)를 제거해야지, 절대 힘줄을 찔러서는 안 된다. 힘줄을 잘못 찌르면 역시 다리를 절게 되어 치료하지 못할 것이다. 침으로 어수(瘀水)를 제거한 뒤에는 헝겊 따위로 봉한다. 물에 들어가는 일을 금하고, 3~4일간 조리한다.

鍼而必從脛骨邊刺去, 切勿犯筋. 誤犯亦蹇不治矣. 鍼去瘀水, 以物封之. 忌入水, 調理三四日.

말의 정강이에 물이 차서 다리를 절고 걷지 못하

馬患脛水致蹇不行, 鍼用

---

[154] 法馬 : 저본에는 "馬法". 오사카본·《增補山林經濟·牧養·刺脛水俗法》에 근거하여 수정.

는 병을 앓을 때에는 침을 놓고 소금에 절인 조기[石魚鹽]를 칼로 갈라서 환부에 붙인다. 이때 사람 오줌을 그 위에 부어주거나 생도라지를 찧어 환부에 붙인다.

일반적으로 침을 놓은 뒤에 급하게 빨리 달리게 하려면, 황랍(黃蠟)과 송진을 침구멍 위에 놓고 침을 달구고 침으로 지져 막는다】

전어지 권제1 끝

石魚鹽劈付之. 時以人尿注放其上, 或擣生桔梗付之.

凡鍼後, 如欲急時赶行, 用黃蠟、松脂、安鍼孔、炙鍼烙塞】

佃漁志卷第一

전어지 권제 2

佃漁志 卷第二

임원십육지 38

林園十六志三十八

I. 목축·양어·양봉(하)

닭 기르는 법: 2월 내에 먼저 땅 2묘를 갈고, 차조죽을 푹 익도록 쑤어 밭에 뿌린
다음 생 띠풀로 그 위를 덮어서 자연히 구더기가 생기게 한다. 그러면 바로 누런
암탉 20마리와 큰 수탉 5마리를 산다. 땅 위에 사방을 에워싸서 담을 쌓되, 높이는
10척 정도로 하고, 가시나무로는 담 꼭대기를 막는다. 정중앙에는 담을 한 줄 만들
어서 그 땅을 정확히 반으로 나누어 2개의 원(院, 칸)이 되게 한다.

목축·양어·양봉(하)

牧養(下)

1. 소

牛

1) 이름과 품종

名品

본초강목(本草綱目) [1][2] 허신(許愼)[3]은 말했다. "소는 건(件, 나누다)이다. 소는 큰[大] 희생제물[牲]로, 용도대로 부위를 나눌 수 있다. 그 글자는 2개의 뿔과 머리 세 갈래와 어깨뼈가 솟아 오른 모습과 꼬리의 형태를 본떴다.[4]"[5]라 했다. 《주례(周禮)》에서는 소를 '대뢰(大牢)'라 했다.[6] 뢰(牢)는 가축의 우리이다. 소 우리는 크고, 양 우리는 작다. 그러므로 모두 '뢰(牢)'라는 이름을 얻었다.

《예기(禮記)》〈내칙(內則)〉에서는 소를 '일원대무'(一元大武, 발이 큰 소 한 마리)라 했다.[7] 원(元)은 머리이고,

本草綱目 許愼云 : "牛, 件也. 牛爲大牲, 可以件事分理也. 其文象角頭三[1]、封及尾之形."《周禮》謂之 "大牢". 牢乃豢畜之室. 牛牢大, 羊牢小, 故皆得牢名.

《內則》謂之 "一元大武". 元, 頭也 ; 武, 足跡也. 牛

---

1   본초강목(本草綱目) : 중국 명(明)나라의 본초학자(本草學者) 이시진(李時珍, 1518~1593)이 편찬한 본초서. 약용으로 쓰이는 사물을 수부(水部)·화부(火部)·토부(土部)·금석부(金石部)·초부(草部)·곡부(穀部)·채부(菜部)·과부(果部)·목부(木部)·복기부(服器部)·충부(蟲部)·인부(鱗部)·개부(介部)·수부(獸部)·인부(人部)로 분류하고, 산지와 모양부터 기미(氣味)·주치(主治)·처방(處方)까지 망라하여 정리하였다.
2   《本草綱目》卷50〈獸部〉"牛", 2747~2748쪽.
3   허신(許愼) : 30~124. 중국 후한(後漢)의 학자. 자는 숙중(叔重). 경전을 두루 연구하여 유학(儒學)에 정통하였다. 저서로《오경이의(五經異義)》·《설문해자(說文解字)》등이 있다.
4   글자는……본떴다 : 《설문해자(說文解字)》의 소 우(牛)'자 모양은 다음과 같다.
5   소는……본떴다 : 《說文解字》2篇上〈文三〉(《說文解字注》, 50쪽).
6   주례(周禮)에서는……했다 : 《周禮注疏》卷13〈牛人〉(《十三經注疏整理本》7, 383쪽).
7   예기(禮記)……했다 : 《禮記正義》卷5〈曲禮〉下(《十三經注疏整理本》12, 181쪽).
[1] 三 : 저본에는 "二".《本草綱目·獸部·牛》에 근거하여 수정.

소 우(牛)(《설문해자(說文解字)》)

무(武)는 발자국이다. 소가 살지면 발자국이 크다. 이는 《사기(史記)》에서 소를 '사제(四蹄, 네 발굽)'라고 하고,[8] 오늘날 사람들이 소를 '일두(一頭, 머리 하나)'라 하는 의미와 같다. 범서(梵書, 산스크리트어로 적은 책, 즉 불경)에서는 소를 '구마제(瞿摩帝)'라 한다.

수컷 소를 '고(牯)'·'특(特)'·'격(犌)'·'적(犄)'이라 한다. 암컷 소를 '사(牸)'·'자(牸)'라 한다. 남쪽 지역의 소를 '오(㹔)'라 하고, 북쪽 지역의 소를 '진(犙)'이라 한다.

다른 색이 섞이지 않은 순황색의 소를 '희(犧)'라 하고, 흑색의 소를 '유(牏)'라 하고, 백색의 소를 '악(㹊)'이라 한다. 적색의 소를 '졸(㸶)'이라 한다. 얼룩덜룩한 소를 '리(犁)'라 한다.

거세한 소를 '건(犍)', 혹은 '개(犗)'라 한다. 뿔이 없는 소를 '타(牠)'라 한다. 새끼는 '독(犢)'이라 한다. 태어난 지 2년 된 소를 '패(㸬)'라 하고, 3년 된 소를 '삼(犙)'이라 하고, 4년 된 소를 '사(牭)'라 하고, 5년 된 소를 '개(犿)'라 하고, 6년 된 소를 '비(犕)'라 한다.

소는 진우(犙牛)와 수우(水牛) 2종류가 있다. 진우는 작고 수우는 크다. 진우는 황색·흑색·적색·백색·얼룩덜룩하게 여러 색이 섞인 색 등 여러 색이 있다. 수우는 색이 청창(靑蒼)색이고, 배는 크고 머리는 뾰족하여, 그 형상이 돼지와 비슷하다. 뿔은 마치 창

肥則跡大. 猶《史記》稱牛爲"四蹄", 今人稱牛爲"一頭"之義. 梵書謂之"瞿摩[2]帝".

其牡曰"牯", 曰"特", 曰"犌[3]", 曰"犄". 牝曰"牸", 曰"牸". 南牛曰"㹔", 北牛曰"犙". 純色曰"犧", 黑曰"牏", 白曰"㹊", 赤曰"㸶[4]". 駁曰"犁".

去勢曰"犍", 又曰"犗". 無角曰"牠[5]". 子曰"犢". 生二歲曰"㸬", 三歲曰"犙", 四歲曰"牭", 五歲曰"犿", 六歲曰"犕".

有犙牛、水牛二種. 犙牛小而水牛大. 犙牛有黃、黑、赤、白、駁雜數色. 水牛色靑蒼, 大腹銳頭, 其狀類豬. 角若擔矛, 能與虎鬪.

8　사기(史記)에서……하고: 출전 확인 안 됨; 《史記索隱》 卷28 〈貨殖列傳〉 《文淵閣四庫全書》 246, 638쪽).

[2] 摩: 저본에는 "麻". 오사카본·《本草綱目·獸部·牛》에 근거하여 수정.

[3] 犌: 《本草綱目·獸部·牛》에는 "犅".

[4] 㸶: 《本草綱目·獸部·牛》에는 "㸼".

[5] 牠: 저본에는 "牛". 《本草綱目·獸部·牛》에 근거하여 수정.

을 메고 있는 듯해서 호랑이와도 싸울 수 있다.

또한 백색 소도 있다. 울림(鬱林)[9] 지역 사람들은 이를 '주류우(州留牛)'라 한다. 또 광남(廣南)[10] 지역에 있는 '직우(稷牛)'는 과하우(果下牛, 과실나무 아래를 지날 수 있는 작은 소)이다. 몸집이 가장 왜소하다. 《이아(爾雅)》[11]에서 '피우(犤牛)'라 했고,[12] 《주서(周書)》 〈왕회편(王會篇)〉[13]에서 '환우(紈牛)'라고 한 소가 이것이다.[14]

亦有白色者. 鬱林人謂之"州[6]留牛". 又廣南有"稷牛", 卽果下牛. 形最卑小. 《爾雅》謂之"犤牛", 《王[7]會篇》謂之"紈[8]牛"是也.

소는 귀가 들리지 않아 코로 소리를 듣는다. 소의 눈동자는 세로로 곧게 서 있고, 가로로 퍼져 있지 않다. 소가 우는 소리를 '모(牟)'라 한다.

牛耳聾, 其聽以鼻. 牛瞳豎而不橫. 其聲曰"牟".

목에 늘어진 살을 '호(胡)'라 한다. 발굽의 살을 '위(衛)'라 한다. 천엽[百葉][15]을 '비(膍)'라 한다. 뿔 속의 살을 '새(鰓)'라 한다. 코뚜레를 '권(桊)'이라 한다. 꼴을 씹어 먹고 다시 뱉는 되새김질을 '치(齝)'라 한다. 뱃속의 꼴이 아직 소화되지 않은 상태를 '성제(聖虀)'라 한다.

項垂曰"胡". 蹄肉曰"衛". 百葉曰"膍". 角胎曰"鰓[9]". 鼻木曰"桊". 嚼草腹出曰"齝[10]". 腹草未化曰"聖虀".

---

9 울림(鬱林): 현재 중국 광서성(廣西省) 일대에 속한 지역.

10 광남(廣南): 현재 중국 광남성(廣南省) 일대.

11 이아(爾雅): 중국에서 가장 오래된 자전(字典). 주공(周公)이 지었다고 전해진다. 경전에 쓰여진 문자의 뜻을 제대로 알기 위한 용도로 중요시되었다.

12 이아(爾雅)에서는……했고: 《爾雅注疏》 卷10 〈釋獸〉(《十三經注疏整理本》 24, 379쪽).

13 주서(周書) 왕회편(王會篇): 《서경(書經)》과 마찬가지로 주(周)나라 시대의 역사적 사실을 담고 있는 책. 현재 일실되어 편명만 전해지고 있다. 이런 책을 《일주서(逸周書)》라고도 한다. 〈왕회편〉은 일실된 주서의 편명 중 하나이다.

14 주서(周書)……이것이다: 출전 확인 안 됨; 《周禮注疏》 卷36 〈貉隸〉(《十三經注疏整理本》 7, 383쪽).

15 천엽[百葉]: 반추동물의 제3위.

[6] 州: 《本草綱目·獸部·牛》에는 "周".

[7] 王: 저본에는 "群". 《本草綱目·獸部·牛》에 근거하여 수정.

[8] 紈: 저본에는 "統". 오사카본·규장각본·《本草綱目·獸部·牛》에 근거하여 수정.

[9] 鰓: 저본에는 "顋". 《本草綱目·獸部·牛》에 근거하여 수정.

[10] 齝: 저본에는 "齡". 《本草綱目·獸部·牛》에 근거하여 수정.

소는 가축으로는 토(土)에 속하고, 괘(卦)로는 곤(坤)괘에 속한다. 토(土)는 느릿하고 온화하여 그 성질이 순하다.

《조화권여(造化權輿)》[16]에 "건양(乾陽, 하늘의 양기)은 말이고, 곤음(坤陰, 땅의 음기)은 소이다. 그러므로 말의 발굽은 둥글고, 소의 발굽은 갈라져 있다.

말이 병들면 드러눕는 이유는 음(陰)이 승하기 때문이다. 소가 병들면 서는 이유는 양(陽)이 승하기 때문이다. 말이 일어날 때 앞발을 먼저 쓰고, 누울 때 뒷발을 먼저 쓰는 이유는 양을 따르기 때문이다. 소가 일어날 때 뒷발을 먼저 쓰고, 누울 때 앞발을 먼저 쓰는 이유는 음을 따르기 때문이다."[17]라 했다.

牛在畜屬土, 在卦屬坤. 土緩而和, 其性順也.

《造化權輿》云:"乾陽爲馬, 坤陰爲牛, 故馬蹄圓, 牛蹄坼.

馬病則臥, 陰勝也;牛病則立, 陽勝也. 馬起先前足, 臥先後足, 從陽也;牛起先後足, 臥先前足, 從陰也."

---

16 조화권여(造化權輿):중국 당(唐)나라의 조자면(趙自勔, 8세기 경 활동)이 지은 책. 태극(太極)·천지·산악(山岳)·칠요(七曜, 7개의 별)·오행·음양과 만물의 변화 등에 대해 서술하였다.
17 건양(乾陽)은……때문이다:출전 확인 안 됨;《物理小識》卷11〈鳥獸類〉(《文淵閣四庫全書》867, 969쪽).

2) 소 보는 법

머리는 작고 뇌는 크며, 정강이는 길고 몸통은 짧으며, 뿔은 네모지고 눈은 둥글며, 등뼈는 높고 어깨는 낮으며, 털이 나눠지지 않으며, 서 있을 때 발이 가지런해야 밭가는 소로 삼을 만하다. 영척(甯戚)[18] 《상우경(相牛經)[19]》[20]

앞다리는 곧고 양 간격이 넓어야 하고, 뒷다리는 구부러지고 양 간격이 벌어져 있어야 한다. 발굽은 커야 한다. 청흑(青黑)색을 띤 발굽을 '철제(鐵蹄, 쇠발굽)'라 한다. 똥 모양이 나선형이면 힘을 쓸 때 번개 같다. 영척 《상우경》[21]

밭가는 소를 보는 방법:눈은 뿔 사이의 거리가 가까워야 한다. 눈은 크고, 흰 맥이 눈동자를 관통해야 한다. 뿔은 가늘어야 하고, 뿔의 두 뿌리가 가까이 붙어 있어야 한다. 몸통은 거칠거칠하고, 털은 짧고 빽빽해야 한다. 목뼈는 조금 길고 커야 한다. 뒷다리와 사타구니【양쪽 다리 사이를 말한다】가 모두 시원스러우면 길하다. 털이 듬성듬성하고 길면 추위를 견디지 못한다. 꼬리는 털이 조금 어지럽고

相法

頭小腦大, 脛長身短, 角方眼圓, 脊高臂低, 毛不分, 立齊足, 方可爲耕牛. 甯戚《相牛經》

前脚欲直而闊, 後脚欲曲而開. 蹄欲大. 靑黑爲"鐵蹄", 屎如螺旋, 用力如電. 同上

相耕牛方:眼要去角近. 眼欲大, 白脈貫瞳. 角欲細, 兩根着近. 體欲粗矗, 毛欲短密. 頸骨稍長大. 後脚、股門【謂兩脚間】幷快則吉. 毛疏長者, 不耐寒. 尾稍亂, 毛轉卷則命短. 同上

---

18 영척(甯戚):?~?. 중국 춘추 시대 제(齊)나라 대부(大夫). 기원전 8세기에 활동했다. 집안이 가난하여 남의 수레를 끌어주면서 살았다. 제나라 환공(桓公)이 이르자 소의 뿔을 두드리며 "백석가(白石歌)"를 불렀는데, 환공이 이를 듣고 불러다가 이야기를 나눈 뒤에 그가 현자(賢者)임을 알고 대부로 삼았다.

19 상우경(相牛經):중국 춘추 시대 제나라 영척이 지은 책. 소를 분별하는 방법에 대해 기술하였다.

20 출전 확인 안 됨;《山林經濟》卷2〈牧養〉(《農書》2, 234쪽).

21 출전 확인 안 됨;《山林經濟》卷2〈牧養〉(《農書》2, 235쪽).

말려 있으면 수명이 짧다. 영척《상우경》[22]

소에게 기호(歧胡)[23]가 있으면 오래 산다【주 기호는 늘어진 목의 살이 양쪽 겨드랑이까지 늘어져 있는 상태이다. 나뉘어져 3부분이 되기도 한다】.

눈이 뿔 사이의 거리가 가까우면 행동이 빠르다.

눈은 커야 한다.

눈 속에 흰 맥이 눈동자를 관통하면 가장 좋다.

이궤(二軌)가 가지런하면 좋다【주 이궤란 코부터 앞 넓적다리까지의 전궤(前軌)와, 어깨뼈부터 허리뼈까지의 후궤(後軌)이다】.

목뼈가 길고 크면 빠르다.

벽당(壁堂)은 넓어야 한다【주 벽당은 앞다리와 뒷다리 사이의 흉복부이다】.

정강이는 말을 묶어 놓은 듯 모여 있고 단정해야 한다.

음경은 작아야 한다.

응정(膺庭)은 넓어야 한다【주 응정은 가슴이다】.

천관(天關)은 잘 발달되어야 한다【주 천관은 등뼈에 붙어 있는 뼈이다】.

牛, 歧胡, 有壽.【注 歧胡, 牽兩腋, 亦[11]分爲三也】

眼去角近, 行駃.

眼欲得大.

眼中有白脈[12], 貫瞳子, 最快.

二軌齊者, 快【注 二軌, 從鼻至髀[13]爲前軌, 甲至髂爲後軌】.

頸骨長且大, 駃.

壁堂欲得濶【注 壁堂, 脚肢間也】.

倚欲得如絆馬聚而正也.

莖欲得小.

膺庭欲得廣【注 膺庭, 胸也】.

天關欲得成【注 天關, 脊接骨也】.

---

22 출전 확인 안 됨;《山林經濟》卷2〈牧養〉(《農書》2, 234쪽).

23 기호(歧胡):호(胡)는 턱 아래로 늘어진 가죽을 말한다. 늘어진 가죽이 2부분이나 3부분으로 갈린 모양을 '기호'라 하고, 갈리지 않은 모양을 '동호(洞胡)'라 한다.

[11] 亦:저본에는 "下".《齊民要術·養牛馬驢騾》에 근거하여 수정.

[12] 脈:저본에는 "肤". 오사카본·규장각본·《齊民要術·養牛馬驢騾》에 근거하여 수정.

[13] 髀:저본에는 "脾". 오사카본·《齊民要術·養牛馬驢騾》에 근거하여 수정.

준골(僬骨)은 아래로 늘어져야 한다【주 준골은
등뼈 중앙으로, 아래로 늘어져야 한다】.

동호(洞胡)이면 오래 살지 못한다【주 동호는 머리
부터 가슴까지 늘어진 살이다】.

가마[旋毛]가 주연(珠淵)에 있으면 오래 살지 못한
다【주 주연은 눈 아래쪽에 해당한다】.

상지(上池)에 털이 어지럽게 자라면 주인의 운을
막는다【주 상지는 두 뿔의 중간으로, '대마(戴麻)'라
고도 한다】.

정강이가 반듯하지 않으면 노병(勞病)[24]이 있다.

뿔이 냉하면 병이 있다.

털이 오그라들어 있으면 병이 있다.

털은 짧고 빽빽해야 한다. 만약 길고 듬성듬성하
면 추위를 견디지 못한다.

귀에 긴 털이 많으면 추위와 더위를 견디지 못한다.

단려(單膂)[25]이면 힘이 없다.

부스럼[癭]이 생기자마자 바로 터지면 심한 노병
(勞病)이 있다.

오줌을 앞다리 쪽으로 싸면 좋다. 곧장 아래로
싸면 좋지 않다.

속눈썹이 어지럽게 나면 사람을 들이받는다.

뒷다리가 구부러지거나 쭉 뻗은 형태는 모두 좋

僬骨欲得垂【注 僬骨,脊
骨中央[14], 欲得下也】.

洞胡, 無壽【注 洞胡, 從
頭至臆也】.

旋毛在珠淵, 無壽【注 珠
淵, 當眼下也】.

上池有亂毛起, 妨主【注
上池, 兩角中, 一曰"戴麻"
也】.

倚脚不正, 有勞病.

角冷, 有病.

毛拳, 有病.

毛欲得短密, 若長疏, 不
耐寒氣.

耳多長毛, 不耐寒熱.

單膂, 無力.

有生癭卽決者, 有大勞病.

尿射前脚者, 快;直下者,
不快.

亂睫者, 觝人.

後脚曲及直, 幷是好相, 直

---

24 노병(勞病) : 진액이나 기혈 부족으로 몸이 쇠약해진 틈을 타서 생기는 증상. 기침을 심하게 하며 토혈하기
도 한다. 노채병(癆瘵病)이라고도 하며, 현대의 결핵을 말한다.

25 단려(單膂) : 려(膂)는 등골뼈와 허리등뼈 양쪽 측면에 있는 피부와 살을 가리킨다. 이 피부와 살이 발달되
면 쌍려(雙膂), 발달되지 않으면 단려라 한다. 아래 양염(陽鹽) 해설 부분 참조.

[14] 央 : 저본에는 "夾". 오사카본·《齊民要術·養牛馬驢騾》에 근거하여 수정.

은 상이지만 쭉 뻗은 형태가 더 낫다.

앞으로 갈 때 다리를 그다지 쭉 뻗지 못하거나, 뒤로 물러날 때 다리가 별로 구부러지지 않으면 하품(下品)이다.

걷는 모양새는 양이 걷는 모습과 비슷해야 한다.

머리에 살이 많을 필요가 없다.

엉덩이는 네모져야 한다.

꼬리는 땅에 닿지 않아야 한다. 땅에 닿으면 힘이 적다.

꼬리 위에 털이 적고 뼈가 많으면 힘이 있다.

무릎 위에 붙은 살은 단단해야 한다.

뿔은 가늘고, 가로 세로로 크지 않아야 한다.

몸은 탄력이 있어야 한다. 그 모양이 둥근[卷] 듯해야 한다【주 권(卷)이란 그 모양이 둥글다는 말이다】.

삽경(揷頸)²⁶은 높아야 한다.

어떤 이는 "몸통은 단단해야 한다."라 했다.

허구리가 크고 갈빗대가 듬성하면 먹이를 먹이기 어렵다.

머리가 용 모양에 눈이 튀어나와 있으면 껑충껑충 뛰기를 좋아한다【주 또 "잘 걷지 못한다."라 한다】.

코가 구리거울 뒷면 중앙의 줄을 꿰는 구멍[鏡鼻] 같이 작으면 소를 끌기가 어렵다.

입이 네모나면 먹이를 먹이기 쉽다.

尤勝.

進不甚直, 退不甚曲, 爲下.

行欲得似羊行.

頭不用多肉.

臀欲方.

尾不用至地. 至地, 少力.

尾上毛⑮少骨多者, 有力.

膝上縛肉欲得硬.

角欲得細, 橫豎無在大.

身欲得促. 形欲得如卷【注 卷者, 其形圓⑯也】.

揷頸欲得高.

一曰"體欲得緊".

大膁疏肋, 難飼.

龍頭突目, 好跳【注 又云 "不能行也"】.

鼻如鏡鼻, 難牽.

口方, 易飼.

---

26 삽경(揷頸) : 목과 이어지는 목덜미 부분.
⑮ 毛 : 저본에는 "尾". 오사카본·《齊民要術·養牛馬驢騾》에 근거하여 수정.
⑯ 圓 : 저본에는 "側". 《齊民要術·養牛馬驢騾》에 근거하여 수정.

난주(蘭株)는 커야 한다【주 난주는 몸통과 꼬리가 만나는 부분[尾株]이다】.

蘭株欲得大【注 蘭株, 尾株】.

호근(豪筋)은 잘 발달되어야 한다【주 호근은 다리 뒤쪽의 가로 힘줄이다】.

豪筋欲得成就【注 豪筋, 脚後橫筋】.

풍악(豐岳)은 커야 한다【주 풍악은 슬주골(膝株骨)²⁷이다】.

豐岳欲得大【注 豐岳, 膝株骨也】.

발굽은 세로로 곧아야 한다【주 양의 다리와 같이 세로로 곧아야 한다】.

蹄欲得豎【注 豎如羊脚⑰】.

수성(垂星)에는 굳은살이 있어야 한다【주 수성은 발굽 위이다. 살이 발굽을 덮은 부분을 '굳은살'이라 한다】.

垂星欲得有努肉【注 垂星, 蹄上. 有肉覆蹄, 謂之 "努肉"】.

역주(力柱)는 크고 잘 발달되어야 한다【주 역주는 멍에를 얹는 곳의 뼈이다】.

力柱欲得大而成【注 力柱, 當車⑱骨】

갈빗대는 조밀해야 하고, 갈비뼈는 크고 벌어져 있어야 한다【주 벌어지면서 넓어야 한다】.

肋欲得密, 肋骨欲得大而張【注 張而廣也】.

대퇴골은 준골(僬骨) 위로 나와 있어야 한다【주 등뼈 위로 나온다는 말이다】.

髀骨欲得出僬骨上【注 出背脊骨上也】.

끌기 쉬우면 부리기도 쉽고, 끌기 어려우면 부리기도 어렵다.

易牽則易使, 難牽則難使.

천근(泉根)에 살이 많거나 털이 많을 필요가 없다【주 천근은 음경이 나오는 곳이다】.

泉根不用多肉及多毛【注 泉根, 莖所出也】.

현제(懸蹄)²⁸는 가로로 붙어 있어야 한다【주 마치

懸蹄欲得橫【注 如八字

---

27 슬주골(膝株骨) : 소의 무릎관절 위를 덮는 슬개골.
28 현제(懸蹄) : 일반적으로는 말의 앞다리 무릎 안쪽에 붙은 군살을 말한다. 여기서는 소의 무릎 안쪽에 붙은 군살을 말하는 것으로 보인다.
⑰ 脚 : 저본에는 "角".《齊民要術·養牛馬驢騾》에 근거하여 수정.
⑱ 車 : 저본에는 "中".《齊民要術·養牛馬驢騾》에 근거하여 수정.

팔(八)자와 같아야 한다】.

也】.

음홍(陰虹)이 목까지 이어져 있으면 천리를 간다【주 음홍이란 1쌍의 힘줄이 꼬리뼈에서부터 목까지 이어진 부분이다. 영척(寧戚)이 이러한 소를 기른 적이 있다】.【안 영척의《상우경》주에는 "음홍이란 1쌍의 힘줄이 꼬리뼈에서 머리까지 이어진 부분이다."²⁹라 했다】

陰虹屬頸, 行千里【注 陰虹者, 有雙筋自尾[19]骨屬頸[20], 甯公所飯也[21]】【案《相牛經》注, 作"陰虹者, 有雙筋自尾骨屬頸[22]"】.

양염(陽鹽)은 넓어야 한다【주 양염이란 몸통과 꼬리가 만나는 부분 앞쪽, 양 허구리 위쪽의 사이 부분이다】.³⁰

陽鹽欲得廣【注 陽鹽者, 夾尾株前兩膁[23]也】.

양염 중간의 등뼈는 약간 솟아올라야[窨] 한다【주 약간 솟아올랐으면 쌍려(雙膂)이고, 그렇지 않으면 단려(單膂)이다.³¹【안《집운(集韻)》에 "압(窨)은 음이 압(押)이다. 맥에 들어가 혈을 찌르는 일을 압이라 한다."³²라 했다】

當陽鹽中間脊骨欲得窨[24]【注 窨則雙膂, 不窨則爲單膂】【案《集韻》:"窨, 音押, 入脈刺穴謂之窨"】.

늘 우는 듯한 소리를 내면 우황(牛黃)³³이 있다.

常有似鳴者, 有黃.《齊民

---

29 음홍이란……부분이다:출전 확인 안 됨;《齊民要術》卷6〈養牛馬驢騾〉(《齊民要術校釋》, 417쪽).

30 양염이란……부분이다:《제민요술교석(齊民要術校釋)》의 각주에서는 양염을 "양쪽 허구리앞의 배요부(背腰部, 등뼈와 허리뼈가 만나는 부분) 양쪽 측면의 살(指兩膁前的背腰部兩側的肌肉)"이라 했다.

31 약간……단려(單膂)이다:쌍려(雙膂)란 등골뼈와 허리등뼈 양쪽 측면에 있는 피부와 살이 발달하고 융기하여, 중간의 등성마루가 약간 우묵하게 패인 상태를 가리킨다. 융기하지도 않고, 우묵하게 들어가지도 않으면 단려(單膂)가 된다. 원문의 '압(窨)'자는 '조그맣게 솟은 모양'이라는 뜻이 있지만 문맥이 매끄럽게 통하지 않는다.《제민요술》의 '와(窊, 우묵하게 패이다)'와 상호 보충하여 보면 피부와 살이 발달하여 융기하는 부분과 우묵하게 패이는 부분이 있다는 뜻으로 보고 번역하였다.

32 압(窨)은……한다:《集韻》卷10〈入聲〉下(《文淵閣四庫全書》236, 778쪽).

33 우황(牛黃):소의 쓸개즙이 응결되어 생긴 결석.

[19] 自尾:저본에는 "白毛".《齊民要術·養牛馬驢騾》에 근거하여 수정.

[20] 頸:저본에는 "勁".《齊民要術·養牛馬驢騾》에 근거하여 수정.

[21] 飯也:저본에는 없음.《齊民要術·養牛馬驢騾》에 근거하여 보충.

[22] 頭:《齊民要術·養牛馬驢騾》에는 "頸".

[23] 膁:《齊民要術·養牛馬驢騾》에는 "膁上".

[24] 窨:《齊民要術·養牛馬驢騾》에는 "窊". 이하 반복되는 "窨" 모두 동일.

《제민요술(齊民要術)》[34]

【안】 도종의(陶宗儀)[35]의 《설부(說郛)[36]》에 실려 있는 영척의 《상우경》 1편은 그 문장이 가사협(賈思勰)[37]의 이상의 내용과 대략 비슷하지만 약간 간략하다. 어떤 이는 이전에 나온 책에 가탁(假託)하는 사람이 가사협의 《제민요술》을 표절하여 구절을 간략하게 첨가하거나 덜어낸 내용이라 한다. 또 어떤 이는 옛날부터 이러한 문장(《상우경》 1편)이 있었고, 가사협이 이를 참고하여 부연했다고도 한다】

어미 소를 보는 법:털이 희고 젖꼭지가 붉으면 새끼를 많이 낳는다. 젖의 털이 성글고 젖꼭지가 검으면 새끼가 없다. 송아지를 낳을 때, 새끼가 누워 어미와 얼굴을 서로 바라보면 길하다. 서로 등지면 새끼를 드물게 낳는다. 하룻밤에 똥을 3무더기 싸면 1년에 새끼 1마리를 낳는다. 하룻밤에 똥을 1무더기 싸면 3년에 새끼 1마리를 낳는다. 《편민도찬(便民圖纂)》[38]

소의 털 색깔을 보는 법:흰 소가 머리는 누렇고

要術》

【案】 陶九成《說郛》載甯戚《相牛經》一篇, 其文與賈氏此段, 大同而稍略. 或依托者, 剽竊賈書而略加刪節, 或古有其文而賈氏因而敷衍之也】

相母牛法:毛白乳紅者, 多子. 乳疏而黑者無子. 生犢時, 子臥面相向者, 吉. 相背者, 生子疏. 一夜下糞三堆者, 一年生一子. 一夜下糞一堆者, 三年生一子. 《便民圖》

相牛毛色法:白牛頭黃, 角

---

34 《齊民要術》卷6〈養牛馬驢騾〉(《齊民要術校釋》, 416~417쪽).
35 도종의(陶宗儀):?~1369. 중국 명(明)나라의 학자. 원나라 때 과거에 응시하였으나 낙방 후에 은거하여 부름에도 응하지 않고 학문에 몰두하였다. 저서로는 《철경록(輟耕錄)》·《서사회요(書史會要)》·《설부(說郛)》 등이 있다.
36 설부(說郛):중국 명나라의 학자인 도종의가 편찬한 총서(叢書). 제자백가(諸子百家)·각종 필기(筆記)·시화(詩話)·문론(文論) 등을 초록하여 편찬하였다.
37 가사협(賈思勰):중국 후위(後魏)의 관리. 고양군(高陽郡, 현재의 산둥성) 태수(太守)를 지냈다. 현존하는 최고(最古)의 농업서인 《제민요술(齊民要術)》을 편찬했다.
38 《便民圖纂》卷14〈牧養類〉"相母牛法", 206쪽.

뿔 간격이 1척인 경우, 청색·적색·흑색 소가 이마에 황색을 띠고, 가슴은 흰색·황색·흑색을 띤 경우, 등에 흰 가닥이 있는 경우는 모두 길하다. 나머지는 흉하다.《증보산림경제(增補山林經濟)》[39]

間一尺, 靑、赤、黑牛, 額有台黃黃[25], 胸台白、黃、黑, 背有白條, 竝吉. 餘凶. 《增補山林經濟》

---

[39]《增補山林經濟》卷5〈牧養〉"牛"(《農書》3, 288쪽).
[25] 黃黃:《增補山林經濟·牧養·牛》에는 "黃□". 본문의 뒤 "黃"은 연문으로 보임.

3) 기르기 총론

소를 잘 기르는 사람은 반드시 먼저 소를 애지중지하는 마음을 알고, 소홀히 하는 뜻을 바꿔야 한다. 소가 배고프고 목말라 하는 모습을 자신이 배고프고 목마른 듯 여겨야 한다. 소가 힘들어하고 수척해진 모습을 자신이 힘들어하고 수척해진 듯 여겨야 한다. 소가 전염병에 걸린 모습을 자신이 병든 듯 여겨야 한다.

만약 이와 같이 할 수 있다면 반드시 소가 번성하고 많아질 테니, 어찌 농경지가 황무지로 되고 의식(衣食)이 끊어지는 일을 근심하겠는가? 또 사계절에 따라 따뜻하고 서늘하며 춥고 더운 차이가 있으니, 반드시 계절에 따라 적절히 맞춰주어야 좋다.

초봄에는 반드시 우리 안에 쌓여 있는 똥더미를 모두 치워야 한다. 이 작업 또한 굳이 봄에만 해야 할 필요는 없다. 다만 10일에 1번씩 치워주면, 악취가 증발하면서 울결되어 전염병이 생기는 일을 면할 수 있다. 게다가 똥으로 범벅이 된 바닥에 발굽을 담그고 있으면 병이 생기기 쉽다. 역시 불결한 분변을 치워서 제거하여 우리를 깨끗하고 상쾌하게 해야 좋다.

묵은 풀이 썩고, 새 풀이 아직 나기 전에 깨끗한 볏짚과 풀을 잘게 썰어서, 밀기울·곡물겨 혹은 콩 따위에 섞는다. 이를 약간 축축하게 하고 구유에 담아 소를 배불리 먹인다. 이 상태에서 콩을 부숴서 줘도 좋다. 볏짚과 풀은 반드시 때에 맞게 햇볕에 쬐어 말려서 썩게 해서는 안 된다.

調養總論

善牧養者, 必先知愛重之心, 以革慢易之意. 視牛之飢渴, 猶己之飢渴 ; 視牛之困苦羸瘠, 猶己之困苦羸瘠 ; 視牛之疫癘, 若己之有疾也.

若能如此, 則牛必蕃盛滋多, 奚患田疇之荒蕪而衣食之不繼乎? 且四時有溫涼、寒暑之異, 必順時調適之可也.

于春之初, 必盡去牢欄中積滯蓐糞. 亦不必春也. 但旬日一除, 免穢氣蒸鬱以成疫癘. 且浸漬蹄甲, 易以生病. 又當祓除不祥以淨爽其處, 乃善.

方舊草朽腐, 新草未生之前, 取潔淨蓐草細剉之, 和以麥麩、穀糠或豆. 使之微濕, 槽盛而飽飼之. 豆仍破之可也. 蓐草須以時暴乾, 勿使朽腐.

날씨가 흐리거나 추울 때, 바로 소를 따뜻한 곳에 두고, 여물죽을 끓여서 먹이면 기운이 왕성해진다. 또 콩잎과 닥나무잎을 미리 거두어 누렇게 떨어진 뽕나무잎과 함께 절구질을 하여 부수어 쌓아 둔다. 날씨가 추워지면 쌀뜨물에 썰어 놓은 풀과 곡물겨나 밀기울을 섞어 먹인다.

봄여름으로 풀이 무성할 때에는 소를 방목하여 반드시 마음대로 배부르게 먹도록 한다. 방목할 때마다 반드시 먼저 물을 먹인 다음에 꼴을 주면 배가 부풀어 오르지 않는다. 또 새 꼴을 베어 묵은 볏짚과 섞고, 잘게 썰어서 골고루 섞은 다음 밤에 먹인다.

5경(五更, 오전 3~5시) 초 해가 아직 뜨기 전 날씨가 서늘할 때, 소를 부리면 평소보다 2배의 힘을 낸다. 반나절이면 하루 할 일을 해낼 수 있다. 해가 높이 떠서 기온이 올라가 소가 헐떡이면 바로 소를 쉬게 해야지, 그 힘을 모두 써서 피곤하게 하지 말아야 한다.

소가 배고프거나 목말라 하는 모습을 때에 맞게 잘 살펴 그 성정에 맞게 보살피면 혈기가 항상 충만하고, 가죽과 털에 윤기가 돌며, 힘이 남아서 늙어도 쇠약해지지 않는다. 소의 혈기는 사람과 마찬가지이므로 추울 때나 더울 때 함부로 부리지 말아야 한다. 소의 성정도 사람과 마찬가지이므로 너무 피로하게 하지 말아야 한다. 이것이 소를 부리는 중요한 방법이다.

추위가 한창일 때에는, 해가 떠서 날이 따뜻해지

天氣凝凜, 卽處之燠煖之地, 煮糜26粥以啖之, 卽壯盛矣. 亦宜豫收豆、楮之葉, 與黃落之桑, 舂碎而貯積之. 天寒, 卽以米泔和剉草、糠麩以飼之.

春夏草茂, 放牧, 必恣其飽. 每放, 必先飮水, 然後與草, 則不腹脹. 又刈新芻雜舊稾, 剉細和均, 夜餧之.

至五更初, 乘日未出, 天氣涼而用之, 卽力倍于常. 半日可勝一日之功. 日高熱喘, 便令休息, 勿竭其力以致困乏.

時其飢渴以適其性, 則血氣常壯, 皮毛潤澤, 力有餘而老不衰矣. 其血氣, 與人均也, 勿犯寒暑. 情性, 與人均也, 勿使太勞. 此要法也.

當盛寒之時, 宜待日出晏

---

26 糜 : 저본에는 "麋". 《農書·牧養役用之宜篇》에 근거하여 수정.

기를 기다린 다음에 부려야 한다. 저녁이 되어 날이 어둡고 공기가 추워지면 일찍 쉬게 한다. 몹시 더울 때에는, 새벽에 먹여야 배부르고 힘이 좋다. 소를 부릴 때 너무 배부르게 해서는 안 된다. 배가 부르면 일하는 힘이 손상되기 때문이다.

이와 같이 아끼고 보호하며 적절하게 기른다면 어찌 힘들어하거나 수척해지는 일이 있겠는가? 소가 힘들어하거나 수척해지는 이유는 구차하게 한 때 눈앞의 다급한 일만을 생각하여 소를 돌아보고 아끼지 않기 때문이다.

옛날 사람들은 누운 소에게 쇠덕석[牛衣]⁴⁰을 덮어주고 아침을 기다렸으니, 소가 추울 때는 대개 소에게 쇠덕석이 있어야 한다. 소를 잘 먹여서 소가 살지게 하였으니, 소가 수척해지면 대개 콩과 조를 먹였다. 거친 베나 거적으로 소를 덮어주고, 콩과 조를 먹였다. 옛날 사람들은 어찌하여 이와 같이 가축을 중요하게 여겼는가? 가축을 기르는 일이 의식(衣食)의 근본이 되기 때문이다.

저 볏짚만으로는 가축의 굶주림을 채우기에 부족하고, 마실 물만으로는 가축의 목마름을 해소하기에 부족하다. 또 날씨가 추울 때에는 꽁꽁 얼어붙어 덜덜 떨고, 날씨가 더울 때에는 뙤약볕을 쬔다. 이로 인하여 가축이 수척하고 약해져 전염병이나 풍토병에 걸려 쓰러지는 지경에 이른다면, 이를 두고 논밭을 제대로 관리하지 못했다 말하더라도 이상할

溫, 乃可用. 至晚天陰氣寒, 卽早息之. 大熱之時, 須夙餧, 令飽健, 至臨用, 不可極飽. 飽卽役力傷損也.

如此愛護調養, 尙何困苦、羸瘠之有? 所以困苦、羸瘠者, 以苟目前之急而不顧恤之也.

古人臥牛衣而待朝, 則牛之寒, 蓋有衣矣；飯牛而牛肥, 則牛之瘠餧, 蓋喥以菽粟矣. 衣以褐薦, 飯以菽粟. 古人豈重畜如此哉？以此爲衣食之根本故也.

彼槀秸不足以充其飢, 水漿不足以禦其渴, 天寒嚴凝而凍慄之, 天時酷暑而曬暴之, 困瘠羸劣, 疫癘結瘴以致斃踣, 則田畝不治, 無足怪者.

---

40 쇠덕석[牛衣] : 추울 때에 소의 등을 덮어주는 멍석.

일이 없다.

또한 옛날 분전제(分田制)[41]에는 반드시 목초지[萊牧之地]가 있어서, 농지의 넓이에 걸맞게 등급을 나누었기 때문에 가축을 기르기에 적절하여 가축이 크고 살지며 피부병에 걸리지 않았다. 주나라 선왕(宣王)[42]이 가축 방목지를 돌아본 시를 살펴보면 이를 알 수 있다.

그 시에 다음과 같이 노래했다.

"누가 너에게 소 없다 했나

검은 입술의 소 90마리나 되네.

너의 소떼 내려오니

그 귀 촉촉이 젖어 있네."[43]

이 시에서 주나라 때 소를 기르는 적합한 방법대로 한 까닭에 소가 잘 자라고 번식했음을 알 수 있다.

"언덕에서 내려오기도 하고

못가에서 물마시기도 하지.

자기도 하고 어슬렁거리기도 하네."[44]

이 시에서 그 물과 풀을 적절히 주어 소의 본성에 맞았음을 알 수 있다.

"저기 목동 오는데,

건장하면서도 조심스럽네.

且古者, 分田之制, 必有萊牧之地, 稱田而爲等差, 故養牧得宜, 博碩肥腯, 不疾瘯蠡也. 觀宣王考牧之詩, 可知矣.

其詩曰:

"誰謂爾無牛,

九十其犉.

爾牛來思,

其耳濕濕."

以見其牧養得宜, 故字育蕃息也.

"或降于阿,

或飮于池.

或寢或訛."

以見其水草調適而遂性也.

"爾牧來斯,

矜矜兢兢.

---

41 분전제(分田制): 토지를 분배하는 제도. 아래 이어지는 시는 주(周)나라 선왕(宣王)이 가축 방목지를 돌아본 내용으로, 여기서 분전제는 900무(畝)의 토지를 9개로 나누어 8가(家)가 100무씩 경작하고 남은 100무를 공전으로 경작하여 조세로 납부하는 정전제(井田制)를 말하는 것으로 보인다. 다만 반드시 목초지가 있다고 한 부분은 정확히 어떤 제도를 말하는 것인지 확인되지 않는다.

42 선왕(宣王): 중국 주(周)나라의 11대 왕. 재위 B.C. 827~B.C. 782. 선정을 베풀어 경제·문화 전반의 부흥을 이루었다.

43 누가……있네:《毛詩正義》卷11〈小雅〉"鴻鴈之什" '無羊'(《十三經注疏整理本》5, 810쪽).

44 언덕에서……하네:《毛詩正義》卷11〈小雅〉"鴻鴈之什" '無羊'(《十三經注疏整理本》5, 811쪽).

목동이 팔 들어 손짓하니,

모두 와서 우리로 들어가네."[45]

이 시에서 소를 애지중지해서 놀라게 하거나 동요하도록 하지 않았음을 알 수 있다.

후세에는 목초지가 없어서 소들의 활동을 알맞게 도와주지 못했다. 또한 소를 기르는 부류가 모두 어리석은 어린아이들이라 놀기만 좋아해서 목동들은 자기 놀 일만 생각하고는 소를 잘 보이지 않는 곳에 매어두는 일이 종종 있었다. 이들이 어찌 꼴이 풍성하고 물이 맑은 곳을 찾아 소를 먹이면서 배고프고 목마른 근심이 없도록 기꺼이 노력했겠는가?

소가 배고프고 목말라도 돌보고 살펴주는 이가 없어 소가 수척해졌는데도 불구하고 일을 고되게 시켜 괴롭힌다. 채찍질하여 몰아세워 당장의 급한 일만 해결하려 하며, 날마다 '이 놈은 못쓰겠군'이라 하면, 소들은 숨이 가쁘고 땀을 흘리다가 그 힘이 모두 고갈되어 버릴 것이다.

밭을 가는 사람은 자기 먹을 음식 마련하는 데 급급하여, 소를 물속으로 몰아가거나 산 위에 풀어놓는 일이 종종 있다. 물속으로 몰아가면 소는 힘들게 물을 마시고 산 위로 이동하기를 철에 따라 하느라 모공이 비고 드문드문해진다. 그로 인하여 먹지 못하게 되면 수척해져 병이 난다. 소를 높은 산에 풀어놓으면 근골이 피로해져 마침내 고꾸라지거

揮之以肱,

畢來旣升."

以見其愛之重之, 不驚擾之也.

後世無萊牧之地, 動失其宜. 又牧人類, 皆頑童, 苟貪嬉戲. 往往慮其奔逸, 繫之隱蔽之地. 其肯求牧于豐芻淸澗, 俾無飢渴之患耶?

飢渴, 莫之顧恤, 及其瘦瘠, 從而役使困苦之. 鞭撻趁逐, 以徇一時之急, 日云"莫矣", 氣喘汗流, 其力竭矣.

耕者急于就食, 往往逐之水中, 或放山上. 牛困得水, 動輒移時, 毛竅空疏, 因而乏食, 則瘦瘠而病矣. 放之高山, 筋骨疲乏, 遂有顚跌, 僵仆之患.

---

45 저기……들어가네:《毛詩正義》卷11〈小雅〉"鴻鴈之什" '無羊'《十三經注疏整理本》5, 812쪽).

나 넘어질 우려가 있다.

어리석은 백성은 이를 알지 못해서 그제서야 무당에게 소를 살려달라고 빌 뿐이고, 소가 그렇게 된 이유는 알지 못한다. 가축 기르는 인사(人事)가 제대로 이루어지지 않아 이 지경에 이른 것이다. 진부(陳敷)⁴⁶《농서(農書)⁴⁷》⁴⁸

愚民無知, 乃始祈禱巫祝以幸其生, 而不知所以然者. 人事不修以致此也. 陳氏《農書》

소라는 가축은 농사에 꼭 필요하다. 소를 잘 기르는 사람은 계절에 맞추어 춥거나 덥지 않게 해주고 너무 피로할 정도로 부리지 않는다. 외양간을 튼튼히 짓고 서늘하고 따뜻한 정도를 순리에 맞게 해준다.

배고프거나 배부른 모습을 때에 맞게 잘 살펴 소의 성정에 맞게 보살펴준다. 휴식을 적당히 취하도록 하여 그 혈기를 길러준다면 가죽과 털에 윤기가 흐르고 몸통은 살지며, 힘이 남아 늙어도 쇠약해지지 않는다.《왕정농서》⁴⁹

牛之爲物, 切于農用. 善畜養者, 勿犯寒暑, 勿使太勞. 固之以牢捷㉗, 順之以涼燠.

時其飢飽, 以適其性情. 節其作息以養其血氣, 則皮毛潤澤, 肌體肥腯, 力有餘而老不衰.《王氏農書》

---

46 진부(陳敷): 1076~?. 중국 송(宋)나라의 농학가(農學家). 벼슬에 나아가지 않고 은거하면서 직접 농사를 지으며 농업서를 저술하였다.

47 농서(農書): 진부가 지은 농업서. 벼 재배를 비롯한 논농사의 전반적인 방법·가축을 기르는 방법·양잠 하는 방법에 대하여 다루고 있다. 직접 농사를 지은 경험을 바탕으로 저술하여 이론적이며 동시에 실천적인 특색이 있다.

48 《農書》卷中〈牧養役用之宜篇〉(《文淵閣四庫全書》730, 184~185쪽).

49 《王禎農書》卷5〈畜養篇〉"養牛類", 58쪽.

㉗ 捷: 저본에는 "犍".《王禎農書·畜養篇·養牛類》에 근거하여 수정.

4) 먹이는 법

소를 먹이고 기르는 법:농한기에는 소를 따뜻한 외양간에 들인다. 외양간 바닥 위의 쌀겨와 짚을 소의 다리 밑에 깔아둔다. 이를 '우포(牛鋪)'라 한다. 소가 그 위에 똥을 싸면 다음날 다시 쌀겨와 짚을 덮는다. 이렇게 매일 1번 덮어주다가 10일째에 1번 치워준다【안 여름에 쌀겨와 짚을 이미 다 써버렸을 때에는 일반적으로 잡초나 오동나무·상수리나무의 잎을 모두 깔 수 있다】.

소는 구유 1통에 3마리를 먹인다. 매일 소에게 먹이는 양은, 대략 꼴 3단, 콩 사료 8승을 먹인다. 혹은 위의 먹이를 누에똥과 마른 뽕잎과 함께 물 3통에 담가놓는다. 그러면 소는 되새김질 하면서 국물까지 모두 배부르게 핥아먹는다. 진시(辰時, 오전 7~9시)에서 사시(巳時, 오전 9~11시) 사이에 구유에 1번 먹이를 주되, 3번에 나누어 꼴과 사료를 섞어 주어야 하며 모두 물에 섞어준다.

첫 번째는 꼴을 많이 넣고 사료는 적게 넣어 섞는다. 두 번째는 전에 비해 꼴의 양을 반으로 줄이고 사료를 조금 늘린다. 세 번째는 꼴의 양을 두 번째의 절반으로 줄이고 남은 모든 사료를 전부 내어 고르게 섞는다. 먹이를 다 먹고 나서는 곧바로 밭으로 돌아가 밭가는 일을 시켜야 하니, 되새김질을 다한 소는 힘이 없기 때문이다.

밤에 소를 먹일 경우에는 각각의 소에게 방울 1개를 달아준다. 꼴이 모두 다하여 소가 먹지 못하면 방울은 소리가 나지 않는다. 이때 바로 사료를 섞어

餵法

餵養牛法:農隙時, 入暖屋. 用場上諸糠穰, 鋪牛脚下, 謂之"牛鋪", 牛糞其上, 次日又覆糠穰. 每日一覆, 十日除一次【案 夏月, 糠穰已盡時, 凡雜草、桐櫟之葉, 皆可鋪之】.

牛一具三隻. 每日前後餉, 約飼草三束、豆料八升. 或用蠶沙、乾桑葉, 水三桶浸之, 牛下餉嚼, 透刷飽飲畢. 辰巳時間, 上槽一頓, 可分三和, 皆水拌.

第一, 和草多料少. 第二, 比前草減半, 少加料. 第三, 草比第二又減半, 所有料全纔拌. 食盡即往使耕, 噍了牛無力.

夜餵牛, 各帶一鈴. 草盡, 牛不食, 則鈴無聲. 即拌之, 飽, 即使耕. 俗諺

배불리 먹이고 바로 밭가는 일을 시킨다. 속담에 '꼴과 사료와 물을 세 번 섞어 한 번 배불리 먹여야 한다. 소가 되새김질을 하기 전에 밭을 갈러 가게 해야 가장 좋다.'라 했다. 《한씨직설(韓氏直說)[50]》[51]

云:"三和一攪, 須管要飽. 不要噍了, 使去最好."《韓氏直說》

수우(水牛, 물소)를 먹이는 방법은 황소와 같다. 여름에는 반드시 못이 있어야 하고, 겨울에는 반드시 따뜻한 외양간과 쇠덕석[牛衣]이 있어야 한다. 《한씨직설》[52]

水牛飮飼, 與黃牛同. 夏須得水池, 冬須得煖廠、牛衣. 同上

겨울철에는 목화씨깻묵을 먹인다. 《농정전서(農政全書)[53]》[54]

冬月, 以棉餠飼之. 《農政全書》

4월에는 우골교(牛骨荍)[55]를 벤다【4월에 나는 푸른 풀은 교두(荍豆)[56]와 다르지 않다. 제나라 지역 민

四月伐牛骨荍【四月靑[28]草, 與荍豆不殊. 齊俗不收,

---

50 한씨직설(韓氏直說) : 미상.
51 출전 확인 안 됨 ; 《農政全書》 卷41 〈牧養〉 "六畜"(《農政全書校注》, 1157~1158쪽).
52 출전 확인 안 됨 ; 《農政全書》 卷41 〈牧養〉 "六畜"(《農政全書校注》, 1158쪽).
53 농정전서(農政全書) : 중국 명(明)나라 서광계(徐光啓, 1562~1633)가 지은 농서. 중국 농학서(農學書)를 집대성하여 중국 한(漢)나라 이후 특히 발달하기 시작한 농학자의 여러 설을 총괄·분류하고 그 아래에 자기의 의견을 첨부하였다. 농본(農本)·전제(田制)·농사(農事)·수리(水利)·농기(農器)·수예(樹藝)·잠상(蠶桑) 등 12문(門)으로 되어 있다. 서광계가 죽은 뒤 1639년 진자룡(陳子龍)에 의해 소주(蘇州)에서 간행되었다.
54 《農政全書》 卷41 〈牧養〉 "六畜"(《農政全書校注》, 1155쪽) ; 《齊民要術》 卷56 〈養牛馬驢騾〉(《齊民要術校釋》, 421쪽).
55 우골교(牛骨荍) : 소의 꼴을 표현한 말로 보인다. 《제민요술(齊民要術)》에는 "牛骨荍"가 "牛荍"로 되어 있다. 바로 뒤의 "四月毒草"의 "毒"도 "靑"으로 교감되어 있다. 글자 모양이 비슷하여 발생한 오기로 판단된다고 적혀 있다.
56 교두(荍豆) : 콩이 여물기 전에 베어 거두어 두었다가 가축이 겨울을 나도록 먹이는 마른 사료.
28 靑 : 저본에는 "毒". 《農政全書·牧養·六畜》·《齊民要術·養牛馬驢騾》에 근거하여 수정.

간에서는 이를 거두어두지 않아서 손실이 컸다】. 所失大也】.《家政法》

《가정법(家政法)[57]》[58]

소를 먹이는 민간의 방법 : 겨울에 매일 콩깍지 3~4두, 메주콩 몇 승을 솥 안에다 푹 삶아서 뜨거울 때 잘게 썬 볏짚과 섞어서 아침저녁으로 배불리 먹인다. 밤에도 자주 꼴을 주어 소가 충분히 살지고 건장해진 뒤에야 비로소 봄에 밭을 갈 수 있다.《증보산림경제》[59]

饋牛俗方 : 冬間, 每日豆莢三四斗、黃豆數升, 煮熟釜中, 乘熱拌細剉藁草, 朝夕飽喂. 夜又頻與草, 得十分胖壯, 然後始可春耕.《增補山林經濟》

소는 방목했다가 새벽이슬 머금은 풀 먹이는 일을 금해야 한다. 이를 먹으면 반드시 병이 생긴다.《증보산림경제》[60]

牛忌放吃晨露之草, 必生病. 同上

---

57 가정법(家政法) : 저자 미상의 농업서. 현재 전해지지 않으며 다른 책에 인용된 내용들이 전해진다. 채소재배·소 사육·닭과 오리 사육 등에 대해 다루고 있다.
58 출전 확인 안 됨 ;《農政全書》, 위와 같은 곳.
59 《增補山林經濟》卷5〈牧養〉"牛"(《農書》3, 289쪽).
60 《增補山林經濟》, 위와 같은 곳.

5) 밭 가는 법

매번 밭가는 달이 되면, 방목을 끝마치고 밤에 다시 배불리 먹인다. 5경(五更, 오전 3~5시) 초 해가 아직 뜨기 전 날씨가 서늘할 때, 소를 부리면 평소보다 2배의 힘을 낸다. 반나절이면 하루 할 일을 해낼 수 있다. 해가 높이 떠서 기온이 올라가 소가 헐떡이면 바로 소를 쉬게 해야지, 그 힘을 모두 써서 피곤하게 하지 말아야 한다. 이것이 남쪽 지방에서 낮에 밭가는 법이다.

북쪽 지방의 육지와 평원이라면 소는 모두 밤에 밭을 갈아서 낮의 뜨거운 열기를 피하고, 밤중에 꼴과 콩을 먹여 힘을 내게 한다. 날이 밝아 밭갈기를 마치면 방목한다.《왕정농서》[61]

耕法

每遇耕作之月, 除已放牧, 夜復飽飼. 至五更初, 乘日未出, 天氣涼而用之, 則力倍于常, 半日可勝一日之功. 日高熱喘, 便令休息, 勿竭其力以致困乏. 此南方[29]晝耕之法也.

若夫北方陸地、平遠、牛皆夜耕以避晝熱, 夜半仍飼以芻豆以助其力. 至明耕畢則放去.《王氏農書》

---

61 《王禎農書》卷5〈畜養篇〉"養牛類", 59쪽.
29 方: 저본에는 "北".《王禎農書·畜養篇·羊牛類》에 근거하여 수정.

6) 소는 자주 목욕시켜야 한다

중국의 소는 늘 목욕을 시키고 털에 솔질을 한다. 당나라 시(詩)에 '향유(香油) 바른 수레는 날렵하고 금빛 송아지는 살쪄 있구나.'[62]라 한 말도 소의 털빛이 윤기나는 모습을 말한 노래이다. 하지만 우리나라의 소는 평생 씻기지 않아 몸에 똥과 때가 말라 비틀어져 있다. 소가 비쩍 마르고 개선(疥癬, 옴과 버짐) 따위가 생기는 일은 대부분 여기에서 연유한다. 3~5일에 한 번은 목욕을 시켜주어야 한다. 《북학의》[63]

論牛宜數浴

中國之牛, 居常浴刷. 唐詩 "油壁30車輕金犢肥", 亦言毛色澤也. 我東之牛, 終身不洗, 糞穢乾坼. 瘦瘠疥癬, 多由於此. 宜三五日一沐也.《北學議》

---

62 향유(香油)……있구나:《溫飛卿詩集箋注》卷3〈春曉曲〉.
63 《北學議》內篇〈牛〉(《완역정본 북학의》, 399쪽).
30 壁 : 저본에는 "碧".《北學議·牛》에 근거하여 수정.

7) 치료하기(처방 27종)

7-1) 총론

【 진부(陳敷) 농서 [64] 《주례》에 "수의사[獸醫]는 짐승의 병을 관장하여 치료한다. 일반적으로 짐승의 병을 치료하는 방법은 약을 입에 흘러넣어 몸속에 돌게 한다. 종기를 치료할 때는 나쁜 기운을 밖으로 빼낸 이후에 약을 먹이고 기른다."[65]라 했으니, 그 유래가 오래되었다.

그러나 소의 병은 한 가지가 아니다. 꼴을 먹고 배가 부풀어 오르는 병도 있고, 이런 저런 벌레를 먹고 중독될 때도 있고, 장이 꼬여서 똥과 오줌이 막힐 때도 있다. 병의 증상이 냉증인지 열증인지의 차이로 반드시 병의 단서를 알아내야 한다. 약을 쓰는 일은 사람과 비슷하다. 다만 많은 용량의 약을 만들어 입에 흘러넣으면 곧 낫지 않는 일이 없다.

똥과 오줌에 피가 섞여 나오면 열에 상한 증상이다. 피똥과 피오줌 고치는 많은 용량의 약을 만들어 입에 흘러넣어야 한다. 냉기가 맺히면 코가 말라서 숨을 쉬지 못하므로 발산약(發散藥, 땀을 내서 사기를 없애는 약)을 투여한다. 열기가 맺히면 코에 땀이 나고 숨을 헐떡이므로 해리약(解利藥, 풀어서 통하게 하는 약)을 투여한다.

배가 부풀어 오르면 소통시키고, 독에 감수되면 해독하여 몸 밖으로 배출한다. 만약 매번 이치를 잘

醫治

總論

【 陳氏農書 】《周禮》"獸醫掌療獸病. 凡療獸病, 灌而行之. 以發其惡, 然後藥之養之", 其來尙矣.

然牛之病不一. 或病草脹, 或食雜蟲以致其毒, 或爲結脹以閉其便溺. 冷熱之異, 須識其端. 其用藥, 與人相似也. 但大爲之劑以灌之, 卽無不愈.

其便溺有血, 傷于熱也. 以便血、溺血之藥, 大其劑灌之. 冷結, 卽鼻乾而不喘, 以發散藥投之. 熱結, 卽鼻汗而喘, 以解利藥投之.

脹卽疏通, 毒卽解利. 若每能審理以節適, 何病之

---

64 《農書》卷中〈醫治之宜篇〉(《文淵閣四庫全書》730, 186쪽).
65 수의사[獸醫]는……기른다:《周禮註疏》卷5〈天官冢宰〉下 "獸醫"(《十三經注疏整理本》7, 139쪽).

살펴서 적절히 대처할 수 있다면 무슨 병인들 근심할 필요가 있겠는가?

지금 농가에서 이러한 설을 알지 못하고, 그저 전염병이라 하며, 소가 병에 막 걸리면 더운 연기를 소에게 쐬어서 서로 병을 전염시켰다가 모두 병이 걸린 뒤에나 그친다. 민간에서는 이를 '하늘이 하는 일[天行]'이라 해서, 그저 무당에게 비는 일을 우선으로 삼다가, 효험이 없으면 어찌할 방도가 없다고 방치해 버린다.

또한 소가 병으로 죽고 난 뒤에도 그 시체가 마을을 지날 때 그 나쁜 기운은 여전히 서로 전염될 수가 있다. 병이 서로 전염되기를 바라지 않는다면, 병들지 않은 소가 병든 소와 가까이하지 않도록 하여 때에 맞추어 기르고 관리해야 한다. 앞에서 말한 일처럼 하면 병이 생기지 않는다.

지금 사람에게 풍병(風病)이나 피로에서 오는 병이나 발에 병이 생기면, 모두 전염될 수 있다. 어찌다만 전염병의 기운만 훈증하여 전염되겠는가! 전(傳)하는 말에 "먹이가 충분하고 부림이 때에 맞으면 하늘이 소를 병들게 할 수 없다."라 했다. 그러나 이미 병들었으면 그 때라도 치료하는 게 치료하지 않는 것보다 훨씬 낫다】

足患哉?

今農家不知此說, 謂之疫癘, 方其病也, 薰蒸相染, 盡而後已. 俗謂之"天行", 唯以巫祝禱祈爲先, 至其無驗, 則置之于無可奈何.

又已死之, 肉經過村里, 其氣尚能相染也. 欲病之不相染, 勿令與不病者相近, 能適時養治. 如前所說, 則無病矣.

今人有病風、病勞、病脚, 皆能相傳染. 豈獨疫癘之氣薰蒸也哉! 傳曰:"養備[31]動時, 則天不能使之病."然已病而治, 猶愈于不治也】

---

[31] 備 : 저본에는 "病".《農書·醫治之宜篇》에 근거하여 수정.

7-2) 소의 전염병을 치료하는 처방

【사시유요(四時類要) 66 진안식향(眞安息香)을 외양간 안에 피우되, 보통 향을 피우는 법과 같이 한다. 만약 처음에 1~2마리가 전염병에 걸렸다는 사실을 알았으면, 바로 끌고 나가 코로 진안식향을 들이마시게 하면 곧 낫는다.

인삼 1냥을 잘게 썰어서 물에 끓인 즙 5~6승을 입에 흘려넣는다.

12월에 토끼 머리를 태워 만든 재를 물 5승에 타서 입에 흘려넣는다.

제민요술 67 주사(朱砂) 3자밤, 유지(油脂) 2홉, 청주 6홉을 따뜻하게 해서 입에 흘려넣으면 곧 낫는다.

농정전서 68 소쓸개 1개를 소의 입 속에 흘려넣으면 곧 낫는다.

박문록(博聞錄) 69 좋은 찻가루 2냥을 물 5승에 타서 입에 흘려넣는다.

治牛疫方

【四時類要】 眞安息香于牛欄中燒, 如燒香法. 如初覺有一頭至兩頭是疫, 卽牽出以鼻吸之, 立愈.

取人參一兩細切, 水煮汁五六升, 灌口.

臘月, 兔頭燒作灰, 和水五升, 灌之.

齊民要術 朱砂三指撮、油脂二合、淸酒六合, 煖灌, 卽差.

農政全書 用牛膽一介, 灌牛口中, 立差.

博聞錄 用眞茶末二兩和水五升, 灌之.

---

66 출전 확인 안 됨 ; 《齊民要術》卷6 〈養牛馬驢騾〉(《齊民要術校釋》, 420쪽) ; 《農桑輯要》卷7 〈孳畜〉 "牛"(《農桑輯要校注》, 243쪽).

67 《齊民要術》, 위와 같은 곳.

68 《農政全書》卷41 〈牧養〉 "六畜"(《農政全書校注》, 1158쪽).

69 출전 확인 안 됨 ; 《農桑輯要》卷7 〈孳畜〉 "牛"(《農桑輯要校注》, 244쪽).

또 소가 갑자기 전염병에 걸려 머리를 흔들면서 옆구리를 치는 증상을 치료할 때는 급히 파두 7개(껍질을 벗긴 것)를 곱게 갈아 기름을 짜고, 물에 타서 입에 흘려넣으면 곧 낫는다.

又治牛卒疫而動頭打脇, 急用巴豆七箇(去殼), 細研出油, 和水, 灌之, 卽愈.

또 창출을 태워 소가 그 향을 코로 들이마시게 하면 증상이 멎는다.

又燒蒼朮, 令牛鼻吸其香, 止.

거가필용(居家必用) [70][71] 석남등(石南藤)[72]을 파초와 섞고 찧어 그 자연즙 5승을 입에 흘려넣으면 낫는다.

居家必用 用石南藤和芭蕉舂, 自然汁五升, 灌之, 瘥.

물소의 전염병을 치료하는 방법 : 작약·인삼·황백 각 2.5냥, 패모·지모·백반·방풍·황련 각 2.3냥, 울금·산치자·황금 각 2.4냥, 도라지·과루 각 2냥, 대황 1.9냥을 함께 가루 낸 뒤, 2냥씩 꿀 2냥, 생강 0.5냥, 물 2승과 함께 섞어 입에 흘려넣으면 즉시 낫는다.

治水牛瘟疫 : 芍藥·人蔘·黃栢各二兩半、貝母·知母·白礬·防風·黃連各二兩三錢、鬱金·山梔子·黃芩各二兩四錢、桔梗·瓜蔞各二兩、大黃一兩九錢, 共爲末, 每服二兩、蜜二兩、生薑五錢、水二升, 同調, 灌之, 立瘥.

증보산림경제 [73] 소가 갑작스럽게 전염병에 걸려 머리로 옆구리를 치면 대황 0.5냥을 가루 낸 뒤, 생 참기름 1냥, 묽은 장수(醬水, 간장) 0.5승을 입에 흘려

增補山林經濟 牛得急卒之疫, 以頭打脇者, 大黃五錢作末, 和生油一兩、淡醬

---

70 거가필용(居家必用) : 중국 원(元)나라 전반기에 편찬된 저자미상의 유서(類書). 가정생활과 관련된 생활지식을 집대성하였다. 전체 내용의 3/4 가량이 음식에 관한 내용이다.

71 《居家必用》丁集〈養牛類〉"治牛瘴"(《居家必用事類全集》, 157쪽) ; 《居家必用》丁集〈養牛類〉"人蔘散"(《居家必用事類全集》, 158쪽).

72 석남등(石南藤) : 장미과 식물인 마가목의 나무껍질을 말린 약재.

73 《增補山林經濟》卷5〈牧養〉"牛"(《農書》3, 297~299쪽).

넣는다. 이어서 조각가루 1자밤을 콧속으로 불어넣고, 다시 짚신바닥으로 미정골(尾停骨, 꼬리가 붙어 있는 뼈) 아래를 두드린다.

파초뿌리즙 1주발을 입에 흘려넣는다. 3일 동안 계속하면 비록 독역(毒疫, 홍역)이라도 반드시 낫는다.

석창포·연한 댓닢·칡가루·울금·녹두·창출 각각 같은 양을 가루 낸 뒤, 1냥씩 파초 자연즙 3승에 꿀 1냥, 황납 0.2냥을 넣고 섞어 입에 흘려넣는다. 아직 해독되지 않았으면 다시 입에 흘려넣는다. 열이 아주 많이 나면 대황을 섞는다. 코끝에 땀이 나지 않으면 마황을 더한다. 코와 입으로 피를 흘리면 포황을 더한다.

12월에 지게미 1큰승, 적복령가루 4냥, 석창포가루·대황가루 각 2냥, 지황즙 1승, 식초 0.5근, 소변 1큰승을 섞어 입에 흘려넣는다. 격일로 1번씩 입에 흘려넣어 5번 먹이면 곧 멎는다. 이어서 침으로 코털 사이에 1푼을 찔러 피가 나오면 낫는다.

대황·시호 각 1냥을 썰고 물에 달여 입에 흘려넣는다. 혹은 대황 2냥만을 물에 달여 2번에 나누어

水半升, 灌之. 仍用皁角末一撮, 吹入鼻中, 更用鞋底於尾停骨下[32]拍之.

芭焦根汁一椀灌口, 連三日, 則雖毒疫, 必差.

用石菖蒲、淡竹葉、葛粉、鬱金、綠豆、蒼朮等分, 爲末, 每一兩, 芭蕉自然汁三升, 入蜜一兩、黃蠟二錢, 調和, 灌之. 未解則再灌. 熱極, 和大黃. 鼻頭無汗, 加麻黃. 鼻口出血, 加蒲黃.

臘月, 糟一大升、赤茯苓末四兩、石菖蒲末·大黃末各二兩、地黃汁一升、醋半斤、小便一大升, 調和, 灌之. 隔日一灌, 五度, 卽止. 仍鍼鼻毛際一分, 血出, 差.

大黃、柴胡各一兩, 剉, 水煎, 灌之. 或單用大黃二兩

---

[32] 下 : 저본에는 "中".《增補山林經濟·牧養·牛》에 근거하여 수정.

붉나무(국립수목원)

참소리쟁이(국립수목원)

입에 흘려넣되, 설사할 때까지 한다. 또 황백을 썰고 물에 달여 양의 제한 없이 많이 입에 흘려넣는다.

水煎, 分兩次灌之, 以下泄 爲限. 又用黃栢剉, 水煎, 無量灌之.

여우의 머리와 꼬리 태운 재를 물에 타서 입에 흘려넣는다. 여우 창자를 태운 재도 좋다.

狐頭、尾燒灰, 和水, 灌 之. 狐腸灰亦好.

지렁이를 많이 잡아 소의 입 속에 넣고, 목구멍에 밀어서 넘어가게 하되, 차도가 있을 때까지 한다.

地龍多取, 納牛口中, 拗其 吭, 使下, 以瘥爲度.

큰 두꺼비를 잡아 등을 눌러서 오줌을 빼내고 껍질과 머리를 제거하고, 살을 취한 다음 흐물흐물하게 찧어 물에 타서 입에 흘려넣는다.

取大蟾, 壓之放溺, 去皮 頭, 取肉, 擣爛, 和水灌之.

수달의 살과 똥, 혹은 간과 밥통[肚]을 물에 달여 즙을 낸 뒤, 식으면 입에 흘려넣는다.

獺肉及屎或肝、肚, 水煎 汁, 待冷, 灌之.

온독(瘟毒, 급성 열독)에는 검정콩을 삶은 물을 입에 흘려넣는다.

瘟毒, 黑豆煮水, 灌之.

시역(時疫, 유행성 전염병)에는, 백출·여로·천궁·세신·귀구(鬼臼)·석창포 각각 같은 양을 거칠게 가루낸 뒤, 태워서 소의 양쪽 코에 훈증하여 연기가 뱃속으로 들어가게 하면 곧 낫는다.

時疫, 用白朮、藜蘆、川芎、細辛、鬼臼、石菖蒲等分, 粗末, 燒薰兩鼻, 令煙入腹, 卽愈.

처음에 발병했을 때, 몸 속에 작게 부은 곳이 있으면 자세히 살펴서 달구어진 철사로 그 부은 곳을 지진다. 또 냉수에 소의 콩팥이 있는 위치까지 오도록 담가서 몸이 차가워질 때까지 있는다. 또 새끼손가락만 한 쑥심지를 신궐(神闕) 곧 배꼽 가운데에 뜸을 3장 뜬다. 만약 똥이 막혀 있는 듯하면, 기름을 손에 바르고 곡도(穀道)를 더듬어 찾아서 곡도가 통할 때까지 막힌 똥을 제거한다】

初發時, 身體中有小腫, 仔細審之, 以燒鐵條烙其腫處. 又冷水浸腎[33], 令體寒爲度. 又以艾炷如小指大, 灸神闕卽臍中三壯. 如或屎秘, 以油塗手, 探穀道, 去結屎, 以通爲度】

7-3) 소의 전염병[牛疫, 우역] 예방법

【왕정농서[74] 유행성 전염병[疫癘]은 대부분 훈증으로 서로 전염되면서 그 기운 때문에 그러한 것이다. 그러기에 다른 곳에 떨어져 피해 있게 해야 하고, 전염병의 기운을 물리치면서 약으로 구제하면 겨우 살릴 수는 있다.

豫防牛疫方

【王氏農書 天行疫癘, 率多薰蒸相染, 其氣然也. 當離避他所, 祓除沴氣而救藥, 或可偸生.

---

74 《王禎農書》卷5〈農桑通訣〉"種植篇" '養牛類', 60쪽.
33 腎:《增補山林經濟·牧養·牛》에는 "堅".

증보산림경제 75 만약 전염병의 기운이 있으면, 붉나무[千金木]76를 베어 외양간을 막고, 또한 그 잎을 취하여 풀과 섞어 먹인다. 또 잎을 삶았다가 식으면 그 즙을 입에 흘려넣는다. 또 소 우리에 안식향과 창출을 태워 소가 코로 이 향을 들이마시게 한다.

전염병이 가까운 곳에 이르렀을 때는 먼저 사람 소변을 아직 병들지 않은 소에게 하루에 3~4번 마시게 하면 전염되지 않는다. 소는 사람의 소변을 항상 좋아하므로 남자가 직접 소의 입에 소변을 보면 스스로 받아 마실 수 있어 효과가 가장 신통하다.

소의 뿔을 붉게 칠하여 나쁜 기운을 막는다.

전염병이 아직 발생하지 않았을 때, 미리 참소리쟁이[羊蹄菜]77즙 2~3승을 입에 흘려넣는다. 처음 발생했을 때에도 흘려넣는다.

전염병이 아직 발생하지 않았을 때 침을 토하면 이는 전염병[瘟疫]의 징후이다. 이때는 황백(黃栢)78(갈아 즙을 낸 것), 흰 석회(태워 간 것) 이 2종의 약을 술에 타서 소의 입에 흘려넣어 그 병을 예방한다.

增補山林經濟 如有病氣, 千金木斫取擁廐, 又取其葉, 和草飼之. 又煮葉, 待冷, 灌之. 又牛欄中, 燒安息香、蒼朮, 令牛以鼻吸香.

疫至近處, 先用小便飮未病之牛, 日三四次, 則不傳染. 常時牛喜人小便, 男子直放注其口, 則自能接飮, 最爲神效.

赭塗於牛角上, 辟惡.

未發時, 豫以羊蹄菜汁二三升, 灌口. 始發, 亦灌.

未發時, 吐涎者, 是瘟疫也. 取黃栢(硏汁)、白石(燒硏)二種, 以酒調和, 灌口以防之.

---

75 《增補山林經濟》卷5〈牧養〉"牛"'牛雜病'(《農書》3, 296~297쪽).
76 붉나무[千金木] : 옻나무과 식물. 동아시아 지역에 분포하는 나무로, 잎에 달리는 오배자를 약용으로 쓴다. 오배자나무라고도 한다.
77 참소리쟁이[羊蹄菜] : 마디풀과의 식물. 한국·일본 등지에 분포하며 습기가 있는 곳에서 자란다. 뿌리·잎·열매를 한약재로 쓴다. 양제(羊蹄)·소루쟁이라고도 한다.
78 황백(黃栢) : 운향과에 속하는 황벽나무의 껍질을 말린 약재.

먼저 끊임없이 침을 토하면, 좋은 먹물과 쪽즙 각각 3홉, 석회 1홉, 술 0.5승을 섞어 입에 흘려넣는다.

先吐涎不止者, 取眞墨研汁·藍汁各三合, 石灰一合、酒半升, 相合, 灌之.

난호어목지(蘭湖漁牧志) [79][80] 우역 치료하는 부적을 만드는 처방 : 이웃 마을에 전염병의 기운이 있으면, 주사(朱砂)로 '천운산지운사법운선사대정, 우엄급급여율령사바아(天雲山地雲寺法雲禪師戴鼎, 牛唵唵唵如律令娑婆阿).' [81] 22자를 누런 종이에 써서 외양간과 대문의 상인방(문 위에 가로지른 나무)에 붙이면 전염병의 기운이 전염되지 않는다】

蘭湖漁牧志 治牛疫符方 : 鄕隣有疫氣, 以朱砂書 "天雲山地雲寺法雲禪師戴鼎牛唵唵唵如律令娑婆阿" 二十二字于黃紙上, 粘付牛廐及大門楣, 疫氣不傳染】

7-4) 우질(牛疾, 우역)을 치료하는 비방

【 과농소초(課農小抄) [82][83] 소가 1~2일 동안 먹지 않으면 문어 1조(條, 다리 1개)로 먼저 코뚜레 대신 코를 꿰어둔다. 황토 진흙으로 질항아리를 만들되 인분 조금과 지렁이 있는 만큼을 흙 속에 넣고, 질항아리 크기는 됫박만 하게 한다. 이를 불에 묻어 구운 다

治牛疾秘方

【課農小抄 牛不食一日或二日, 文魚一條, 先代穿鼻貫之. 黃土泥作陶罐, 人糞小許及地龍從多小入土中, 其大如升, 火煨, 投沸

---

79 난호어목지(蘭湖漁牧志) : 1820년경 서유구가 저술한 어류·목축 서적. 지금은 어명고(漁名考)만 남아 있다. 어명고는 물고기의 이름을 한자와 한글로 적은 뒤 그 모양·크기·생태·습성·활용 등에 대하여 서술하였다.

80 출전 확인 안 됨.

81 천……아 : "천운산(天雲山) 지운사(地雲寺)의 법운선사(法雲禪師)가 솥을 이고 있으니, 소는 옴 부리나케 달아나라. 사바아!"라는 뜻이다. 여기서 천운산·지운사·법운선사는 모두 실제 지명이나 인명이 아니다. 암(唵, om)은 불교 육자진언(六字眞言, 唵縛鷄淡納莫)의 하나로, 주문(呪文)의 첫 머리에 쓰인다. 급급여율령(急急如律令)은 빨리빨리 율령(律令)과 같이 하라는 뜻으로 원래 한대(漢代)의 공문서에 쓰던 용어였으나 후세에 도사(道士)가 사귀(邪鬼)를 쫓는 주문의 끝에 첨가하여 빨리 달아나라는 뜻으로 사용했다. 사바아(娑婆阿)는 불교 진언의 끝에 쓰여 말한 바가 원만히 이뤄지기를 바라는 뜻을 담고 있다.

82 과농소초(課農小抄) : 조선 후기의 학자 박지원(朴趾源, 1737~1805)이 면천군수(沔川郡守)로 재직할 때 편찬한 농서. 당시 농서 가운데 체계가 가장 잘 잡혀 있다고 평가받았다.

83 《燕巖集》卷17〈別集〉"課農小抄"(《韓國文集叢刊》252, 401쪽).

음 끓는 물을 질항아리 투입한 뒤 우러난 맑은 물을 떠서 입에 흘려넣는다. 흘려넣을 때는 긴 나무를 코 바깥쪽에 가로로 놓고 문어를 양쪽 끝에 묶은 다음 양손으로 나무를 들어 입을 벌리고 곧 이 약을 흘려넣는다.

소의 가슴과 배 길이만큼의 깊이로 구덩이를 파서 소의 몸뚱이가 들어갈 수 있을 정도도 만든다. 여기에 불을 때서 매우 뜨겁게 한 다음 생 쑥을 엮어 구덩이 안에 1바퀴 두루 편다. 다시 공섬[空篇, 빈 둥구미]을 구덩이 안에 1바퀴 두루 펴고 쑥 위에 물을 1번 두루 뿌려 열기를 발산하게 한다.

매우 뜨거운 열이 조금 식은 뒤에 소를 그 속에 넣는다. 만약 소가 답답함과 고통을 이기지 못하여 계속해서 날뛰면, 힘을 써서 장대 양쪽 끝을 잡고 누름으로써 소가 움직이지 못하고 땀이 나게 한다. 또는 대변과 소변을 붓고 메밀죽을 1바가지 쑤어 마시게 한다. 2~3시각(4~6시간) 뒤에 가을보리죽을 1바가지 정도 쑤어 마시게 한다.

하루 뒤에 들깨 5홉을 가루 내어 먹인다. 누렇게 익은 호박 1개를 따서 껍질을 벗긴 다음 안의 누렇고 부드러운 속을 취하여 흐물흐물하게 찧는다. 이를 남자의 대변에 섞어서 된 죽처럼 된 것 1작은바가지를 소에게 마시게 하고, 곧 소금 3줌을 먹인다. 그 다음날에는 항상 먹던 죽을 쑤어 마시게 한다.

水, 澄取, 灌之. 灌時, 以長木橫鼻外, 縛文魚兩端, 以兩手擧而開口, 卽灌之.

掘坑深限牛胸腹長, 使容牛身, 爇火使極熱後, 編生艾布坑內一周. 又布空篇[34]一周, 於艾上灑水一匝, 使發熱氣.

極熱小歇後, 納牛其中. 若不勝煩痛, 踊躍不止, 則用力執其長木兩邊, 按之, 使不能動以發汗. 或注大小便, 作木麥粥一瓢, 飮之. 數時後, 作秋麰粥一瓢許, 飮之.

一日後, 水荏五合作末, 飼之. 取黃熟南瓜一箇, 去外皮, 取內黃軟者, 爛舂, 和男子屎, 如稠粥一小瓢, 飮之, 卽用鹽三掬. 其翼日作常食粥, 飮之.

---

[34] 篇:《燕巖集·別集·課農小抄》에는 "石".

소를 구덩이에 들어가게 할 때, 코의 위쪽 정중앙에 털이 난 부분을 조금 찔러 피를 낸다. 또 두 뿔 사이의 뒤쪽 정수리 가운데에 우묵하게 들어간 곳을 조금 찔러 기를 통하게 한 뒤에 미호(尾戶)[84]부터 등쪽 척추 방향으로 거슬러 올라 꼬리뼈 4번째 마디의 뒤쪽 중간과 5번째 꼬리뼈 아래를 조금 찔러 기를 통하게 한다. 소가 구덩이에서 나온 뒤에 쇠사슬로 코를 뚫은 나무를 묶는다.

將納坑時, 鼻上正中毛際, 小刺出血, 兩角間後頂中凹處, 小刺通氣後, 自尾戶逆上背脊, 第四脽節後中、五脽下, 小刺通氣. 出坑後, 以鎖鎖穿鼻之木.

이 비방은 호인(胡人, 만주 사람)들한테서 나왔는데, 시험해 볼 때마다 신통한 효험이 있었다. 호인이 "소가 처음에 아플 때 사람들은 모두 알지 못한다."라 했으니, 이는 단지 먹지 않을 때를 전염병의 시작이라고 여기고 그 병이 이미 깊어졌음을 모르는 것이다. 만약 소가 1~2일 동안 먹지 않을 때 이 방법을 시험해 보면 신통한 효과가 있다. 하지만 이 때가 지나면 고치기 어렵다】

此方出於胡人, 而試之輒神驗. 胡人云"牛之始痛, 人皆不知", 只以不食時爲始, 而不知其病之已深也. 若趁牛之不食一日、二日而試, 則神效, 過則難治】

7-5) 소의 배가 부풀어 올라 죽을 듯한 증상을 치료하는 처방

治牛腹脹欲死方

【사시유요[85] 삼씨를 간 즙 5승을 데워서 뜨겁게 한 뒤, 입에 흘려넣으면 낫는다. 이 병의 처방으로 생 콩을 먹여 배가 부풀어 올라 곧 죽을 듯한 증상을 치료하면 매우 좋다.

【四時類要 研麻子汁五升, 溫令熱, 灌口中, 愈. 此方, 治食生豆, 腹脹垂死者, 甚良.

---

84 미호(尾戶) : 꼬리와 몸이 연결되는 부분으로 추정된다.
85 《農政全書》卷41 〈牧養〉 "六畜" '牛'(《農政全書校注》, 1158쪽).

소의 배가 부풀어 오르고 기침하는 증상. 느릅나무의 흰 뿌리껍질을 매우 미끌미끌해지도록 물에 달여 3~5승을 입에 흘려넣으면 곧 차도가 있다.

牛肚脹及嗽. 取楡白皮水煮令甚滑, 以三五升灌之, 卽差.

博聞錄 소가 잡충(雜蟲)을 먹고 곧 배가 부풀어 오르는 증상. 제비똥 1홉을 좁쌀죽 웃물 2승에 타서 입에 흘려넣으면 효과가 있다.

博聞錄 牛喫著雜蟲, 卽腹脹. 用燕屎一合, 漿水二升, 調, 灌之, 效.

소의 기창(氣脹)[87]. 깨끗한 물에 땀에 젖은 버선을 헹구어 그 물 1승을 취하고, 여기에 좋은 식초 0.5승 정도를 타서 입에 흘려넣으면 낫는다.

牛氣脹. 淨水洗汗韈, 取汁一升, 好醋半升許, 灌之, 愈.

거가필용[88] 물소의 기창(氣脹). 백지 1냥, 회향·관계·세신 각 1.1냥, 도라지 1냥, 작약·창출 각 1.3냥, 귤피 0.95냥을 함께 가루 낸 뒤, 1냥씩 생강 1냥, 소금물 1승을 더하여 함께 달인 다음 따뜻할 때 입에 흘려넣는다】

居家必用 水牛氣脹. 白芷一兩、茴香·官桂·細辛各一兩一錢、桔梗一兩、芍藥·蒼朮各一兩三錢、橘皮九錢五分, 共爲末, 每服一兩, 加生薑一兩、鹽水一升, 同煎, 溫灌之】

---

86 출전 확인 안 됨 ; 《農桑輯要》 卷7 〈葦畜〉 "牛"(《農桑輯要校注》 243쪽).
87 기창(氣脹) : 배가 불러오고 팔다리가 마르며 음식을 먹지 않는 증상.
88 《居家必用》 〈丁集〉 "養牛類" '攻胃散'(《居家必用事類全集》, 158쪽).

7-6) 소의 습병(濕病)을 치료하는 처방

【승암경설(升菴經說)】[89][90] 가회톱[蘞][91]은 하눌타리와 비슷하며, 잎이 무성하면서 잘다. 그 씨앗은 머루[燕薁]같이 새까맣다. 그 줄기와 잎을 삶아 소에게 먹이면 습병을 제거한다】

治牛濕病方

【升菴經說】蘞似栝樓, 葉盛而細. 其子正黑如燕薁, 其莖葉煮以哺牛則除濕】

7-7) 소가 더위먹은 증상을 치료하는 처방

【제민요술】[92] 토끼의 창자와 위장을 취하여 똥을 제거하지 말고 풀을 싸서 삼키게 하면, 2~3번만에 곧 낫는다】

治牛中熱方

【齊民要術】取兔腸肚, 勿去屎, 以裏草吞之, 不過再三, 卽愈】

7-8) 소의 요혈(尿血, 피오줌을 싸는 증상)을 치료하는 처방

【박문록】[93] 천당귀(川當歸, 중국 사천지방에서 나는 당귀)·홍화를 곱게 가루 낸 뒤, 술 2.5승과 함께 2승이 되도록 달인 다음 차갑게 하여 입에 흘려넣는다.

또 다른 방법:두시즙에 소금을 타서 입에 흘려넣는다】

治牛尿血方

【博聞錄】川當歸、紅花, 爲細末, 以酒二升牛, 煎取二升, 冷灌之.

又法:豉汁調食鹽, 灌】

7-9) 소가 눈에 흰 막이 끼는 증상을 치료하는 처방

【박문록】[94] 볶은 소금과 대나무마디(약성이 남도록

治牛患白膜遮眼方

【又】用炒鹽幷竹節(燒存性,

---

89 승암경설(升菴經說):중국 명나라의 관료 양신(楊愼, 1488~1559)이 지은 책. 유교경전에 대한 해설이 수록되어 있다.
90 《升菴經說》卷4〈詩小序〉下 "蘞蔓"《叢書集成初編》250, 72쪽).
91 가회톱[蘞]:포도과의 덩굴나무. 중국 동북부와 한국 황해도 이북 지역 등에서 자생하며, 뿌리는 백렴, 열매는 백렴자라 하며 한약재로 쓴다.
92 《齊民要術》卷6〈養牛馬驢騾〉《齊民要術校釋》, 421쪽).
93 《農政全書》卷41〈牧養〉 "六畜" '牛'《農政全書校注》, 1159쪽).
94 《農政全書》, 위와 같은 곳.

Ⅰ. 목축·양어·양봉(하)　　317

태워 곱게 간 것) 0.1냥을 흰 막에 붙이면 효과가 있다】　　細研)一錢, 貼膜, 效】

7-10) 소의 기열(氣噎)[95]을 치료하는 처방　　治牛氣噎方

【박문록】[96] 띠풀 뿌리로 인해 소에게 기열이 생기면, 조각가루를 콧속에 불어넣고, 다시 신발바닥으로 미정골(尾停骨) 아래를 두들기면 효과가 있다】

【又】有茅根噎, 以皂角末吹鼻中, 更以鞋底拍尾停骨下, 效】

7-11) 소의 꼬리가 마르고 물과 풀을 먹지 않는 증상을 치료하는 처방　　治牛尾焦不食水草方

【박문록】[97] 대황·황련·백지의 가루를 계란 흰자와 술에 타서 입에 흘려넣는다】

【又】以大黃、黃連、白芷末, 鷄子淸、酒, 調, 灌之】

7-12) 소의 어깨가 문드러진 증상을 치료하는 처방　　治牛肩爛方

【박문록】[98] 묵은 솜 3냥을 약성이 남도록 태워 참기름에 섞어 바른다. 5일 동안 물에 들어가는 일을 금하면 낫는다】

【又】舊緜絮三兩燒存性, 麻油調抹, 忌水五日, 愈】

7-13) 소의 발굽에 진물이 흐르는 증상을 치료하는 처방　　治牛漏蹄方

【박문록】[99] 자황(紫磺)을 가루 낸 뒤, 돼지기름과 섞어서 발굽 속에 넣고 불에 달군 쇠 빗치개로 지지면 낫는다.

【又】紫磺爲末, 猪脂和, 納蹄中, 燒鐵篦烙之, 愈.

---

95 기열(氣噎):기도가 막혀 숨을 쉬지 못하고 먹이를 먹지 못하는 병증.
96 《農政全書》, 위와 같은 곳.
97 《農政全書》, 위와 같은 곳.
98 《農政全書》, 위와 같은 곳.
99 《農政全書》, 위와 같은 곳.

【안 자황은 나무의 진액이 맺혀서 생긴 물질이다. 모양은 난석(爛石, 자갈)이나 혈갈(血竭)[100]과 같다】

按 紫礦, 木脂液結成, 形若爛石與血竭同也】

7-14) 소의 사개(沙疥)[101]를 치료하는 처방

治牛沙疥方

【박문록[102] 메밀 적당량을 태운 재 내린 물에 녹반 1홉을 넣고, 섞은 다음 환부에 바른다.

【又 蕎麥隨多寡燒灰淋汁, 入綠礬一合[35]和, 塗.

사시유요[103] 소의 개(疥)[104]에는 검은콩[黑豆]을 삶은 즙으로 뜨거울 때 환부를 5번 씻으면 차도가 있다. 안 검은콩이 다른 곳에는 오두(烏頭)[105]라 되어 있다】

四時類要 牛疥, 煮黑豆汁, 熱洗五度, 差. 按 黑豆, 一作烏頭】

7-15) 소가 이에게 물린 증상을 치료하는 처방

治牛蝨方

【제민요술[106] 참기름을 환부에 바른다. 돼지기름을 써도 된다. 일반적으로 육축(六畜)[107]이 이에 물렸을 때 기름을 바르면 모두 낫는다】

【齊民要術 以胡麻油塗之. 猪脂亦得. 凡六畜蝨, 脂塗, 悉愈】

---

100 혈갈(血竭) : 종려과 식물인 기린갈나무의 진을 말린 약재. 인도네시아 인근에서 난다.

101 사개(沙疥) : 피부에 좁쌀 같은 것이 돋아 가렵고 아픈 병증.

102 《農政全書》, 위와 같은 곳.

103 《農政全書》卷41〈牧養〉"六畜" '牛'(《農政全書校注》, 1158쪽).

104 개(疥) : 개창(疥瘡)의 준말로, 헌데가 겹치고 진(疹)이나 물집이 생기며 곪기도 하는 증상이다. 일반적으로 옴이라 하며, 창개(瘡疥)·개라(疥癩)라고도 한다. 《인제지》권21〈개(疥)·선(癬)〉에 보인다.

105 오두(烏頭) : 미나리아재빗과의 식물. 독성이 강한 약재인 부자(附子)와 천오(川烏)의 원료가 되는 식물.

106 《齊民要術》卷6〈養牛馬驢騾〉(《齊民要術校釋》, 421쪽).

107 육축(六畜) : 말·소·양·돼지·개·닭의 6가지 대표적인 가축. 가축 전체를 가리키기도 한다.

35 合 : 저본에는 "令". 오사카본·《農政全書·牧養·六畜》에 근거하여 수정.

7-16) 소의 몸에 벌레가 생긴 증상을 치료하는 처방　治牛身上生蟲方

【증보산림경제】[108] 당귀를 흐물흐물하게 찧어 식　【增補山林經濟】用當歸擣
초에 하룻밤 담갔다가 환부에 바른다】　爛, 醋浸一宿, 塗之】

7-17) 소의 기침을 치료하는 처방　治牛咳嗽方

【증보산림경제】[109] 소금 1냥과 두시즙 1승을 섞　【又】用鹽一兩、豉汁一升,
어 입에 흘려넣는다】　相和, 灌之】

7-18) 소의 혈변을 치료하는 처방　治牛糞血方

【증보산림경제】[110] 아궁이 안의 황토 2냥을 술　【又】取竈中黃土二兩, 酒
1승에 달였다가 식으면 입에 흘려넣는다】　一升煎, 候冷, 灌之】

7-19) 소가 병을 앓은 뒤에 장이 뭉쳐 변을 보지 못　治牛病後腸結不得放糞方
　　하는 증상을 치료하는 처방

【증보산림경제】[111] 백미 2승을 하룻밤 물에 담갔　【又】白米二升浸一宿, 研
다가 갈아서 즙을 내고, 생기름 0.5승과 섞어 입에　取汁, 生油半升相和, 灌
흘려넣으면 차도가 있다】　之, 差】

7-20) 소가 풀을 먹지 않는 증상을 치료하는 처방　治牛不吃草方

【증보산림경제】[112] 청목향(靑木香)[113] 0.4냥과 금은　【又】靑木香四錢、金銀花
화 1근(16냥)을 함께 달인 물을 입에 흘려넣으면 바로　一斤, 共煎湯, 灌下, 立效】

---

108 《增補山林經濟》卷5〈牧養〉 "牛" '牛雜病'(《農書》3, 295쪽).
109 《增補山林經濟》卷5〈牧養〉 "牛" '牛雜病'(《農書》3, 294쪽).
110 《增補山林經濟》卷5〈牧養〉 "牛" '牛雜病'(《農書》3, 293쪽).
111 《增補山林經濟》卷5〈牧養〉 "牛" '牛雜病'(《農書》3, 295쪽).
112 《增補山林經濟》卷5〈牧養〉 "牛" '牛雜病'(《農書》3, 293쪽).
113 청목향(靑木香):방울풀과 식물인 방울풀의 뿌리를 말린 약재. 운남근(雲南根)·독행근(獨行根)·토청목향
　　(土靑木香)이라고도 한다.

효과가 있다】

7-21) 소가 귀신들려 몸이 떨리고 땀이 나며 입과 코가 차가워지는 증상을 치료하는 처방

治牛以鬼氣身戰汗出口鼻冷方

【증보산림경제】[114] 먼저 끓인 소금물 1승을 입에 흘려넣고, 잘게 자른 총백 1줌, 좋은 술 1승을 3~5번 끓어오르도록 함께 달여 입에 흘려넣는다. 만일 차도가 없으면 다시 입에 흘려넣는다. 혈전포(血轉胞)[115]이면 고치기 어렵다. 이는 혈전포로 오줌이 막힌 경우를 말한다】

【又】先灌鹽湯一升, 細切蔥白一握、好酒一升, 共煎三五沸, 灌之. 如不差, 更灌之. 血轉胞者, 難治. 謂[36]血轉胞溺塞者也】

7-22) 소의 혀가 부풀고 늘어져 입 밖으로 나왔다가 들어가지 못하는 증상을 치료하는 처방

治牛舌腫脹伸出口外不收方

【증보산림경제】[116] 아주까리기름[草麻油]에 종이를 담갔다가 태워 그 연기로 훈증하면 낫는다】

【又】取草[37]麻油, 蘸紙, 燃燒煙薰之則愈】

7-23) 소가 두창(痘瘡, 천연두)으로 반점이 생긴 증상을 치료하는 처방

治牛發痘班方

【증보산림경제】[117] 청호(개똥쑥)로 죽을 쑤어 먹인다】

【又】以靑蒿作粥, 唊之】

---

114 《增補山林經濟》卷5〈牧養〉"牛"'牛雜病'(《農書》3, 294쪽).

115 혈전포(血轉胞) : 피가 나고 배꼽 아래가 아프며 소변이 나오지 않는 병증.

116 《增補山林經濟》卷5〈牧養〉"牛"'牛雜病'(《農書》3, 295~296쪽).

117 《增補山林經濟》卷5〈牧養〉"牛"'牛雜病'(《農書》3, 296쪽).

36 謂 : 《增補山林經濟·牧養·牛》에는 "以".

37 草 : 《增補山林經濟·牧養·牛》에는 "蓖".

7-24) 소가 야위는 증상을 치료하는 처방　治牛瘦方

【증보산림경제[118] 산 드렁허리를 대나무통에 넣　【又 活鱔納竹筒, 灌之,
고 입에 흘려넣으면 쉽게 살찐다】　易肥】

7-25) 송아지가 뱃속에서 죽었을 때 치료하는 처방　治牛子死腹中方

【증보산림경제[119] 박초 끓인 물을 입에 흘려넣　【又 以朴硝湯灌之】
는다】

7-26) 물소의 열병을 치료하는 처방　治水牛患熱病方

【거가필용[120] 백출 2.5냥, 창출 4.2냥, 자완·고　【居家必用 用白朮二兩半、
본 각 3.3냥, 우슬 3.2냥, 마황(마디를 제거한 것) 3　蒼朮四兩二錢、紫菀·藁本
냥, 후박 3.1냥, 당귀 3.5냥을 함께 가루 낸 뒤, 2냥　各三兩三錢、牛膝三兩二錢、
씩 술 2승에 달여 따뜻해질 때까지 둔 다음 꿀을 먹　麻黃(去節)三兩、厚朴三兩
인 뒤에 입에 흘려넣으면 곧 차도가 있다.　一錢、當歸三兩半, 共爲末,
　每服二兩, 以酒二升煎, 放
　溫, 草後, 灌之, 卽瘥.

과농소초[121] 참깻잎 찧은 즙을 입에 흘려넣으면 바　課農小抄 胡麻葉擣汁,
로 차도가 있다】　灌之, 立差】

7-27) 물소의 설사를 치료하는 처방　治水牛水瀉方

【거가필용[122] 청피·진피 각 2.2냥, 백반·탱자껍　【居家必用 靑皮·陳皮各

118《增補山林經濟》卷5〈牧養〉"牛"'牛雜病'(《農書》3, 295쪽).
119《增補山林經濟》卷5〈牧養〉"牛"'牛雜病'(《農書》3, 296쪽).
120《居家必用》〈丁集〉"養牛類"'白術散'(《居家必用事類全集》, 157쪽).
121《燕巖集》卷17〈別集〉"課農小抄"(《韓國文集叢刊》252, 400~401쪽).
122《居家必用》〈丁集〉"養牛類"'靑皮散'(《居家必用事類全集》, 158쪽).

질 각 1.9냥, 창출·상두자(橡斗子, 도토리)·말린 생강 각 3.2냥, 작약·세신 각 2.5냥, 회향 2.3냥을 함께 가루 낸 뒤, 1냥씩 생강 1냥, 소금 0.3냥, 물 2승과 함께 달여 입에 흘려넣는다】

二兩二錢、白礬·枳殼各一
兩九錢、蒼朮·橡斗子·乾薑
各三兩二錢, 芍藥·細辛各
二兩五錢、茴香二兩三錢,
共爲末, 每服一兩, 生薑一
兩, 鹽三錢, 水二升, 煎, 灌
之】

7-28) 소와 말의 온갖 병을 치료하는 처방

【증보산림경제】[123] 버드나무잎·생 우유를 함께 찧어 흐물흐물하게 한 뒤, 탄환크기의 환을 만든 다음 햇볕에 말린다. 쓸 때는 찧어 곱게 가루 낸 뒤, 그대로 생 우유에 섞어 입에 흘려넣으면 효과가 신통하다.

또 소와 말 등의 6축이 물과 곡식을 먹고 상함으로 인해 모두 전염병에 걸렸을 때는, 술에 사향가루를 조금 섞어 입에 흘려넣으면 효과가 신통하다】

治牛馬百病方

【增補山林經濟】柳葉、生
牛乳同擣令爛, 丸如彈子,
曬乾. 用時, 擣細末, 仍和
生牛乳, 灌之, 神效.

又牛馬六畜, 因食水穀有
傷, 竝瘟疫, 用酒和些麝
香末, 灌之, 神效】

7-29) 소가 사람을 들이받는 증상을 치료하는 처방

【박문록】[124] 소가 껑충껑충 뛰다가 사람을 만나면 바로 들이받는 증상은 쓸개가 크기 때문이다. 황련·대황 각 0.5냥을 가루 낸 뒤, 계란흰자와 술 1승과 함께 타서 입에 흘려넣는다】

治牛觸人方

【博聞錄】牛顚走, 逢人卽
觸, 是膽大也. 用黃連、大
黃各半兩, 爲末, 鷄子淸、
酒一升, 調, 灌之】

123 《增補山林經濟》卷5〈牧養〉"牛" '牛雜病'(《農書》3, 296쪽).
124 《農政全書》卷41〈牧養〉"六畜" '牛'(《農政全書校注》, 1159쪽).

2. 당나귀와 노새

驢、騾

1) 이름과 품종

名品

【본초강목】[1] 려(驢, 당나귀)는 려(臚)이다. 려(臚)는 배의 앞쪽이다. 말의 힘은 허벅지에 있고, 당나귀의 힘은 배의 앞쪽에 있다. 갈색·흑색·백색의 3가지 색이 있다. 요동(遼東)에는 들당나귀가 난다. 이는 당나귀와 비슷하지만 색이 섞여 있고, 갈기와 꼬리가 당나귀보다 길며, 골격이 더 크다. 서토(西土, 중국 사천 지역)에는 산당나귀가 난다. 이는 영양처럼 뿔이 있다.

【本草綱目】驢, 臚也. 臚, 腹前也. 馬力在膊, 驢力在臚也. 有褐、黑、白三色. 遼東出野驢, 似驢而色駁, 鬃尾長, 骨格大. 西土出山驢, 有角如羚羊.

노새[騾, 라]는 당나귀보다 크고 말보다 튼튼하다. 그 힘은 허리에 있다. 그 뒤쪽에는 쇄골(鎖骨, 빗장뼈)이 있어서, 쇄골이 벌어지지 않아 새끼를 치지 못한다.

騾大于驢而健于馬, 其力在腰. 其後有鎖骨, 不能開, 故不孳乳.

잡종의 종류는 다음과 같이 5가지이다. 수탕나귀가 암말과 교배하여 태어나면 노새이다. 수말이 암탕나귀와 교배하여 태어나면 버새[駃騠]이다. 수탕나귀가 암소와 교배하여 태어나면 탁맥(駝駏)이다. 수소가 암탕나귀와 교배하여 태어나면 적총(騔騤)이

其類有五 : 牡驢交馬而生者, 騾也. 牡馬交驢而生者, 爲駃騠. 牡驢交牛而生者, 爲駝駏. 牡牛交驢而生者, 爲騔騤[1]. 牡牛交

---

1 《本草綱目》卷50〈獸部〉“驢”, 2779쪽 ; 《本草綱目》卷50〈獸部〉“騾”, 2786쪽.

[1] 騔騤 : 저본에는 “騤”. 규장각본·오사카본·《本草綱目·獸部·騾》에 근거하여 수정.

다. 수소가 암말과 교배하여 태어나면 거허(駏驉)이   馬而生者, 爲駏驉. 今俗
다. 지금 민간에서는 이를 통틀어 노새라 부른다】   通呼爲騾矣】

2) 종자 얻는 법

수탕나귀가 암말을 덮쳐 노새를 낳는 것이 보통이다. 수말이 암탕나귀를 덮쳐 낳은 노새는 모습이 장대하여 말보다 훨씬 더 낫다. 그러나 7~8살의 모양이 바르고 큰 암탕나귀를 고른다. 어미가 장성하면 새끼를 배게 하여 받는다. 아비가 크면 새끼도 튼튼하다. 암노새는 새끼를 낳지 않고, 낳아도 죽지 않는 경우가 없다. 암노새를 기를 때는 항상 이것을 예방하고 무리에서 떨어지지 않게 해야 한다.《농정전서》[2]

튼튼하고 빠르며 몸집이 큰 암말을 준비하고, 4월이 되어 빠르고 장대한 수탕나귀와 교배시키면 반드시 좋은 노새를 낳는다. 태어난 지 2~3개월이 지나면 곧 모래주머니를 채워 달고 날마다 짐을 싣고 다니는 연습을 시켜야 한다. 그렇지 않으면 목과 등이 굳고 뻣뻣해져서 결코 제어할 수가 없게 될 것이다. 노새가 태어난 뒤, 1년 남짓이 지나면 시험삼아 타볼 수 있다.《증보산림경제》[3]

取種法

驢覆馬, 生騾則準常. 以馬覆驢, 所生騾者, 形容壯大, 彌復勝馬. 然選七八歲草驢, 骨口[2]正大者. 母長則受駒, 父大則子壯. 草騾[3]不產, 産無不死. 養草騾[4]常須防, 勿令離群也.《農政全書[5]》

以健快體大牝馬, 待四月, 令快大牡驢交之, 則必產名騾. 初生數三朔, 卽以沙囊, 逐日馱行調習. 不然則項背强直, 決不可制矣. 騾生一年餘, 可試騎坐.《增補山林經濟》

2 《農政全書》卷41〈牧養〉"六畜" '馬'(《農政全書校注》, 1154쪽);《齊民要術》卷6〈養牛馬驢騾〉(《齊民要術校釋》, 406쪽).
3 《增補山林經濟》卷5〈牧養〉"騾"(《農書》3, 341쪽).
2 口:《齊民要術·養牛馬驢騾》에는 "目".
3 騾: 저본·《農政全書·牧養·六畜》에는 "驢".《齊民要術·養牛馬驢騾》에 근거하여 수정.
4 騾: 저본·《農政全書·牧養·六畜》에는 "驢".《齊民要術·養牛馬驢騾》에 근거하여 수정.
5 農政全書: 오사카본에는 "齊民要術".

3) 먹이는 법

당나귀 먹이는 법은 대개 말과 비슷하다. 하지만 마른 사료와 볶은 콩이 가장 좋고, 뜨거운 죽을 많이 주면 안 된다. 노새도 이와 같다.《난호어목지》[4]

飼法

飼驢之法[6], 大槪類馬, 然最宜乾料、炒豆, 不可多與熱粥. 騾亦如之.《蘭湖漁牧志》

---

4 출전 확인 안 됨.
[6] 飼驢之法: 저본에는 표제어에 포함됨. 오사카본에 근거하여 수정.

길마(국립민속박물관)

4) 당나귀는 짐 싣고 물 긷는 일을 해야 한다

당나귀는 중국에서 흔한 가축이다. 물 긷기, 연
자방아 돌리기, 수레 끌기 등의 일까지 시키지 않는
경우가 없고, 밭을 가는 경우까지 있다. 우리나라에
서는 그렇지 못한 이유는 당나귀를 아껴서가 아니
고, 관련된 도구가 평소에 갖추어져 있지 않기 때문
이다.

연자방아를 돌리는 당나귀는 가죽조각으로 두
눈을 가린다. 빙글빙글 돌며 연자방아를 돌리면서
도 그 사실을 알지 못하게 하려고 해서이다. 당나귀
가 그것을 알면 어지럽기 때문이다. 이는 마치 물고
기를 기를 때 반드시 섬을 만들어주어, 물고기가 섬
둘레를 빙빙 돌며 헤엄쳐 다니면서도 스스로는 하루
에 천리를 노닌다고 여기게 만드는 일과 같다.

쌀을 실을 때는 길마[5]를 쓰지 않고, 면포로 5두
(斗)들이 긴 자루를 모두 3개 만든다. 그 자루의 중간

論驢宜馱汲

驢爲中國之賤畜. 如汲水、
轉磨、駕車等事, 無不任
之, 至有驢耕者. 我國之不
能然者, 非惜驢也, 器不素
具也.

磨驢, 以皮片遮兩眼, 欲
其圜轉而不知, 知卽眩暈.
如養魚, 必有島, 魚繞島而
行, 自謂日游千里也.

載米無鞴, 作緜布長袋可五
斗者凡三. 空其中而米垂於

5　길마 : 짐을 운반하기 위하여 말이나 소의 등에 얹는 받침대.

은 비우고 쌀을 자루의 양끝에 넣고 당나귀등에 드리워서 등에 달라붙게 하면 흔들리지 않는다. 자루 2개를 좌우로 비스듬하게 놓고 하나는 가로질러 놓는 모양이 마치 물레의 바퀴통처럼 생겼다.

물을 길 때에는 길마를 사용한다. 일반적으로 물 긷는 통은 모두 길고 귀(물통 손잡이) 2개가 있어 길마에 횡목을 꽂는다. 횡목 좌우에다 이 물통손잡이를 꿰어놓고 당나귀가 스스로 자기 집에 돌아갔다가 다시 우물가로 오게 한다.《북학의》[6]

兩端以貼背, 不搖. 左右斜而一橫之, 如紡車之輻.

汲水, 有輠. 凡汲桶皆長, 有兩耳, 而穿之橫木于輠, 貫其耳於左右, 使自歸其家而復來井上.《北學議》

6 《北學議》〈內篇〉 "驟"(《완역정본 북학의》, 402쪽).

5) 치료하기

5-1) 당나귀의 발굽에 진물이 흐르는 증상을 치료하는 처방

【 제민요술 】 7 두꺼운 벽돌에 구멍을 뚫어 여기에 당나귀 발굽을 0.2척 정도 깊이로 넣을 수 있게 한다. 벽돌을 뜨겁게 달구되, 벽돌이 붉어질 정도로 뜨겁게 한다. 당나귀 발굽을 갈라진 틈이 드러나도록 깎고, 발굽을 벽돌구멍 속에 잠시 집어넣은 다음, 여기에 소금·술·식초를 붓고 끓어오르도록 하여 발굽을 담근다. 이때 당나귀를 단단히 붙잡아 발을 움직이지 못하게 해야 한다. 벽돌이 식은 다음에 놓아주면 곧 낫는다. 물에 들어가거나 먼 길을 가도 전혀 재발하지 않는다】

5-2) 당나귀나 말의 발굽이 닳거나 깨져 문드러진 증상을 치료하는 처방

【 농정전서 】 8 9 쇠비름[馬齒莧] 10 · 석회를 한곳에서 찧어 둥근 덩어리를 만들고 햇볕에 말린 다음 다시 찧고 체질하여 가루 낸다. 먼저 간이 된 좁쌀죽웃물을 입에 머금었다가 이 물로 환부를 깨끗이 씻고 약가루를 환부에 바른다】

醫治

治驢漏蹄方

【 齊民要術 】 鑿厚磚石, 令容驢蹄深二寸許. 熱燒磚, 令熱赤. 削驢蹄令出漏孔, 以蹄頓著磚孔中, 傾鹽、酒、醋, 令沸, 浸之. 牢捉勿令脚動. 待磚冷, 然後放之, 卽愈. 入水遠行, 悉不發】

治驢、馬磨打破潰方

【 農政全書 】 馬齒莧、石灰, 一處擣爲團, 曬乾後, 復擣, 羅爲末. 先口含鹽漿 ⑦ 水, 洗淨 ⑧ , 用藥末貼之】

---

7 《齊民要術》卷6〈養牛馬驢騾〉(《齊民要術校釋》, 412쪽).

8 《齊民要術》卷6〈養牛馬驢騾〉(《齊民要術校釋》, 412쪽).

9 《農政全書》卷41〈牧養〉"六畜" '馬'(《農政全書校注》, 1154쪽).

10 쇠비름[馬齒莧] : 쇠비름과 한해살이 식물인 쇠비름의 전초를 말린 약재.

⑦ 漿 : 저본에는 將. 오사카본·《農政全書·牧養·六畜》에 근거하여 수정.

⑧ 洗淨 : 저본에는 "淨洗". 오사카본·《農政全書·牧養·六畜》에 근거하여 수정.

5-3) 당나귀나 말이 수척해지는 증상을 치료하는 처방　　治驢、馬瘦瘠方

【거가필용[11]】 수탉 1마리를 칼로 베어 죽이지 말고 주먹으로 때려 죽인 다음 뜨거울 때 즉시 닭의 배를 가르고 창자·밥통·심장·간·부리·다리·발톱·똥집을 취한다. 여기에 풍화한 석회 1홉을 넣고, 좋은 참기름 4냥을 넣어 고루 섞고 입에 흘려넣으면 바로 효과를 본다.

약재를 달일 때 관중 1~2개를 함께 넣고 오래 달여 당나귀나 말에게 먹이면, 수척하게 하는 벌레가 저절로 나올 것이다】

【居家必用】 用雄鷄一隻, 勿用刀割, 以拳搥死, 就熱, 便開破鷄肚, 取出腸、肚、心、肝、嘴、脚、指甲、帶糞. 入風化石灰一合, 入眞芝麻油四兩, 調均, 灌之, 立效[9].

煮料時, 同貫衆一兩枚, 煮久, 喂之, 瘦蟲自出矣】

---

[11] 《居家必用》〈丁集〉 "牧養良法" '養馬瘠瘦喂之不肥者'(《居家必用事類全集》, 155쪽) ;《居家必用》〈丁集〉 "牧養良法" '治馬中結'(《居家必用事類全集》, 155~156쪽).

[9] 效 : 저본에는 "愈". 오사카본·《居家必用事類全集·丁集·牧養良法》에 근거하여 수정.

6) 그 밖의 잔소리

당나귀는 뱀에 물리면 죽는다.《증보산림경제》[12]

瑣言

驢被蛇咬, 死.《增補山林
經濟》

---

12 《增補山林經濟》卷5〈牧養〉"驢"(《農書》3, 342쪽).

3. 양

羊

1) 이름과 품종

名品

【본초강목】[1] 《설문해자(說文解字)》에 "양(羊)자는 머리·뿔·발·꼬리의 모양을 본떴다.[2] 공자는 '우(牛)자와 양(羊)자는 글자 모양이 실물과 비슷하다.'라 했다."[3]라 했다.

【本草綱目】《說文》云:"羊字, 象頭、角、足、尾之形. 孔子曰:牛、羊之字, 以形似也."

수컷을 '고(羖)', '저(羝)'라 한다. 암컷을 '부(羒)', '장(牂)'이라 한다. 흰 양을 '분(羒)'이라 하고, 검은 양을 '유(羭)'라 한다. 털이 많은 양을 '고력(羖䍽)'이라 하고, 북쪽 변방에서 온 양을 '예누(羬羺)'라 한다. 뿔이 없는 양을 '동(羫)', '타(羍)'라 한다. 거세한 양을 '갈(羯)'이라 한다.

牡曰"羖", 曰"羝". 牝曰"羒", 曰"牂". 白曰"羒", 黑曰"羭", 多毛曰"羖䍽", 胡羊曰"羬羺". 無角曰"羫", 曰"羍". 去勢曰"羯".

양의 새끼를 '고(羔)'라 하고, 5개월 된 양을 '저(羜)'라 하고, 6개월 된 양을 '무(䍽)'라 하고, 7개월 된 양을 '달(羍)'이라 하고, 1살이 되지 않은 양을 '조(羜)'라 한다. 《예기》〈내칙(內則)〉에서 제사에 쓰는 살진 양을 '유모(柔毛)'[4]라 했다. 또 양을 통째로 바치는 제

羊子曰"羔", 五月曰"羜", 六月曰"䍽", 七月曰"羍", 未卒歲曰"羜". 《內則》謂之"柔毛", 又曰"少[1]牢".

1　《本草綱目》卷50〈獸部〉"羊", 2723쪽.
2　양(羊)자는⋯⋯본떴다:《설문해자(說文解字)》의 '양 양(羊)'자 모양은 다음과 같다.
3　양(羊)자는⋯⋯했다:《說文解字》卷4 上〈羊部〉《說文解字注》, 145쪽.
4　유모(柔毛):양이 살찌면 그 털이 가늘고 부드러우므로 살찌고 윤택한 양을 말함.
1　少:저본에는 "小".《禮記注疏·內則》에 근거하여 수정.

양 양(羊)(《설문해자》)

사를 '소뢰(少牢)[5]'라 했다.[6]

양은 가축 가운데 오행의 화(火)에 속하므로 쉽게 번식하고 성질이 뜨겁다. 괘(卦) 가운데에서는 태(兌)[7]에 속하므로 밖으로 부드럽고 안으로 강하다(외유내강)】

在畜屬火, 故易繁而性熱；在卦屬兌, 故外柔而內剛也】

---

5 소뢰(少牢) : 나라에서 제사 지낼 때에 양을 통째로 제물로 바치던 일. 원래는 제사 지낼 때에 양과 돼지를 통째로 바치는 것을 소뢰라 하고, 소·양·돼지를 아울러 갖추는 것을 태뢰(太牢)라 하였다. 후대에 소뢰는 양만을 갖추게 되었다.

6 유모(柔毛)라……했다 : 《禮記注疏》 卷5 〈曲禮〉下(《十三經注疏整理本》 12, 181쪽) ; 《禮記注疏》 卷28 〈內則〉(《十三經注疏整理本》 14, 1003쪽). 《예기》에서 유모(柔毛)는 〈곡례(曲禮)〉하편에 나오고, 〈내직〉에는 나오지 않는다.

7 태(兌) : 《주역(周易)》 64괘 중 58번째 괘인 중택태(重澤兌, ䷹)괘이다. 못이 겹친 형상이다. 강한 효(爻)가 중(中)을 얻고 부드러운 효가 밖에 있는 외유내강의 형상이므로, 사람들을 기쁘게 하고 형통하게 만든다.

2) 기르기 총론

항상 12월과 1월에 태어난 새끼 양을 남겨 종양(種羊, 종자를 얻기 위한 양)으로 삼아야 가장 좋고, 11월과 2월에 태어난 양이 그 다음이다.

【주】이상의 몇몇 달에 태어난 양이 아니면, 털이 반드시 말라 돌돌 말려 있고, 골격은 가늘고 작다. 그러한 이유는 한기와 열기를 만났기 때문이다. 8~10월에 태어난 양은 비록 가을에 살이 찌더라도 늦겨울이 되면 어미의 젖이 이미 마르고 봄풀은 아직 나오지 않기 때문에 좋지 않다.

3~4월에 태어난 양은 풀이 비록 무성하고 좋아도 새끼양이 어려서 아직 풀을 먹지 못하고, 항상 뜨거운 젖을 마시기 때문에 이것이 또한 종양으로 삼기에는 나쁜 이유이다. 5~7월에 태어난 양은 날씨의 뜨거움과 젖의 뜨거움이 서로 중복이 되어서 나쁜 가운데서 더욱 심하다.

11~2월에 태어난 양은 어미가 젖이 이미 많아 새끼의 몸이 충분히 살이 쪘기 때문에 풀이 비록 말랐더라도 또한 야위지는 않는다. 어미의 젖이 다 떨어져도, 곧 봄풀을 얻을 수 있어 이 때문에 매우 좋은 것이다】

대체로 암양 10마리 당 숫양 2마리이다【주】숫

飼養總論

常留臘月、正月生羔爲種者, 上, 十一月、二月生者, 次之.

【注】非此月數生者, 毛必焦卷, 骨骼細小. 所以然者, 逢寒遇熱故也. 其八九十月生者, 雖值秋肥, 比至冬暮, 母乳已渴, 春草未吐②, 是故不佳.

其三四月生者, 草雖茂美, 而羔小未食, 常飲熱乳, 所以亦惡. 五③六七月生者, 兩熱相仍, 惡④中之尤甚.

其十一月及二月生者, 母旣多乳⑤, 膚軀充滿, 草雖枯, 亦不羸瘦. 母乳適盡, 卽得春草, 是以極佳也】

大率十口二⑥羝【注】羝少

---

② 吐:《齊民要術·養羊》에는 "生".
③ 五: 저본에는 없음.《齊民要術·養羊》에 근거하여 보충.
④ 惡: 저본에는 없음.《齊民要術·養羊》에 근거하여 보충.
⑤ 多乳:《齊民要術·養羊》에는 "含重".
⑥ 二: 저본에는 "一".《齊民要術·養羊》에 근거하여 수정.

양이 적으면 새끼를 배지 못하고, 숫양이 많으면 무리를 어지럽힌다. 새끼를 배지 못하면 암양은 반드시 야윈다. 암양이 야위면 번식하지 못할 뿐 아니라 겨울을 나면서 죽기도 한다]. 뿔이 없는 숫양이 더욱 좋다【주 뿔이 있으면 서로 들이받기를 좋아하여 암컷의 태(胎)를 상하게 하는 원인이 된다].

則不孕, 羝多則亂群. 不孕者必瘦, 瘦則非惟不蓄息, 經冬或死】, 羝無角者更佳【注 有角者, 喜相觝觸, 傷胎所由也】.

잡아먹으려는 양은 거세해야[剌]【다른 곳에는 잉(剩, 거세하다)이라 되어 있다】한다【주 거세하는 법:태어나서 10여 일 뒤에 사람이 베를 이빨에 문 상태로 불알을 물어 으깬다].

擬供廚者, 宜剌【一作剩】之【注 剌法:生十餘日, 用布裹齒, 捶⑦碎之】.

양을 치는 사람은 반드시 노인이나 심성이 유순한 사람이어야 먹고 자는 일을 때에 맞게 하여 알맞게 조절한다. 복식(卜式)8은 "백성을 기르는 일이 이 양을 치는 일과 무엇이 다르겠는가?"9라 했다.

牧羊必須老人及心性宛順者, 起居以時, 調其宜適. 卜式云:"牧民, 何異於是者?"

【주】 만약 성질이 급한 사람이나 어린 아이에게 양을 기르게 하면, 양을 제지하거나 단속하지 못할 때 반드시 양을 때려 몸이 상하게 하는 재앙이 생길 것이다. 또는 놀다가 양을 돌보지 않으면 늑대나 개에게 피해를 입거나, 게을러 양을 몰고 다니지 않아 충분히 살찔 리가 없어지거나, 쉬어야 할 때 적절한 시기를 놓쳐 새끼양이 죽는 근심이 생길 것이다]

【注 若使急性人及小兒者, 攔約不得, 必有打傷之災. 或游戲不看, 則有狼犬之害, 懶不驅行, 無肥充之理, 將息失所, 有羔死之患也】

다만 물은 멀리 해야 좋으니【주 물에 상하면 발

唯遠水爲良【注 傷水則蹄

---

8 복식(卜式):?~?. 중국 전한(前漢)의 관료. 어렸을 때부터 양을 길러 부자가 되었고, 무제(武帝) 때에는 재산의 반을 헌납하여 변방을 지원하였다고 한다.

9 백성을……다르겠는가:《사기(史記)》와 《한서(漢書)》에는 "양뿐만이 아니라 백성을 다스리는 일도 이와 같다[非獨羊也, 治民亦猶是也]."라 되어 있다. 이는 복식이 한 말이 아니라 무제가 복식의 업적을 보고 한 말이다.

⑦ 捶:《齊民要術·養羊》에는 "脈"

굽에서 고름이 나온다】, 2일에 1번 물을 마시게 한다【㊀ 자주 마시면 물에 상하여 코에 고름이 생긴다】.

양을 천천히 몰고 다니되, 멈추어 쉬게 하면 안 된다【㊀ 쉬면 먹지 않아서 양이 야위고, 급히 다니면 먼지가 일어나 서로 부딪히면서 이마에 상처를 입는다】.

봄·여름에는 양을 일찍 풀어놓고, 가을·겨울에는 늦게 풀어놓는다【㊀ 봄·여름에는 기운이 온화하니, 일찍 풀어놓아야 하는 이유이다. 가을·겨울에는 서리와 이슬이 내리니, 늦게 풀어놓아야 하는 이유이다. 《양생경(養生經)》[10]에서 "봄·여름에는 일찍 일어나되 닭과 함께 일어나고, 가을·겨울에는 늦게 일어나되 해가 뜨기를 기다려 일어나야 한다."[11]라 했다. 이것이 바로 그런 뜻이다.

양은 여름에 한창 더울 때는 그늘지고 서늘한 곳에 두어야 한다. 만일 한낮에 열기를 피하지 않으면 먼지와 땀이 서로 점점 살갗에 번져 가을과 겨울 사이에 반드시 선개(癬疥, 옴)에 걸린다.

7월 이후 이슬과 서리가 내린 뒤에는, 반드시 해가 떠서 서리와 이슬이 마르고 난 뒤에 풀어놓아야 한다. 그렇지 않으면 독기(毒氣)를 만나 양의 입에 부

甲膿出】, 二日一飲【㊀ 頻飲則傷水而鼻膿】.

緩驅行, 勿停息【㊀ 息則不食而羊瘦, 急行則坌塵而蚼顙也】.

春夏早放, 秋冬晚出【㊀ 春夏氣和, 所以宜早. 秋冬霜露, 所以宜晚. 《養生經》云 : "春夏早起, 與鷄俱興 ; 秋冬晏起, 必待日光." 此其義也.

夏月盛暑, 須得陰涼. 若日中不避熱, 則塵汗相漸, 秋冬之間, 必致癬疥.

七月以後, 露霜氣降後, 必須日出霜露晞解, 然後放之. 不爾則逢毒氣, 令羊口

---

10 양생경(養生經) : 도교 양생서의 일종으로 추정되나, 사고전서(四庫全書) 만성통보(萬姓統譜)에 중국 한나라의 무도(巫都)가 양생경(養生經)을 지었다는 정보와 문선(文選)의 주(注)에서 양생경(養生經)을 인용한 곳이 몇 군데 보일 뿐 상세한 내용은 확인할 수 없다. 또한 《구당서》 등에서 배도(裴度)의 문장[春夏早起, 取雞鳴時, 秋冬晏起, 取日出時]을 인용한 경우에 양생경 대신에 도서(道書) 혹은 도가법(道家法)이라는 표현을 사용했다.

11 봄·여름에는……한다 : 《舊唐書》卷170 〈列傳〉120 "裴度"(《舊唐書》14, 4429쪽).

스럼이 나고, 배가 부풀어 오른다】.

우리는 사람의 거처 가까이 있는 것을 꺼리지 않는다. 반드시 사람이 거처하는 곳과 서로 연이어 있어야 하고, 창문을 낼 때 우리 쪽을 향하도록 낸다【주 그 이유는 양은 성질이 겁이 많고 약하여 침입자를 막지 못하기 때문이다. 혹여 늑대 1마리라도 우리에 들어오면 양 무리를 끝장낼 수 있다】.

북쪽 담장에 시렁을 얹어 지붕이 있는 우리[廠]를 만든다【주 담으로 둘러싼 우리[屋]를 만들면 곧 양이 열에 상하고, 열에 상하면 개선(疥癬, 옴)이 생긴다. 게다가 지붕이 있는 곳에서 따뜻하게 지내는 데 익숙해지면 겨울에 들에 나갔을 때 더욱 추위를 견디지 못한다】.

우리 안에는 대(臺, 주위보다 높고 평평한 곳)를 만들고 물길을 열어 물을 고이지 않도록 한다. 2일에 1번 청소를 하여 똥으로 더러워지지 않도록 한다【주 우리가 더러우면 털을 더럽게 하고, 물을 고이게 하면 발굽에 염증[挾蹄]이 생기고, 습한 데서 자면 배가 부풀어 오른다】.

우리 안에는 반드시 담장과 함께 나무 울짱을 세워 사방을 두른다【주 그러면 양은 흙에 몸을 문지르지 않아 털이 항상 저절로 깨끗해진다. 울짱을 세우지 않으면 양이 담벽에 몸을 문질러 벽의 흙과 소금기가 서로 털에 붙어, 털이 모두 엉겨붙어 털뭉치가 된다. 또 세운 울짱의 꼭대기가 담장 위로 나오

瘡, 腹脹也】.

圈不厭近, 必須與人居相連, 開窓向圈【注 所以然者, 羊性怯弱, 不能禦物, 狼一入圈, 或能絕群也】.

架北牆爲廠【注 爲屋卽傷熱, 熱則生疥癬. 且屋處慣煖, 冬月入田, 尤不耐寒】.

圈中作臺, 開竇, 無令停水. 二日一除, 勿使糞穢【注 穢則汚毛, 停水則挾[8]蹄, 眠濕則腹脹也】.

圈內須幷牆豎柴柵, 令周匝【注 羊不揩土, 毛常自淨. 不豎柴者, 羊揩牆壁, 土鹹相得, 毛皆成氈. 又豎柵頭出牆者, 虎狼不敢踰也】.

⑧ 挾 : 저본에는 "夾". 《齊民要術·養羊》에 근거하여 수정.

게 하면 호랑이나 늑대가 감히 넘어오지 못한다】.

양이 1,000마리이면 3~4월 중에 1경(頃, 100묘)에 콩을 재배하면서 조를 섞어 재배한다. 아울러 풀은 밭에 그대로 두고 김매기할 필요는 없다. 8~9월 중에 베어서 초록 꼴을 만든다. 만약 콩과 조를 재배하지 않았으면, 처음 풀이 실하게 자랄 때 잡초를 베어 거두고 얇게 펴 말려서, 풀이 습기로 인해 뜨게 해서는 안 된다.

【주 야녹두(野綠豆, 들녹두)·완두[胡豆]·쑥·명아주·싸리나무·멧대추나무가 가장 좋고, 콩이나 팥의 깍지는 그 다음이다. 고려두(高麗豆)12의 깍지는 더욱 편리하다. 갈대[蘆]·물억새[薍] 2종류는 꼴로 맞지 않다. 일반적으로 가을에 풀을 베어 두면 다만 양을 위할 뿐 아니라 대체로 모든 면에서 효과가 2배이다. 최식(崔寔)13은 "7월 7일에 꼴을 벤다."14라 했다】

이미 겨울의 추위가 오고 바람과 서리가 매우 많아지거나, 초봄에 비가 내렸으나 초록 풀은 아직 나지 않았을 때는 반드시 양에게 사료를 먹여야지 풀어 놓아서는 안 된다. 《제민요술》15

羊一千口者, 三四月中, 種大豆一頃雜穀, 幷草留之, 不須鋤治. 八九月中⑨, 刈作靑茭. 若不種豆、穀者, 初草實成時, 收刈雜草, 薄鋪使乾, 勿令鬱浥.

【注 營豆、胡豆、蓬、藜、荊、棘爲上, 大、小豆其⑩次之. 高麗豆其, 尤是所便. 蘆、薍二種則不中. 凡乘秋刈草, 非直爲羊, 而然大凡悉皆倍勝. 崔寔曰: "七⑪月七日刈芻茭"】

旣至冬寒, 多饒風霜, 或春初雨落, 靑草未生時, 則須飼, 不宜出放. 《齊民要術》

---

12 고려두(高麗豆) : 고구려 원산의 대두. 고구려두(高句麗豆).
13 최식(崔寔) : ?~170. 중국 후한의 관료. 《사민월령(四民月令)》을 지어 당시 농지의 상황과 농작물의 재배법 등을 정리했다.
14 7월……벤다 : 출전 확인 안 됨.
15 《齊民要術》卷6〈養羊〉《齊民要術校釋》, 422~427쪽).
⑨ 中 : 저본에는 "終". 《齊民要術·養羊》에 근거하여 수정.
⑩ 其 : 저본에는 "箕". 《齊民要術·養羊》에 근거하여 수정.
⑪ 七 : 저본에는 "十". 《齊民要術·養羊》에 근거하여 수정.

꼴 쌓는 법:높고 건조한 곳에 뽕나무나 멧대추나무를 세워 둥근 울짱 2개를, 각각 둘레 5~6보(步) 정도로 만든다. 꼴을 울짱 안에 쌓을 때는 높이 1장(10척)이 되어도 괜찮다. 양이 울짱을 돌면서 꼴을 마음대로 빼 먹게 하면, 낮부터 밤까지 입놀림은 항상 멈추지 않으니, 겨울을 나고 봄이 지나면 충분히 살찌지 않는 양이 없다.

만약 울짱을 만들지 않으면 가령 1,000수레의 꼴을 10마리의 양에게 던져주어도 배부르지 못할 것이다. 양 무리가 서로 밟고 올라타려 할 뿐, 꼴은 1줄기도 입으로 들어가지 못하기 때문이다. 《제민요술》16

積荄之法:于高燥之處, 豎桑、棘木作兩圓柵, 各五六步許. 積荄著柵中, 高一丈亦無嫌. 任羊遶柵抽[12] 食, 竟日通夜, 口常不住, 終冬過春, 無不肥充.

若不作柵, 假有千車荄, 擲與十口羊, 亦不得飽. 群羊踐躪而已, 不得一莖入口. 同上

꼴을 거두지 않으면 초겨울에는 가을에 먹은 것에 의지해 살이 있는 듯하다. 하지만 새끼양은 어미 젖을 먹으니 1월이 되면 어미는 모두 야위어 죽는다. 새끼양은 어려서 아직 혼자서 물과 풀을 먹지 못하므로 역시 바로 모두 죽는다. 그러면 다만 번식하지 못할 뿐 아니라 간혹 양 무리가 없어지고 종이 끊어질 수도 있다.

【주】 내가 옛날에 양 200마리를 가지고 있었다. 꼴과 콩이 적어서 먹지 못했더니, 1년 사이에 굶어죽은 양이 절반이 넘었다. 설령 남아 있는 양이라도 개(疥, 옴)에 걸리고, 야위고 말라버려, 죽은 것과

不收荄者, 初冬乘秋, 似如有膚, 羊羔乳食其母, 比至正月, 母皆瘦死. 羔小未能獨食水草, 尋亦俱死. 非直不滋息, 或滅群斷種矣.

【注】 余昔有羊二百口, 荄、豆既少, 無以飼, 一歲之中, 餓死過半. 假有在者, 疥瘦羸㱦, 與死不殊, 毛復短

16 《齊民要術》卷6〈養羊〉(《齊民要術校釋》, 427쪽).
[12] 抽:저본에는 "指".《齊民要術·養羊》에 근거하여 수정.

다르지 않았고, 털은 다시 짧고 얕아졌으며, 윤택이 전혀 없었다.

그 이유에 대해 나는 처음에 우리 집 형편이 양을 기르기에 적합하지 않고, 또 그 해에 전염병이 돌았기 때문이라고 여겼다. 하지만 이는 실제로 양이 굶주린 결과일 뿐 다른 이유가 없다. 민가에서 8월에 곡식을 수확하기 시작하면 대부분 한가한 일손이 없기 때문에, 양을 팔아서 일할 사람을 사야 비용은 적게 들고 남는 것이 많아진다.

《춘추좌씨전(春秋左氏傳)[17]》에서는 "팔을 3번 부러뜨리고 나면 비로소 훌륭한 의사가 된다."[18]라 했다. 또 "양을 잃고 우리를 고쳐도 아직 늦지는 않았다."[19]라 했다. 세상 일이 대략 모두 이와 같으니, 어찌 유의하지 않을 수 있겠는가】《제민요술》[20]

추운 달에 태어난 양이 있으면 반드시 그 곁에 불을 피워야 한다【㊒ 밤에 불을 피우지 않으면 새끼양은 반드시 얼어 죽는다】. 일반적으로 갓 태어난 양에게는 조와 콩을 삶아 먹여야 한다. 흰 양은 어미와 함께 2~3일 우리에서 머무르게 한 뒤, 곧 어미와 새끼를 함께 풀어 놓는다【㊒ 흰 양은 성질이

淺, 全無潤澤.

余初謂家自不宜, 又疑歲道疫病. 乃飢餓所致, 無他故也. 人家八月收穫之始, 多無庸假, 宜[13]買羊雇人, 所費旣少, 所存者大.

《傳》曰:"三折臂, 始爲良醫." 又曰:"亡羊治牢, 未爲晚也." 世事略皆如此, 安可不存意哉】同上

寒月生者, 須然火於其邊【注 夜不然火, 必凍死】. 凡初産者, 宜煮穀、豆, 飼之. 白羊留母二三日, 卽母子俱放【注 白[14]羊性狠, 不得獨留. 幷母[15]久住,

---

17 춘추좌씨전(春秋左氏傳):중국 춘추 시대 말의 문인 좌구명(左丘明, B.C. 556~B.C. 451)이 지은 《춘추(春秋)》주석서. 현존하는 가장 오래된 편년체 역사서이다.

18 팔을……된다:《春秋左傳正義》卷56〈定公〉13年春(《十三經注疏整理本》19, 1840~1841쪽).

19 양을……않았다:《戰國策》卷17〈楚〉4(《文淵閣四庫全書》406, 345쪽).

20 《齊民要術》, 위와 같은 곳.

[13] 宜:저본에는 "且".《齊民要術·養羊》에 근거하여 수정.

[14] 白:저본에는 없음.《齊民要術·養羊》에 근거하여 보충.

[15] 母:저본에는 "白母".《齊民要術·養羊》에 근거하여 수정.

사납기 때문에 새끼양 혼자 머무르게 하면 안 된다. 새끼양을 어미와 함께 오래 있게 하면 어미가 새끼에게 젖을 먹게 한다】.

숫양이 태어나면 어미를 우리에 단 1일만 머무르게 한다. 추운 계절이면 새끼를 구덩이 속에 넣어두었다가 날이 저물어 부모 양이 돌아오면 그제야 꺼낸다【주 구덩이 속은 따뜻하여 바람과 추위로 고생하지 않는다. 지열(地熱, 땅에서 나온 열)이 새끼를 잠들게 해서 항상 배부른 것과 같기 때문이다】. 15일 뒤에는 비로소 풀을 먹이고 그제야 풀어놓는다. 《제민요술》[21]

則令乳之】.

羖羊但留母一日. 寒月者, 內羔子坑中, 日夕[16]父母還, 乃出之【注 坑中煖, 不苦風寒. 地熱使眠, 如常飽者】. 十五日後, 方喫草, 乃放之. 同上

---

21 《齊民要術》, 위와 같은 곳.
[16] 夕:저본에는 없음.《齊民要術·養羊》에 근거하여 보충.

3) 울짱 만드는 법

양은 오행의 화(火)에 속하는 가축이다. 그 본성은 습기를 싫어하며, 높고 건조한 곳에 살기를 좋아한다. 울짱을 만들 때는 높은 지대여야 좋고, 항상 똥과 오물을 치워야 한다. 만약 가을 이슬에 젖은 풀을 먹으면 부스럼이 생긴다. 《편민도찬(便民圖纂)[22]》[23]

作棚法

羊者, 火畜也. 其性惡濕, 利居高燥. 作棚宜高, 常除糞穢. 若食秋露水草則生瘡. 《便民圖纂》

---

[22] 편민도찬(便民圖纂) : 중국 명나라의 관료 광번(鄺璠, ?~?)이 지은 농서. 주로 중국 강남 지역의 농업과 풍속에 대하여 서술되어 있다.

[23] 《便民圖纂》 卷14 〈牧養類〉 "養羊法", 214쪽 ; 《農政全書》 卷41 〈牧養〉 "六畜" '羊'(《農政全書校注》, 1160쪽).

4) 먹이는 법

양 기르는 법[24] : 9월 초가 다가오면 살진 거세한 양을 많게는 100마리, 적어도 수십 마리 이하로 내려가지 않도록 산다. 처음 사올 때는 잘게 썬 마른 풀에 지게미와 물을 조금 넣어 섞는다. 5~7일 지난 뒤에 갈아 부순 검은콩을 점차 더하고, 지게미와 물을 걸쭉하게 섞는다. 매번 양에게 조금씩 먹여야지 많이 먹여서는 안 된다. 먹이를 많이 주면 먹지 않으니 풀과 사료가 아까울 수 있고, 또 많이 준다고 양이 살찌지도 않는다. 물을 주지 말아야 한다. 물을 주면 살이 빠지고 오줌을 많이 눈다.

1일에 6~7번 풀을 주면 되지 너무 배부르게 해서는 안 된다. 너무 배부르면 양이 상한다. 그렇다고 너무 적게 주면 배부르지 않고, 배부르지 않으면 살이 빠진다. 우리는 항상 깨끗해야 한다. 1년 내내 초록 풀을 먹이지 말아야 한다. 초록 풀을 먹이면 살이 빠지고 배탈이 나며, 마른 풀을 먹지 않으려 할 것이다. 《편민도찬》[25]

양 기르는 법 : 질그릇에 소금 1승을 담아 양 우리 가운데에 매달아 두어야 한다. 양은 소금을 좋아하여 스스로 자주 우리로 돌아와 소금을 먹으므로 양 치기가 힘들게 몰지 않아도 된다. 《가정법》[26]

棧羊法:向九月初, 買腺羯羊, 多則成百, 少則不過數十牸. 初來時, 與細切乾草, 少着糟水拌. 經五七日後, 漸次加磨破黑豆, 稠糟水拌之. 每羊少飼, 不可多與, 與多則不食, 可惜草料, 又兼不得肥. 勿與水, 與水則退腺溺多.

可一日六七次上草, 不可太飽, 太飽[17]則有傷;少則不飽, 不飽則退腺. 欄圈常要潔淨. 一年之中, 勿餵靑草, 餵之則減腺破腹, 不肯食枯草矣.《便民圖纂》

養羊法:當以瓦器盛一升鹽, 懸羊欄中. 羊喜鹽, 自數還唊之, 不勞人牧[18].《家政法》

---

24 양……법:판자를 깐 우리[棧]에서 사료로 정성스럽게 양을 기르는 법.
25 《便民圖纂》, 위와 같은 곳;《農政全書》卷41〈牧養〉"六畜"'羊'(《農政全書校注》, 1162쪽).
26 《農政全書》, 위와 같은 곳.
17 太飽:저본에는 없음.《農政全書·牧養·六畜》에 근거하여 보충.
18 牧:저본에는 "收".《農政全書·牧養·六畜》에 근거하여 수정.

5) 방목법

양을 칠 때 밖에 내었다가 우리에 아직 들이지 않았으면 밤이슬 젖은 풀을 먹지 못하게 해야 한다. 그러면 손실이 없다. 양 한 무리에서 앞다리가 큰 양을 골라 우두머리로 세우고, 우리를 나가고 들어올 때마다 무리를 선도하게 한다.

간혹 우리가 양어장[魚塘] 가의 언덕에 있으면, 풀을 먹고 싼 양의 똥을 매일 아침 양어장에 쓸어 보내 초어(草魚)[27]를 먹인다. 양의 똥은 또 연어(鱮魚)[28]를 먹일 수 있어 일거삼득(一擧三得)이다. 이슬 젖은 풀 위에 있는 녹색의 작은 거미는 양이 먹으면 곧 죽으므로 일찍 풀어놓아서는 안 된다. 《농정전서》[29]

放牧法

牧養須已出未入, 不使食[19]沾星露之草則無耗. 羊一群, 擇其肱而大者而立之主, 一出一入, 使之倡先.

或圈于魚塘之岸, 草糞則每早掃于塘中, 以飼草魚. 而羊之糞, 又可飼鱮魚, 一擧三得矣. 露草上有綠色小蜘蛛, 羊食之卽死, 故不宜早放. 《農政全書》

27　초어(草魚):《전어지》권4〈물고기 이름 고찰〉"물고기에 관한 기타 논설"'중국산으로 우리나라에 나지 않는 물고기'에 나오는 물고기 중 하나로, 환(鯇)이라고도 한다. 연(鰱)과 더불어 쉽게 자라고 맛이 좋은 물고기라 했다.

28　연어(鱮魚):《전어지》권4〈물고기 이름 고찰〉"물고기에 관한 기타 논설"'중국산으로 우리나라에 나지 않는 물고기'에 나오는 물고기 중 하나로, 서(鱮)라고도 한다. 민간에서는 도미어(道尾魚)라 하지만 맞는지 정확하게 알 수 없다고 했다.

29　《農政全書》卷41〈牧養〉"六畜"'羊'(《農政全書校注》, 1163쪽).

[19]　使食 : 저본에는 "治".《農政全書·牧養·六畜》에 근거하여 수정.

6) 털 깎는 법

흰 양은 3월에 풀의 힘을 얻어 털 밑부분이 변하면 털을 깎고【주 깎고 나서 강물에서 양을 깨끗이 씻으면 희고 깨끗한 털이 난다】, 5월에 털 밑부분이 빠지려 하면 깎는다【주 깎고 나서 다시 앞의 설명처럼 씻는다】.

8월 초 도꼬마리씨[蒼耳子]가 여물기 전에 또 깎는다【주 깎기를 마치고는 또한 처음처럼 씻는다. 8월 15일 이후에 깎았으면 씻지 말아야 한다. 흰 이슬이 내려 찬바람이 파고드니[人]30 씻기면 이롭지 않다.

도꼬마리씨가 여문 다음에 털을 깎으면, 도꼬마리씨가 털에 붙어 관리하기 어려울 뿐 아니라, 또 한 해가 차츰 저물어 추운 계절이 되어도 털의 길이가 충분히 자라지 못하여 양이 야위고 상하게 된다. 막북(漠北)31 변방의 양은 8월에 털을 깎지 않는다. 털을 깎으면 추위를 견디지 못한다. 중국에서는 반드시 털을 깎는다. 깎지 않으면 털이 자라 서로 엉겨붙어 모전32을 만들기 어렵게 된다】.《제민요술》33

고양(羖羊, 검은양)은 4월 말~5월 초에 털을 깎는

剪法

白羊三月得草力, 毛牀動則鉸之【注 鉸訖, 於河水之中, 淨洗羊, 則生白淨之毛也】. 五月毛牀將落, 鉸取之【注 鉸訖, 更洗如前】.

八月初, 胡葈子未成時, 又鉸之【注 鉸了, 亦洗如初. 其八月半後鉸者, 勿洗. 白露已降, 寒風侵人. 洗卽不益.

胡葈子成, 然後鉸者, 匪直著毛難治, 又歲稍晚, 比至寒時, 毛長不足, 令羊瘦損. 漠北塞之羊則八月不鉸, 鉸則不耐寒. 中國必須鉸, 不鉸則毛相長著, 作氈難成也】.《齊民要術》

羖20羊, 四月末五月初鉸

---

30 파고드니[人]: "入"의 오기로 의심되지만 다른 판본도 모두 "人"으로 되어 있다. 문맥상 "入"으로 보는 것이 타당하다고 여겨 이와 같이 번역했다.

31 막북(漠北): 몽골고원 고미사막 이북 지역. 청(淸)나라 때부터는 지금의 외몽골을 가리킨다.

32 모전: 짐승의 털을 사용하여 짠 부드러운 요. 융단이라고도 한다.

33 《齊民要術》卷6〈養羊〉(《齊民要術校釋》, 427~428쪽).

20 羖: 저본에는 "羝".《齊民要術·養羊》에 근거하여 수정.

다【주 고양의 본성은 추위를 견디지 못하므로 일찍 털을 깎았다가 날씨가 추워지면 얼어죽는다. 쌍둥이로 태어나는 경우가 많고, 번식하기 쉽다. 본성이 젖이 풍부하기 때문에 고양을 기르면 수락(酥酪, 버터나 치즈 등의 유제품)이 넉넉하다. 털로 술부대[酒袋]를 만들어 쓸 수 있고, 아울러 밧줄을 만들 수 있는 이로움도 있다. 그 유익함이 또한 흰양보다 낫다】.《제민요술》[34]

之.【注 性不耐寒, 早鉸, 寒則凍死. 雙生者多, 易爲孶息. 性旣豐乳, 有酥酪之饒. 毛堪酒袋, 兼繩索之利. 其潤益又過于白羊也】. 同上

34 《齊民要術》 卷6 〈養羊〉 (《齊民要術校釋》, 428쪽).

7) 주의사항

양은 구문(鉤吻)[35]을 먹으면 살찌고, 선모(仙茅)[36]를 먹으면 기름기가 돌고, 선령비(仙靈脾)[37]를 먹으면 음란해지고, 철쭉을 먹으면 죽는다. 사물의 이치상 주의사항은 먹어보기 전에 미리 헤아릴 수 없다.《본초강목》[38]

羊食鉤吻而肥, 食仙茅而肪[21], 食仙靈脾而淫, 食躑躅而死. 物理之宜忌, 不可測也.《本草綱目》

---

35 구문(鉤吻) : 마전과의 식물인 구문의 전초.
36 선모(仙茅) : 수선화과의 여러해살이풀.
37 선령비(仙靈脾) : 매자나무과의 식물인 삼지구엽초.
38 《本草綱目》卷50〈獸部〉"羊", 2723쪽.
21 肪 : 저본에는 "防".《本草綱目·獸部·羊》에 근거하여 수정.

8) 병을 확인하는 법

양이 병나면 바로 전염된다. 병든 양을 구별하게 하려면 법대로 우리 앞에 도랑을 파야 한다. 그 깊이는 2척, 너비는 4척으로 한다. 우리로 돌아왔을 때 이 도랑을 모두 뛰어넘을 수 있는 양은 병이 없고, 넘지 못하는 양은 도랑 속으로 들어갔다가 지나다니니, 이것으로 바로 구별한다. 《가정법》[39]

驗病法

羊有病, 輒相汚. 欲令別病, 法當欄前掘瀆, 深二尺, 廣四尺. 往還皆跳過者, 無病 ; 不能過者, 入瀆中行過, 便別之. 《家政法》

---

39 《農政全書》 卷41 〈牧養〉 "六畜" '羊'(《農政全書校注》, 1163쪽).

9) 치료하기

9-1) 양의 개(疥)를 치료하는 처방

【 제민요술 】[40] 여로(藜蘆)뿌리를 껍질이 부서지도록 씹은 뒤, 쌀뜨물에 담갔다가 병에 담고 수능이를 막은 다음 아궁이 곁에 두어 항상 따뜻하게 한다. 며칠이 지나 신맛이 나면 바로 쓰기에 적합하다.

벽돌이나 기와로 개(疥)가 생긴 곳이 빨갛게 되도록 문지른다. 만약 환부가 단단해져서 딱지가 두꺼우면 끓인 물로 환부를 씻어 딱지를 제거하고 닦아서 말린 다음 이 약즙을 바른다. 2번 바르면 낫는다. 개(疥)가 만약 많으면, 날마다 차츰차츰 발라야 한다. 통증을 견디지 못할까 걱정되기 때문이다.

12월에 잡은 돼지의 기름에 훈황(熏黃)[41]을 더하여 바른다.

딱지를 제거하고 씻은 다음 해바라기뿌리를 태워 재를 낸 뒤, 식초앙금에 달여 뜨거울 때 환부에 바르고 재를 두껍게 붙인다. 2번 붙이면 낫는다. 추운 계절에는 털을 깎지 않는다. 털을 제거하면 얼어죽기 때문이다.

거가필용 [42] 백초상(百草霜)[43]에 간수나 소금 4냥, 동

治羊疥方

【 齊民要術 】取藜蘆根, 咬咀令皮破, 以泔浸之, 瓶盛, 塞口, 放竈邊令常煖. 數日味酸, 便中用.

以磚·瓦刮疥處令赤, 若强硬痂厚者, 以湯洗之, 去痂, 拭令燥, 以藥汁塗之, 再上, 愈. 疥若多者, 逐日漸漸塗之, 恐不勝痛也.

臘月猪脂, 加熏黃塗之.

去痂洗之, 燒葵根爲灰, 煮醋澱, 熱塗之, 以灰厚傅, 再上, 愈. 寒時勿剪[22]毛, 去卽凍死矣.

居家必用 百草霜, 用鹽滷

---

40 《齊民要術》卷6〈養羊〉(《齊民要術校釋》, 439쪽).

41 훈황(熏黃) : 품질이 떨어지는 웅황(雄黃).

42 《居家必用》〈丁集〉 "養羊類" '治羊疥癩方'(《居家必用事類全集》, 155~156쪽).

43 백초상(百草霜) : 솥 밑에 붙은 검은 그을음. 지혈작용이 있다고 알려졌었다.

[22] 剪 : 저본에는 "煎". 《齊民要術·養羊》에 근거하여 수정.

유(桐油, 오동나무 기름) 4냥을 넣고 고루 섞은 뒤 개(疥) 의 양을 보아 임의대로 쓴다】

或用鹽四兩、桐油四兩, 調均, 看其多少, 隨意用之】

9-2) 개(疥)를 제거하여 전염시키지 않는 법

去疥不傳染法

【 제민요술 44 개(疥)에 걸린 양이 있으면 떼어서 구별해 놓아야 한다. 떼어서 구별해 놓지 않으면 서로 전염시켜서 무리 전체가 죽게 될 수도 있다. 양의 개(疥)가 제일 먼저 입에 생기면 치료하기 어려워 죽는 일이 많다.

【齊民要術 羊有疥者, 間別之. 不別, 相染汚, 或能合群致死. 羊疥先著口者, 難治, 多死.

일반적으로 양이 개(疥)를 앓고 나은 뒤에는 여름에 살이 찌기 시작할 때 팔아서 바꿔야 한다. 그렇지 않으면 다음해 봄에 개(疥)가 재발하여 반드시 죽을 것이다】

凡羊經疥得差後, 夏初肥時, 宜賣易之. 不爾, 後年春疥發, 必死矣】

9-3) 양의 중수(中水, 수독병)를 치료하는 처방

治羊中水方

【 사시유요 45 양이 코에서 고름이 나고 눈이 깨끗하지 않으면 모두 물로 씻어 치료한다.

【四時類要 羊膿鼻眼不淨者, 皆以水洗治之.

그 처방은 다음과 같다. 끓인 물에 소금을 섞고 국자로 소금을 갈아 매우 짜게 한 뒤, 이를 식혔다가 맑은 액만을 취한다. 계란 1개들이의 작은 뿔잔[角子]으로 두 콧구멍에 1각(一角)46씩 흘려 넣는다. 5일 뒤 눈과 코가 깨끗해진 상태가 나은 징후이다. 차도가 없으면 다시 흘려넣는다】

其方 : 以湯和鹽, 杓中研, 令極鹹, 候冷取淸, 以小角子23受一雞子者, 灌兩鼻各一角. 五日後, 以眼鼻淨爲候. 不差, 更灌】

---

44 《齊民要術》卷6〈養羊〉(《齊民要術校釋》, 439~440쪽).
45 《農政全書》卷41〈牧養〉"六畜"'羊'(《農政全書校注》, 1166쪽).
46 1각(一角) : 뿔잔에 들어가는 용량.
23 子 : 《農政全書·牧養·六畜》에는 없음.

9-4) 양이 코에서 고름 흘리는 증상을 치료하는 처방

【사시유요 47 양이 코에서 고름을 흘리고 입과 뺨에 건선(乾癬, 버짐)처럼 부스럼이 생기면 서로 전염되어 무리가 전멸하는 일이 많다.

치료하는 법:우리 안에 긴 장대를 세우고, 장대 끝에 널빤지를 설치한 다음 원숭이를 그 위에 살게 하면 여우와 살쾡이도 막아주고 양이 병에서 낫는 데 유익하다】

治羊膿鼻方

【又 羊膿鼻及口頰生瘡如乾癬者, 相染, 多致絕群.

治法 : 豎長竿圈中, 竿頭置板, 令獼猴居上, 辟狐狸而益羊差病也】

9-5) 양의 발굽이 갈라지는 증상을 치료하는 처방

【사시유요 48 저양(羝羊, 숫양)의 기름을 소금에 섞어 푹 달인다. 이를 조금 붉어지도록 뜨겁게 달구었다가 기름을 발라 발굽을 지진다. 양이 진흙탕에 들어가지 못하게 하면, 하루가 지나기 전에 저절로 낫는다】

治羊夾蹄方

【又 取羝羊脂和鹽, 煎令熟. 燒熱 24 令微赤 25, 著 26 脂烙之. 勿令入泥水, 不日, 自差】

9-6) 양의 배가 부풀어 오르는 증상을 치료하는 처방

【증보도주공서(增補陶朱公書) 49 양이 익은 음식을 먹으면 배가 부풀어 올라 풀을 소화시키지 못한다. 물로 눈과 콧속의 더러운 고름을 깨끗이 씻고 다시 소금으로 혀를 비벼주면 즉시 낫는다】

治羊腹脹方

【增補陶朱公書 羊食熟 27 物, 則腹脹不能轉草. 以水洗眼及鼻中污膿令淨, 再用鹽擦其舌, 立愈】

---

47 《農政全書》, 위와 같은 곳.
48 《農政全書》, 위와 같은 곳.
49 《重訂增補陶朱公致富奇書》〈養羊〉, 137쪽.
24 熱 : 저본에는 "鐵".《農政全書·牧養·六畜》에 근거하여 수정.
25 赤 : 저본에는 "熱".《農政全書·牧養·六畜》에 근거하여 수정.
26 著 : 저본에는 "均".《農政全書·牧養·六畜》에 근거하여 수정.
27 熟 : 저본에는 "熱".《重訂增補陶朱公致富奇書·養羊》에 근거하여 수정.

4. 돼지

豕

1) 이름과 품종

名品

【본초강목】[1] 《설문해자》에 "시(豕)자는 털과 발이 있고 뒤에 꼬리가 있는 모양을 본떴다."[2]라 했다. 수 돼지를 '가(豭)', '아(牙)'라 하고, 암돼지를 '체(彘)', '파(豝)', '루(獟)'라 한다. 거세한 수컷을 '분(豶)'이라 하고, 발굽 4개가 흰 돼지를 '해(豥)'라 하며, 키가 5척인 돼지를 '액(豟)'이라 한다.

돼지의 새끼를 '저(豬)', '돈(豚)', '혹(豰)'이라 한다. 새끼 중 첫째를 '특(特)', 둘째를 '사(師)', 셋째를 '종(豵)', 막내를 '요(幺)'라 한다. 3월에 태어난 돼지를 '혜(豯)', 6월에 태어난 돼지를 '종(豵)'이라 한다.

하승천(何承天)[3]의 《찬문(纂文)》[4]에 "양주(梁州)[5]에서

【本草綱目】《說文》云: "豕字, 象毛足而後有尾形." 牡曰"豭", 曰"牙"; 牝曰"彘", 曰"豝", 曰"獟". 牡去勢曰"豶", 四蹄白曰"豥", 高五尺曰"豟".

豕之子曰"豬", 曰"豚", 曰"豰". 一子曰"特", 二子曰"師", 三子曰"豵", 末子曰"幺". 生三月曰"豯", 六月曰"豵".

何承天《纂文》云: "梁州曰

---

1 《本草綱目》卷50〈獸部〉"豕", 2685~2686쪽.
2 시(豕)자는……본떴다:《說文解字》卷9 下〈馬部〉(《說文解字注》, 454쪽).《설문해자(說文解字)》의 '시(豕)'자 모양은 다음과 같다.
3 하승천(何承天): 370~447. 중국 남북조 시대 유송(劉宋)의 관료. 수학과 역학에 능통했고, 원주율을 고안했다.
4 찬문(纂文): 하승천이 지은 자서.《이아(爾雅)》의 체제를 본땄으며, 지금은 일실되었다.
5 양주(梁州): 지금의 중국 섬서성(陝西省) 일대.

돼지 시(豕)(《설문해자》)

는 '접(䝙)', 하남(河南)[6]에서는 '체(�)', 오(吳)[7]·초(楚)[8]에서는 '희(豨)', 어양(漁陽)[9]에서는 큰 돼지를 '파(豝)', 제(齊)[10]·서(徐)[11] 지역에서는 작은 돼지를 '추(豵)'라 한다."[12]라 했다.

양웅(揚雄)[13]의 《방언(方言)[14]》에, "연(燕)[15]·조선(朝鮮)[16] 일대에서는 '저(猪)'를 '가(豭)'라 하며, 관동(關東)[17]에서는 '체(�)' 혹은 '시(豕)'라 하고, 남초(南楚)에서는 '희(豨)'라 하고, 오(吳)·양(揚)[18]에서는 '저(猪)'라 하지만, 실은 한 가지이다."[19]라고 했다.

《예기》에서는 '강렵(剛鬣)'[20]이라 했다.

돼지는 가축의 오행으로는 수(水)에 속하고, 괘(卦)로는 감괘(坎卦, ☵)[21]에 속하며, 짐승이 속하는 별자리로는 실성(室星)[22]이 대응한다】

'䝙', 河南曰'豷', 吳、楚曰'豨', 漁陽以大猪爲豝, 齊、徐以小猪爲豵."

揚雄《方言》云 : "燕、朝鮮之間謂'猪'爲'豭', 關東謂之'豷', 或曰'豕', 南楚曰'豨', 吳、揚曰'猪', 其實一也."

《禮記》謂之"剛鬣".

在畜屬水, 在卦屬坎, 在禽應室星】

---

6 하남(河南) : 지금의 중국 하남성(河南省) 일대.
7 오(吳) : 지금의 중국 강소성(江蘇省) 남부에서 절강성(浙江省) 북부 일대 까지의 별칭.
8 초(楚) : 지금의 중국 호북성(湖北省) 일대의 별칭.
9 어양(漁陽) : 지금의 중국 하북성(河北省) 밀운현(密雲縣) 일대.
10 제(齊) : 지금의 중국 산동성(山東省) 일대의 별칭.
11 서(徐) : 지금의 중국 안휘성(安徽省)에서 강소성(江蘇省) 북부 일대 까지의 별칭.
12 양주(梁州)에서는……한다 : 출전 확인 안 됨 ;《본초강목》보다 후대에 나온 《섬서통지》·《통아》 등에서 확인된다.
13 양웅(揚雄) : B.C. 53~18. 중국 전한의 문인. 저서로 각 지방의 언어를 기록한 《방언(方言)》과 《논어(論語)》의 문체를 모방한 《법언(法言)》 등이 있다.
14 방언(方言) : 양웅이 저술한 자전. 27년에 걸쳐 각 지역의 언어를 수집하여 저술했으며, 약 9,000자가 수록되어 있었다. 원본은 소실되었고, 곽박(郭璞)이 주석한 판본이 남아 있다.
15 연(燕) : 지금 중국의 하북성 북부 지역의 별칭.
16 조선(朝鮮) : 고조선을 가리킨다.
17 관동(關東) : 지금 중국의 하남성 동부에서 산동성 서부 지역 까지의 별칭.
18 양(揚) : 지금 중국의 강소성 일대.
19 《方言》卷8(《文淵閣四庫全書》221, 332쪽).
20 강렵(剛鬣) :《禮記正義》卷5〈曲禮〉下(《十三經注疏整理本》12, 181쪽).
21 감괘(坎卦, ☵) : 팔괘(八卦) 중의 6번째 괘. 《주역(周易)》 64괘 중 29번째 괘인 중수감(重水坎, ䷜)괘이다. 방위로는 정북방의 괘이며, 물이 겹친 형상으로, 중복된 위험을 상징한다.
22 실성(室星) : 황도 28수 중 13번째 별로, 북쪽의 별이다.

2) 기르기 총론

어미돼지로는 주둥이가 짧고 솜털이 없는 것을 취해야 좋다【주 주둥이가 길면 어금니가 많다. 한쪽 위턱에 어금니가 3개 이상이면 번거롭게 기를 필요 없이 처분한다. 주둥이가 길면 살찌우기 어렵기 때문이다. 솜털이 있으면 삶아서 털을 뽑아도 깨끗하게 정리하기 어렵다】.

새끼가 암컷인 경우 새끼와 어미를 한 우리에 넣지 않는다【주 새끼와 어미가 한 우리에 있으면 모여 있기를 좋아하고 먹이를 잘 먹지 않으니, 그러면 충분히 살찌지 않는다. 새끼가 수컷인 경우 새끼와 어미를 한 우리에 두면 나쁘지 않다【주 수컷은 본성이 이리저리 쏘다니므로 어미와 함께 기르지 않으면 도망가서 새끼를 잃어버리기 쉽다】.

우리는 작아도 괜찮고【주 우리가 작으면 빨리 살찐다】, 거처가 더러워도 괜찮다【주 우리가 더러운 진창이면 뒹굴면서 더위를 피한다】. 또한 지붕이 있는 작은 우리[廠]를 마련하여 눈과 비를 피할 수 있게 해야한다.

봄·여름에 풀이 나면 돼지를 수시로 풀어 기른다. 술지게미와 쌀겨 같은 사료는 이것이 나온 당일에 따로 준다【주 술지게미나 쌀겨가 여름날에는 바로 상해서 저장하기가 마땅치 않기 때문이다】.

飼養總論

母猪取短喙無柔毛者良【注 喙長則牙多. 一廂三牙以上則不煩畜, 爲難肥故. 有柔毛者, 爛①治難淨也】.

牝者, 子母不同圈【注 子母一圈, 憙聚不食, 則不充肥】. 牡者, 同圈則無嫌【注 牡性遊蕩, 若非家生, 則易走失】.

圈不厭小【注 圈小則肥疾】, 處不厭穢【注 泥穢則避暑】. 亦須小廠以避雨雪.

春夏草生, 隨時放牧. 糟糠之屬, 當日別與【注 糟糠經夏輒敗, 不中停故②】.

---

① 爛 : 저본에는 "焔". 《齊民要術·養猪》에 근거하여 수정.
② 故 : 저본에는 "放". 《齊民要術·養猪》에 근거하여 수정.

方耙　　　人字耙　　　耬車

써레《본리지》　　　누차《본리지》

8~10월에는 풀어놓고 사료를 먹이지 않는다. 가지고 있는 지게미와 쌀겨는 비축하여 늦겨울에서 초봄 사이의 시기를 대비한다【주 돼지의 본성은 물에서 나는 풀을 매우 좋아한다. 써레[23]나 누차(耬車)[24]로 물풀 등을 일으켜 강가 가까이로 대주면, 돼지가 그것을 먹고 모두 살찐다】.

갓 태어난 새끼돼지는 조를 삶아 먹여야 한다. 그 새끼는 낳은 지 3일 뒤에 꼬리를 자르고, 60일 뒤에는 거세한다.

【주 3일 뒤에 꼬리를 자르면 파상풍에 걸릴 염려가 없다. 일반적으로 돼지를 거세하다가 죽으면 이는 모두 꼬리가 파상풍에 걸렸기 때문이다. 거세만 하고 꼬리를 자르지 않으면 몸 앞쪽은 크고 뒤쪽은 작다. 거세한 돼지는 뼈는 가늘고 살이 많아지며, 거세하지 않으면 뼈가 굵고 살이 적어진다. 만약 소를 거세하는 법과 같이 거세하면 파상풍으로 죽을

八九十月, 放而不飼, 所有糟糠則畜待窮冬春初【注 猪性甚便水生之草. 杷耬水藻等令近岸, 猪則食之, 皆肥】.

初産者, 宜煮穀飼之. 其子三日便掐尾, 六十日後犍.

【注 三日掐尾, 則不畏風. 凡犍猪死者, 皆尾風所致耳. 犍不截尾, 則前大後小. 犍者, 骨細肉多, 不犍則骨粗肉少. 如犍牛法者, 無風死之患】

23　써레 : 갈이 연장(쟁기 등)으로 밭을 간 뒤에 흙덩이를 흩뜨리고 풀을 제거하는 삶이 연장.
24　누차(耬車) : 씨를 뿌리고 덮은 과정을 자동으로 하는 파종 연장. 여기서는 물속에 누운 풀을 일으켜 세우는 데 쓰인 것으로 보인다.

걱정이 없다】

11~12월에 태어난 새끼돼지는 하룻밤 재우고 나서 김을 쏘인다【주 김 쏘이는 법 : 꼬아 만든 대바구니에 돼지를 담고 시루 안에 넣은 다음 약한 불로 김을 쏘이다가 땀이 나면 바로 그친다】.

김을 쏘이지 않으면 숫구멍[25]이 얼어서 봉합되지 않아 10일이 지난 뒤에 바로 죽는다【주 그 이유는 새끼돼지의 본성은 뇌가 작아 추위가 심하면 스스로 따뜻하게 할 수 없기 때문이다. 그러므로 반드시 따뜻한 증기로 도와줘야 한다】.

잡아먹을 새끼돼지는 어미젖 바로 아래로 파고드는 놈이 좋다. 젖을 잘 먹은 새끼만 가려내어 따로 먹인다. 살이 찌지 못할까 걱정되기 때문이다. 새끼돼지가 어미돼지와 한 우리에 있어 조나 콩 등을 충분히 먹기 어려우므로, 이때는 수레바퀴를 땅에 세우고 묻어 어미가 수레바퀴 너머로 가지 못하도록 먹이를 먹는 곳을 만들고[26], 조와 콩을 수레바퀴 안쪽에 뿌린다. 그러면 새끼돼지는 음식이 충분하고 출입이 자유로우니, 살이 빨리 찐다. 《제민요술》[27]

十一月、十二月生子③豚, 一宿, 蒸之【注 蒸法 : 索籠盛豚, 著甑中, 微火蒸之, 汗出便罷】.

不蒸則腦凍不合, 出旬便死【注 所以然者, 豚性腦少, 寒盛則不能自煖, 故須煖氣助之】.

供食豚, 乳下者佳, 簡取別飼之. 愁其不肥, 共母同圈, 粟、豆難足, 宜埋車輪爲食場, 散粟、豆於內. 小豚食足, 出入自由則肥速.《齊民要術》

---

25 숫구멍 : 신생아의 좌우 두정골(頭頂骨)과 후두부 사이에 있는, 뼈 없는 공간. 머리뼈가 자라면서 서로 붙어 사라진다.

26 이때는……만들고 : 수레바퀴를 세워서 공간을 만들면 바퀴 틈으로 어린 새끼는 들어가서 먹이를 먹을 수 있지만 어미는 덩치가 커서 들어갈 수 없다.

27 《齊民要術》 卷6〈養猪〉(《齊民要術校釋》, 443~444쪽).

③ 子 : 저본에는 "者".《齊民要術·養猪》에 근거하여 수정.

3) 돼지를 쉽게 살찌도록 먹이는 법

중국 강남(江南)의, 물이 풍부한 지역에는 호수가 많아 개구리밥이나 물 근처에 나는 여러 가지 산물을 취해서 돼지에게 먹일 수 있다. 일반적으로 돼지가 산에 살면 모두 도토리와 약초의 싹을 먹인다. 이를 '산돼지'라 하며, 그 고기가 가장 좋다.

중국 강북(江北)의 육지에는 쇠비름을 재배할 수 있다. 대략 돼지에게 필요한 양을 헤아리고 그 밭이 몇 묘(畝)인지를 계산하여 재배하면 쇠비름 쉽게 살면서 가뭄을 잘 견딘다. 쇠비름을 베어 돼지에게 먹이다가 마지막 1묘에 이르면, 처음 벤 곳은 쇠비름이 이미 무성해져 있다.

쇠비름을 돼지 먹이로 쓸 때는 작두[鍘]【찰(鍘)은 사(查)와 할(鎋)의 반절이다】로 자른 뒤, 큰 통에 쌀뜨물이나 술지게미 등을 담은 물에 담가두었다가 시고 누렇게 만든다. 이를 간혹 밀기울이나 쌀겨에 섞어 먹이면 특히 힘을 덜 들이면서도 쉽게 살찌게 할 수 있다. 이렇게 하면 한 해의 전후로 나누어 돼지를 해마다 팔 수 있으니, 농가의 생활비를 충분히 댈 수 있다. 《왕정농서》[28]

돼지를 거세하고 나서 상처가 말라 아문 뒤에, 파두 2알을 취하여 껍질을 제거하고 흐물흐물하게 찧은 뒤, 깻묵·술지게미·쌀겨 같은 종류에다 섞어 먹이면, 한나절 뒤에 심한 설사가 나게 된다. 그 뒤

飼猪易肥法

江南水地多湖泊, 取萍藻及近水諸物, 可以飼猪. 凡占山皆用橡實、藥苗, 謂之"山猪", 其肉爲上.

江北陸地可種馬齒. 約量多寡, 計其畝數, 種之, 易活耐旱. 割之, 比終一畝, 其初已茂.

用之, 鍘【査鎋切】切, 以泔糟等水浸於大檻中, 令酸黃. 或拌麩糠雜飼之, 特爲省力, 易得肥腯. 前後分別, 歲歲可鬻, 足供家費. 《王氏農書》

閹猪了, 待瘡口乾平後, 取巴豆兩粒, 去殼爛擣, 和麻籸、糟、糠之類飼之, 半日後, 當大瀉. 其後, 日見

---

28 《王禎農書》卷5〈農桑通訣〉"種植篇"'養猪類', 62쪽.

로는 날로 살찌고 몸집이 커지게 된다.《사시유요》[29]

돼지 살찌게 하는 법:삼씨 2승을 절구공이로 10여 번 찧어 소금 1~2승과 함께 달인 뒤에 쌀겨 3두에 섞어 먹이면 바로 살찐다.《사시유요》[30]

동아 1개를 오동나무잎과 섞어서 돼지에게 먹이면 겨울 한철 동안 다시 여러 음식물을 먹일 필요가 없다. 자연스레 배고프지 않으면서, 크기가 3~4배 자란다.《식료본초(食療本草)[31]》[32]

돼지가 많으면, 모두 수용할 수 있도록 큰 우리를 1개 만들고 이를 다시 작게 나누어 작은 우리를 만든다. 작은 우리마다 돼지 1마리만 수용하여 돼지가 소란스레 이리저리 돌아다니지 못하게 하면 쉽게 자란다.

돼지 살찌게 하는 법:관중 3근, 창출 4냥, 메주콩 1두, 참깨 1승. 이상의 약미들을 각각 푹 볶아서 함께 가루 낸 뒤 먹인다. 12일이면 살이 찐다.《농정전서》[33]

비름[莧菜]을 익도록 삶아 삶은 물과 함께 먹인다. 끓인 물과 맹물에 흙을 섞어 먹인다.《산림경제보(山

肥大.《四時類要》

肥豕法:麻子二升擣十餘杵, 鹽一二升同煮, 後和糠三斗飼之, 立肥. 同上

取冬瓜一顆和桐葉, 與猪食之, 一冬更不要與諸物食, 自然不飢, 長三四倍也.《食療本草》

猪多, 總設一大圈, 細分爲小圈. 每小圈, 止容一猪, 使不得鬧轉, 則易長也.

肥猪法:用筦仲三觔、蒼朮四兩、黃豆一斗、芝蔴一升. 各炒熟, 共爲末, 餌之. 十二日則肥.《農政全書》

莧菜熟烹, 幷其水飼之. 泡水及常水, 和土飼之.

---

29 《農政全書》卷41〈牧養〉"六畜"'猪'(《農政全書校注》, 1166쪽).
30 《農政全書》, 위와 같은 곳.
31 식료본초(食療本草):중국 당나라의 관료 맹선(孟詵, 621~713)이 지은 본초서. 약재의 성질과 처방이 기록되어 있다.
32 《食療本草》卷下〈冬瓜〉, 133쪽.
33 《農政全書》卷41〈牧養〉"六畜"'猪'(《農政全書校注》, 1166쪽).

林經濟補)[34]》[35]　　　　　　　　　　　　《山林經濟補》

예전에 표류하여 조선에 온 중국 상선(商船)이 있
었다. 그 배 안에서는 돼지를 길렀다.

기르는 법은 다음과 같다. 넓은 나무널빤지에 구
멍 4개를 뚫고 돼지의 다리 4개를 그 구멍에 끼워
돼지가 이리저리 움직이지 못하게 하여 돼지를 공중
에 매단다. 하루에 3번 죽과 사료를 먹이고 돼지의
똥과 오줌은 그 자리에서 마음대로 싸도록 내버려
둔다. 이와 같이 1개월 남짓 기르면 살찌고 커지는
것이 방목한 돼지보다 낫다.《증보산림경제》[36]

向有漂到中國商船，船中
養猪.
其法：用廣木板鑿四穴，插
猪四脚於其穴，使不得轉
動，懸在空中. 日三飼粥料,
猪之屎尿，任其自放. 如
是月餘，肥大勝於放牧者.
《增補山林經濟》

34 산림경제보(山林經濟補)：조선 숙종(肅宗)때 학자 홍만선(洪萬選)이 지은《산림경제(山林經濟)》를 보충한 책.
35 출전 확인 안 됨.
36 《增補山林經濟》 卷5〈牧養〉"猪"'胡商船中養猪法'(《農書》3, 352쪽).

4) 땅광에서 기르는 법

돼지는 땅광에서 길러야 한다.

그 방법은 다음과 같다. 땅을 파서 큰 구덩이를 만든다. 깊이는 수 인(仞, 7척)이고, 세로는 가로의 배이며, 가로는 세로의 절반이다. 위에는 초창(草廠, 풀로 지붕을 얹은 우리)을 설치하여 비와 눈을 막는다. 초창 동서의 양쪽 끝에 모두 문짝을 설치하여 여닫을 수 있게 한다. 다만 문짝은 벽에 의지하여 달고, 흙 계단을 설치하여 돼지를 기르는 사람이 출입하기 편하게 한다.

땅광 안의 네 벽은 깎아서 담처럼 정리한다【흙이 물러 잘 무너지면 돌로 벽을 쌓는다】. 남북의 벽 아래쪽을 따라 구덩이를 깊이와 너비를 2척으로 파서 거기에다 똥오줌을 받는다. 구덩이를 따라 울짱을 세워 여러 작은 우리를 만든다. 작은 우리는 둘씩 둘씩 서로 남북으로 마주 보도록 하고, 동서로는 가로로 나란히 뻗게 한다. 정 가운데는 비운 다음 긴 구유를 줄지어 두고 돼지가 먹고 마시기 편하게 한다.

우리는 동서의 길이를 고르게 반으로 나누고 가로로 나무 울타리를 설치하여 칸을 구별한다. 오른 칸에는 암컷을 기르고 왼칸에는 수컷을 길러 암수가 같은 우리에 있지 않도록 한다. 같은 우리에 있으면 암수가 모이기를 좋아하여 살찌지 않는다.

먹이를 먹일 때는 돼지 기르는 사람이 먼저 동쪽 문으로 먹이를 들이면, 서쪽 울타리에 있는 돼지들이 울타리 너머로 동쪽 돼지들이 모여서 게걸스레 음식을 다 먹어치우는 모습을 바라보게 한다. 그런

窖養法

猪宜窖養.

其法：掘地作大坑, 深可數仞, 縱倍之, 橫半之. 上設草廠以庇雨雪. 草廠東西兩頭, 皆設門扉, 令可啓閉. 直門靠壁, 設土梯以便牧人出入.

窖內四壁, 削治如堵【土脆善崩, 則以石甃之】. 緣南北壁之下, 掘塹, 深、廣二尺, 以受屎溺. 緣塹而豎欄, 作衆小圈, 兩兩相對, 橫亘東西, 正中空行, 列置長槽, 以便飲飼.

平分東西之長, 橫設柴柵以隔別之. 右格以養牝, 左格以養牡, 令牝牡不同圈. 同圈則喜聚不肥也.

其飼之也, 先從東門入, 則其在西柵者, 隔柵望見聚嚌貪饞饞極, 然後復從西門入而飼之.

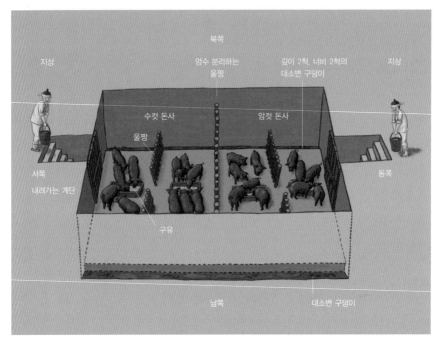

움에서 기르는 법

뒤에 다시 서쪽 문으로 먹이를 들인다.

이와 같이 하면 꼴과 콩의 좋고 나쁨을 가리지 않으면서 맛있게 잘 먹고 쉽게 살찐다. 아침에 먹일 때 먼저 동쪽 문으로 먹이를 들였으면, 저녁에 먹일 때는 먼저 서쪽 문으로 먹이를 들인다. 새끼를 낳은 돼지는 우리를 따로 해서 별도로 먹이되, 죽을 먹여야 좋다. 《난호어목지》[37]

如是則不擇蒭豆精粗, 健食易肥也. 朝飼先從東門入, 則暮飼先從西門入. 其産子者, 另圈別飼, 糜粥可也. 《蘭湖漁牧志》

---

37 출전 확인 안 됨.

5) 주의사항

암돼지가 새끼를 낳을 때 어린아이가 시끄럽게 떠들거나 상스러운 말을 하는 것을 가장 금한다. 또 상중에 있는 사람이 와서 보는 일 및 여러 불결한 일을 금한다. 출산한 뒤 21일 동안은 그런 일을 모두 금한다. 《난호어목지》[38]

우리나라 사람들은 모두 돼지를 묶어 등에 지고 간다. 일반적으로 돼지를 등에 진 사람이 돌 위에서 등에 진 돼지를 풀어놓고 쉬면 돼지가 죽는다. 여름에 찌는 듯이 더울 때 복숭아잎으로 돼지를 덮어도 죽는다. 이러한 일은 모두 피해야 할 일이다.

또 돼지를 거세했으면 그 배를 누르면 안 된다. 간혹 돼지가 성질을 내어 장이 빠져나올까 걱정되기 때문이다.

지금 평양(平壤) 사람들은 돼지를 기를 때 수컷만 거세할 뿐 아니라 암컷 또한 자궁이 있는 곳을【곧 새끼를 배는 곳】손가락으로 짚은 다음 배를 갈라 열고 자궁을 적출하여 새끼를 배지 못하고 비대해지게 한다. 배를 갈라 자궁을 적출한 돼지는 배를 누르는 일과 바람과 추위에 노출되는 일을 더욱 금한다. 돼지가 상하기 때문이다. 《난호어목지》[39]

宜忌

猪産子時, 最忌小兒嘵嚷穢語. 又忌孝服人臨看及諸般不潔事. 産後三七日, 俱忌之. 《蘭湖漁牧志》

我國之人, 皆縛猪背負而行. 凡負猪者, 休卸于石上則死. 夏月氣蒸之時, 以桃葉覆之, 亦死. 皆所當避也.

又犍猪者, 勿按抑其腹, 或恐噴努而腸出也.

今平壤人養猪, 不特牡者豶之, 牝者亦指摘其胞在處【卽孕雛之室】, 割開而出之, 令不受孕而肥大. 割胞者, 尤忌按腹及忌風寒, 受傷也. 同上

---

38 출전 확인 안 됨.
39 출전 확인 안 됨.

6) 치료하기

6-1) 돼지의 전염병을 치료하는 처방

【농정전서】[40] 꼬리 끝을 베어버려 피를 내면 곧 낫는다. 만약 전염병이면 무나 가래나무꽃을 주어 먹인다. 이것을 먹이 지 않으면 구제하기 어렵다.

【증보산림경제】[41] 돼지의 장역(瘴疫)[42]을 치료한다. 치자나무 끓인 물을 입에 흘려넣거나, 쌀뜨물과 소금물을 입에 흘려넣거나, 수초(水草)나 녹두를 먹이면 곧 낫는다】

6-2) 돼지의 먹지 않는 증상을 치료하는 처방

【증보산림경제】[43] 저아조각(불에 말린 것) 1돈, 사향 5리(厘)[44] 정도를 함께 갈아 가루 낸 뒤, 콧속에 불어넣으면 즉시 효과가 있다】

醫治

治猪瘟疫方

【農政全書】割去尾尖, 出血, 卽愈. 若瘟疫, 用蘿蔔或及梓樹華, 與食之. 不食, 難救.

【增補山林經濟】治猪瘴疫. 灌以梔湯, 或灌米泔水及鹽水, 或啖以水草、菉豆, 卽愈】

治猪不吃食方

【又】牙皂(焙乾)一錢、麝香五厘許, 共研末, 吹入鼻內, 立效】

---

40 《農政全書》卷41〈牧養〉"六畜" '猪'(《農政全書校注》, 1168쪽).

41 《增補山林經濟》卷5〈牧養〉"猪"(《農書》3, 352쪽).

42 장역(瘴疫) : 더운 지방의 산과 숲 등에 많은 습기로 인하여 생기는 전염병.

43 《增補山林經濟》卷5〈牧養〉"猪"(《農書》3, 351쪽).

44 리(厘) : 무게단위. 전(錢)의 1/10으로, 약 0.357g이다.

5. 개

狗

1) 이름과 품종

名品

개[狗, 귀는 일명 '견(犬)'이고, '지양(地羊)'이다.

一名"犬", 一名"地羊".

【본초강목】[1] 구(狗)는 '두드린다[叩, 고]'는 뜻이다. 개가 컹컹 짖는 소리에 절도가 있어 사물을 두드리는 소리와 같기 때문이다. 어떤 이는 "개가 하는 짓이 구차(苟且)하기 때문에 '구(狗)'라 한다."라 했다. 한유(韓愈)[2]가 "파리 윙윙거리고 개 구차하게 먹이 구하듯 한다[蠅營狗苟]"[3]라 한 말이 이것이다.

【本草綱目】 狗, 叩也. 吠聲有節, 如叩物也. 或云: "爲物苟且, 故謂之'狗'." 韓愈[1]云"蠅營狗苟"是矣.

꼬리가 말려 있고 현제(懸蹄)[4]가 있는 짐승이 견(犬)이다. 견(犬)자는 개의 모습을 형상한 글자이다. 그러므로 공자가 "견(犬)자를 보면 마치 개[狗]를 그

卷尾有懸蹄者, 爲犬. 犬字象形, 故孔子曰 : "視犬字, 如畫狗." 齊人名"地羊".

---

1 《本草綱目》卷50〈獸部〉"狗", 1714~1715쪽.

2 한유(韓愈) : 768~824. 중국 당(唐)나라의 문인이자 사상가. 자는 퇴지(退之). 선조가 창려(昌黎) 출신이라 한창려라고도 했다. 문장에 있어서는 유종원(柳宗元)과 함께 고문운동을 주도, 산문의 새로운 경지를 개척하여 당송팔대가(唐宋八大家)라 일컬어진다. 사위이자 문인인 이한(李翰)이 한유의 사후에 그의 시문을 모아 간행한 《창려선생집》이 전해진다.

3 파리……한다 : 한유의〈송궁문(送窮文)〉에 나오는 글귀이다. 승영(蠅營)은 파리가 윙윙거리며 왔다갔다 하는 모습인데, 파리처럼 악착스레 작은 이익을 탐한다는 뜻이 되었다. 구구(狗苟)는 개가 먹이를 찾아 돌아다니 듯이 이익에 집착하여 염치라고는 찾아볼 수 없는 모습을 말한다. 결국 승영·구구 모두 조금의 염치도 없이 이익을 좇아 이리 뛰고 저리 뛰는 모습을 가리킨다.

4 현제(懸蹄) : 깜깜한 밤에도 사물을 볼 수 있는 시력. 또는 말 무릎 안쪽 털이 없는 곳의 볼록한 살을 가리키기도 한다.

[1] 愈 : 저본에는 "非". 일반적인 용례에 근거하여 수정.

려놓은 듯하다."라 했다.[5] 구(狗)를 제(齊)나라 사람은
'지양(地羊)'이라 불렀다.

《설문해자(說文解字)》에 다음과 같이 적혀 있다.
"털이 많은 개를 '방(尨, 삽살개)', 수눙이가 긴 개를 '험
(獫)', 주둥이가 짧은 개를 '헐(猲)', 거세한 개를 '의(猗)',
키가 4척인 개를 '오(獒)', 미친개를 '제(猘)[6]'나 '기(䝂)[7]'
라 한다. 한 배에서 1마리가 태어난 새끼를 '호(獽)', 2
마리가 태어난 새끼를 '사(獅)', 3마리가 태어난 새끼
를 '종(猣)'이라고 한다."[8]

대개 개의 종류는 매우 많으나 그 쓰임에 따라
다음의 3종이 있다. 사냥개[田犬, 전견]는 주둥이가
길어 사냥을 잘 하고, 짖는 개[吠犬, 폐견]는 주둥이가
짧아서 집을 잘 지키고, 식용 개[食犬, 식견]는 몸이
살져서 식용으로 쓴다.

개는 가축의 오행(五行)으로는 목(木)에 속하고, 괘
로는 간괘(艮卦, ☶)[9]에 속하며, 짐승이 속하는 별자리
로는 누성(婁星)[10]이 대응한다】

《說文》云:"多毛曰'尨', 長
啄曰'獫', 短啄曰'猲', 去勢
曰'猗', 高四尺曰'獒', 狂犬
曰'猘'、曰'䝂'. 生一子曰
'獽', 二子曰'獅', 三子曰
'猣'[2]."

蓋狗類甚多, 其用有三：田
犬, 長啄善獵；吠犬, 短啄
善守；食犬, 體肥供饌.

在畜屬木, 在卦屬艮, 在禽
應婁星】

---

5 공자가……했다:《說文解字》卷10上〈犬部〉(《說文解字注》, 473쪽). 공자가 직접 한 말인지는 확실하지 않다.
한(漢)나라 학자들은 자주 이렇게 공자의 말이라 가탁하여 어떤 설에 타당성을 부여하려 했다.
6 제(猘):《이정강희자전(御定康熙字典)》〈견부(犬部)〉 "제(猘)"에는 "고문(古文)"이라고 되어 있다.
7 기(䝂):《御定康熙字典·犬部》에는 한 배에 한 마리가 태어난 새끼를 가리키는 용어로 나오고, 《本草綱
目·獸部·狗》에도 1마리가 태어난 새끼를 가리키는 '호(獽)'의 이칭으로 되어 있다. 미친개를 나타내는 용
어로 보는 것은 전사과정의 착오로 보인다.
8 털이……한다:《說文解字》卷10上〈犬部〉(《說文解字注》, 473~474쪽);《御定康熙字典》卷18〈犬部〉(《文
淵閣四庫全書》230, 255~267쪽).《說文解字·犬》에는 '高四尺曰獒'까지만 보인다. 인용된 내용이 다 보이
는 책은《어정강희자전》이므로, 이 책이《본초강목》보다 후대의 자료임에도 불구하고 참고할 자료로 붙여
놓았다.
9 간괘(艮卦): 팔괘(八卦) 중의 7번째 괘.《주역》64괘 중 52번째 괘인 중산간(重山艮, ䷳)괘이다. 방위로는 동
북방의 괘로 만물의 이루어짐이 한 번 끝나는 결실과 성취의 괘이면서, 새로 시작되는 괘이기도 하다.
10 누성(婁星): 황도 28수 중 16번째 별로, 서쪽의 별이다.
2 猣:《御定康熙字典·犬部·獌》에는 "獌".

2) 개 보는 법

머리가 흑색인 개를 기르면 재물을 얻게 된다. 온몸이 백색이고 꼬리가 흑색인 개를 기르면 대대로 높은 자리에 오른다. 온몸이 흑색이고 귀가 백색인 개를 기르면 부귀하게 된다. 온몸이 흑색이고 앞쪽 두 발이 백색인 개를 기르면 자손이 많아지게 된다. 온몸이 황색이고 귀가 백색인 개를 기르면 대대로 벼슬하게 된다. 《진서(晉書)》[11]

일반적으로 민가에서는 다리 높은 개를 기르지 말아야 한다. 그런 개는 대부분 탁자나 걸상이나 부뚜막 위에 오르기를 좋아하므로, 다리가 짧은 개를 기르는

相法

犬黑頭畜之, 令人得財; 白犬黑尾, 世世乘車; 黑犬白耳, 富貴; 黑犬白前兩足, 宜子孫; 黃犬白耳, 世世衣冠.《晉書》

凡人家, 勿養高脚狗. 彼多喜上卓、橙、竈上, 養矮脚者便益. 純白者能爲怪,

검은 개(국립중앙박물관)

황구(국립중앙박물관, 주둥이가 긴 개)

---

11 출전 확인 안 됨:《廣博物志》卷47〈鳥獸〉"獸"《文淵閣四庫全書》981, 502쪽).

편이 더 편리하고 유익하다. 순백(純白)색인 개는 괴이한 일을 만들어낼 수 있으니, 기르지 말아야 한다.

일반적으로 온몸이 흑색이고 네 발이 백색인 개는 흉하고, 뒤쪽의 두 발이 백색이고 머리가 황색인 개는 길하다. 발이 황색인 개는 재물을 불러들이고, 꼬리가 백색인 개는 크게 길하다. 한 발만 백색인 개는 집에 유익하다. 온몸이 백색이고 머리가 황색인 개는 길하고, 등이 백색인 개는 사람을 해치며, 호피무늬의 개는 길하다. 《편민도찬》[12]

온몸이 황색이고 앞쪽 두 발이 백색인 개는 길하고, 가슴이 백색인 개는 길하다. 주둥이가 흑색인 개는 송사(訟事)를 부르고, 네 발이 모두 백색인 개는 흉하다. 온몸이 청색이고 귀가 황색인 개는 길하다. 개가 새끼를 3마리 낳았는데 모두 황색이거나, 새끼 4마리가 모두 백색이거나, 8마리가 모두 황색이거나, 5~6마리가 모두 청색이면 길하다. 《편민도찬》[13]

백색 개가 호피무늬가 있는 놈은 주인을 만석꾼이 되게 한다. 흑색 개인데 귀는 백색인 놈은 주인을 부귀하게 한다. 백색 개가 머리는 황색인 놈은 크게 길하다. 황색 개가 꼬리는 백색인 놈은 대대로 관직을 지내게 한다. 앞쪽 두 발이 백색인 개는 자

勿畜之.

凡黑犬四足白者, 凶；後二足白頭黃者, 吉. 足黃, 招財；尾白者, 大吉；一足白者, 益家. 白犬黃頭, 吉；背白者, 害人；帶斑虎者, 吉. 《便民圖纂》

黃犬前二足白者, 吉；胸白者, 吉. 口黑者, 招官事；四足俱白者, 凶. 靑犬黃耳者, 吉. 犬生三子俱黃, 四子俱白, 八子俱黃, 五子六子俱靑, 吉. 同上

白犬虎文, 蓄致萬石. 黑犬白耳, 令人富貴. 白犬黃頭, 大[3]吉. 黃犬白尾, 代有官. 前二足白者, 宜子孫. 《萬寶全書》

---

12 《便民圖纂》卷14〈牧養類〉 "相犬法", 215쪽.
13 《便民圖纂》卷14〈牧養類〉 "相犬法", 215~216쪽.
[3] 大：저본에는 "犬". 오사카본·규장각본에 근거하여 수정.

손이 많아지게 한다. 《만보전서(萬寶全書)[14]》[15]

개가 눈이 깊고, 턱 아래에 털이 1가닥 난 놈은 좋은 운을 부른다. 개가 황흑색이면 길하다. 《산림경제보》[16]

개를 보는 법 : 온몸이 황색인 개가 꼬리가 백색이거나, 귀가 백색이거나, 네 발이 백색이거나, 앞쪽 두 발이 백색이거나, 온몸이 순황(純黃)색이거나, 가슴이 백색인 개는 길하다. 온몸이 백색인 개가 꼬리는 황색이거나, 앞다리가 모두 흑색이거나, 머리가 황색이거나, 호피무늬인 개는 길하다.

온몸이 흑색인 개가 얼굴은 백색이거나, 앞발이 모두 백색이거나, 두 귀가 백색인 개와, 온몸이 순흑색인 개는 죽음을 피할 수 있게 한다. 청색 반점이 있는 개는 도둑을 보면 짖는다. 뒤쪽 두 발이 백색이고 머리가 황색이거나 발이 황색이거나, 꼬리가 백색이거나, 한 발만 백색인 개는 길하다. 몸이 적색인 개가 머리는 검거나, 온몸이 순적(純赤)색인 개는 길하다. 온몸이 청색이고 귀가 황색인 개는 길하다.

황구(黃狗, 누런 개)가 세 발은 희거나, 입이 흑색이거나, 네 발이 모두 백색인 개는 흉하다. 온몸이 백

狗眼深者, 頷下一毛者, 良. 黃黑色, 吉. 《山林經濟補》

相狗法 : 黃狗尾白, 或耳白, 或四足白, 或前兩足白, 或純黃色, 或胸白者, 吉. 白狗尾黃, 或前足俱黑, 或頭黃, 或虎文者, 吉.

黑狗面白, 或前足俱白, 或兩耳白者, 純黑色者, 能辟伏尸. 有青斑者, 識盜則吠. 或後二足白頭黃者, 或足黃, 或尾白, 或一足白者, 吉. 赤狗頭黑, 或純赤者, 吉. 青犬黃耳者, 吉.

黃狗三足白, 或口黑, 或足俱白者, 凶. 白狗尾黑, 或

---

14 만보전서(萬寶全書) : 중국 명말 청초에 간행된 백과사전식 일용서이다. 《만보전서(萬寶全書)》라는 이름으로 명·청대에 간행된 책이 66종이라 한다. 지식인층이 대상이 아니라 사·농·공·상이 모두 볼 수 있도록 쉽게 쓰였으며 당시의 풍속을 알 수 있는 참고 그림이 다수 실려 있다고 한다.

15 출전 확인 안 됨 ; 《宜彙》卷4 〈雜方〉〈養狗法〉(한의학고전DB).

16 출전 확인 안 됨.

색인 개가 꼬리가 흑색이거나, 귀가 황색이거나, 가슴 아래가 흑색인 개는 흉하다. 순백색인 개는 괴이한 일을 불러오므로 기르지 말아야 한다【다른 책에서는 "순백색 개는 기르면 3살 이하일 때는 사악한 잡귀를 물리치지만, 3살이 넘으면 귀신의 사자가 되므로 없애야 한다."라 했다】.

등이 백색인 개는 흉하다. 몸은 흑색인데 꼬리와 발이 황색이거나, 네 발이 백색인 개는 흉하다. 일반적으로 개가 목이 백색이고 땅을 파헤치면 그 개는 없애야 한다. 《증보산림경제》[17]

개가 새끼를 1마리만 낳으면 이는 그 집안이 흥할 조짐이므로, 삼가해서 남에게 주지 말고 길러야 한다. 《증보산림경제》[18]

꼬리털이 청색이 돌면서 짧고, 실처럼 가늘며, 개의 생김새가 사자와 같으면, 민간에서 '능벽사[能辟邪, 사악한 잡귀를 물리칠 수 있는 개]'라 했다. 《증보산림경제》[19]

黃耳, 或心下黑者, 凶. 純白者, 能爲怪, 勿蓄【一云: "養三年內, 辟邪, 三年外則爲鬼使, 去之[4]"】.

背白者, 凶. 黑狗, 尾足黃, 四足白者, 凶. 凡狗項白及掘地者, 去之. 《增補山林經濟》

狗生一子, 是其家將興之兆, 愼勿與人, 畜之. 同上

靑色短尾絲毛, 狗狀若獅子者, 俗云"能辟邪". 同上

---

17 《增補山林經濟》卷5〈牧養〉"狗"(《農書》3, 367~368쪽).
18 《增補山林經濟》卷5〈牧養〉"狗"(《農書》3, 368쪽).
19 《增補山林經濟》, 위와 같은 곳.
[4] 去之 : 저본에는 없음. 《增補山林經濟·牧養·狗》에 근거하여 보충.

3) 먹이는 법

개 기르는 법:강아지는 많이 먹어 너무 배가 부르면 반드시 다리가 붓거나 휘는 병이 생긴다. 이때는 쌀겨죽 따위를 조금씩 먹여야 한다. 또 어린아이 대변을 꾸준히 먹인다.《증보산림경제》[20]

餵法

養狗法:兒狗多喂過飽, 則必生脚腫腕彎之病. 須以糠粥之屬, 細細與之. 又令習喫小兒屎.《增補山林經濟》

---

20 《增補山林經濟》卷5 〈牧養〉 "狗"(《農書》3, 368~369쪽).

4) 길들이는 법

개는 추위를 가장 두려워하므로, 일반적으로 개가 누우면 반드시 꼬리로 제 코를 덮고 나서야 푹 잠들 수 있다. 혹시 개가 밤에도 경계 서기를 바란다면, 개의 꼬리를 잘라 코가 춥더라도 가릴 것이 없게 하면 밤새도록 경계하며 짖을 것이다. 《계신잡지(癸辛雜識)21》22

외양간·마굿간 앞이나 창고의 좌우에 누워서 잘 수 있는 보금자리를 각각 마련해주고, 절대로 집안으로 올라오지 못하게 한다. 혹시 집 안에 오줌이나 똥을 싸거나 솥이나 그릇 안에 있는 음식을 핥거나 먹을 경우, 특별히 두들겨 패서 엄금하면 자연스레 길이 들어 버릇이 잡힐 것이다. 《증보산림경제》23

馴法

狗最畏寒, 凡臥必以尾掩其鼻, 方能熟睡. 或欲其夜警, 則翦其尾, 鼻寒無所蔽, 則終夕警吠. 《癸辛雜識》

牛、馬廐前, 或庫舍左右, 各置臥宿之窠, 切勿令⑤上軒房之內. 或放屎家內, 或舐食鼎器之間, 另加打禁, 則自然馴習成性矣. 《增補山林經濟》

---

21 계신잡지(癸辛雜識) : 중국 송나라의 문인 주밀(周密, 1232~1298)이 지은 수필집.
22 《癸辛雜識》續集 卷上 〈狗畏鼻冷〉(《文淵閣四庫全書》1040, 66쪽).
23 《增補山林經濟》卷5 〈牧養〉 "狗"(《農書》3, 369쪽).
⑤ 令 : 저본에는 "今". 오사카본·규장각본·《增補山林經濟·牧養·狗》에 근거하여 수정.

5) 치료하기

5-1) 개의 병 치료하는 처방

농정전서 [24] 평위산(平胃散)[25]을 물에 타서 입에 흘려 넣는다. 적각(赤殼)[26]·파두(巴豆)를 첨가하면 더욱 효과가 빼어나다. 【안 평위산방 : 창출(蒼朮) 0.2냥, 후박(厚朴)·진피(陳皮)·감초(甘草) 각각 0.1냥이다】

5-2) 개가 갑자기 죽을 듯한 증상을 치료하는 처방

농정전서 [27] 해바라기뿌리로 콧속을 막으면 즉시 살아난다.

5-3) 개의 나(癩)[28]를 치료하는 처방

농정전서 [29] 개의 온몸에서 고름과 나(癩)가 생기면 백부(百部)[30]를 진하게 달인 즙을 온몸에 발라준다.

5-4) 강아지의 개(疥, 옴)를 치료하는 처방

증보산림경제 [31] 팥[赤小豆]을 삶아서 즙을 내어 강아지의 온몸을 씻겨준다. 개의 옴에는 아주까리[32]

醫治

治狗病方[6]

農政全書 用水調平胃散, 灌之. 加赤殼、巴豆, 尤妙. 【案 平胃散方 : 蒼朮二錢、厚朴·陳皮·甘草各一錢】

治狗猝死方

又 用葵根塞鼻内, 卽活.

治狗癩方

又 狗遍身膿癩, 用百部濃煎汁塗之.

治兒狗疥蟲方

增補山林經濟 赤小豆煮取汁, 洗之. 狗疥用草[7] 麻

---

24 《農政全書》卷41〈牧養〉 "六畜" '狗'(《農政全書校注》, 1169쪽).

25 평위산(平胃散) : 창출(蒼朮)·진피(陳皮)·후박(厚朴) 등을 달이거나 가루로 만들어 만든 약으로, 소화기 계통의 질병을 치료하는 데 사용된다.

26 적각(赤殼) : 미상.《농정전서교주(農政全書校注)》에 의하면 적각은 청유(淸油, 참기름)로 되어 있는 곳도 있다.

27 《農政全書》, 위와 같은 곳.

28 나(癩) : 옴 진드기에 의하여 발생하는 동물 기생충성 피부 질환.

29 《農政全書》, 위와 같은 곳.

30 백부(百部) : 백부와 백부의 뿌리를 말린 약재로 살충 효과가 뛰어나다.

31 《增補山林經濟》卷5〈牧養〉 "狗"(《農書》3, 369~370쪽).

32 아주까리 : 쌍떡잎식물 쥐손이풀목 대극과(大戟科)에 속하는 1년생 초본식물인 아주까리의 종자.

[6] 方 : 저본에는 "之". 오사카본·《增補山林經濟·牧養·狗》에 근거하여 수정.

[7] 草 : 저본에는 "莒".《增補山林經濟·牧養·狗》에 근거하여 수정.

3~4개를 잘게 썬 다음 밥과 섞어 4~5일 동안 먹인다. 또 파두 2개를 앞의 방법과 같이 하여 한 차례 먹인다.

子三四介, 細切, 和飯飼四五日. 又用巴豆二箇, 如前法, 飼一次.

산림경제보 [33] 개가 옴에 걸리면 소대가리 삶은 물과 게를 소금에 절인 즙에 담뱃재 거른 즙을 섞어 온몸에 발라줘도 좋다.

山林經濟補 犬疥, 烹牛頭水及蟹鹽汁、煙草淋灰汁, 皆可塗之.

5-5) 등에[34]나 벌레가 물어 생긴 상처를 치료하는 처방
농정전서 [35] 향유(香油, 참기름)를 발라 온몸을 문질러주면 등에 물린 상처가 바로 없어진다.

治蠅蟲咬傷方
農政全書 以香油遍身擦之, 蠅立去.

증보산림경제 [36] 연초(煙草, 담배) 줄기를 동그랗게 만들어 개의 목에 건다. 혹은 들기름을 털에 발라준다.

增補山林經濟 以煙草莖作圈子, 套狗項上. 或以荏子油塗毛.

5-6) 개가 맞아서 죽을 듯한 증상을 치료하는 처방
증보산림경제 [37] 개가 죽도록 두들겨 맞았으나, 몸이 아직 살아날 가망이 있는 경우에는 개를 땅 위에 두고 좋은 황토로 감싼 다음 공섬[藁篅]으로 덮어두면 한나절쯤 지난 뒤에 살아날 수 있다.

救狗打死方
又 狗被打死而體尙完者, 置於地上, 以好黃土圍之, 覆之以藁篅, 則半日能活.

---

33 출전 확인 안 됨.
34 등에:파리목 등에과의 벌레. 숲 또는 야산 등지의 짐승 배설물이 있는 곳에서 쉽게 관찰된다. 등에 류의 애벌레들은 진딧물을 잡아먹고 살며 몸속에 남아 있는 탄수화물을 분비하면서도 왕성하게 포식을 하는 특징을 보인다.
35 《農政全書》卷41〈牧養〉"六畜" '狗'(《農政全書校注》中, 1169쪽).
36 《增補山林經濟》卷5〈牧養〉"狗"(《農書》3, 370쪽).
37 《增補山林經濟》, 위와 같은 곳.

드렁허리

5-7) 개가 수척한 증상을 치료하는 처방

증보산림경제 [38] 살아 있는 드렁허리[39]를 대나무 통에 담아서 개주둥이에 대고 흘려넣으면 곧 살이 찐다.

治狗瘦方

又 活鱔納竹筒, 灌口, 卽肥.

5-8) 작은 개가 끊임없이 짖는 증상을 멎게 하는 처방

물류상감지 [40] 향유 1현각(蜆殼)[41]을 콧속에 흘려넣어주면 하룻밤이 지나서 짖지 않는다.

止小狗吠不絶聲方

物類相感志 香油一蜆殼, 灌鼻中, 則經宿[8]不吠.

---

38 《增補山林經濟》, 위와 같은 곳.

39 드렁허리 : 드렁허리과에 속하는 민물고기. 논두렁에 구멍을 뚫어가면서 이동하기 때문에 논두렁이 자주 무너진다고 하여 '논두렁 헐이'라고 부르던 것이 '드렁허리'가 되었다.

40 《物類相感志》〈禽魚〉(叢書集成初編 1344, 25쪽).

41 현각(蜆殼) : 가막조개의 껍질. 용량을 재는 단위.

[8] 則經宿 :《物類相感志·禽魚》에는 "經宿則".

6. 고양이

貓

1) 이름과 품종

고양이는 일명 '가리(家狸)'이고, '오원(烏圓)'이다.

【비아(埤雅)12 쥐는 곡식의 싹[苗]을 곧잘 해치는데 고양이[貓]가 이 쥐를 잘 잡아서 싹의 손해를 없애준다. 그러므로 글자가 묘(苗)를 따른다. 《예기(禮記)》〈교특생(郊特牲)〉에 "고양이를 맞이하는3 이유는 고양이가 밭의 쥐를 잡아먹기 때문이다."4라 했다.

예로부터 전해오는 말에 "고양이는 아침과 저녁에는 모두 눈동자가 동그랗다. 그런데 낮이 되면 동그랗던 눈동자가 줄어들면서 선처럼 길쭉해진다. 그 코끝은 항상 차지만, 오직 하지(夏至)5날 하루만 따뜻하다."라 했다. 대개 고양이는 음(陰)에 속하는 부류이다】

名品

一名"家狸", 一名"烏圓".

【埤雅 鼠善害苗, 而貓能捕鼠, 去苗之害, 故字從苗. 《記》曰 : "迎貓, 爲其食田鼠也."

舊傳 : "貓, 朝暮目睛皆圓, 及午卽從斂如線. 其鼻端常冷, 惟夏至一日煖." 蓋陰類也】

1 　비아(埤雅) : 중국 송(宋)나라의 경학자 육전(陸佃, 1042~1102)이 지은 백과사전. 조수(鳥獸)·충어(蟲魚)·초목(草木)·천마(天馬) 등 8편으로 나누어 분류하고 해설한 책으로, 《이아(爾雅)》를 증보했다는 뜻에서 '비아(埤雅)'로 이름 지었다.

2 　《埤雅》 卷4 〈釋獸〉(《文淵閣四庫全書》 222, 90쪽).

3 　고양이를 맞이하는 : 여기서 맞이한다는 말은, 은혜를 갚기 위해 고양이의 신을 맞이하여 제사지낸다는 뜻이다.

4 　고양이를……때문이다 : 《禮記》 卷25 〈郊特牲〉(《十三經注疏整理本》 13, 936쪽).

5 　하지(夏至) : 1년 24절기 중 10번째 절기로 북반구에서 낮이 가장 긴 날이다.

고양이(국립중앙박물관, 세로로 길쭉해진 눈)　선처럼 길쭉해진 고양이 눈 사진

2) 고양이 보는 법

고양이새끼는 몸길이가 짧아야 가장 좋다. 눈은
금빛이나 은빛이 나며 꼬리는 길어야 한다. 얼굴은
호랑이와 비슷하면서도 위협하는 소리가 사나워야
늙은 쥐가 그 소리를 듣고 알아서 피하여 숨는다.
발톱을 드러내는 고양이는 기와를 자주 뒤집어놓
는다. 허리가 긴 고양이는 짝지어 집안을 달리며 돌
아다닌다. 얼굴이 긴 고양이는 닭을 다 잡아먹는다.
꼬리가 큰 고양이는 뱀처럼 게으르다.

또 다른 법 : 입속에 주름골이 3개인 놈은 1계절
동안 쥐를 잡고, 5개인 놈은 2계절 동안 쥐를 잡고,
7개인 놈은 3계절 동안 쥐를 잡고, 9개인 놈은 4계
절 내내 쥐를 잡는다.

화조(花朝)[6] 무렵에 태어난 고양이[頭牲][7]는 귀가 얇
으며 추위를 두려워하지 않는다. 털색이 순백색이거

相法

貓兒, 身短最爲良, 眼用金
銀, 尾用長. 面似虎, 威聲
要嚴, 老鼠聞之自避藏. 露
爪能翻瓦, 腰長會走家, 面
長雞絕種, 尾大懶如蛇.

又法 : 口中三坎者捉一季,
五坎者捉二季, 七坎捉三
季, 九坎者捉四季.

花朝口咬頭牲, 耳薄不畏
寒. 毛色純白、純黑、純黃

6　화조(花朝) : 음력 2월 12일, 또는 2월 15일. 꽃신[花神]에게 제사지내는 날.
7　고양이[頭牲] : 원문의 두생(頭牲)은 일반적으로 민가에서 기르는 가축을 가리키는 말이나, 여기서는 고양
　이를 의미한다.

얼굴이 호랑이와 비슷한 고양이

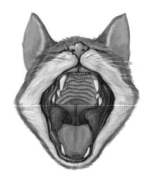

고양이 상악(上齶)의 모

나 순흑색이거나 순황색인 놈은 고르지 말아야 한 다. 만약 줄무늬고양이로 고르려면, 몸에 줄무늬가 있고, 네 발과 꼬리에도 줄무늬가 빙 둘러 나 있는 고양이여야 좋다. 《편민도찬》[8]

고양이는 꼬리가 길고 허리가 짧으며, 눈은 금빛 이나 은빛이 나고, 상악(上齶, 입 안의 윗벽)에 모[稜, 주 름골]가 많은 놈이 좋다. 《본초강목》[9]

者, 不須揀. 若看花貓, 身 上有花, 又要四足及尾花 纏得過者, 方好. 《便民圖 纂》

貓以尾長腰短, 目如金銀, 及上齶多稜者, 爲良. 《本 草綱目》

8 《便民圖纂》卷14〈牧養類〉"相貓法", 216쪽.
9 《本草綱目》卷51〈獸部〉"貓", 2872쪽.

3) 고양이 새끼 배게 하는 법

고양이는 새끼를 배고 2개월이 지나면 낳고, 동시에 여러 새끼를 젖먹인다. 민간에 전해오기를, "암코양이는 수코양이가 없어도, 대빗자루로 등을 몇 차례 쓸어주기만 하면 새끼를 밴다."[10]라 했다.

혹은 아궁이 앞에서 말박[斗][11]으로 고양이를 덮어두고 솔자루나 빗자루의 대로 말박을 치면서 조왕신[竈神][12]에게 축원하여 구하면 역시 새끼를 밴다고 한다. 이는 어미닭이 새끼를 부화하게 해 달라고 사람들이 조왕신에게 축원하면서 병아리를 품에 품고 있는 관습과 같다. 하지만 모두 이치로는 따져 볼 수 없는 말이다.《본초강목》[13]

令孕子法

其孕也, 兩月而生, 一乳數子. 俗傳:"牝貓無牡, 但以竹箒掃背數次則孕."

或用斗覆貓於竈前, 以刷箒頭擊斗, 祝竈神而求之亦孕. 此與以鷄子祝竈而抱雛者相同, 俱理之不可推者也.《本草綱目》

---

10 암코양이는……밴다 : 출전 확인 안 됨.

11 말박[斗] : 10되들이 곡식을 재는 말[斗] 대신 쓰던 용기.

12 조왕신[竈神] : 불의 신으로, 부엌에서 모셔지는 신령. 부엌은 불을 조절하고 효율적으로 통제할 수 있는 공간이자 집 안에서 가장 중요한 난방을 하고 음식을 조리하는 곳이므로 전통적으로 시어머니 또는 며느리가 모시는 신령이다. 민간에서는 이 신령을 조왕각시·조왕할매·조왕대신·정지각시·삼덕할망과 같이 여성 신격으로 모신다. 그러나 무가나 불교계에서는 부부 또는 남성 신격으로 모시고 있다. 이 신령은 가정에서 모시는 가신 중에서 성주, 조상과 함께 상위에 위치한다.

13 《本草綱目》, 위와 같은 곳.

4) 고양이를 집에 들여오는 법

고양이를 집에 들여오는 옛날 방법은 말박이나 통(桶) 같은 물건을 사용했고, 민간에서 쓰는 방법은 베자루에 담아 오는 것이었다. 남이 보지 못하게 해야 좋기 때문이다.《증보산림경제》[14]

고양이를 내다 버리려면, 역시 베자루에 담아 강을 건너 버려야 한다. 그렇게 하지 않으면 비록 멀리 내다버려도 반드시 다시 돌아온다.《증보산림경제》[15]

貓法

取貓古方, 用斗、桶等物, 而俗方以布袋盛來, 勿令人 見可也.《增補山林經濟》

欲出貓, 亦盛布帒, 過河棄 之. 不然, 雖遠, 必復來. 同上

---

14 《增補山林經濟》卷5〈牧養〉"貓"(《農書》3, 371쪽).
15 《增補山林經濟》, 위와 같은 곳.

오약

5) 치료하기

5-1) 고양이의 병을 치료하는 처방

농정전서 [16] 일반적으로 고양이가 병이 나면, 오약 (烏藥)[17] 간 물을 입에 흘려넣는다. 만약 고양이가 불에 그슬려 피곤하고 생기를 잃었으면, 유황(硫黃)[18] 조금을 저탕(猪湯, 돼지고기국) 속에 넣고 푹 익혀서 먹인다. 혹은 어탕(魚湯, 생선국) 속에 넣어 익혀 먹여도 괜찮다. 작은 고양이가 잘못하여 사람에게 밟혀 죽게 생겼으면, 소목(蘇木)[19]을 진하게 달인 물을 찌꺼기를 걸러낸 다음 입에 흘려넣는다.

5-2) 고양이의 나(癩)를 치료하는 처방

증보산림경제 [20] 측백나무기름으로 3차례 문지르면

醫治

貓病方

農政全書 凡貓病, 用烏藥磨水, 灌之. 若煨火疲悴, 用硫黃少許入猪湯中, 炮熟餵之. 或入魚湯中餵之亦可. 小貓誤被人踏死, 用蘇木濃煎湯, 濾去粗, 灌之.

貓癩方

增補山林經濟 以柏油擦

---

16 《農政全書》卷41〈牧養〉 "六畜" '貓'(《農政全書校注》中, 1169쪽).

17 오약(烏藥) : 녹나무과에 속하는 오약의 뿌리를 말린 약재.

18 유황(硫黃) : 천연산 황을 녹여 잡성분을 제거한 광물성 약재.

19 소목(蘇木) : 콩과 식물인 다목(茶木)의 심재(줄기 중심의 색이 짙은 부분)를 말린 약재.

20 《增補山林經濟》卷5〈牧養〉 "貓"(《農書》3, 372쪽).

나(癩)의 뿌리를 제거한다. 之三次, 除根①.

5-3) 고양이 태아가 뱃속에서 죽은 증상을 치료하는 처방   貓胎死腹中方

증보산림경제 21 박초(朴硝) 달인 물을 입에 흘려넣어주면 즉시 죽은 태아가 밖으로 나온다. 사람과 소·말 또한 그렇다. 참으로 기이한 처방이다.   又 朴硝煎湯灌之, 卽出. 人與牛馬亦然. 眞奇方也.

참새와 고양이(국립중앙박물관)

---

21 《增補山林經濟》卷5〈牧養〉"貓"(《農書》3, 372쪽).
① 根:《增補山林經濟·牧養·貓》에는 "限".

7. 닭

鷄

1) 이름과 품종

名品

일명 '촉야(燭夜)'이다.

一名"燭夜".

【본초강목】[1] 서현(徐鉉)[2]은 "닭[鷄]은 헤아린다[稽]라는 뜻이니, 때를 헤아려 맞추기 때문이다."[3]라 했다. 《광지(廣志)》[4]에 "큰 것은 '촉(蜀)'이라 하고, 작은 것은 '형(荊)'이라 하며, 그 새끼는 '구(鷇)'라 한다."[5]라 했다. 범서(梵書)에서는 닭을 '구칠타(鳩七咤)'라 부른다. 닭의 종류는 매우 많다. 오방(五方, 동·서·남·북방과 중앙)에서 나는 닭은 그 크기와 생김새와 색깔이 지역에 따라 역시 종종 차이가 있다.

【本草綱目】徐鉉云:"鷄者, 稽也, 能稽時也."《廣志》云:"大者曰'蜀', 小者曰'荊'. 其雛曰'鷇'." 梵書名鷄曰"鳩七咤". 鷄類甚多, 五方所産, 大小、形色, 往往亦異.

조선(朝鮮)에서 나는 장미계(長尾鷄)[6]라는 종은 꼬리 길이가 3~4척이나 된다. 요양(遼陽)[7]에서 나는 식

朝鮮一種長尾鷄, 尾長三四尺. 遼陽一種食鷄、一

---

1 《本草綱目》卷48〈禽部〉"鷄", 2583쪽.
2 서현(徐鉉):917~992. 중국 남당(南唐)~북송(北宋) 초기의 관리·문학가·서법가(書法家). 광릉(廣陵) 사람으로, 자는 정신(鼎臣)이다. 어명으로《설문해자(說文解字)》의 교정에 참여했다. 서법(書法)과 전각에 능했다.
3 닭[鷄]은……때문이다:《御定康熙字典》卷35〈鳥部〉"鷄"《文淵閣四庫全書》231, 547쪽).
4 광지(廣志):중국 진(晉)나라 곽의(廣志)가 지은 역사지리서. 원서는 전하지 않으나 청(淸)나라 문인 황석(黃奭, 1809~1853)이 남아 있는 글을 편집하여 1책으로 간행했다.
5 광지(廣志)에……한다:《御定康熙字典》, 위와 같은 곳.
6 장미계(長尾鷄):긴꼬리닭. 우리나라 고유의 재래종이다. 수컷의 꽁지깃이 매년 털갈이하지 않고 1년에 75~90cm씩 계속 자라고, 다 자라면 6m 이상에 이르게 된다. 돌연변이에 의해 얻어진 형질로서 몸무게는 수컷이 1.5kg, 암컷이 1.0kg 정도이다.《후한서(後漢書)》에는 "마한(馬韓)에 장미계가 있는데, 꼬리의 길이가 5척이다(有長尾鷄, 尾長五尺)."라 했다.
7 요양(遼陽):중국 요동 지역의 중심지. 한나라 때에는 양평(襄平)이라 불렀다.

계(食鷄)·각계(角鷄)[8]라는 종은 맛이 모두 기름지고 좋기가 다른 지역의 닭보다 월등하다. 남월(南越)[9]에서 나는 장명계(長鳴鷄)[10]라는 종은 밤낮으로 울어댄다. 남해(南海)[11]에서 나는 석계(石鷄)[12]라는 종은 조수가 밀려오면 운다.

촉(蜀)[13] 지역에서 나는 곤계(鶤鷄)[14], 초(楚)[15] 지역

種角鷄, 味俱肥美, 大勝諸鷄. 南越一種長鳴鷄, 晝夜啼叫. 南海一種石鷄, 潮至卽鳴.

蜀中一種鶤鷄、楚中一種

투계도(국립중앙박물관, 신윤복)

왜계

---

8 각계(角鷄) : 머리에 짙은 회갈색 털이 있고 머리 양쪽에 옅은 청색의 뿔같은 살이 있는 닭의 한 품종. 이 때문에 이름에 '각(角)'이 들어가게 되었다. 해발 800~1600m 되는 산림 지역에 주로 산다. 중국에서 현재 1급 보호동물로 지정한 닭의 한 종류이다.

9 남월(南越) : 기원전 203년부터 기원전 111년에 걸쳐 5대 93년 동안 중국 남부에서 베트남 북부에 존재했던 왕국이다. 여기서는 베트남 지역을 가리킨다.

10 장명계(長鳴鷄) : 울음소리가 긴 특징이 있는 닭.《이물지(異物志)》에 "구진(九眞)의 장명계(長鳴鷄)는 우는 소리가 가장 길고, 매우 맑고 낭랑하다. 반드시 해 뜰 무렵에만 우는 것이 아니며 조수가 밀려오면 밤에도 울기 때문에 '사조계(伺潮鷄)'라고도 한다.'라고 했다.

11 남해(南海) : 중국대륙의 남방 해안 지역. 태평양 서부 해역에 해당하며 중국 3대 해안 지역 중 하나이다.

12 석계(石鷄) : 옆구리에 검은색과 밤색의 줄무늬가 있고 부리가 붉은 중간 크기의 닭. 27~37cm 크기이고 모양이 꿩류에 가깝다. 낮은 산이나 구릉지대의 바위비탈이나 평원·초원 등지에서 살고 군집생활을 한다.

13 촉(蜀) : 중국 삼국 시대 때 위(魏)·오(吳)와 함께 각축을 벌이던 한 나라. 지금의 사천성(四川省)(사천성전역) 일대.

14 곤계(鶤鷄) : 크기가 5척이 넘는 큰 닭. 뼈대가 튼튼하며, 깃털이 성기고 근육이 매우 발달하였다. 힘이 세어 싸움닭으로 기르며 고기 맛은 좋으나 알을 많이 낳지 못한다.

15 초(楚) : 중국 주(周) 왕조시대 전국칠웅(戰國七雄)의 하나로 세력을 떨치던 제후국 중 하나. 호북성(湖北省)을 중심으로 활약한 초나라가 있던 지역. 초나라 백성은 중원제국(中原諸國)의 백성과는 종족을 달리하는 남방의 오랑캐로 불리며 멸시를 받았다.

에서 나는 창계(傖鷄)[16]라는 종은 모두 키가 3~4척이 된다. 강남(江南)[17]에서 나는 왜계(矮鷄)[18]라는 종은 다리가 겨우 0.2척 정도이다.

닭은 괘로는 손괘(巽卦, ☴)[19]에 해당되고, 별자리로는 묘성(昴星)[20]이 대응한다. 밖으로 나온 생식기가 없고 소장이 이지러져 있다】

傖鷄, 并高三四尺. 江南一種矮鷄, 脚纔二寸許也.

鷄在卦屬巽, 在星應昴. 無外腎而虧小腸】

---

16 창계(傖鷄): 중국 초나라 지역에서 나는 닭. 중국 위진(魏晉) 시대 이후로 강동 지역 사람들이 초나라 사람을 멸시하면서 창(傖, 천하다)이라는 말을 호칭으로 사용하던 언어습관이 그 지역 닭에게도 적용된 것으로 보인다.

17 강남(江南): 양자강(揚子江) 하류 이남의 지역. 강소성(江蘇省)·안휘성(安徽省) 남부·절강성(浙江省) 북부 지역.

18 왜계(矮鷄): 작고 땅딸막한 닭. 옛날 일본 사람들이 중국에서 수입했던 닭이라고 한다. 차보종(베트남산 일본 개량종)이라고도 한다. 체형이 30cm 정도로 작고 부척(跗蹠, 경골과 발가락 사이의 뼈)의 길이가 짧아 날개가 땅에 끌릴 듯한 체형으로, 닭 중에서 가장 작은 종에 속한다.

19 손괘(巽卦): 팔괘(八卦) 중의 4번째 괘. 《주역》 64괘 중 57번째 괘인 중풍손(中風巽, ䷸)괘이다. 바람 아래 바람이 거듭됨을 상징하며, 방위로는 동남방이고, 음양으로는 목(木)에 해당한다.

20 묘성(昴星): 황도 28수 중 18번째 별로, 서쪽의 별이다.

장미계

2) 종계(種鷄, 종자닭) 얻기

　종계는 뽕나무잎이 떨어질 때 부화한 닭을 취해야 좋다【주 몸집이 작고, 얇은 털에, 다리가 가늘고 짧은 것이 이때 부화한 닭의 특징이다. 이 닭은 둥지를 잘 지키고, 소리를 적게 내며, 병아리를 잘 기른다】.

　봄과 여름에 부화한 닭은 좋지 않다【주 몸집이 크고, 털과 깃이 윤이 나서 보기 좋고, 다리가 거칠고 긴 것이 이때 부화한 닭의 특징이다. 잘 돌아다니며, 소리를 많이 내고, 알을 낳아서 품는 일에 쉽게 싫증을 내니, 사람이 우리를 지켜 서 있지 않으면 번식시킬 방도가 없다】.《제민요술》[21]

　잘 싸우는 닭은 제 암탉을 다른 수탉에게 뺏기지 않는다. 서리가 내릴 때 부화한 닭은 성질이 사나워서 반드시 잘 싸운다【닭이 한창 흥분하여 싸우고 있을 때 잡아서 가슴을 누르면 기가 막혀서 곧 죽는다】.《증보산림경제》[22]

取種

鷄種, 取桑落時生者良【注 形小、淺毛, 脚細短者是也. 守窠, 少聲, 善育雛子】.

春夏生者則不佳【注 形大, 毛羽悅澤, 脚粗長者是. 游蕩饒聲, 産乳易厭, 旣不守窠, 則無緣蕃息也】.《齊民要術》

鷄健鬪, 則不失其雌於他雄. 霜降時生者, 性惡, 必善鬪【鷄方奮鬪時, 收按其胸, 則氣塞便死】.《增補山林經濟》

---

21 《齊民要術》卷6〈養鷄〉(《齊民要術校釋》, 449쪽).
22 《增補山林經濟》卷5〈牧養〉"鷄"(《農書》3, 359쪽).

3) 닭장 만들기

닭이 깃들 곳은, 땅에 의지해서 닭장을 만들고, 닭장 안에는 홰[23]를 설치해야 한다. 비록 우는 소리가 낭랑하지 않은 닭이라도 환경이 안정되고 편안하면 쉽게 살찐다. 또 닭장이 있어야 여우나 살쾡이가 물어갈 염려에서 벗어난다. 만일 숲에 풀어놓았다가 바람이나 추위를 만나면 큰 놈은 수척해지고 작은 놈은 죽기도 한다. 버드나무섶을 태우면 닭과 병아리 중 작은 놈은 죽고 큰 놈은 눈이 먼다【주 이는 역시 기장짚을 태우면 박을 죽이는 것과 같은 종류의 일인데, 그러한 이치는 다 알기 어렵다】.《제민요술》[24]

닭장은 유방(酉方, 서쪽)의 바람을 받아야 한다. 《난호어목지》[25]

옻나무를 사용하여 닭의 홰를 만들면 역병을 물리친다.《난호어목지》[26]

닭장을 만들 때는 복숭아나무는 쓰지 말아야 하고, 자두나무를 쓰면 닭이 편안히 깃든다.《산림경제보》[27]

制居

鷄棲, 宜據地爲籠, 籠內著棧. 雖鳴聲不朗, 而安穩易肥, 又免狐狸之患. 若任之樹木, 一過風寒, 大者損瘦, 小者或死. 燃柳柴, 鷄雛小者死, 大者盲【注 此亦燒黍穰殺瓠之流, 其理難悉】.《齊民要術》

鷄棲, 宜受酉方風.《蘭湖漁牧志》

用漆木作鷄架, 辟疫. 同上

作鷄棲, 勿用桃, 李木安棲.《山林經濟補》

---

23 홰 : 새장이나 닭장 속에 새나 닭이 올라앉도록 가로질러 놓은 나무 막대.
24 《齊民要術》 卷6〈養鷄〉(《齊民要術校釋》, 449쪽).
25 출전 확인 안 됨.
26 출전 확인 안 됨.
27 출전 확인 안 됨.

일반적으로 닭장은 작은데 닭이 많으면 뜨거운 공기에 훈증되어 눈이 멀게 된다. 또 닭장 안에 똥이 쌓이면 반드시 수시로 제거하여 닭똥의 습기에 훈증되어 닭이 병드는 상황에서 벗어나게 해야 한다. 대체로 닭장은 겨울에는 따뜻하고 여름에는 서늘하게 하는 것이 중요하다. 《증보산림경제》[28]

凡鷄籠小而鷄兒多, 則氣熏令目盲. 又籠內積屎, 必時時除去, 免致蒸成鷄病. 大抵鷄棲, 要冬暖夏涼. 《增補山林經濟》

닭이 깃들 곳을 만들 때는 매화나무나 자두나무를 쓰면 길하다. 《거가필용》[29]

作棲, 宜用梅、李木, 吉. 《居家必用》

---

28 《增補山林經濟》卷5〈牧養〉“鷄”(《農書》3, 358쪽).
29 《居家必用》〈丁集〉“牧養擇日法”‘作鷄鵞鴨棲吉日’(《居家必用事類全集》, 164쪽).

4) 기르는 법

닭 기르는 법:2월에 먼저 1묘(畝)[30]를 갈아 밭을 만들고, 차조로 죽을 쑤어 밭에 뿌린다. 생 띠풀을 베어 그 위를 덮어주면 자연히 구더기[白蟲]가 생긴다. 그러면 바로 누런 암탉 10마리와 수탉 1마리를 산다. 땅 위에 닭장을 만들되, 사방 너비 15척으로 하고, 지붕 아래에 삼태기[簣][31]를 매달아 닭이 그 위에서 잘 수 있게 한다.

아울러 닭둥우리[鷄籠][32]를 만들어 가운데에 걸어두면, 여름 한낮에 닭이 닭장에 돌아와 지붕 아래 둥우리에서 휴식을 취할 것이다. 아울러 정원 안에 작은 닭장을 만들어 닭을 가려주고 새끼를 기를 수 있게 하면 까마귀가 닭을 채어갈 수 없을 것이다.

養法

養鷄法:二月先耕一畝作田, 秫粥灑之, 刈生茅覆上, 自生白蟲. 便買黃雌鷄十隻, 雄一隻, 于地上作屋, 方廣丈五, 于屋下懸簣, 令鷄宿上.

幷作鷄籠, 懸中, 夏月盛晝, 鷄當還屋下息. 幷于園中築作小屋, 覆鷄得養子, 烏不得就.《家政法》

닭둥우리(국립민속박물관)

문이 없는 둥우리(국립민속박물관)

---

30 묘(畝):전답 넓이를 재는 단위. 가로 1보, 세로 100보 넓이의 땅이 1묘이다. 옛날에는 가로 6척(尺), 세로 6척 너비가 1보였는데 조선 후기에는 가로 5척, 세로 5척 너비가 1보였다. 묘의 제도는《임원경제지 본리지》1, 소와당, 2008, 45~49쪽에 자세하다.

31 삼태기[簣]:대나무로 짜서 흙이나 거름 등을 담아 나르는 넓적한 소쿠리 모양의 도구.

32 닭둥우리[鷄籠]:암탉 한 마리가 들어가 편안히 알을 품을 수 있도록 대나무로 만든 작은 둥우리이다. 계롱(鷄籠)은 문맥에 따라 '닭장'으로도, 닭둥우리로도 번역하였다.

정원 안에 작은 닭장을 짓고 대광주리를 걸어두어 닭이 그 위에서 자도록 한다. 담장 안에 작은 닭집[龕][34]을 만들거나 또는 풀로 둥지를 엮어서 닭이 둥지에 엎드려 알을 품도록 한다. 정원 곁에 수수[蜀黍]를 1묘 정도 심어서 닭에게 그늘을 만들어주고 가을에는 이 수수를 수확하여 또 닭에게 먹일 수 있다. 이는 손쉽게 그 어미닭을 살찌우고 자라게 하며, 봄과 가을에 어미닭과 병아리의 둥지를 얻을 수 있는 방법이다.

만약 20여 마리의 닭을 기르면 병아리와 계란을 얻어 식용으로 쓰기에 충분하다. 또 다른 물건과 두루 교환할 수 있으니, 생계를 꾸리는 방도 중에 또한 한가지이다. 《왕정농서》[35]

닭 기르는 법:2월 내에 먼저 땅 2묘를 갈고, 차조죽을 푹 익도록 쑤어 밭에 뿌린 다음 생 띠풀로 그 위를 덮어서 자연히 구더기가 생기게 한다. 그러면 바로 누런 암탉 20마리와 큰 수탉 5마리를 산다. 땅 위에 사방을 에워싸서 담을 쌓되, 높이는 10척 정도로 하고, 가시나무로는 담 꼭대기를 막는다. 정

園中築小屋, 下懸一籇[1], 令鷄宿上. 或於墻內作龕, 又以草縛窠, 令鷄伏抱. 其園旁可種蜀秫畝許, 以取蔽陰, 至秋收子, 又可飼鷄, 易以肥長其母, 春秋可得兩窠鷄雛.

若養二十餘鷄[2], 得雛與卵, 足供食用. 又可博換諸物, 養生之道, 亦其一也. 《王氏農書》

養鷄法:二月內, 先耕地二畝, 令熟做秫粥灑之, 用生茅覆上, 自生白蟲. 便買黃雌鷄二十隻、大雄鷄五隻. 於地上四圍築墻, 高丈許, 棘遮其頭, 正中打一

<hr>

33 출전 확인 안 됨;《齊民要術》卷6〈養鷄〉(《齊民要術校釋》, 450쪽).

34 닭집[龕]:원래는 불단이나 어좌 위에 처마를 드리우는 형태로 만든 목조지붕. 이렇게 벽 없는 집 모양으로 구조물을 만들어주면 닭이 그 안에 들어가 알을 품는다.

35 《王禎農書》〈農桑通訣〉"畜養" '養鷄類', 62쪽.

[1] 籇:《王禎農書·農桑通訣·畜養》에는 "篔".

[2] 鷄:저본에는 "雛".《王禎農書·農桑通訣·畜養》에 근거하여 수정.

닭 정원. 《임원경제지 본리지》에서 고증한 주척 길이를 기준으로 그렸다.

중앙에는 담을 한 줄 만들어서 그 땅을 정확히 반으로 나누어 2개의 원(院, 칸)이 되게 한다.

양쪽 땅 위에 닭장을 만들되, 사방 너비는 15척으로 하고, 닭장에 둥우리를 매달아두어 닭이 그 안에서 잠자고 알을 품을 수 있게 한다. 만약 왼쪽 원(院)에서 닭이 벌레를 모두 먹었으면, 오른쪽 원(院) 안으로 닭을 몰아 들어가게 한다. 각 원에 벌레가 없어지면 해당 원(院)에 위의 방법에 따라 다시 차조죽을 뿌린다.《거가필용》36

行墻, 其地平分作兩院.

每處地上作屋, 方廣丈五, 於屋下懸筐③, 令鷄宿抱於內. 如左院食蟲盡, 趂向右院內. 無④蟲, 院依上再用秫粥種之.《居家必用》

---

36 《居家必用》〈丁集〉 "養鷄類" '養鷄法'(《居家必用事類全集》, 159쪽).

③ 筐 : 저본에는 "匡". 《居家必用·丁集·養鷄類》에 근거하여 수정.

④ 無 : 저본에는 "有". 《居家必用·丁集·養鷄類》에 근거하여 수정.

【안】《산림경제보》에 "민간의 방법에, 곡식의 겨를 정원 안에 많이 쌓아두고 물을 뿌려 습하게 하면 벌레가 자연스레 생겨 닭의 먹이가 될 수 있다."[37]라 했다.

【우안】《거가필용》의 이 조목은 대부분《가정법》을 답습한 내용이다. 하지만 이는 담장을 쌓아 2개의 원(院)으로 나누어 키우는 좋은 방법이기 때문에 아울러 싣는다】

혹은 큰 정원을 만들어 사방으로 빙 둘러 담을 쌓은 다음, 그 가운데에도 담을 쌓아 정원을 둘로 나눈다. 일반적으로 양쪽 정원의 담 아래 동·서·남·북에 4개의 큰 닭장을 각각 설치하여 닭이 여기에서 쉬게 한다. 10일마다 죽을 정원의 왼쪽 구역에 뿌리고 풀로 덮어준다. 2일이 지나면 벌레가 생긴다.

정원 오른쪽 구역도 그렇게 한다. 닭이 왼쪽 칸의 벌레를 다 잡아먹으면 즉시 오른쪽 칸으로 닭을 몰아간다. 이와 같이 번갈아 벌레를 먹게 하면 닭이 자연히 살찌고 끊임없이 계란을 낳을 것이다.《농정전서》[38]

【案】《山林經濟補》云:"俗方, 多置穀糠於園內, 灑水令濕, 則蟲自生, 可作鷄食."

【又案】《居家必用》此條, 多襲《家政法》, 以其築墻分院之爲良法, 故幷載之】

或設一大園, 四圍築垣. 中築坦分爲兩所. 凡兩園墻下東西南北, 各置四大鷄棲, 以爲休息. 每一旬, 撥粥于園之左地, 覆以草, 二日盡化爲蟲.

園右亦然. 俟左盡, 卽驅之右. 如此代易, 則鷄自肥而生卵不絕.《農政全書》

---

37 민간의……있다:《山林經濟》卷2〈牧養〉"養鷄"(《農書》2, 261쪽).
38 《農政全書》卷41〈牧養〉"六畜" '鷄'(《農政全書校注》中, 1173쪽).

5) 병아리 키우기

봄이나 여름에 부화한 병아리는 20일 안에는
【안《사시찬요(四時纂要)》[39]에는 10여일, 《한정록(閑
情錄)》[40]에는 30일로 되어 있다[41]】둥지 밖으로 나가
지 못하게 하고, 마른 모이를 먹인다【주 둥지 밖으
로 너무 빨리 나가면 까마귀나 솔개에게서 벗어나지
못한다. 젖은 모이를 주면 배꼽에 고름이 생기게 된
다】.《제민요술》[42]

새로 부화한 병아리는 손톱으로 부리와 머리에
붙어있는 알껍질을 제거해주고, 으깬 쌀이나 싸라기
따위를 먹인다.《증보산림경제》[43]

孳養

鷄, 春夏雛, 二十日內【案
《四時纂要》作十餘日, 《閑
情錄》作三十日】, 無令出
窠, 飼以燥飯【注 出窠
早, 不免烏、鴟. 與濕飯則
令臍膿也】.《齊民要術》

新下雛以爪甲摘去嘴頭甲,
飼以碎米或細米之類.《增
補山林經濟》

토종닭(국립축산과학원)

---

39 사시찬요(四時纂要) : 중국 당(唐)나라 시기의 시인이었던 한악(韓鄂)이 996년에 펴낸 농서. 당시 동아시아
의 민속사(民俗史)를 이해하는 데 중요한 자료이다.
40 한정록(閑情錄) : 조선의 문신·문학가인 허균(許筠, 1569~1618)이 한거(閒居)하는 사람들의 일상사나 옛
한거하던 사람들의 생활방식 등에 대해 여러 서적에서 수집하여 수록한 책.
41 한정록(閑情錄)에는……있다 :《閒情錄》〈治農〉 "養鷄"(《農書》1, 128쪽).
42 《齊民要術》卷6〈養鷄〉(《齊民要術校釋》, 450쪽).
43 《增補山林經濟》卷5〈牧養〉"鷄"(《農書》3, 360쪽).

6) 닭을 빨리 살찌게 기르는 법

닭을 길러 빨리 살찌게 하되, 닭장에 가두어 지붕을 헤집어 파지 않고, 채마밭을 망치지 않게 하며, 까마귀·솔개·여우·살쾡이를 걱정하지 않아도 되는 방법: 별도로 울타리를 치고 작은 문을 만든다. 작은 닭집을 만들어 닭이 비나 햇빛을 피할 수 있게 한다. 암수 모두 날갯죽지[六翮, 주 날개와 보조날개의 총칭]를 뽑아, 날아서 울타리 밖으로 나가지 못하게 한다.

항상 쭉정이·피·호두(胡豆, 완두 혹은 누에콩) 따위를 많이 거두어 닭을 기른다. 또 작은 구유를 만들어 물을 담아둔다. 땅에서 1척 높이에 가시나무 울타리를 쳐 휴식처를 만들고, 똥은 수시로 치워준다. 또한 담장을 뚫어 둥지를 만들되, 땅에서 역시 1척 높이로 한다.

겨울에만은 풀을 깔아주어야 한다. 풀을 깔아주지 않으면 새끼가 얼어 죽는다. 봄·여름·가을 세 계절은 그럴 필요 없이, 둥지를 맨땅 위에 두고 거기에서 알을 낳아 품도록 한다. 풀을 묵혀두면 벌레가 생기기 때문이다.

養鷄速肥法

養鷄令速肥, 不爬[5]屋, 不暴園, 不畏鳥、鴟、狐狸法: 別築墻匡, 開小門. 作小廠, 令鷄閉雨日[6]. 雌雄皆斬去六翮, 無令得飛出.

常[7]多收秕[8]、稗、胡豆[9]之類以養之, 亦作小槽以貯水. 荊藩爲棲[10], 去地一尺. 數掃去屎. 鑿墻爲窠, 亦去地一尺.

唯冬天著草, 不然[11]則子凍. 春夏秋三時則不須, 直置土[12]上, 任其産伏. 留草則昆蟲生.

---

[5] 爬:《齊民要術·養鷄》에는 "杷".
[6] 雨日: 저본에는 "兩目".《齊民要術·養鷄》에 근거하여 수정.
[7] 常: 저본에는 "圍".《齊民要術·養鷄》에 근거하여 수정.
[8] 秕: 저본에는 "桃".《齊民要術·養鷄》에 근거하여 수정.
[9] 豆: 저본에는 없음.《齊民要術·養鷄》에 근거하여 보충.
[10] 棲: 저본에는 "樓".《齊民要術·養鷄》에 근거하여 수정.
[11] 然:《齊民要術·養鷄》에는 "茹".
[12] 土: 저본에는 "匡".《齊民要術·養鷄》에 근거하여 수정.

병아리가 알을 깨고 나오면 울타리 밖에 내놓고 가리[罩]⁴⁴로 어리⁴⁵를 삼아준다. 병아리가 메추라기만큼 몸집이 커지면 다시 울타리 안으로 집어넣는다. 잡아먹을 병아리는 또한 따로 울타리를 만들어 그 안에 가두고 밀을 쪄서 먹인다. 21일이면 닭이 살찌고 몸집이 커질 것이다. 《제민요술》⁴⁶

기름을 밀가루에 섞고 주물러서 손가락 끝마디만 한 덩이를 만들어, 닭에게 날마다 10여 개를 먹인다. 또 말린 밥덩이를 만들어 토유황(土硫黃, 흙이 섞인 유황)과 함께 곱게 갈아서 모이를 줄 때마다 0.05냥 정도씩 먹이와 함께 골고루 섞어 먹이면 며칠 안에 곧 살찐다. 《거가필용》⁴⁷

밀밥을 먹이면 쉽게 살찐다. 《한정록》⁴⁸

일반적으로 닭은 그 꽁지깃을 빼주면 몸이 곧 살찐다. 《증보산림경제》⁴⁹

雛⑬出則著外許, 以罩籠之. 鶉鵪大, 還納墻匡中. 其供食者, 又別作墻匡, 蒸小麥飼之, 三七日便肥大矣. 《齊民要術》

以油和麵, 捻成指尖大塊, 日與十數枚食之. 又以做成硬飯, 同土硫黃研細, 每次與五分⑭許, 同飯拌均饋, 數日, 卽肥. 《居家必用》

喂小麥飯則易肥. 《閑情錄》

凡鷄拔其尾, 則體便肥. 《增補山林經濟》

---

44 가리[罩]: 대나무나 가시나무로 결어서 고기를 잡는 기구의 일종.
45 어리: 땅바닥에 엎어 놓고 병아리를 기르는 작은 우리. 병아리 양육용 작은 둥우리이다. 넓적하게 다듬은 대나무쪽 12개를 방사형으로 교차시켜 반구형 틀을 만들고 가는 대나무쪽을 사이사이에 가로로 엮어 만들기도 한다.
46 《齊民要術》 卷6 〈養鷄〉(《齊民要術校釋》, 449~450쪽).
47 《居家必用》 〈丁集〉 "養鷄類" '棧鷄易肥法'(《居家必用事類全集》, 159쪽).
48 《閑情錄》 〈治農〉 "養鷄"(《農書》1, 129쪽);《山林經濟》 卷2 〈牧養〉 "養鷄"(《農書》2, 261쪽).
49 《增補山林經濟》 卷5 〈養鷄〉 "肥鷄法"(《農書》3, 358쪽).
⑬ 雛: 저본에는 "鷄".《齊民要術·養鷄》에 근거하여 수정.
⑭ 五分:《居家必用·養鷄類·棧鷄易肥法》에는 "半錢".

7) 무정란[穀産鷄子]⁵⁰ 얻는 법

穀産法

무정란을 늘 먹을 수 있는 방법:따로 암탉을 골라, 수탉과 서로 섞여 있지 않게 한다. 울타리를 치고, 날갯죽지를 뽑고, 가시나무로 휴식처를 만들고, 흙담장을 뚫어 둥지를 만드는 법은 일체 앞에서 설명한 방법과 같다. 다만 곡식을 많이 주어, 겨울을 나기까지 살이 많이 오르게 하면 자연히 무정란을 낳게 된다.

穀産鷄子供常食法:別取雌鷄, 勿令與雄相雜. 其墻匡、斬翅、荊棲、土窠, 一如前法. 惟多與穀, 令竟冬肥盛, 自然穀産矣.

닭 1마리가 100여 개의 알을 낳지만 이 알은 부화되지 않으므로 모두 먹어도 무방하다. 기름에 지지는 요리[餠]나 구이요리[炙]에 들어가는 알도 모두 이것을 쓰는 것이 좋다. 《제민요술》⁵¹

一鷄生百餘卵, 不雛, 幷食之無咎. 餠炙所須, 皆宜用此.《齊民要術》

닭을 기를 때 알을 품지 않게 하는 방법:암탉이 알을 낳을 때, 날마다 모이 속에 참깨를 섞어 먹이면 늘 알을 낳기만 하고 품지 않게 된다. 《거가필용》⁵²

養鷄不菢法:母鷄下卵時, 日逐食內夾以麻子饋之, 則常生卵不菢.《居家必用》

---

50 무정란[穀産鷄子]:난생(卵生) 동물의 암컷 체내에서 난자와 정자의 접합에 의한 수정이 이루어지지 않고 산란된 알. 곡산(穀産)은 곡식만 먹고 산란한다는 의미이다. 달리 '곡생(穀生)'이라고도 한다.
51 《齊民要術》卷6〈養鷄〉(《齊民要術校釋》, 450쪽).
52 《居家必用》〈丁集〉"養鷄類" '養鷄不抱常川下卵'(《居家必用事類全集》, 159쪽).

8) 닭의 양생법

닭이 집으로 처음 왔을 때 즉시 깨끗하고 따뜻한 물로 그 다리를 씻겨주면 자연히 그 집에서 달아나지 않게 된다.《거가필용》[53]

더운 철에 닭장 안으로 들어왔다가 닭이 더위로 막 헐떡거릴 때 냉수를 먹이면 바로 죽는다.
《증보산림경제》[54]

養生鷄法

鷄初來時, 卽以淨溫水洗其脚, 自然不走.《居家必用》

暑月籠內[15]來, 鷄方其熱喘時, 飮以冷水, 便死.《增補山林經濟》

53 《居家必用》〈丁集〉 "養鷄類" '養生鷄令不走'(《居家必用事類全集》, 159쪽).
54 《增補山林經濟》卷5〈牧養〉 "鷄"(《農書》3, 359쪽).
15 內 : 저본에는 없음.《增補山林經濟·養鷄·鷄初到家令不走法》에 근거하여 보충.

9) 치료하기

9-1) 닭의 병을 치료하는 처방

醫治

治鷄病方

農政全書 55 일반적으로 닭의 여러 가지 병에 참기름을 부리에 흘려넣어주면 바로 낫는다.

農政全書 凡鷄雜病, 以
眞麻油灌之, 立愈.

9-2) 닭의 전염병을 치료하는 처방

治鷄疫方

增補山林經濟 56 만약 전염병이 돌면, 즉시 쪽풀을 닭의 주둥이를 벌려 채워 넣고서 닭을 거꾸로 매달아 놓아야 한다. 또는 누각(樓閣) 위에 옮겨놓으면 전염병을 면할 것이다.

增補山林經濟 若遇瘟疫
傳染, 卽須以藍16盛鷄又17
口, 懸挂, 或移于樓閣上,
卽免矣.

增補山林經濟 57 돼지고기를 잘게 썰어서 먹이면 낫는다. 웅황을 가루 내어 모이에 섞어 먹이면 낫는다. 생 옻에 밀가루[眞末]를 섞어 환약을 만든다. 큰 닭이면 7~8환이나 10환, 작은 닭이면 2~3환을 삼키게 하면 효과가 빼어나다.

又 猪肉切碎饋之, 愈. 雄
黃爲末, 拌飯饋之, 愈. 生
漆和眞末爲丸, 大鷄則七八
丸或十丸, 小鷄則二三丸,
令吞, 妙.

蘭湖漁牧志 58 인삼의 노두(蘆頭)59는 닭의 전염병을 치료할 수 있다.

蘭湖漁牧志 人蔘蘆頭,
能療鷄疫.

---

55 《農政全書》卷41〈牧養〉 "六畜" '鷄'(《農政全書校注》中, 1174쪽).

56 《增補山林經濟》卷5〈養鷄〉 "治鷄疫方"(《農書》3, 362쪽).

57 《增補山林經濟》, 위와 같은 곳

58 출전 확인 안 됨.

59 노두(蘆頭) : 인삼뿌리의 대가리 쪽 싹이 나는 부분. 더덕·도라지 따위의 뿌리 위쪽 싹이 나는 부분도 노두라 한다.

16 藍 : 저본에는 "籃".《增補山林經濟·養鷄·治鷄疫方》에 근거하여 수정.

17 又 : 저본에는 "又". 오사카본·《增補山林經濟·養鷄·治鷄疫方》에 근거하여 수정.

9-3) 닭이 지네 독에 중독된 증상을 치료하는 처방　治鷄中蜈蚣毒方

농정전서 [60] 수유(茱萸, 산수유열매)를 갈아 먹여 해독
시킨다.

農政全書 研茱萸, 解之.

9-4) 싸움닭의 병을 치료하는 처방　治鬪鷄病方

농정전서 [61] 웅황가루를 모이에 섞어 먹이면 닭의
위장에 있는 벌레를 제거할 수 있다. 이 약은 그 성질
이 뜨거워 또한 닭의 힘을 더 강하게 할 수 있다.

又 以雄黃末搜飯, 飼之,
可去其胃蟲. 此藥性熱, 又
可使其力健.

증보산림경제 [62] 초오두(草烏頭)[63]가루를 닭벼슬 위
에 발라주면 계속 싸워도 기운이 팔팔하다.

增補山林經濟 草烏頭末
塗鷄冠上, 連鬪連贏.

9-5) 닭이 시끄럽게 울어대는 증상 치료법　治鷄哮方

증보산림경제 [64] 배추[白菜] 잎사귀로 쥐똥을 싸서
향유(참기름)에 담갔다가 먹인다.

又 白菜 [18] 葉包鼠糞, 蘸香
油搵之.

---

60 《農政全書》卷41〈牧養〉"六畜"'鷄'(《農政全書校注》中, 1174쪽).

61 《農政全書》, 위와 같은 곳.

62 《增補山林經濟》卷5〈牧養〉"鷄"(《農書》3, 359쪽).

63 초오두(草烏頭):바꽃의 덩이뿌리. 성질이 따뜻하고 강한 독성이 있다. 동물실험에서 진통·진정 효과가 확
인된다.

64 《增補山林經濟》卷5〈牧養〉"鷄"(《農書》3, 362쪽).

[18] 菜:저본에는 "尤".《增補山林經濟·牧養·鷄》에 근거하여 수정.

10) 그밖의 잔소리

알을 품고 있는 닭의 둥지 아래에 도끼자루를 걸어두면 병아리가 모두 수탉이 된다.《의학입문》[65]

닭의 털 색깔을 바꾸는 방법:양귀비씨(罌粟子, 앵속자)[66] 2냥과 유황 0.2냥을 함께 가루 낸 뒤, 쌀 끓인 물에 섞어 만든 약을 닭에게 먹인다. 약을 다 먹고 나면 닭이 주먹을 쥐는 것처럼 몸을 웅크린다. 그러면 그 털색이 5가지 색으로 변할 수 있다.《증보산림경제》[67]

瑣言

菢鷄窠下懸斧子, 皆成雄鷄.《醫學入門》

變鷄毛色法:用罌粟子二兩、硫黃二錢, 共爲末, 以米湯拌藥, 與鷄食之. 食盡, 其鷄如拳, 其毛五色可變[19].《增補山林經濟》

---

65 《醫學入門》卷5〈婦人門〉"經候", 826쪽.
66 앵속자(罌粟子, 양귀비씨):양귀비과에 속하는 양귀비의 씨.
67 《增補山林經濟》卷5〈牧養〉"變鷄毛色法"(《農書》3, 359쪽).
[19] 變:《增補山林經濟·牧養·鷄》에는 "愛".

8. 거위와 오리

鵝鴨

1) 이름과 품종

名品

거위[鵝]는 일명 '가안(家雁, 집기러기)'이고, '서안(舒雁, 굼뜬 기러기)'이다.

【본초강목】[1] 거위는 울면서 자기 이름을 부른다. 강동에서는 거위를 '서안(舒雁)'이라 하니, 이는 기러기와 비슷하지만 기러기보다 동작이 굼뜨기 때문이다. 색은 푸른색과 백색 2가지가 있으며, 몸집이 커지면 턱밑 살이 늘어지는 거위는 모두 녹색 눈에 황색 부리, 붉은 발바닥을 지니며 잘 싸운다. 거위가 밤에 울 때는 시간에 맞추어 운다】

오리[鴨]는 일명 '목(鶩)'이고, '서부(舒鳧, 느리게 나는 오리)', '가부(家鳧, 집오리)', '말필(鴄鳴, 볼품없는 오리)'이다.

【본초강목】[2] 목(鶩)은 목(木)과 통용한다. 오리의 성질은 나무처럼 질박하여 다른 마음이 없다. 그러므로 서인(庶人, 노비는 아니지만 신분이 낮은 백성)들이 폐백으로 삼은 것이다. 《예기》〈곡례(曲禮)〉에 "서인은 오리 1필(匹)을 폐백으로 한다."[3]라 했다. 여기에서

鵝一名"家雁", 一名"舒雁".

【本草綱目】鵝, 鳴自呼, 江東謂之"舒雁", 似雁而舒遲也. 有蒼、白二色, 及大而垂胡者, 幷綠眼、黃喙、紅掌、善鬪. 其夜鳴應更】

鴨, 一名"鶩", 一名"舒鳧", 一名"家鳧", 一名"鴄鳴".

【又】鶩通作木, 鶩性質木而無他心, 故庶人以爲贄. 《曲禮》云:"庶人執匹." 匹, 雙鶩也. 匹夫卑末, 故《廣雅》謂鴨爲"鴄鳴".

---

1 《本草綱目》卷47〈禽部〉 "鵝", 2563쪽.
2 《本草綱目》卷47〈禽部〉 "鶩", 2568쪽.
3 서인은⋯⋯한다:《禮記》卷5〈曲禮〉下(《十三經注疏整理本》12, 190쪽).

헤엄치는 오리(국립중앙박물관)

필(匹)은 오리 1쌍이다. 필부[匹夫, 서인]는 신분이 낮
고 보잘것없기 때문이다. 그러므로 《광아(廣雅)》에서
오리를 '말필(鶩鴄)'이라 한 것이다.4

　《금경(禽經)》5에 "오리[鴨]는 꽥꽥[呷呷]거리며 운
다."6라 했으니, 이는 제 이름을 스스로 부르며 운다
는 뜻이다.7 부(鳧, 들오리)는 높이 날 수 있는 반면,
압(鴨)은 느릿느릿해서 날지 못한다. 그러므로 '서부
(舒鳧)'라 한 것이다.

《禽經》云: "鴨鳴呷呷", 其
名自呼. 鳧能高飛而鴨舒緩
不能飛, 故曰"舒鳧".

4　광아(廣雅)에서……것이다: 출전 확인 안 됨; 《埤雅》卷8〈釋鳥〉"鶩"(《文淵閣四庫全書》222, 128쪽).

5　금경(禽經): 중국 춘추 시대 진(晉)나라 악사(樂師) 사광(師曠)이 조류에 대해 기술한 내용에 진(晉)나라 장
　화(張華)가 주를 단 책.

6　오리[鴨]는……운다: 《禽經》〈提要〉(《文淵閣四庫全書》847, 678쪽).

7　제……뜻이다: 오리의 한자음이 '압'인 것은 그 우는 소리를 형용하는 한자음 '합'에서 따온 것을 설명한 말
　이다. 중국 고어에서는 발음이 유사했기 때문이다.

《격물론(格物論)》[8]에 "수오리는 머리에 녹색을 띠고 깃털에 무늬가 있다. 암컷에는 누런 얼룩무늬가 있는 오리도 있고, 순흑색이나 순백색인 오리도 있으며, 또 털은 희지만 뼈가 검은 오리도 있다."[9]라 했다】

《格物論》云: "鴨雄者綠頭文翅. 雌者黃斑色, 但有純黑、白者, 又有白而烏骨者."】

---

8   격물론(格物論) : 중국의 《죽보(竹譜)》·《식송론(植松論)》·《지림(志林)》·《제민요술(齊民要術)》·《국보(菊譜)》·《신농서(新農書)》 등과 같은 반열의 농업기술서로 보이나 자세한 사항은 확인되지 않는다. 《본초강목》에 인용된 이 부분처럼 여러 본초서나 조선의 강희안(姜希顏, 1417~1465)이 1452~1465년 사이에 편찬한 《양화소록(養花小錄)》에 자주 인용되었다.
9   수오리는……있다 : 출전 확인 안 됨.

북경종 오리(국립축산과학원)

2) 거위 보는 법

일반적으로 어미거위나 어미오리를 보는 법은 다음과 같다. 머리는 작아야 한다. 주둥이 위쪽 부리에 작은 구슬 같은 것이 5개 채워져 있는 어미는 알을 많이 낳는다. 3개 채워져 있는 어미는 그 다음이다. 《편민도찬》[10]

몸집이 작고, 털이 무성하며, 다리가 가늘고 짧은 어미는 둥지를 지키면서 새끼를 잘 기른다. 《사시찬요》[11]

相法

凡相鵝、鴨母，其頭欲小. 口上齻有小珠滿五者生卵多. 滿三者爲次.《便民圖纂》

形小毛茂脚細短者，善守窠育雛.《四時纂要》

---

10 《便民圖纂》卷14〈牧養類〉"相鵝鴨法", 216쪽.
11 《山林經濟》卷2〈牧養〉"養鷄"(《農書》2, 262쪽).

3) 종아(種鵝, 씨거위)나 종압(種鴨, 씨오리) 얻기

씨거위나 씨오리는 모두 뽕나무잎이 떨어질 때 태어난 놈을 취해야 좋다. 《사시찬요》[12]

거위나 오리는 모두 1년에 2번 알을 품는 놈을 씨거위나 씨오리로 삼는다【주 1년에 알을 1번 품는 놈은 까는 새끼의 수가 적고, 알을 3번 품는 놈은 겨울 추위에 새끼가 많이 죽는다】. 《제민요술》[13]

取種

鵝、鴨, 并取桑落時生者, 爲良. 《四時纂要》

鵝、鴨, 并一歲再伏者, 爲種【注 一伏者, 得子少；三伏者, 冬寒, 雛多死也】. 《齊民要術》

---

12 《山林經濟》, 위와 같은 곳.
13 《齊民要術》卷6〈養鵝鴨〉60(《齊民要術校釋》, 455쪽).

4) 새끼 기르기

대체로 거위는 암컷 3마리에 수컷 1마리(3자1웅), 오리는 암컷 5마리에 수컷 1마리(5자1웅)로 한다. 거위는 첫 배에 알을 10여 개 낳고, 오리는 알 수십 개를 낳는다. 다음 번부터는 거위와 오리 모두 점차로 낳는 알의 수가 적어진다【주 오곡을 항상 충분히 먹이면 알을 많이 낳는다. 오곡이 충분하지 않으면 알을 적게 낳는다】.

거위우리 지붕 아래에 둥지를 만들어 주려고 한다면【주 이는 돼지·개·여우·삵쾡이가 놀라게 하거나 겁주는 피해를 막아주기 위함이다】, 잔풀을 둥지 속에 많이 깔아서 따뜻하게 해준다.

먼저 백목(白木, 껍질이 흰 나무)의 껍질을 벗기고 알 모양으로 만든다. 이를 둥지마다 1개씩 놓아두고서 거위나 오리를 유인한다【주 그렇게 하지 않으면 거위나 오리가 둥지에 들어가려 하지 않고 아무데나 마구 알을 낳는다. 만약 한 둥지에만 알을 놓아두면 나중에 둥지를 차지하려고 다툴 염려가 있다】.

알을 낳았을 때 바로 거두어서 따로 따뜻한 곳에 놓아둔 뒤, 부드러운 잔풀을 바닥에 깔고 위를 덮어준다【주 둥지 속에 풀을 깔지 않고 그냥 놓아두면 알이 얼어 즉시 새끼가 죽는다】.

알을 품을 때 큰 거위는 1번에 10개, 큰 오리는 20개를 품는다. 작은 거위나 오리는 그보다 적게 품게 한다【주 알이 많으면 골고루 품지 못한다】. 품을 때 자주 일어나는 암컷은 종자로 삼지 말아야 한다【주 암컷이 자주 일어나면 알이 얼어서 차가워지

孳養

大率鵝, 三雌一雄 ; 鴨, 五雌一雄. 鵝, 初輩生子十餘 ; 鴨, 生數十. 後輩皆漸少矣【注 常足五穀飼之, 生子多. 不足者, 生子少】.

欲于廠屋之下作窠【注 以防猪犬、狐狸驚恐之害】, 多著細草于窠中, 令煖.

先刻白木爲卵形, 窠別著一枚以誑之【注 不爾, 不肯入窠, 東西浪生. 若獨著一窠, 後有爭窠之患】.

生時尋卽收取, 別著一煖處, 以柔細草覆藉之【注 停置窠中, 凍卽雛死】.

伏時, 大鵝一十子, 大鴨二十子. 小者減之【注 多則不周】. 數起者, 不任爲種【注 數起則凍冷也】.

기 때문이다】.

알을 품기만 하고 일어서지 않는 어미는 5~6일에 1번 먹이를 주어 일어나게 해서 목욕하도록 해야 한다【주 오랫동안 일어서지 않는 어미는 굶주리고 쇠약해져서 몸이 차가워지기 때문에 비록 알을 품는다 해도 따뜻한 열기가 없다】.

거위나 오리 모두 1개월이면 새끼가 나온다.[14] 새끼가 나오려 할 때를 헤아려, 4~5일 전에는 북치는 소리, 물레 돌리는 소리, 크게 울부짖는 소리, 돼지 울음소리나 개 짖는 소리, 절구질 소리가 들리지 않게 한다. 또 재 묻은 그릇을 쓰지 않고, 갓 출산한 부인네를 보이지 않는다【주 이상의 금기사항에 저촉되면 새끼는 대부분 어미에게 눌려죽어 스스로 알을 깨고 나오지 못한다. 설령 밖으로 나온다 해도 역시 바로 죽는다】.

새끼가 알을 까고 나온 뒤에는 따로 둥우리를 만들어 거기에 둔다. 먼저 멥쌀로 죽을 쑤어 1차례 배불리 먹인다. 이를 '모이주머니 채우기[塡嗉, 전소]'라 한다【주 그렇게 하지 않고 모이를 먹이면, 목이 막혀[喜][15] 허공을 향해 목을 쳐들고 소리를 지르다가[羌量][16] 죽는다[17]】.

其貪伏不起者, 須五六日一與食起之, 令洗浴【注 久不起者, 飢羸身冷, 雖伏, 無熱】.

鵝、鴨皆一月雛出. 量雛欲出之時, 四五日內, 不用聞打鼓、紡車、大叫、猪犬及春聲. 又不用器淋灰, 不用見新産婦【注 觸忌者, 雛多厭殺, 不能自出. 假令出, 亦尋死也】.

雛旣出, 別作籠籠之. 先以粳米爲粥糜, 一頓飽食之, 名曰"塡嗉"【注 不爾, 喜軒虛[1]羌量而死】.

---

14 거위나……나온다 : 거위의 부화 기간은 28~33일, 오리는 26~28일이니, 대략 1개월이라고 할 수 있다.

15 목이 막혀[喜] : 원문의 희(喜)는 《제민요술교석》에서 '열(噎, 목이 메다)'과 같다고 했다. '喜'와 모양이 비슷하여 혼용했다는 해설에 근거하여 옮겼다.

16 소리를 지르다가[羌量] : 《제민요술교석》에서 '羌量'은 '강량(哤哴, 울부짖다)'과 같다고 했다. '哴哴'과 음이 같아 구어에서 혼용했다는 해설에 근거하여 옮겼다.

17 목이……죽는다 : 《제민요술교석(齊民要術校釋)》에 의하면, 거위와 오리 새끼는 소화기관이 아직 미숙해서 바로 모이를 주면 먹지 못하고 배가 고파 목을 빼고 소리 지르다가 죽는다고 한다. 그러므로 처음에는 죽을 먹이는 것이다.

① 虛 : 저본에는 "壺". 《齊民要術·養鵝鴨》에 근거하여 수정.

그런 뒤에 좁쌀을 먹이고, 씀바귀나 순무[蕪菁]의 꽃을 썰어 모이로 삼는다. 맑은 물을 주고, 물이 탁해지면 갈아준다【주 갈아주지 않으면 진흙이 콧구멍을 막아서 죽는다】.

물에 들어가면 오래 머물게 하지 말고 얼마 있다가 바로 물 밖으로 몰아내야 한다【주 거위나 오리는 원래 물새[水禽]이므로 물이 없으면 죽지만, 배꼽이 아직 붙지 않았을 때 오랫동안 물속에 있으면 찬 기운이 배꼽에 스며들어 또한 죽기 때문이다】.

둥우리(거위우리나 오리우리) 가운데 높은 곳에 잔풀을 깔고 그 위에서 자고 쉬게 한다【주 새끼는 작고, 배꼽이 아직 붙지 않았기 때문에 차게 두지 말아야 한다】. 15일 후에 비로소 둥우리에서 나오게 한다【주 둥우리에서 일찍 풀어놓으면 힘이 모자라 피곤해질 뿐만 아니라, 또한 몸이 차가워지고, 아울러 까마귀·솔개에게 잡아먹힐 위험까지 있다】.

거위는 다만 오곡·피쌀[稗子] 및 풀·채소만을 먹고 날벌레는 먹지 않는다【주 《갈홍방(葛洪方)》[18]에 "사공(射工)[19]이 사는 지역에는 마땅히 거위를 키워야 한다. 거위는 이 벌레를 보면 잘 잡아먹는다. 그러므로 거위가 이 벌레를 물리치는 것이다."[20]라 했

然後以粟飯, 切苦菜、蕪菁英爲食. 以淸水與之, 濁則易【注 不易, 泥塞鼻則死】.

入水中, 不用停久, 尋宜驅出【注 此旣水禽, 不得水則死, 臍未合, 久在水中, 冷徹亦死】.

于籠中高處, 敷細草, 令寢處其上【注 雛小, 臍未合, 不欲冷也】. 十五日後, 乃出籠【注 早放者, 匪直乏力致困, 又有寒冷, 兼鳥、鴟災也】.

鵝, 唯食五穀、稗子及草菜, 不食生蟲【注 《葛洪方》曰: "居射工之地, 當養鵝, 鵝見此物, 能食之, 故鵝辟此物也"】. 鴨, 靡不食

---

18 갈홍방(葛洪方) : 중국 동진(東晉) 시대의 의약학자이자 도학가인 갈홍(葛洪, 283~343)이 지은 책. 그가 지은 다수의 의서와 다른 서종인데, 《수서(隋書)》나 신구(新舊) 《당서(唐書)》의 서목에 기록되어 있지 않는 점으로 보아 유실된 듯하다.

19 사공(射工) : 물여우. 날도랫과 곤충의 애벌레이다. 독충 가운데 하나로, '역(蜮)' 또는 '수노(水弩)'라고 한다. 입에 머금은 모래를 사람의 몸이나 그림자에 쏠 수가 있고, 적중되면 종기가 나거나 발병하여, 이를 치료하지 않으면 죽게 된다고 전해진다.

20 사공(射工)이……것이다 : 출전 확인 안 됨; 《農桑輯要》 卷7 〈葦畜〉 "鵝鴨" 《文淵閣四庫全書》 730, 287쪽).

다】. 오리는 먹지 않는 것이 없다. 논피[水稗]의 열매가 열릴 때는 키우기가 더욱 편하다. 이것을 먹으면 살이 통통하게 오를 수 있기 때문이다.

식용으로 쓸 경우에는 거위새끼는 100일 이상, 오리새끼는 60~70일이 되어야 좋다. 이 시기를 지나면 고기가 질겨진다.

대체로 거위나 오리는 6년 이상이 되면 늙어 다시 알을 낳아 품지 못하니, 없애야 한다. 나이나 어리거나 알을 처음 낳은 거위나 오리는 알 품기 또한 아직 미숙하다. 몇 년 된 것이라야만 좋다.《제민요술》[21]

오리는 중양절(重陽節, 음력 9월 9일) 이후에야 살찌고 맛이 좋아진다. 청명(淸明)[22] 이후에 알을 낳으면 알의 속이 함몰되어 가득차지 않는다. 알을 품을 때 숫돌 가는 소리를 들으면 알이 곯아서 부화하지 못한다. 알을 안고 품어줄 암컷이 없으면 소똥을 가지고 따뜻하게 해서 알을 깨고 나오게 한다.《본초강목》[23]

거위알이나 오리알을 닭이 품도록 할 경우, 먼저 품던 어미닭의 병아리가 이미 알을 깨고 나왔으면, 알을 품고 있는 다른 어미닭으로 바꾸어 품게 한다. 품는 기한이 거의 다 차야 비로소 거위나 오리 새끼

矣. 水稗實成時, 尤是所便, 噉此足得肥充.

供廚者, 子鵝百日以外, 子鴨六七十日, 佳. 過此, 肉硬.

大率鵝鴨六年以上, 老不復生伏矣, 宜去之. 少者, 初生, 伏又未能工. 惟數年之中佳耳.《齊民要術》

鴨, 重陽後乃肥腯味美, 清明後生卵, 則內陷不滿. 伏卵, 聞礱磨之聲, 則臖而不成. 無雌抱伏, 則以牛屎嫗而出之.《本草綱目》

鵝、鴨卵, 令鷄菢之, 鷄雛既出, 替他鷄菢之. 恰滿其期, 始出鵝·鴨雛矣【一云:"善菢鷄, 則雖一鷄,

21 《齊民要術》卷6〈養鵝鴨〉60(《齊民要術校釋》, 455~456쪽).

22 청명(淸明):24절기의 하나. 춘분(春分)과 곡우(穀雨) 사이에 들며, 음력 3월1일, 양력 4월 5일이 된다. 태양의 황경이 15°에 있을 때이니, 이 날은 한식(寒食)의 하루 전날이거나 때로는 한식과 같은 날이 된다. 대부분 청명일을 기준으로 봄일을 시작한다.

23 《本草綱目》卷47〈禽部〉"鶩", 2568~2569쪽.

가 알을 깨고 나온다【다른 이는 "알을 잘 품는 닭은 비록 1마리라도 역시 오리새끼가 알을 깨고 나오게 할 수 있다."라 했다】.《증보산림경제》[24]

亦能出鴨雛矣"】.《增補山林經濟》

24 《增補山林經濟》卷5〈牧養〉"養鵝鴨"《農書》3, 365쪽).

5) 거위를 우리에 가두어 쉽게 살찌우는 법

벼나 좁쌀·보리를 가릴 것 없이 푹 삶는다. 먼저 벽돌로 벽을 쌓고 지붕을 덮어서 작은 우리를 만들고 그 안에 거위를 가두어 옆으로 몸통을 돌리지 못하게 한다. 문 가운데에 나무막대를 지르고 고정시켜 머리만 내밀어 먹이를 먹게 한다. 하루에 3~4차례 먹이고, 밤에는 먹이를 많이 주어 입을 쉬지 못하게 한다. 꽁지를 뽑고 잔털을 제거한다. 이와 같이 3일을 하면 1근의 살이 붙는다. 《거가필용》[25]

棧鵝易肥法

稻子·或小米、大麥不計, 煮熟. 先用磚蓋成小屋, 放鵝在內, 勿令轉側. 門中木棒簽定, 只令出頭喫食. 日餵三四次, 夜多與食, 勿令住口. 撏去尾除毳毛. 如此三日, 加肥一觔.《居家必用》

---

[25]《居家必用》〈丁集〉 "養鵝鴨類" '棧鵞易肥法'(《居家必用事類全集》, 160쪽).

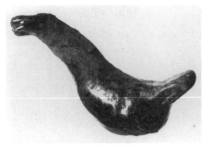

평남 대동 낙랑 녹유 거위상(국립중앙박물관)　　거위

6) 무정란 얻는 법

암컷 오리만을 골라 수컷과 섞이지 않도록 하고, 조와 콩을 충분히 주어 늘 배부르게 하면, 오리 1마리가 100개의 알을 낳는다【주 이것이 민간에서 말하는 '곡생(穀生)'이다. 이 알은 음양(陰陽)이 만나서 생겨난 것이 아니므로, 비록 알을 품는다 해도 또한 부화하지 못하니, 음식 재료로 써야 한다. 따라서 이 무정란은 막 생겨난 생명을 해친다는 허물[26]이 다행히 없다】.《제민요술》[27]

수컷이 없는 암오리는 콩과 보리를 많이 먹여 살찌고 튼튼해지게 해야 한다. 그러면 알을 낳는다.《구선신은서(臞仙神隱書)[28]》[29]

穀産法

純取雌鴨, 無令雜雄, 足其粟、豆, 常令肥飽, 一鴨便生百卵【注 俗所謂"穀生"者, 此卵旣非陰陽合生, 雖伏亦不成雛, 宜以供饌, 幸無麛卵之咎也】.《齊民要術》

雌鴨無雄, 宜多喂豆、麥肥壯則生卵.《臞仙神隱書》

---

26 막……허물: 원문 '미란(麛卵)'의 '미(麛)'는 짐승의 어린 새끼이고, '란(卵)'은 새알이다. 예부터 어린 짐승을 사냥하는 일을 금기시했다. 여기서는 암수의 수정으로 생겨난 유정란을 의미한다. 무정란을 먹으면 유정란을 먹어 막 생겨나려는 생명을 해친다는 혐의가 없다는 말이다.

27 《齊民要術》卷6〈養鵝鴨〉60(《齊民要術校釋》, 456쪽).

28 구선신은서(臞仙神隱書): 중국 명(明)나라 태조 주원장의 제17째 아들인 주권(朱權, 1378~1448)이 신선(神仙)·은둔(隱遁)·섭생(攝生) 등의 내용을 쓴 책. 구선(臞仙)은 주권의 호(號)이다.

29 《山林經濟》卷2〈牧養〉"養鷄"(《農書》2, 263쪽).

암오리를 매년 5월 5일에 풀어놓지 않고 마른 모이만 먹이며 물을 주지 않으면, 이 오리는 날마다 알을 낳는다. 그렇게 하지 않으면 낳기도 하고 낳지 않기도 한다. 토유황을 먹이면 쉽게 살찐다.《구선신은서》[30]

雌鴨, 每年五月五日, 不得放棲, 只乾餵, 不得與水, 則日日生卵. 不然, 或生或不生, 土硫黃飼之, 易肥. 同上

---

[30] 《山林經濟》卷2〈牧養〉"養鷄"(《農書》2, 262~263쪽).

9. 물고기

魚

1) 이름과 품종

【안 물고기[魚]는 물고기 기르기의 총칭이다. 물고기의 종류는 매우 많아서 다 열거할 수는 없다. 지금 민가의 연못이나 늪에서 기르는 물고기는 잉어·붕어·송어·산천어(山川魚, 잉어과의 민물고기)·연어 등 몇 종에 불과할 뿐이다】

名品

【案 魚, 水蓄之總目. 其類甚繁, 不可殫擧. 今人家池沼中所蓄者, 不過鯉、鯽、鱒、鱏鮿、鰱等數種耳】

2) 잉어 기르는 법

생계를 꾸려나가는 법은 5가지 있는데, 물고기 기르기가 그 첫 번째이다. 물고기 기르기란 이른바 어지(魚池, 연못 물고기 기르기)이다. 6묘의 땅에 연못을 만들고, 연못 가운데에 9개의 섬을 만든다. 여기에 노랑어리연꽃[荇荇] 같은 수초를 많이 기른다.

길이가 3척 가량 되는 알을 밴 암잉어 20마리와 길이가 3척 가량 되는 수잉어 4마리를 구한다.

【 제민요술 】 1 3척 가량이나 되는 큰 잉어는 강이나 호수 근처가 아니면 갑자기 구하기 어렵다. 만약 종자가 작은 고기를 기른다면 몇 년이 지나도 커지지 않는다.

큰 고기가 생겨나게 하는 방법:늪·연못·저수지·호수 등 큰 물고기가 많은 곳 중에서 그 근처 물가의 흙을 10여 수레 실어다가 연못 바닥에 깔아야 한다. 그러면 2년 안에 곧 큰 물고기가 생겨난다. 이는 대개 흙 안에 먼저 산란한 큰 물고기의 알이 있었기 때문으로 이 흙이 물을 만나 곧 물고기가 생겨난 것이다】

2월 중의 상경일(上庚日, 첫 번째 경일)에 연못에 넣어주는데, 넣을 때 물소리가 나지 않게 하면 물고기가 반드시 잘 산다. 4월이 되면 신수(神守)2 1마리를

養鯉法

治生之法有五, 水畜第一. 水畜, 所謂魚池也. 以六畝地爲池, 池中作九洲. 多蓄葵荇水草.

求懷子鯉魚長三尺者二十頭, 牡鯉魚長三尺者四頭.

【齊民要術】 三尺大鯉, 非近江湖, 倉卒難求. 若養小魚, 積年不大.

欲令生大魚法:須載取藪澤、陂湖饒大魚之處近水際土十數載, 以布池底. 二年之內, 卽生大魚. 蓋由土中先有大魚子, 得水卽生也】

以二月上庚日納池中, 令水無聲, 魚必生. 至四月, 內一神守;六月, 內二神

---

1 《齊民要術》卷6〈養魚〉61 (《齊民要術校釋》, 461쪽).
2 신수(神守):자라의 이칭. 《회남자(淮南子)》에서 "자라는 귀가 없으나 신을 지킨다(鱉無耳而守神)."라 한 데서 생겨난 이름이다.

넣어주고, 6월에는 신수 2마리를 넣어주고, 8월에는 신수 3마리를 넣어준다. 신수(神守)란 자라이다.

자라를 넣어주는 이유는 물고기가 가득차 360마리가 되면 교룡(蛟龍)[3]이 그 우두머리가 되어 물고기를 거느리고 날아가 버리기 때문이다. 자라를 넣어주면 물고기가 다시는 떠나지 못하고 연못 속에서 9개의 섬을 끊임없이 두루 돌아다니며 스스로 강이나 호수에서 헤엄치고 있다고 여긴다.

이듬해 2월이 되면 길이 1척인 잉어 15,000마리, 3척인 잉어 45,000마리, 2척인 잉어 10,000마리를 얻는다. 1마리당 가격이 50문이면, 1,250,000전을 얻을 수 있다.[4]

그 다음해가 되면, 길이 1척인 잉어 100,000마리, 2척인 잉어 50,000마리, 3척인 잉어 50,000마리, 4척인 잉어 40,000마리를 얻는다. 길이 2척인 잉어 2,000마리를 남겨 종자로 삼고, 나머지는 모두 내다 팔면 5,150,000전을 얻을 수 있다. 다시 다음해가 되면 잉어의 수를 이루 다 헤아릴 수 없을 것이다.

연못 속에 9개의 모래톱과 8개의 계곡[九洲八谷, 9주8곡]을 만든다【계곡 위부터 물 표면까지 2척, 또

守；八月, 內三神守. 神守者, 鱉也.

所以內鱉者, 魚滿三百六十, 則蛟龍爲之長, 而將魚飛去. 內鱉則魚不復去, 在池中, 周遶九洲無窮, 自謂游江湖也.

至來年二月, 得鯉魚長一尺者一萬五千枚, 三尺者四萬五千枚, 二尺者萬枚. 枚直五十 ⨯, 得錢一百二十五萬. 至明年, 得長一尺者十萬枚, 長二尺者五萬枚, 長三尺者五萬枚, 長四尺者四萬枚. 留長二尺者二千枚作種, 所餘皆貨, 得錢五百一十五萬. 候至明年, 不可勝計也.

池中有九洲八谷【谷上立水二尺, 又谷中立水六尺】.

3　교룡(蛟龍)：상상의 동물로, 모양이 뱀과 같고 몸의 길이가 한 길이 넘는 용과 비슷한 동물. 넓적한 4개의 발이 있고, 가슴은 붉고 등에는 푸른 무늬가 있다고 전해진다.

4　1마리당……있다：여기서 매겨진 물고기 가격의 총액은 제시한 물고기의 수로 계산하면 일치하지 않는다. 아래의 5,150,000전도 마찬가지이다.

⨯　十：저본에는 없음. 《齊民要術·養魚》에 근거하여 보충.

계곡 속의 수심은 6척으로 한다】. 잉어를 기르는 까닭은, 잉어는 서로 잡아먹지 않고 쉬 자라며 게다가 비싸기 때문이다. 《도주공양어경(陶朱公養魚經)⁵》⁶

所以養鯉者, 鯉不相食, 易長且貴也. 《陶朱公養魚經》

5 도주공양어경(陶朱公養魚經) : 중국 춘추 시대 범려(范蠡, B.C. 536?~B.C. 448?)가 지었다고 알려진 《도주공서(陶朱公書)》를 증보한 《증보도주공서(增補陶朱公書)》의 한 편명으로 추정된다. 범려는 화식(貨殖)에 뛰어났기에 상왕(商王)으로 불렸으며 그런 그의 이름에 가탁하여 쓰여진 책이 많았다. 중국 명(明)나라 말기의 문인 진계유(陳繼儒)가 지은 《증보도주공치부기서(增補陶朱公致富奇書)》에 본문의 일부 내용이 보인다.
6 《重訂增補陶朱公致富奇書》〈栽花總論〉, 130쪽(국립중앙도서관소장본) ; 《齊民要術》, 위와 같은 곳.

3) 물고기 기르는 여러 방법

일반적으로 물고기를 기르는 곳으로는 진흙이 기름진 곳을 골라야 한다. 네가래[蘋, 네가래과 수초]·마름[藻][7] 따위의 수초가 무성한 곳이 가장 좋다. 그러나 반드시 연못지기가 사택(舍宅)을 지어 연못을 지키고, 또 여러 방법을 동원하여 수달의 피해를 막아야 한다.

일반적으로 살고 있는 곳 가까이에 있는 몇 묘(畝) 넓이의 호수에다 도주공(陶朱公)이 말한 방법에 따라 물고기를 기른다면 금방 부자가 될 수 있을 것이다. 이는 필연적인 효과이다. 그러나 지금 사람들은 다만 강에 나가 물고기를 사다가 연못 안에서 기르면서 푸른 채소를 먹인다. 이 또한 1년에 1척까지 자랄 수 있어 식용으로 이용하니, 또한 편리한 방법이다. 《왕정농서》[8]

물고기알을 얻는 옛 방법은 모두 알을 밴 잉어를 구하여 연못 안에 넣고 다만 자연스럽게 기르는 방법이었다. 혹은 가까운 강이나 호수, 늪이나 저수지·방죽에서 물가의 흙을 배 여러 척에 실어다가 연못 바닥에 깔아주면 2년 안에 흙 속에 있던 큰 물고기의 묵은 알이 물을 만나 저절로 부화한다.

그러나 지금 민간에서는 오직 치어[稚魚, 어앙(魚

育魚雜法

凡育魚之所, 須擇泥土肥沃, 蘋藻繁盛爲上. 然必召居人築舍守之, 仍多方設法以防獺害.

凡所居近數畝之湖, 如依陶朱法畜之, 可致速富. 此必然之效也. 今人但上江販魚種, 塘內畜之, 飼以靑蔬. 歲可及尺, 以供食用, 亦爲便法. 《王氏農書》

魚種古法, 俱求懷子鯉魚, 納之池中, 但自涵育. 或載取近江湖、藪澤、陂㳽水際之土數舟, 布底, 則二年之內, 土中自有大魚宿子, 得水卽生也.

今之俗, 惟購魚秧. 其秧

7　마름[藻]:쌍떡잎식물 이판화군 도금양목 마름과의 한해살이 물풀. 뿌리를 진흙 속에 깊이 박고 잎에 공기주머니가 있어 물 위에 뜬다.
8　《王禎農書》〈農桑通訣〉"畜養"'養魚類', 64쪽.

秧]를 산다. 그 치어는 어부들이 큰 강에 배를 띄우고 조수 때를 틈타 그물을 던져 잡는다. 처음에는 바늘 끝만 한 크기이다. 치어에게 계란이나 오리알의 노른자를 먹여 기르거나, 혹은 보리껍질가루나 볶은 콩가루를 먹여서 조금 커지면 물고기를 연못에서 기르는 집에 내다 판다.

《민록(閩錄)》[9]에 다음과 같이 말했다. "중춘(仲春, 음력 2월)에 강에서 잡은 치어를 '어묘(魚苗)'라 하며, 작은 연못에서 기른다. 조금 자라서 서당(犀塘)[10]에 넣을 만한 물고기는 '서록(犀鱗)'이라 한다. 1척 정도 되면 넓은 연못으로 옮겨 풀을 먹여 기른다. 9월이 되어서야 잡는다."[11]

키우기 어려운 치어가 있으니, 이를 '맹소(艋艘)'라 한다. 그 중 머리가 황색인 놈을 '나사청(螺師靑)'이라 한다. 소라[螺]나 다슬기[師]를 잡아먹기 때문에 그런 이름이 붙었다. 《이아익(爾雅翼)》에 "준(鱒)은 소라나 민물조개를 먹는다."[12]라 한 말이 이것이다. 그 주둥이는 뾰족하고, 1년이면 콧구멍이 비로소 뚫려 숨을 쉬기 시작한다. 콧구멍이 뚫리지 않으면 죽는다. 길이가 1척 정도까지 자라야 쉽게 커진다.

也, 漁人汎大江, 乘潮而布網取之者. 初也如針鋒然. 乃飼之以鷄、鴨之卵黃, 或大麥之麩屑或炒大豆之末, 稍大則鬻魚池養之家.

《閩錄》云 : "仲春取子于江, 曰'魚苗', 畜于小池. 稍長, 入犀塘, 曰'犀鱗'. 可尺許, 徙[2]之廣池, 飼以草. 九月乃取."

有難長之秧, 曰"艋艘". 其首黃色, 曰"螺師靑". 以其食螺、師也, 故名. 《爾雅翼》曰"鱒食螺、蚌"是也. 其口尖, 期年而鼻竅始通, 不得通則死. 長至尺許, 乃易大.

---

9   민록(閩錄) : 미상. 중국 명(明)나라 도본준(屠本畯, 1542~1622)이 편찬한 《민중해착소(閩中海錯疏)》로 추정된다.
10 서당(犀塘) : 미상. 물고기의 성장에 따라 작은 연못에서 넓은 연못으로 옮겨가기 전의 연못.
11 중춘(仲春, 음력 2월)에……잡는다 : 《閩中海錯疏》卷上 〈鱗部上〉(《叢書集成初編》1359, 5쪽).
12 준(鱒)은……먹는다 : 《爾雅翼》卷28 〈釋魚〉"鱒"(《文淵閣四庫全書》222, 483쪽).
2 徙 : 저본에는 "徒". 오사카본·《農政全書·牧養·六畜》에 근거하여 수정.

오직 환어(鰥魚)[13]가 좋다. 그 주둥이는 넓고 물동이처럼 생겼으며, 머리는 잉어와 비슷하지만 몸통은 잉어보다 더 둥근 놈을 '초어(草魚)'라 한다. 풀을 먹으며 쉽게 자란다. 《이아익》에 "환어(鯇魚)는 풀을 먹는다."[14]라 했다.

惟鰥魚爲良. 其口闊而盆, 首似鯉而身圓, 謂之"草魚". 食草而易長. 《爾雅翼》曰："鯇魚食草."

백련어[白鰱][15]는 귀한 물고기이다. 백로(白露)[16] 전후에 비로소 연못 안에 넣을 수 있다. 혹 백로 1개월 전이나 1개월 후에 넣는다면 모두 자라지 않는다. 어부가 배에 싣고 다니다가 백련어를 끓이거나 굽다가 기름기가 닿으면 두 눈이 먼다. 《경구록(京口錄)》[17]에 "큰 머리에 자잘한 비늘이다."[18]라 했으며, 연못에서 많이 기른다.

白鰱, 乃魚之貴者. 白露左右, 始可納之池中. 或前一月, 或後一月, 皆不育. 漁人攜于舟, 若煎炙油氣觸之, 則目皆瞽. 《京口錄》云"巨首③細鱗", 池塘中多畜之.

숭어는 송인(松人)[19]들이 조수가 드나드는 진흙땅에 연못을 파고 중춘(仲春)에 조수가 들어올 때 0.1척 정도 자란 치어를 잡아서 기른다. 이 고기들은 가을이면 1척 정도가 된다. 배와 등에 모두 살이 올라 연못에서 기르는 물고기 중에서 최고이다. 숭어는 진흙을 먹고, 온갖 약과 금기할 거리가 없다.

鯔魚, 松之人於潮泥地鑿池④, 仲春, 潮水中捕盈寸者養之. 秋而盈尺. 腹背皆腴, 爲池魚之最. 是食泥, 與百藥無忌.

---

13 환어(鰥魚) :《전어지(佃漁志)》권4 〈물고기 이름 고찰〉 "물고기에 관한 기타 논설" '중국산으로 우리나라에 나지 않는 물고기'에 나오는 물고기 중 하나로, 방언이 정확하지 않고 명칭이 뒤섞여 분변할 수 없어 이름을 알 수 없다고 언급하였다.

14 환어(鯇魚)는……먹는다 :《爾雅翼》, 위와 같은 곳.

15 백련어[白鰱] : 잉어목 황어아과에 속하는 물고기. 큰 강의 하류에서 서식한다.

16 백로(白露) : 24절기 중 15번째 절기. 찬 이슬이 내리기 시작하는 시기로, 양력 9월 9일 경이다.

17 경구록(京口錄) : 미상. 중국 명나라 때 간행된 지방지(地方志) 중 하나인 《경구삼산전지(京口三山全志)》로 추정된다.

18 큰……비늘이다 : 출전 확인 안 됨.

19 송인(松人) : 미상.

③ 首 :《農政全書·牧養·六畜》에는 "口".

④ 池 : 저본에는 없음. 《農政全書·牧養·六畜》에 근거하여 보충.

《경구록》에 "머리는 납작하고 뼈는 부드럽다."[20]라 했다. 《민지(閩志)》[21]에 "눈은 붉고 몸통은 둥글다. 주둥이는 작고 비늘은 검다. 오왕(吳王)[22]은 물고기를 논하며 숭어가 최고라 했다. 숭어는 겨울이 되면 덮을 물건을 끌어다 스스로 몸을 가릴 수 있다."[23]라 했다.

물고기 기르는 법 : 일반적으로 연못을 파서 물고기를 기를 때에는 반드시 2개의 연못을 만들어야 한다. 여기에는 다음의 3가지 좋은 점이 있다. ① 물을 저장할 수 있고, ② 물고기를 팔 때 큰 놈은 팔고 작은 놈은 남길 수 있으며, ③ 물고기가 물 위로 떠오르는 문제를 해결할 수 있다【이 연못에 물고기가 떠오르면 다른 연못에 넣을 수 있다】.

연못에 삼[麻]을 담그면 안 된다. 1일만 지나도 물고기가 물 위로 떠오르기 때문이다. 물고기가 집비둘기의 똥을 먹으면 물 위로 떠오른다. 이때는 변소의 인분을 넣어 해독시킨다. 물고기 스스로 배설한 똥이 많아져서 계속 그 똥을 먹으면 물 위로 떠오른다. 이때 역시 변소의 인분을 넣어 해독시킨다.

연못을 너무 깊게 파서는 안 된다. 연못이 깊으면 물이 차가워서 물고기가 자라기 어렵다. 물고기가

《京口錄》云 : "頭匾而骨軟." 《閩志[5]》云 : "目赤而身圓. 口小而鱗黑. 吳王論魚, 以鯔 爲上也. 其魚至冬, 能牽被而自藏."

養法 : 凡鑿池養魚必以二. 有三善焉 : 可以畜水, 鬻時, 可去大而存小, 可以解汎 【此池汎, 可入彼池】.

不可以漚麻, 一日卽汎. 魚 遭鴿糞則汎, 以圊糞解之. 魚之自糞多而返復食之則 汎. 亦以圊糞解之.

池不宜太深. 深則水寒而 難長. 魚食鷄、鴨卵之黃,

---

20 머리는……부드럽다 : 출전 확인 안 됨.

21 민지(閩志) : 미상. 민(閩) 지역을 다룬 지방지로 추정된다.

22 오왕(吳王) : 182~252. 중국 삼국 시대 오(吳)나라의 초대 황제인 손권(孫權)을 말한다. 손권이 선인(仙人) 개상(介象, ?~?)과 생선회 중에서 어떤 것이 가장 맛있냐고 물어보니, 개상이 숭어회라고 대답하면서 손권의 전각에 네모란 구덩이를 파고 여기에 물을 채운 후 낚시로 숭어를 잡았다는 고사가 전해진다. 《신선전(神仙傳)》권9 〈개상(介象)〉 참조.

23 눈은……있다 : 출전 확인 안 됨.

[5] 志 : 저본에는 "去". 오사카본·규장각본·《農政全書·牧養·六畜》에 근거하여 수정.

계란이나 오리알의 노른자를 먹으면 중한(中寒)[24]에 걸려 알을 배지 못한다. 그러므로 노른자를 먹여 기른 치어는 모두 알을 배지 못한다.

물고기가 물속을 헤엄쳐 돌아다닐 때는 밤낮으로 쉬지 않는다. 연못에 모래톱과 섬을 둘러 만들어주면 쉽게 자란다. 연못가에 파초를 심으면 이슬방울이 떨어지기 때문에 물고기가 물 위로 떠오르는 문제를 해결할 수 있다.

멀구슬나무를 심으면 열매가 연못 속으로 떨어져 물고기를 배불리 먹일 수 있다. 포도를 심고 연못 위에 받침대를 설치하면 새똥이 연못에 떨어지는 피해를 막을 수 있다. 연꽃을 연못 둘레에 심으면 수달의 피해를 막을 수 있다.

물고기가 버들개지를 먹으면 병에 걸린다. 이 또한 인분으로 해독시킨다. 귀뚜라미·연한 풀을 먹이고, 돌피[稗子]를 먹인다. 연못의 정북쪽 뒤편을 특히 깊게 만들어주어야 한다. 물고기가 반드시 거기에 모이면 3면에서 해가 들어 쉽게 자라기 때문이다. 풀을 먹일 때에도 이 방향에서 하루에 2번 반드시 정해진 시간에 먹여야 한다. 물고기가 어릴 때는 반드시 풀을 잘게 썰어 먹여 기른다. 겨울이 되면 먹이지 않는다.

일반적으로 물고기가 알을 낳을 때는 반드시 물이 흐르는 흔적을 따라 거슬러간다. 비록 10년 동안 물이 말라 있었어도 물을 만나면 바로 부화하고, 성

則中寒而不子, 故魚秧皆不子.

魚之行遊, 晝夜不息. 有洲、島環轉則易長. 池之傍, 樹以芭蕉, 則滴露而可以解汛.

樹楝木則落子池中, 可以飽魚. 樹葡萄架子於上, 可以免鳥糞. 種[6]芙蓉岸周, 可以[7]辟水獺.

魚食楊花則病, 亦以糞解之, 食蟋蟀、嫩草, 食稗子. 池之正北後宜特深. 魚必聚焉, 則三面有日而易長. 飼之草亦宜此方一日而兩番, 須有定時. 魚小時, 草必細飼. 至冬則不食.

凡魚嘯子, 必沿水痕, 雖乾涸十年, 遇水卽生, 其長甚易. 其嘯子也以五月, 鯉

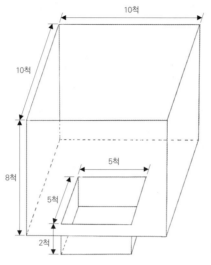

10척

10척

8척

5척

5척

2척

강서의 작은 연못 구조

장도 매우 쉽다. 물고기가 알을 낳는 때는 5월로, 잉어의 경우는 5월 하순이다. 다만 도루묵[銀魚]과 회잔어(鱠殘魚)[25]는 얼음에 산란하며, 얼음이 녹고 3일이면 알이 부화한다.

물고기를 먹여 기를 때 수초를 어지럽게 두어서는 안 된다. 흑어(黑魚)나 점어(鮎魚) 등의 알이 수초 위에 있을까 걱정되기 때문으로, 이놈들은 물고기를 잡아먹을 수 있다. 흑어는 가물치[鱧魚]이다. 밤에는 대가리를 쳐들고 북두칠성을 향한다. 점어는 제어(鯷魚), 즉 메기[鯷魚]이다. 머리는 크고 입은 네모나다. 등은 청흑색이며 비늘은 없다. 몸통에 점액이 많다.

魚以五月下. 惟銀魚、鱠殘魚, 嘯子於氷, 氷解三日乃生也.

飼魚, 不可撩水草, 恐有黑魚、鮎魚等子在草上, 是能食魚. 黑魚者, 鱧魚也. 夜則仰首而戴斗. 鮎魚者, 鯷魚也, 卽鯷魚也. 大首方口. 背青黑而無鱗, 是多涎.

---

25 회잔어(鱠殘魚) : 뱅어과의 물고기. 민물에서 산다.
6 種 : 저본에는 없음. 오사카본·《農政全書·牧養·六畜》에 근거하여 보충.
7 以 : 저본에는 "以以". 오사카본·《農政全書·牧養·六畜》에 근거하여 삭제.

연못 속에 소금물이나 석회를 넣으면 안 된다. 물고기를 물 위로 떠오르게 할 수 있기 때문이다. 일반적으로 연못의 개구리밥[蘋]이 번식할 때는 하룻밤에 7개의 줄기가 생겨 퍼져나간다. 그러므로 개구리밥이 너무 빽빽해지면 물고기가 모두 답답하여 죽는다. 반드시 절반쯤 제거해야 좋다. 《농포사서(農圃四書)26》27

池中不可著鹹水、石灰, 能令魚汎. 凡池之蘋相傳, 一夜生七子. 太密則魚皆鬱死. 必去其半乃佳. 《農圃四書》

강서(江西)28의 물고기 기르는 법 : 작은 연못을 파되, 사방 10척, 깊이 8척으로 한다. 바닥에 또 작은 연못을 만들되, 사방 5척, 깊이 2척으로 한다. 달구[杵]29를 이용하여 튼튼하게 다지고 물을 채워둔다.

청명(淸明)30 전후로 물고기 치어가 나올 때에 길이 0.1척 가량의 연어(鰱魚)와 환어(鯶魚) 치어를 구입한다. 연못마다 연어 600마리, 환어 200마리를 넣고, 매일 수행(水荇, 연꽃)과 대초(帶草)31를 먹인다. 풀이 없을 때에는 소금에 절인 계란껍질을 먹인다. 이를 평상시에 쌓아두었다가 필요한 때가 되면 사용한다. 겨울철에 더욱 사용해야 한다. 이때 물고기에게 진흙과 함께 먹게 하면 계란껍질이 흩어져서 떠다니

江西養魚法 : 掘小池, 方一丈, 深八尺. 底又作小池, 方五尺, 深二尺, 用杵築實, 畜水.

至淸明前後出時, 買鰱[8]魚、鯶魚苗, 長一寸上下者. 每池鰱六百、鯶二百, 每日以水荇、帶草喂之. 無草時, 可用鹹蛋殼與食之. 常時積下, 至時用之. 冬月尤宜用之. 令魚幷泥食之, 不散游.

---

26 농포사서(農圃四書) : 중국 명(明)나라의 문인 황성증(黃省曾, 1490~1540)이 편찬한 농서. 곡물 경작·비단 만들기·물고기 양식·국화 재배 등에 대해 다뤘다.
27 출전 확인 안 됨 ; 《農政全書》卷41 〈牧養〉 "六畜"(《農政全書校注》, 1174~1176쪽).
28 강서(江西) : 중국 중남부 양자강 남쪽에 있는 성(省).
29 달구[杵] : 집터 따위를 다지는 데 쓰는 기구. 굵고 둥근 나무 도막이나 쇳덩이 또는 돌덩이에 손잡이나 줄을 달아서 만든다.
30 청명(淸明) : 24절기 중 5번째 절기. 하늘이 차츰 맑아지기 시작하는 시기로, 양력 4월 4일 경이다.
31 대초(帶草) : 미상. 수초의 한 종류.
⑧ 鰱 : 저본에는 "連". 오사카본·《農政全書·牧養·六畜》에 근거하여 수정.

지 않는다.

5월 5일 이후 5경(새벽 3~5시)에 여름용 얇은 베보자기를 준비한다. 물고기를 기르는 연못 근처에 말뚝 4개를 박고 베보자기를 그 위에 펼친다. 그 다음에 얇은 베주머니로 치어를 건져서 보자기 안에 쏟는다. 잡어를 골라내어 따로 물동이 안에 둔다. 연어나 환어는 물통에 넣었다가 중간 크기의 연못에 바로 집어넣는다. 중간 크기의 연못은 사방 20~30척으로, 연못마다 700~800마리를 풀어놓을 수 있다.

이에 앞서 연못 속에 행초(荇草, 마름풀)를 심는다. 심는 방법:2~3월쯤에 오래된 물고기를 큰 연못으로 옮긴다. 연못에 물을 빼고 햇볕을 쬐어 반쯤 말린 다음 물을 뺀 연못 안에 행초를 심는다. 다 심었으면 물을 넣고 풀을 자라게 하여 새로운 물고기를 기른다.

중간 연못에서 큰 연못으로 옮긴 환어는 100일마다 풀 2담(擔)[32]씩 먹이면, 중간 연못에서 큰 연못으로 옮길 때 무게 1근이었던 물고기가 10월이면 3~4근까지 나가게 된다. 큰 연못의 경우는 연못의 크기에 따라 물고기가 많아지거나 적어진다. 수심은 5척 이상이어야 한다. 물고기를 먹을 때마다 큰 연못에서만 잡아야 한다. 중간 연못의 행초가 다 떨어

至五月五日後五更時, 用夏布袱. 于塘近邊, 釘四椿, 張布袱其上. 次以夏布兜撈魚苗, 傾袱內. 選去雜魚, 另置一水盆中. 其鰱、鰱入水桶, 旋送入中池. 中池, 方二三丈, 每池可放七八百.

池中先栽荇草. 栽法:于二三月邊, 舊魚入大塘. 去水曬半乾, 栽荇草于內. 栽完, 放水長草以養新魚.

其中池移過大池之鰱魚, 每百日, 用草二擔, 則中池過塘時, 魚重一觔者, 至十月可得三四觔. 大塘者, 大小爲魚多寡. 水宜深五尺以上. 每食魚, 只于大塘內取之. 中塘荇草盡, 再入

---

32 담(擔):부피 단위. 현재 도량형 단위로 대략 180리터에 해당한다.

지면 다시 행초를 넣어주거나 혹은 정본초(正本草)³³ 를 쓴다.

만약 큰 연못의 면적이 사방 20~30보(100~150척) 이상이라면 여기에 무게 3~4근 이상인 물고기를 키울 수 있으며, 오래된 풀[老草]을 뿌리째 먹인다. 모시를 베어 잎을 따고 돗자리로 덮어 햇볕에 마르지 않게 한다. 저녁이 되어 모시풀을 연못 속에 집어넣으면 밤중에 물고기들이 모두 먹어버릴 것이다.

또 겨울에 큰 물고기에게 먹이가 없으면 다음과 같은 1가지 방법이 있다. 평상시에 묵은 꼴을 쌓아서 구석진 곳에 두고 사람들에게 그 위에다 오줌을 누게 하여 오래 묵힌다. 겨울이 되면 묵은 풀을 잘게 잘라서 논의 진흙이나 황토에 풀을 섞어 주발 크기로 경단처럼 만들어 햇볕에 말린다.

이를 연못 중심의 깊은 곳에 놓아두면 큰 고기는 진흙과 함께 먹는다. 중간 연못의 중간 크기의 물고기에게 줄 때는 풀을 썰 때 더 잘게 썰어야 한다. 이 풀을 물에 2~3일 넣었다가 흙과 섞어 경단처럼 만든다.

겨울에는 연못을 말리고 물고기는 건져내어 다른 연못 안에 두거나, 큰 통에 넣어둔다. 물을 빨리 건조시키고 생 진흙을 떠서 연못을 북돋아준다. 생 진흙은 흐물흐물한 진흙을 써야지 마른 흙을 쓰면

之, 或用正本草.

若大池面方二三十步以上者, 可畜⑨三四斤以上魚, 卽與老草連根食之. 刮苧麻取下葉, 以席蓋之, 勿曬乾, 至晚, 入池中, 當夜食盡.

又冬月大魚無食, 有一法 : 常時積舊草, 薦置僻處, 使人溺其上, 久之. 至冬月, 剉細, 以稻泥或黃土, 和草成碗大團子, 曬乾.

置池中心深處, 大魚則幷泥食之. 中池中魚, 剉草宜更細. 入水二三日, 和土成團.

冬月塘乾, 取起魚寄別處池內, 或入大桶. 速乾水, 起生泥壅池, 生泥只取爛泥, 勿取乾者.

---

33 정본초(正本草):미상. 큰 연못의 물고기가 본래 있었던 중간 연못의 행초가 아닌 다른 풀을 가리키는 것으로 추정된다.
⑨ 畜:저본에는 "得".《農政全書·牧養·六畜》에 근거하여 수정.

안 된다.

연못에 수척하고 상한 물고기가 있으면 이[蝨]를 생기게 한다. 이때는 이전에 넣었던 진흙을 퍼내고 빨리 행초를 심으며, 물을 새로 넣어 물고기를 넣는다. 물고기에게 생기는 이는 팥알만 한 크기에 자라[團魚]와 비슷하게 생겼다.

일반적으로 산중에서 폭우가 쏟아져 빗물이 연못에 흘러들어올 때, 이 빗물은 나쁜 벌레와 뱀의 기운을 띠고 있다. 그리하여 또한 물고기에게 이가 생기게 되면 몹시 수척해진다. 일반적으로 물고기를 잡아 물고기가 수척해진 점을 발견하면 연못을 자세히 살펴보아야 한다. 이가 있으면 연못 속에 솔잎을 두루 뿌렸다가, 이가 물 위로 떠오르면 제거한다.

일반적으로 작은 연못은 큰 연못 옆에 있어야 한다. 그래야 겨울철에 물고기를 작은 연못으로 옮기기 편하기 때문이다. 작은 연못에서 옮겨온 작은 물고기가 중간 크기의 연못에 있을 때는, 중간 크기의 연못에 행초를 심는다.

연못가 언덕에는 양의 우리[棬]를 만들어 양을 묶어 둔다. 매일 아침 양의 똥을 연못 속에 쓸어 넣어 초어(草魚)를 먹여 기르고, 초어의 똥은 또한 연어에게 먹여 기를 수 있다. 이와 같이 하면 사람이 풀을 마련하는 수고를 덜 수 있다. 다만 물고기는 약간 체증이 생길 뿐이다.

池瘦傷魚, 令生蝨. 取過泥, 速栽荇草, 放水入魚. 魚蝨如小豆大, 似團魚.

凡山中暴雨入池, 帶惡蟲、蛇氣. 亦令魚生蝨則極瘦. 凡取魚, 見魚瘦, 宜細檢視之. 有則以松毛遍池中, 浮之則除.

凡小池宜在大池之旁, 以便冬月寄魚小池, 過小魚於中, 中池卽栽荇草.

作羊棬於塘岸上, 安羊. 每早, 掃其糞於塘中以飼草魚, 而草魚之糞又可以飼鰱[10]魚. 如是可以損人打草. 但魚略有微滯耳.

---

[10] 鰱 : 저본에는 "連".《農政全書·牧養·六畜》에 근거하여 수정.

물고기 기르기로 이윤을 내려면, 반드시 산을 등지고 호수를 마주하고 있는 곳이나 산이 모여 있고 물이 굽이져 흐르는 곳을 골라 살 집을 짓는다. 먼저 농지와 산장(山場)을 조성한다. 일반적으로 하인들은 곡식과 채소의 씨를 뿌리고, 나무를 심으며, 누에를 쳐서 의식(衣食)의 원천 재료를 마련한다.

그런 후에 사방 둘레에 큰 연못을 만들어 물고기를 키워 생기는 이익을 거둔다. 연못 안에 9개의 섬과 8개의 계곡을 두어 강이나 호수의 상태와 동일하게 만들고, 새우·자라·소라·다슬기를 넣어 신수(神守)[34]로 삼는다. 이렇게 하면 물고기들이 서로 이와 같은 연못의 환경을 잊어버리고 스스로 이곳을 강이나 호수라고 여겨, 밤낮으로 헤엄쳐 돌아다니며 쉬지 않고 놀게 할 것이다. 《농정전서》[35]

작은 연못에서 물고기를 많이 길러서는 안 된다. 가령 연못이 2묘를 차지했다면 다만 물고기 200마리를 키울 수 있다. 날마다 연못에 풀 6~7담(擔)을 넣는다. 여름에 큰 비가 내린 후에는 풀을 넣지 말아야 한다. 이때 물고기에게 풀이 들어가면 물고기의 배가 곧 부풀어 올라 이를 감당할 수 없어 머리를 진흙 속에 처박고 죽게 된다.

여름에 더울 때에는 물고기가 많이 자라지 않는

水畜之利, 須擇背山面湖、山聚水曲之處, 起造住宅. 先置田地、山場. 凡僕從卽便播穀種蔬, 樹植蠶繰以爲衣食之源.

然後掘築方圍大塘以收水利. 塘內有九洲八谷, 如同江湖, 納蝦鱉、螺螄爲神守. 使魚相忘相[11]若, 自以爲江湖之中, 日夜游戲而不息矣.《農政全書》

小池不可多畜魚. 假令池占二畝, 止可畜魚二百. 日入草六七擔. 暑月大雨後, 勿入草. 草入, 魚腹卽脹, 不能堪, 頭揷泥中死矣.

夏熱, 魚不甚長. 春秋長

다. 봄가을에는 몸통이 자라고 겨울에는 기름이 오른다. 1년이 지나면 큰 놈은 5근, 작은 놈은 4근이 나가므로 하나도 손해되는 바가 없다. 만약 작은 연못에서 물고기를 많이 기르면 공간이 점점 줄어들어 물고기 역시 더는 자라지 못하게 될 것이다.《우산잡설(祐山雜說)36》37

軀, 冬長脂. 一年卽大者五斤, 小者四斤, 一無所害. 若畜多卽漸消謝, 魚亦不復長矣.《祐山雜說》[12]

물고기 기르는 법:물고기를 기르는 연못은 넓이가 9묘 혹은 7묘면 된다. 연못 안에 십주삼도(十洲三島)38를 만들어주면 물고기는 밤낮으로 오방(五方, 동·서·남·북·중앙의 다섯 방위)을 헤엄쳐 다닌다.

養魚法:魚池可用九畝或七畝. 內立十洲三島, 魚晝夜五方遊.

아침에는 물고기가 동쪽에서 헤엄친다. 연못의 동쪽을 10척 가량 깊이로 파고, 벽돌과 돌을 쌓아서 산이 우뚝하게 가파른 모양처럼 10주(十洲)를 만들되, 10주가 수면 위로 나오지 않게 한다.

朝東方. 其池東方可撅丈許深, 以塼石壘垛屹嶇作十洲, 勿出水面.

해가 중천에 떴을 때는 물고기가 남쪽에서 헤엄친다. 땅을 파서 샘이 나오는 곳에 이르면 다시 3곳을 깊이 파서 우물 모양처럼 만든다. 이를 '3도(三島)'라 한다. 물고기가 춥고 더울 때에는 알맞은 장소로 사용하게 한다.

日中南方. 可撅至泉, 再深取三處, 如井之狀, 名曰“三島”. 使魚寒暄得所.

---

36 우산잡설(祐山雜說):중국 명나라 풍여필(馮汝弼, 1499~1577)이 편찬한 책.《우산잡설》의 "우산(祐山)"은 그의 호이다. 명대의 제도·연해의 왜구·방직업·물고기 기르는 방법·벼농사 방법·시문 등 다양한 주제에 대해 다루었다.
37《祐山雜說》卷1〈養魚〉(《叢書集成初編》2922, 16~17쪽).
38 십주삼도(十洲三島):도교에서 전해지는 선경(仙境). 조주(祖洲)·영주(瀛州)·현주(玄洲)·염주(炎洲)·장주(長洲)·원주(元洲)·유주(流洲)·생주(生洲)·봉린주(鳳麟洲)·취굴주(聚窟洲) 등 10개의 큰 섬과 영주(瀛洲)·봉래(蓬萊)·방장(方丈) 3개의 섬으로, 여기에 신선이 산다고 한다.
[12] 오사카본에는 이 기사 "魚亦不復長矣"의 "復"자 위에 종이를 덧대어 "明馮汝弼著"라는 두주(頭註)를 달아놓았다.

해가 서쪽으로 기울 때는 물고기가 서쪽에서 헤엄친다. 다만 깊이 2~3척 되는 곳에 부들과 버들 같은 종류를 많이 심어서 물고기가 꽃그림자 속에서 이리저리 헤엄칠 수 있게 한다.

황혼녘에는 물고기가 북쪽에서 헤엄친다. 깊이 7~8척 되는 곳에 마름이 많은 곳을 만들어 물고기가 이곳에서 머물게 한다.

한밤중에는 물고기가 중앙에 머무른다. 깊이 4~5척 되는 곳에 명수(明水)[39]를 만들어 물고기가 북두칠성에 조회하듯 노닐게 한다.

연못 가운데 사방 20척 가량 대를 1개 쌓고, 봉수대 모양의 굴뚝 1개를 세운다. 그 속에는 개털·개뼈·개똥을 저장하고 마른 섶과 풀을 사이사이 섞어 굴뚝 속에 쌓아둔다. 그 바깥으로 굴뚝을 빙 두르는 선을 만든다.

만약 폭풍우가 빠르게 치면 빙 두른 선에 불을 붙여서 굴뚝 안에 있는 섶과 풀 따위에서 용이 날아오르는 모습처럼 연기가 나게 한다. 이 매캐한 연기가 물고기에 닿게 해야 하며, 이게 잉어를 기르는 법이다. 만약 청어(鯖魚)[40] 따위를 기른다면 굳이 굴뚝을 세우지 않아도 된다. 《거가필용》[41]

日西遊西方. 止深三二尺, 多栽蒲、柳之類, 使魚馳騁於花影之中.

黃昏遊北方. 可深七八尺, 多留菱藻, 魚止於此.

夜半居中. 深四五尺, 作明水, 其魚朝星斗.

池中築一臺, 方二丈許, 立一突如烽燧狀. 中藏狗毛、骨、糞、與乾柴草相間, 積於突中. 外立一走線於其內.

若或有暴風雨速, 將走線點着火, 突中柴草等, 煙起龍來, 使穢煙觸之, 乃養鯉魚法也. 若鯖魚等, 不必立突.《居家必用》

---

39 명수(明水):제사 때 쓰는 맑은 물. 여기에서는 연못 중앙의 4~5척 깊이에 공간을 만들고 깨끗하게 관리하라는 의미로 보인다.

40 청어(鯖魚):중국에서 서식하는 민물고기의 하나. 《전어지》 권4 〈물고기 이름 고찰〉 "바닷물고기" '비늘 있는 종류'에서 우리나라 바다에서 나는 청어(靑魚)를 언급하며, 청어(鯖魚)와 청어(靑魚)는 서로 다른 물고기라 했다.

41 《居家必用》丁集〈宅舍〉"養魚類"《居家必用事類全集》, 160~161쪽).

4) 치어 얻는 법

남해(南海)의 여러 군민들은 8~9월에 연못이나 저수지에서 물고기알을 채취한다. 이를 풀 위에 붙여서 아궁이의 연기 나는 곳 위에 매달아둔다. 2월이 되어 봄날의 우레가 시작하는 때에 거두었던 풀을 연못이나 저수지 속에 담가두었다가 10일 안에 올챙이 같은 형상이 되면 시장에 내다판다. 이를 '어자(魚子, 치어)'라 부른다. 이를 연못이나 저수지에서 기르면 1년 안에 입과 배를 채우는 데 이바지할 수 있다. 《북호록(北戶錄)42》43

강주(江州)44 등 물가의 고을 인근에 사는 사람들은 여름에 치어를 잡아서 내다판다. 그 방법은 다음과 같다. 대그릇을 통처럼 만들되, 실처럼 가는 대오리[竹絲]로 만든다. 그릇 안에는 옻칠한 종이를 풀로 바른다. 여기에 치어를 담으면 바늘끝처럼 가는 치어가 수없이 많아 그 숫자를 셀 수 없을 정도이다. 대그릇에 물을 넣되, 많지 않게 한다. 다만 육로를 통해 집으로 가져가는 도중에 연못이나 저수지를 만나면, 반드시 새로 물을 길어주어, 하루에 몇 차

取秧法

南海諸郡人, 至八九月, 於池塘間采魚子. 著草上, 懸於竈煙上. 至二月, 春雷發時, 却收草, 浸于池塘間, 旬日內, 如蝦蟆子狀13, 鬻于市, 號"魚子". 育池塘間, 一年內可供口腹也.《北戶錄》14

江州等處人, 於夏取魚苗出售. 其法:作竹器似桶, 以竹絲爲之. 內糊以漆紙. 貯魚種於中, 細若針芒戢戢, 莫知其數. 著水不多. 但陸行過陂塘, 必汲新水, 日換數度.

---

42 북호록(北戶錄):중국 당(唐)나라 학자인 단공로(段公路, ?~?)가 지은 책. 중국 영남(嶺南) 지방 일대의 풍속과 토산물 등을 기록하였다.

43 《北戶錄》卷1〈魚種〉(《文淵閣四庫全書》589, 40~41쪽).

44 강주(江州):현재 중국의 강서성(江西省) 구강시(九江市) 일대.

13 狀:저본에는 "壯". 오사카본·《北戶錄·魚種》에 근거하여 수정.

14 오사카본에는 이 기사의 "育池塘間一年內"의 "塘"자 위에 종이를 덧대어 "唐段公路者"라는 두주(頭註)가 달려 있다. 《북호록(北戶錄)》의 저자가 단공로(段公路)임을 알려주는 내용이라, 다른 사례와 마찬가지로 원문에 반영은 하지 않았다.

조리[罩籬](국립민속박물관)

례 물을 갈아주어야 한다.

따로 작은 대바구니를 만들되, 만드는 방법은 앞의 방법과 같다. 그 위에 물고기를 기르는 도구를 담는다. 또한 입구는 둥글고 밑바닥은 뾰족하여 마치 조리[罩籬]모양[45]으로 뜰채를 만든다. 이를 베로 덮어 대그릇 속에 넣는다. 뜰채에 가득찬 물을 버리고, 작은 주발로 또 그 중에서 조금 크면서 비늘이 검은 치어를 골라떠서 제거한다. 이 치어를 제거하지 않으면 나머지 치어가 상한다.

집으로 돌아갈 때는 하루 종일 분주하게 가고, 밤에도 쉬지 말아야 한다. 혹시라도 조금 쉬고 싶다면 한 사람이 대그릇을 수시로 흔들어 주는 일을 전담해야 한다. 대개 대그릇 속의 물이 잔잔하지 않으면 물고기는 강이나 호수에 있듯이 편안해 한다. 그렇게 하지 않으면 물이 잔잔해져서 물고기가 죽게

別有小籃, 製度如前. 加其上以盛養魚之具. 又有口圓底尖, 如罩籬之狀, 覆之以布, 納器中. 去其水之盈者, 以小椀又擇其稍大而黑鱗者去之. 不去則傷其衆.

終日奔走, 夜亦不得息. 或欲少憩則專以一人時加動搖. 蓋水不定, 則魚洋洋然無異江湖. 反是則水定魚死矣.

---

45 조리[罩籬]모양 : 조리는 일반적으로 아래부분이 뾰족하고 윗부분은 넓게 퍼진 형태로 생겼다. 뜰채의 모양이 이와 같은 조리의 모양과 비슷하다는 의미이다.

될 것이다.

집에 이르러서는 치어를 기를 곳에 옮긴 뒤, 큰 베덮개를 그 넓은 물에 펼친다. 이때 대나무로 베덮개의 네 귀퉁이에 걸고, 베덮개를 사방으로 펼친다. 베덮개는 수면 밖으로 1척 남짓 나오게 하여, 치어를 베덮개 안에 모두 풀어놓는다.[46] 치어는 때때로 바람에 물결이 조금 움직이는 모습을 보면 떼를 지어 물을 따라 빙빙 돌며 헤엄치며 놀게 된다.

이렇게 1개월이나 15일을 기르면, 모르는 사이에 점점 커져서 이를 내다팔 수 있을 정도가 된다. 어떤 사람은 "처음 기를 때 기름에 볶은 쌀겨를 먹여서 기르면 나중에 모두 알을 배지 못한다."라 했다. 《계

至家, 用大布兜於廣水中. 以竹掛其四角, 布之四邊, 出水面尺餘, 盡縱苗魚於布兜中. 其魚苗時見風波微動, 則爲陣順水旋轉而游戱焉.

養之一月半月, 不覺漸大而貨之. 或曰: "初養之際, 以油炒糠飼之, 後幷不育子." 《癸辛雜識》

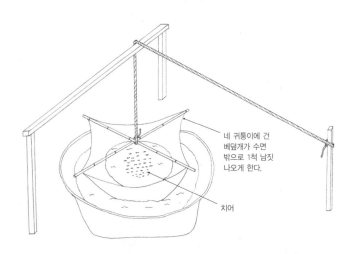

네 귀퉁이에 건 베덮개가 수면 밖으로 1척 남짓 나오게 한다.

치어

베덮개를 이용해 치어를 기르는 모습

---

[46] 베덮개는……풀어놓는다: 베덮개를 물속에 펼치고 그 안에서 치어가 놀 수 있게 한 이유는 치어를 한꺼번에 뜰 수 있도록 하기 위함이다.

물고기알을 가져다 계단(鷄蛋)에서【계란이다】노 른자와 흰자를 제거한 뒤, 물고기알을 계란껍질 안 에 집어넣어 닭이 21일 동안 품게 한다. 이후 꺼내어 그늘에서 말리고 물속에 풀어놓으면 물고기가 된다. 《증보산림경제》[48]

取魚子, 將鷄蛋【卵也】去 黃白, 以子入內, 用鷄菢甘 一日. 取出陰乾, 放水中, 卽成魚. 《增補山林經濟》

47 《癸辛雜識》別集上卷〈魚苗〉(《文淵閣四庫全書》1040, 113~114쪽).
48 《增補山林經濟》卷5〈牧養〉"魚"(《農書》3, 376쪽).

5) 보호하기

연못가에 멀구슬나무를 심으면 열매가 연못 속으로 떨어져 물고기를 배불리 먹일 수 있다. 포도를 심고 연못 위에 받침대를 설치하면 새똥이 연못에 떨어지는 피해를 막을 수 있다. 연꽃을 연못 둘레에 심으면 연못가에 무더기로 더부룩하게 자라서 수달의 피해를 막을 수 있다. 《증보도주공서》[49]

물고기를 기르는 연못에는 연못가를 빙 둘러 꿩꽁지깃[雉尾]을 많이 꽂아두어야 한다. 수달의 피해를 없앨 수 있기 때문이다. 당나라 장작(張鷟)[50]의 《조야첨재(朝野僉載)》[51]에서 다음과 같이 말했다. "통주(通州)에는 수달이 구멍을 뚫어 만든 많은 혈거지가 강기슭에 있다. 꿩꽁지깃을 수달이 뚫어놓은 구멍 앞에 꽂아두면 수달이 감히 나오지 못한다."라 했다. 대개 수달은 꿩꽁지깃을 매우 두려워하기 때문이다. 《난호어목지》[52]

연못의 물이 새어서 흘러 나가는 곳에 발[簾子]을 꽂아두어 물고기를 잃어버리는 일을 막는다. 그러나 발이 너무 촘촘하면 물이 흐르지 않고, 너무 성기면

防護

池之旁樹楝木, 則落子池中, 可以飽魚. 樹葡萄架子于上, 可以免鳥糞. 種芙蓉則叢生岸畔, 可以辟水獺. 《增補陶朱公書》

養魚之池, 宜環岸多揷雉尾, 可除獺害. 唐張鷟《朝野僉載》云:"通州多獺穴居河岸. 揷雉尾於獺穴前, 獺卽不敢出." 蓋獺甚畏雉尾也.《蘭湖漁牧志》

池水洩流處, 揷以簾子以防失魚, 而簾密則水不流, 疏則小魚漏去. 須用大板

---

49 《重訂增補陶朱公致富奇書》〈養魚〉, 131쪽 ; 《農政全書》卷41〈牧養〉"六畜"(《農政全書校注》, 1176쪽). 위의 《농포사서》에서 인용한 글에 이미 나왔다.

50 장작(張鷟) : 660?~740?. 중국 당나라의 학자. 자는 문성(文成). 글을 잘 지었다. 그의 글은 청동전(靑銅錢) 같아서 가려내고 추릴 것이 하나도 없다고 하며 "청전학사(靑錢學士)"라 불렸다.

51 조야첨재(朝野僉載) : 중국 당나라 학자인 장작(660?~740?)이 지은 책. 당나라 초기부터 현종(玄宗, 재위 712~756) 사이의 사적(事迹)을 정리하였다.

52 출전 확인 안 됨.

작은 물고기가 빠져나간다. 그러니 큰 널빤지에 작은 구멍을 여기저기 뚫어 발을 대신하는 방법이 가장 좋다. 《산림경제보》[53]

亂鑿小孔以代簾子, 最好.
《山林經濟補》

---

[53] 출전 확인 안 됨;《山林經濟》卷2〈牧養〉"養魚"(《農書》2, 265~266쪽).

6) 치료하기

6-1) 물고기가 배를 뒤집은 증상 치료법

편민도찬 54 일반적으로 물고기가 중독되어 배를 뒤집으면 급히 독물[毒水]을 배수시켜 제거하고 따로 새 물을 끌어다가 연못에 들인다. 파초잎을 많이 따다가 짓찧어서 새 물이 흘러들어오는 곳에 놓아두어 물고기가 들이마시게 하면 해독된다. 혹은 오줌을 연못 표면에 뿌려도 좋다.

6-2) 물고기가 수척해지는 증상 치료법

물류상감지 55 물고기가 수척해지고 흰점이 생기는 증상을 '어슬(魚蝨)'이라 한다. 이때는 단풍나무껍질을 물속에 던지면 낫는다.

군방보(群芳譜) 56 57 혹은 황철나무껍질[白楊樹皮]을 물속에 던지면 곧 낫는다. 혹은 새로 만든 벽돌을 똥통 속에 넣어 1일 동안 담갔다가 햇볕에 말린 뒤 물에 던져도 좋다.

醫治

治魚翻白方

便民圖纂 凡魚遭毒翻白, 急疏去毒水, 別引新水入池. 多取芭蕉葉, 擣碎, 置新水來處, 使吸之則解. 或以溺澆池面, 亦佳.

治魚瘦方

物類相感志 魚瘦而生白點者, 名"魚蝨". 用楓樹皮投水中則愈.

群芳譜 或白楊樹皮投水中即愈. 或新塼入糞桶, 浸一日, 曬乾, 投水, 亦好.

---

54 《便民圖纂》卷14〈牧養類〉"治魚病", 218쪽.

55 《物類相感志》〈禽魚〉(《叢書集成初編》1344, 24쪽);《御定淵鑑類函》卷441〈鱗介部〉5 "魚1"(《文淵閣四庫全書》993, 703쪽).

56 군방보(群芳譜) : 중국 명나라 학자인 왕상진(王象晉, 1561~1653)이 지은 본초서. 여러 곡물류·과일류·나물류·화훼류 등의 종류와 재배법 및 효능에 관하여 저술하였다.

57 출전 확인 안 됨.

10. 꿀벌　　　　　　蜜蜂

1) 이름과 품종　　　　名品

일명 '납봉(蠟蜂)', '범(蟲)'이다.　　一名"蠟蜂", 一名"蟲".

【본초강목】[1] 벌[蜂]꼬리에 침[鋒]이 달려 있기 때문에 '봉(蜂)'이라 한다. 벌은 예의범절이 있기 때문에 '범(蟲)'이라 한다. 《예기》에 "벌은 관을 쓰고 있지만 관을 묶는 끈은 매미에게 있다."[2]라 했고,[3] 《화서(化書)》[4]에 "벌에게는 군신의 예가 있다."[5]라 한 말이 이것이다.

【本草綱目】蜂尾垂鋒, 故謂之"蜂". 蜂有禮範, 故謂之"蟲". 《禮記》云"范則冠而蟬有綾". 《化書》云"蜂有君臣之禮"是也.

벌의 종류는 다음과 같이 3가지가 있다. 첫 번째는 숲속의 나무나 땅속의 구멍 속에 벌집을 만드는 종류로, '야봉(野蜂, 들벌)'이다. 두 번째는 인가(人家)에서 벌통을 이용하여 거두어 기르는 종류로, '가봉(家蜂, 집벌)'이다. 모두 몸집이 작고 옅은 황색을 띠

其種有三:一種在林木或土穴中作房, 爲"野蜂". 一種人家以器收養者, 爲"家蜂". 幷小而微黃, 蜜皆濃美. 一種在山巖高峻處作

1　《本草綱目》卷39〈蟲部〉"蜜蜂", 2224~2225쪽.

2　벌은……있다:《禮記正義》卷10〈檀弓〉下(《十三經注疏整理本》12, 382쪽).

3　예기에……했고:《예기》〈단궁 하〉에 나오는 문장이다. 벌의 머리 위에 있는 것이 관 비슷하고, 매미의 더듬이[啄]는 길어 배 아래까지 닿아 관의 끈을 닮았다고 한다. 앞뒤 문맥은 다음과 같다. "성(成) 지역에 사는 사람 중에 형이 죽었는데도 상복을 입지 않은 사람이 있었다. 효(孝)를 중시한다고 소문난 자고(子臯)가 성의 읍장(邑長)이 된다는 소리를 듣고 부랴부랴 상복을 입었다. 성 지역의 식자는, '누에가 실을 잣지만 쌓아두는 상자는 게에게 있다. 벌은 관을 쓰고 있지만 관을 묶는 끈은 매미에게 있다. 형이 죽은 사내가 상복을 입게 한 것은 자고이다.'라 했다. 결국 성 지역 사람이 상복을 입은 것은 형을 위해서가 아니라 자고의 형벌이 두려웠기 때문이니, 필요한 것이 필요한 자에게 갖추어져 있지 않음을 비유한 내용이다.

4　화서(化書):중국 오대(五代) 때의 담초(譚峭, 860~968)가 지은 도교서(道教書).

5　벌은……있다:《化書》卷4〈仁化〉"敗漁"(《文淵閣四庫全書》849, 240쪽).

고 있으며, 꿀은 모두 농도가 진하고 맛이 좋다. 세 번째는 산 중의 높고 험한 바위에 벌집을 짓는 종류로, '석밀(石蜜, 석청)'이다. 이 벌은 흑색이며, 등에와 비슷하게 생겼다.

房, 卽"石蜜"也. 其蜂黑色, 似牛蝱.

3종의 벌 모두 군집생활을 하며 여왕벌[王]이 있다. 여왕벌은 다른 벌보다 크고 청창(靑蒼)색이다. 3종의 벌 모두 하루에 2번 벌통을 출입하며[6] 조수(밀물과 썰물)에 응하듯 벌통을 오르내린다.

三者皆群居有王. 王大於衆蜂而色靑蒼. 皆一日兩衙, 應潮上下.

일반적으로 벌의 수컷은 꼬리가 뾰족하고, 암컷은 꼬리가 갈라져 있다가 수컷과 서로 교미하면 누렇게 퇴화한다. 꽃향기를 맡을 때에는 수염(더듬이)으로 코를 대신하고, 꽃가루를 채취할 때에는 다리로 꽃가루를 감싸 안는다.

凡蜂之雄者尾銳, 雌者尾岐, 相交則黃退. 嗅花則以鬚代鼻, 采花則以股抱之.

왕우칭(王禹偁)[7]의《봉기(蜂記)》[8]에서는 다음과 같이 말했다. "여왕벌은 독이 없다. 벌집을 처음 지을 때 반드시 대(臺)를 하나 만든다. 크기가 복숭아나 자두만 하다. 여왕벌은 대(臺) 위에 살면서 그 속에 알을 낳는다.

王元之《蜂記》云:"蜂王無毒. 窠之始營, 必造一臺. 大如桃李. 王居臺上, 生子於中.

여왕벌의 새끼벌은 모두 다시 여왕벌이 되어 해마다 그 종족을 갈라 떠난다. 갈라져 나온 벌들은 부채처럼 펼치거나 오지병처럼 둥글게 떼를 지어 여왕벌을 옹호하며 떠난다. 여왕벌이 있는 곳에서 벌

王之子盡復爲王, 歲分其族而去. 其分也, 或鋪如扇, 或圓如罌, 擁其王而去. 王之所在, 蜂不敢螫. 若失

---

6 벌통을 출입하며 : 원문은 '아(衙)'자를 쓰고 있다. 꿀벌이 아침저녁으로 일정한 시각에 벌통에서 출입하는 모양을 '관원이 관아에 출입함[衙]'에 비유한 표현이다. '아(衙)'는 군문(軍門)이니, 벌을 병사에 비유했다고 보는 설도 있다.

7 왕우칭(王禹偁) : 954~1001. 중국 송(宋)나라의 문인. 자는 원지(元之). 호북성(湖北省) 황주(黃州)에 귀양 가서 지은《황주죽루기(黃州竹樓記)》가 잘 알려져 있다.

8 봉기(蜂記) : 미상. 왕원지가 벌에 대한 내용을 기록한 책으로 추정된다.

은 감히 침을 쏘지 못한다. 만약 여왕벌을 잃으면   其王, 則衆潰而死"】
뭇 벌들은 질서가 무너져 죽는다"[9]】

9 여왕벌은……죽는다 : 출전 확인 안 됨 ; 《山堂肆考》 卷226 〈昆蟲〉 《文淵閣四庫全書》 978, 471쪽).

2) 양봉의 전반적인 법

인가(人家)에서는 대부분 산이나 들의 오래된 가마[窰] 속에서 꿀을 채취한다. 대개 작은 방이나 가시나무로 소쿠리를 엮어 양쪽 끝을 진흙으로 봉하고, 작은 구멍을 1~2개 내서 벌들이 그곳으로 출입하게 한다. 따로 작은 문을 하나 만들어 진흙으로 봉한 다음 때때로 열어서 벌통을 청소하고 항상 깨끗하게 하여 다른 곤충이 침입하지 못하게 한다.

가을에는 꽃이 모두 시들기 때문에 겨울에 벌들이 먹을 꿀을 남겨둬야 한다. 남은 벌집을 베어내서 밀랍을 만든다. 춘삼월이 되면 전처럼 청소한다. 벌집[蜂窩]【와(窩)는 오(烏)와 화(禾)의 반절이다. 굴속 거처라는 뜻이다】 앞에 항상 물 1그릇을 놓아두어 벌이 목이 말라 벌이 상하는 일이 없게 한다. 원(元) 사농사(司農司)[10] 《농상집요(農桑輯要)[11]》[12]

畜蜂總法

人家多于山野古窰中，收取蜜蜂．蓋小房或編荊囤，兩頭泥封，開一二小竅，使通出入．另開一小門，泥封，時時開却掃除常淨，不令他物所侵．

秋花彫盡，留冬月蜂所食蜜．餘蜜脾割取作蜜蠟．至春三月，掃除如前．常於蜂窩【烏禾反．穴居也】前置水一器，不致渴損．元司農司《農桑輯要》

---

10 사농사(司農司) : 중국 원(元)나라의 관청. 농업의 전반적인 업무를 담당하였다.
11 농상집요(農桑輯要) : 중국 원나라의 사농사(司農司)에 소속된 창사문(暢師文, 1247~1317) 등이 편찬한 농서. 중국 최초의 관찬(官撰) 농서이다.
12 《農桑輯要》 卷7 〈孳畜〉 "蜜蜂"(《農桑輯要校注》, 251쪽).

3) 여왕벌 나누는 법

봄에 벌이 왕성해지는 때에는 여러 마리의 여왕벌이 생긴다. 벌의 숫자와 움직임이 왕성한지 여부를 살펴야 한다. 만약 벌집을 둘로 나눌 수 있으면 여왕벌을 2마리 남겨두고 나머지는 모두 골라낸다. 만약 나눌 수 없으면, 기존의 여왕벌 외의 나머지 여왕벌을 모두 골라낸다. 원(元) 사농사 《농상집요》[13]

여왕벌이 벌집을 나누어 벌들이 무리지어 날아가면, 벌집의 흙을 부수어서 벌들을 거둔다. 따로 벌집을 놓아두면 그 벌들이 저절로 그곳에 머무른다. 《왕정농서》[14]

分蜂王法

春月蜂盛, 有數個蜂王. 當審多少, 壯與不壯. 若可分爲兩窠, 止留蜂王兩個, 其餘摘去. 如不分, 除舊蜂王外其餘蜂王, 盡行摘去. 元司農司《農桑輯要》

其有蜂王分窠, 群飛去, 撒碎土以收之. 別置一窠, 其蜂自止.《王氏農書》

---

13 《農桑輯要》 卷7 〈孳畜〉 "蜜蜂"(《農桑輯要校注》, 252쪽).
14 《王禎農書》〈農桑通訣〉5 "畜養篇", 65쪽.

4) 벌떼 맞이하는 법

3월에는 꿀벌이 다른 곳을 향하여 이동하며, 둥글게 무리를 이루어 날아서 지나간다【증보산림경제 15 만약 벌이 낮게 날고 있으면 먼 곳을 향해 가려는 모습이고, 높이 날고 있으면 가까운 곳을 향해 가려는 모습이다】.

이때는 급히 고운 모래흙을 벌떼에게 뿌려 맞게 하면 멈추어서 처마나 울타리, 수목 사이에 매달린다. 이 벌들을 남자 속옷에 담아둔다.

【증보산림경제 16 사람 머리에 쑥으로 만든 둥근 띠를 쓰게 하고, 쑥빗자루를 들게 한다. 또 큰 표주박을 들게 한다.

표주박 안에는 꿀을 약간 발라서 벌떼 곁에 기울여 두고, 쑥빗자루로 벌떼를 천천히 쓸어서 표주박 안에 넣는다. 이때 신중하게 하고 경거망동하지 말아야 한다. 벌이 표주박 안으로 다 들어갈 때까지 기다렸다가 베수건 같은 천으로 덮어둔다】

나무통을 만들어 벌을 집어넣는다. 여기에 작은 구멍을 하나를 뚫되, 다만 벌 1마리가 출입할 정도의 크기로 한다. 만약 구멍이 커서 여왕벌이 도망치면 모든 벌들을 한꺼번에 잃어버리게 된다. 나무통 안에 쌀죽을 발라놓아 처음 먹을 식량으로 삼는다. 꿀벌이 자손을 번식시키면 1년에 13통[竇]까지 늘

接蜂法

三月間, 蜜蜂移向他所, 成團飛過【增補山林經濟 若低飛者, 是欲向遠 ; 高飛者, 是欲向近也】.

急用細沙土灑擊蜂團, 當留挂簷籬、樹木之間, 用男子裙襦貯之.

【增補山林經濟 令人頭着艾圈, 持艾箒. 又持大瓠.

瓠內塗若干蜜, 傾在於蜂團之側, 以艾箒緩緩掃入於瓠內. 愼勿驚動. 待蜂入瓠畢, 以布巾之類蒙下之】

作木桶, 納蜂. 開一小竅, 只容一蜂出入. 若竅大而蜂王逃出, 則擧蜂皆失. 桶內①以米粥塗之, 以爲初糧. 蜜蜂滋胤, 一年增至十三竇.

15 《增補山林經濟》卷5〈牧養〉"蜂"(《農書》3, 381쪽).
16 《增補山林經濟》, 위와 같은 곳.
① 內 : 저본에는 "大". 《山林經濟·牧養·蜂》에 근거하여 수정.

어난다.

만약 벌의 먹이가 떨어지면, 초계(草鷄, 암탉) 1~2
마리를 털을 뽑고 내장을 뺀 다음 벌통 앞에 매달아
두어야 한다. 그러면 벌의 굶주림에서 구할 수 있다.
《구선신은서》[17]

蜂若缺食, 宜以草鷄一二
隻退毛去腸肚, 懸挂窠前,
可救飢.《臞仙神隱書》

---

17 출전 확인 안 됨 ;《山林經濟》卷2〈牧養〉"養蜂"(《農書》2, 267쪽) ;《山林經濟》卷2〈牧養〉"養蜂"(한국고
전종합DB).

5) 벌통 놓는 법

구멍이 뚫린 벌통을 '구(簍)'라 한다. 옛날에는 '통(桶)'이라 했다. 목심(木心)[18]이 썩은 큰 나무로 만들거나, 혹은 4조각의 나무로 궤짝 형태를 만들거나, 대자리를 말아서 통모양으로 만들었다. 이런 궤짝 형태나 통모양의 밖에 누런 진흙을 바르기도 하지만 역시 목심이 썩은 나무로 만든 큰 통만 못하다.

해를 향해서 건조하고 깨끗하며 높고 탁 트여, 앞에 가리는 게 없는 곳을 골라서 벌통을 놓는다. 벌통 위에 풀을 엮어서 삿갓 모양을 만들어 덮어주되, 또한 누런 진흙을 발라서 바람이 들어가지 않도록 한다. 《증보산림경제》[19]

크고 네모난 돌로 벌통 올려둘 대를 만든다. 호미로 대 주변의 잡초를 깨끗이 치운다. 여름에는 작은 돌로 벌통 밑에 0.1척 가량을 받쳐서 바람이 통하여 서늘하게 한다. 겨울에는 받쳐두었던 돌을 치우고, 누런 진흙으로 벌통과 대 사이의 틈을 빈틈없이 봉하여 바람과 추위를 막는다.

만일 개미들이 벌통 안에 붙어 들어가면 맹회(猛灰, 매운재)를 벌통 주변에 두른다. 또 새끼줄로 벌통의 4면을 묶어 벌통이 바람에 넘어지거나 떨어져 손상되

簍法

穴居曰"簍". 古[2]謂之"桶". 用大木心朽者, 或用四片木作櫃形, 或卷簟作桶形. 外以黃泥塗之, 而終不如朽心木桶矣.

擇向陽燥潔高敞、前無礙阻之地, 安蜂簍. 簍上結草作笠形覆之, 亦塗黃泥, 令不透風. 《增補山林經濟》

用大方石作桶臺. 鋤淨臺邊雜草. 夏月則用小石子撑筒底寸許以通風涼. 冬月則去其撑石, 以黃泥密封桶臺之隙以防風寒.

如有蟻子附入桶內, 用猛灰繞桶際[3]. 又以索維桶四面, 免致風倒落損蜂脾.

---

18 목심(木心):나무줄기 한가운데의 연한 심.
19 《增補山林經濟》卷5〈牧養〉"蜂"(《農書》3, 381~382쪽).
[2] 古:저본에는 "今".《增補山林經濟·牧養·蜂》에 근거하여 수정.
[3] 際:《增補山林經濟·牧養·蜂》에는 "底".

는 일을 피하도록 한다.《증보산림경제》[20]   同上

　벌을 기르는 데 방법이 있다. 벌통으로는 너무 넓은 것도 금하고 너무 긴 것도 금한다. 넓고 길면 벌통이 손상되는 일이 많기 때문이다. 벌통 받침대는 높은 곳에 두어야 한다. 높지 않으면 벌레가 쉽게 침범하기 때문이다. 벌통의 겉을 진흙으로 바를 때는 빈틈없이 해야 한다. 벌은 바람을 두려워하는 성질이 있기 때문이다.

畜蜂有術. 其桶忌寬忌長, 寬長則多敗. 其趺宜高. 不高則蟲易侵犯. 其塗宜密. 蜂性畏風也.

　벌통을 거는 기둥은 견고해야 하고 벌통을 묶을 때에는 단단히 해야 한다. 기둥이 견고하지 않고 벌통을 단단히 묶지 않으면 부딪혀 거꾸로 떨어질 수 있기 때문이다. 벌통 덮개는 두꺼워야 한다. 두껍지 않으면 겨울철에 얼어버릴 염려가 있기 때문이다.

其柱宜牢, 其縛宜緊. 不牢不緊, 則或撞挨顚墜也. 其蓋宜厚. 不厚則冬月患凍也.

　그 꼭대기에는 뾰족한 나무를 세워두어야 한다. 그렇게 하지 않으면 닭이 벌통에 올라 발로 차서 벌통을 넘어뜨릴 수 있기 때문이다. 문에는 촘촘한 발을 걸어 밤나방이나 땅벌을 막아야 한다.

其顚宜豎尖木. 不然, 鷄或登而蹷倒也. 戶宜密簾以防夜蛾、土蜂也.

　받침대와 벌통이 만나는 경계에 겨울에는 진흙을 발라 바람을 막고, 여름에는 뚫어서 벌레가 생기는 일을 막아야 한다.《성호사설(星湖僿說)》[21]

趺桶之際, 冬宜塗以防風也, 暑宜豁以防生蟲也. 《星湖僿說》

20 《增補山林經濟》卷5〈牧養〉"蜂"(《農書》3, 384쪽).
21 《星湖僿說》卷6〈萬物門〉"蜂史"(한국고전종합DB).

6) 꿀 따는 법

6월에 꿀을 따야 좋다. 만약 부추꽃이 피고 난 뒤에 따면 꿀이 나빠서 오래 가지 못한다. 《사시찬요》[22]

일반적으로 꿀에는 수십 가지 등급이 있다. 봄에는 온갖 꽃에서 채취한 꿀로, 색깔이 흐리고 맛은 시다. 또 비릿한 냄새가 난다. 가을에는 벼꽃에서 채취한 꿀로, 색깔이 엉긴 기름 같고 맛 또한 시기 쉽다. 이 꿀들은 모두 쓰기에 적당하지 않다. 반드시 진짜 순수한 여름꽃에서 채취한 꿀이라야 좋다. 《구선신은서》[23]

10월에 꿀을 딴다. 날씨는 점점 추워지고 온갖 꽃들이 이미 다 졌을 때 벌통의 뒷문을 열고, 쑥을 태운 연기를 벌집에 조금 훈증하면 벌들이 자연스럽게 앞을 향해 날아간다. 만약 벌이 쏠까 두려울 때, 박하잎을 잘게 씹어 손과 얼굴에 바르면 벌이 자연스럽게 쏘지 않는다. 혹은 비단으로 머리와 몸에 뒤집어써서 벌의 접근을 막거나 가죽장갑[皮套五指]을 쓰면 효과가 더욱 빼어나다.

대략 겨울에서 봄에 이르기까지 벌이 먹고 남을 꿀의 양을 헤아려서 큰 벌집을 골라서 날카로운 칼로 아래를 따고, 다시 벌통을 봉한다. 따낸 벌집의

割蜜法

六月開蜜爲良. 若韭花後, 則蜜惡而不耐久. 《四時纂要》

凡蜜有數十等. 春爲百花蜜, 色渾而味酸. 又作腥氣. 秋[4]爲稻花蜜, 色如凝脂, 味亦易酸, 皆不堪用. 須擇眞純夏蜜乃佳. 《臞仙神隱書》

十月割蜜. 天氣漸寒, 百花已盡, 宜開蜂甕後門, 用艾燒煙微薰, 其蜂自然飛向前去. 若怕蜂螫, 用薄荷葉嚼細, 塗在手面, 其蜂自然不螫. 或用紗帛蒙頭及身上載, 或皮套五指尤妙.

約量冬至春, 其蜂食之餘者, 揀大蜜脾, 用利刀割下, 却封其甕, 將蜜絞淨.

---

22 《사시찬요 역주》하령 〈유월〉 "농경과 생활" '꿀따기' 351쪽;《山林經濟》卷2 〈牧養〉 "養蜂"(《農書》2, 268쪽).

23 출전 확인 안 됨;《山林經濟》, 위와 같은 곳.

[4] 秋:《山林經濟·牧養·養蜂》에는 "冬".

꿀은 깨끗이 걸러낸다. 불에 녹이지 않은 꿀은 '백사밀(白沙蜜)'이고, 불에 녹인 꿀은 '자밀(紫蜜)'이다.

꿀을 그릇에 넣어 담아두었다가 꿀을 걸러낸 찌꺼기를 가지고 냄비 속에 넣어 약한 불로 달여 졸인다. 꿀이 녹으면 퍼내고, 거르고 남은 찌꺼기를 다시 달인다. 미리 놋쟁반이나 질그릇을 죽 늘어놓고 각각 냉수를 담아둔다. 달인 납수(蠟水, 밀랍 용액)를 차례로 그 안에 부으면 납수가 응고되어 저절로 황랍(黃蠟)이 된다. 이 과정을 찌꺼기 안의 밀랍이 다할 때까지 한다.

그해 거둔 꿀의 양을 알려면 그 해 강수량이 어떤가를 살펴야 한다. 만약 비가 골고루 적당히 내려 꽃과 나무가 무성했으면 꿀이 반드시 많다. 만약 강수량이 적어 꽃과 나무가 드물었다면 꿀이 반드시 적다. 혹은 꿀이 꿀벌이 먹기에도 충분하지 않은 경우도 있다.

이때는 초계(草雞) 1~2마리를 털 뽑고 내장을 빼버린 채로 벌통 안에 매달아두면 벌이 자연스럽게 먹는다. 그러면 또한 벌의 힘이 평소의 2배가 된다. 봄 2월에 봉해두었던 벌집을 열어보면 다만 닭뼈만 남아 있다. 《경세민사(經世民事)》[24][25]

겨울에 꿀을 너무 많이 따면 벌이 굶주린다. 굶주

不見火者, 爲"白沙蜜"; 見火者, 爲"紫蜜".

入器盛頓, 將絞下蜜柤, 入鍋內慢火煎熬, 候融化拗出, 絞柤再熬. 豫先安排錫鐼或瓦盆, 各盛冷水. 次傾蠟水在內, 凝定自成黃蠟. 以柤內蠟盡爲度.

要知其年收蜜多寡, 則看當[5]年雨水何如. 若雨水調均, 花木茂盛, 其蜜必多; 若雨水少, 花木稀, 其蜜必少. 或蜜不敷蜜蜂食用.

宜以草雞或一隻或二隻, 退毛不用肚腸, 懸挂窠內, 其蜂自然食之. 又力倍常. 至春來二月, 開視其封, 止存雞骨而已.《經世民事》

冬月割蜜過多則蜂飢. 飢時

---

24 경세민사(經世民事) : 미상의 농서(農書).
25 출전 확인 안 됨 ;《農政全書》卷41〈牧養〉"六畜"(《農政全書校注》, 1178~1179쪽).
⑤ 當 : 저본에는 "常". 오사카본·규장각본·《農政全書·牧養·六畜》에 근거하여 수정.

릴 때는 영계를 맹물에 삶고 벌통 옆에 놓아두어 벌
이 먹게 할 수 있다【 증보산림경제 26 민간의 방법:
메밀가루로 혼돈(餛飩)27을 만들어 벌통 안에 놓아두
면 더욱 간편하다】.《농정전서》28

꿀을 따는 민간의 방법:6~7월 사이에 당분이 있
는 1가지 꽃[糖獨花]이 피기 시작할 때를 기다렸다가,
벌통의 덮개를 벗겨내고, 도기(陶器)나 표주박을 벌
통 위쪽에 덮개 삼아 덮어씌워서 두 아가리가 서로
들어맞게 한다. 만약 그 아가리의 크기가 같지 않으
면 곧 사용하지 못한다.

진흙으로 두 아가리가 서로 맞닿은 곳에 있는 틈
을 밀봉한다. 만약 틈으로 바람이 통하면, 꿀이 제
대로 만들어지지 않는다. 풀로 만든 관(冠)으로 벌통
위쪽을 덮는다.

대략 10일이 지난 후에 손톱으로 덮어둔 그릇의
바깥을 살짝 두드려보아, 그 소리가 탁하게 나면 꿀
이 만들어진 상태이다. 반면 그 소리가 맑고 비어 있
는 듯이 나면 꿀이 아직 만들어지지 않은 상태이다.
소리가 정말 탁하면, 틈을 밀봉한 진흙을 벗겨내고,
가는 삼끈으로 그릇과 벌통 사이의 틈에 두른 다음
끈을 꽉 비틀어 조이면서 자른다.

可將嫩鷄白煮, 置房側, 令
食之【 增補山林經濟 俗
法:以蕎麥麪作餛飩, 置于甕
內, 尤爲便易】.《農政全書》

取蜜俗法:六七月間, 待糖
獨花始開之時, 脫去桶蓋,
以陶器或瓠瓢, 倒蓋於桶
上, 令兩口相與吻合. 若
其口大小不同, 則便不可用
矣.
以泥密封吻合之隙. 如風
透隙, 則蜜不能成矣. 以
草冠冪桶上.

略過十日後, 以爪甲乍叩
蓋器之外, 其聲濁者, 是蜜
成矣;其聲淸空者, 蜜未成
矣. 聲果濁, 剝去封隙之
泥, 用細麻繩繞器、桶之
隙, 絞而截之.

26 《增補山林經濟》卷5〈牧養〉"蜂"(《農書》3, 383쪽).
27 혼돈(餛飩):쌀을 가루 내어 쪄서 모양을 둥글게 하고 가운데 소를 넣은 떡. 《증보산림경제(增補山林經
   濟)》에서는 혼돈(餛飩)을 언해로 "범벅"이라 했다. 《정조지(鼎俎志)》 권2〈익히거나 찌는 음식〉"떡"에 2
   종류의 혼돈이 나온다. 《임원경제지 정조지(林園經濟志 鼎俎志)》1, 풍석문화재단, 2020, 434쪽 참조.
28 《農政全書》卷41〈牧養〉"六畜"(《農政全書校注》, 1179쪽).

아래 그릇을 보면 수없이 많은 수 천 수 만개의 방마다 꿀이 담겨 있어 참으로 구경할 만하다. 숟가락으로 벌집을 따 내어, 따뜻한 곳에 두면 꿀이 저절로 흘러내린다. 이것이 상품(上品)인 백밀(白蜜, 봉밀)이다. 그 벌집은 좋은 밀랍이다. 또한 전과 같이 그릇을 덮어두면 가을에 3번 꿀을 딸 수 있을 것이다. 《증보산림경제》[29]

꿀을 따려고 할 때 먼저 벌통을 덮은 그릇의 바깥을 어떤 물건으로 가볍게 두드리고, 한참 있다가 꿀이 붙은 그릇을 따면, 벌이 저절로 밑으로 내려가 벌통 안으로 들어가기 때문에 흩어져 나와 사람을 쏘지는 않는다.《증보산림경제》[30]

取下器見之, 則千門萬戶一一含蜜, 眞爲可玩. 卽以匕子割出蜂脾, 置於溫處, 則蜜自流下. 此是上品白蜜也. 其脾卽好蠟也. 又如前覆器, 則秋可割三次蜜矣.《增補山林經濟》

將取蜜之時, 先以物輕扣覆器之外, 良久取器, 則蜂自下入桶內, 不散出螫人. 同上

---

29 《增補山林經濟》卷5〈牧養〉“蜂”《農書》3, 384~385쪽).
30 《增補山林經濟》卷5〈牧養〉“蜂”《農書》3, 385쪽).

7) 꿀 확인하는 법

젓가락을 달궈 꿀 속에 집어넣었다가, 젓가락을 꺼내었을 때 연기가 나면 조청을 섞은 꿀이다. 끈적 끈적하게 들러붙으면 좁쌀죽을 섞은 꿀이다. 백밀 은 덩어리를 이루어야 상품(上品)이다. 《왕정농서》[31]

驗蜜法

燒筯挿入蜜中, 筯出煙者, 雜餳也. 粘者, 雜粟粥也. 白蜜成塊爲上. 《王氏農書》

---

31 출전 확인 안 됨;《物理小識》卷11〈鳥獸類〉(《文淵閣四庫全書》867, 965쪽).

8) 주의사항

벌을 기르는 곳은 앞산이 높고 험준한 지형이 알맞다. 벌이 바람에 멀리 날아가지 않기 때문이다. 서북쪽이 막혀 있는 지형이 알맞다. 벌은 마른 서북풍을 꺼리기 때문이다. 계곡이나 시내가 멀지 않은 지형이 알맞다. 벌이 목마를 때 쉽게 물을 마실 수 있기 때문이다.

또 질동이에 사람이나 가축의 오줌을 저장하여 벌집 근처에 두면 좋다. 벌이 이것을 먹고 꿀로 만들기 때문이다. 사방이 산과 언덕으로 둘러쳐진 곳에 메밀을 넓게 재배해야 알맞다. 대개 6~7월 사이에 온갖 꽃이 모두 시들어도 메밀꽃만은 한창이기 때문이다.《난호어목지》[32]

양봉 벌은 서북쪽을 상석으로 삼는다. 따라서 자손벌을 조상벌통의 상석에 두지 말아야 한다.《연경당잡지(研經堂雜志)[33]》[34]

벌을 옮길 때, 태세(太歲)·대장군(大將軍)의 복병(伏兵)이 있는 곳이나 잠실(蠶室) 같은 크게 해로운 방(房)

宜忌

養蜂, 宜前山高峻之地. 爲其不遠颺也；宜西北障塞之地, 爲其忌乾戌風也；宜溪澗不遠之地, 爲其渴易得水也；

宜以瓦盆貯人畜尿, 置之傍近, 爲其取而釀蜜也；宜四圍山陂廣種蕎麥, 蓋六七月之間, 百花俱謝, 獨蕎麥花盛也.《蘭湖漁牧志》

蜂以西北爲上, 子孫蜂勿置祖蜂簍之上.《研經堂雜志》

遷蜂, 忌太歲、大將軍伏兵、蠶室大禍房. 蠶室生

---

32 출전 확인 안 됨.
33 연경당잡지(研經堂雜志) : 조선시대 학자인 성해응(成海應, 1760~1839)이 지은 책.
34 출전 확인 안 됨.

을 피해야 한다.[35] 잠실에 벌통을 놓으면 벌레가 생긴다. 나머지 방향도 모두 각각의 살(煞)[36]이 있다. 《연경당잡지》[37]

새로 맞이한 벌을 벌통에 안치한 지 3일 안에 벌을 맞이한 사람은 밖에 나가서는 안 된다. 밖에 나가고 싶으면, 홑적삼을 벗어서 벌통 위에 덮은 뒤에 나가야 한다. 주인집에서는 벌을 맞이한 지 3일 안에는 쌀을 내다팔아서는 안 되고, 아궁이의 재를 청소해서도 안 된다. 《연경당잡지》[38]

蟲, 餘方皆有煞. 同上

新接蜂安筒三日內, 接蜂人不得出外. 欲出則脫單衫覆蜂簍上而後出. 主人家接蜂三日內, 不得糶穀, 不得掃除竈灰. 同上

---

35 태세(太歲)……한다 : 태세(太歲)는 고대 천문 점성술에서 상정한 가상의 별[虛星]로, 목성(木星)과 궤도는 같으나 방향은 반대이다. 후세에 민간신앙에서 신으로 여겼다. 술수가(術數家)들은 태세를 인군의 상으로 여겨서, 여러 신을 거느리고, 방위를 통정(統正)한다고 보아 여기에 해당하는 방위를 범하지 말아야 한다고 여겼다. 음양도(陰陽道, 음양오행을 신앙으로 하는 도)에서는 태세를 팔장신(八將神)의 하나로 여겼다. 대장군(大將軍)은 음양도에서 팔장신의 하나로 여겼다. 이 신의 방향은 3년간 모든 일이 잘 안 되게 막는다고 해서 만사에 피했다. 잠실(蠶室)은 세(歲)의 흉신(凶神)을 가리킨다.
36 살(煞) : 사람을 해치거나 물건을 상하게 하는 모질고 독한 귀신의 기운.
37 출전 확인 안 됨.
38 출전 확인 안 됨.

9) 벌 방비하기

벌을 기를 때, 집 안의 거미줄을 청소하여 제거해야 한다. 또한 산벌과 땅벌의 출입을 방비하여, 양봉하는 벌과 서로 해치지 못하게 한다. 《왕정농서》[39]

벌은 부들을 두려워한다. 벌이 그 가루에 닿으면 바로 죽는다. 《왕정농서》[40]

벌은 두꺼비와 개미와 연기를 꺼린다. 또 나무그늘의 거미를 꺼린다. 개미를 물리치고 싶으면 열회(烈灰)[41]를 벌통 아래에 두텁게 깔아준다. 《연경당잡지》[42]

벌을 해치는 벌레는 많다. 땅벌과 밤나방 외에도, 습한 흙덩이에서 벌레가 생겨나 꿀을 훔쳐먹고 그물 같은 망을 쳐놓아 벌이 드나들지 못하게 하니, 그 해가 가장 크다.

갈거미[蠨蛸]·그리마[蠼螋] 같은 벌레는 벌통 밑에 숨어 있으면서, 아침저녁으로 벌을 잡아먹는다. 거미는 벌이 드나드는 길목에 거미줄을 쳐서 이슬이 내린 아침이면 거미줄에 벌이 많이 걸리게 된다. 거미를 잡아서 멀리 던지면 밤에 반드시 되돌아온다.

關防

養蜂, 宜掃除家院蛛網. 又關防山蜂、土蜂, 不使相傷. 《王氏農書》

蜂畏蒲, 蟲觸其粉, 卽死. 同上

蜂忌蟾、蟻、煙氣. 又忌樹陰蜘蛛. 欲屛蟻, 以烈灰厚鋪蜂筒之下. 《硏經堂雜志》

害蜂者多. 土蜂、夜蛾之外, 濕甕成蠱, 食蜜, 布網, 蜂無所容, 其害最鉅.

如蠨蛸、蠼螋, 棲隱在中, 朝暮攫食. 蜘蛛結網於蜂路, 露朝多罥. 或取而遠投, 則夜必還.

---

39 《王禎農書》〈農桑通訣〉5 "畜養篇", 65쪽.
40 출전 확인 안 됨;《物理小識》卷11〈鳥獸類〉(《文淵閣四庫全書》867, 965쪽).
41 열회(烈灰):맹회(猛灰). 성질이 강하거나 매운 재.
42 출전 확인 안 됨.

두꺼비·사마귀·구멍 속 개미·등에·깡충거미[蠅虎][43]도 벌을 노리지 않는 적이 없다. 또 닭도 배가 고프면 벌을 쪼아 먹고, 제비가 새끼를 먹일 때에도 벌을 잡아먹는다.

그 중에 가장 막기 어려운 놈은 잠자리와 청개구리이다. 잠자리는 공중으로 날아다니며 벌을 잡아먹는다. 그 수를 모를 만큼 많이 모여 벌을 먹고 배가 찬 이후에야 그만둔다. 이때는 탄성이 약한 활과 가느다란 화살을 쓰되, 화살에는 여러 개의 화살촉을 둥글게 두르고 묶어[44] 잠자리가 잠시 쉴 때 화살로 잡으면 어느 정도 없앨 수 있다. 청개구리는 뛰어올라 벌을 잡아 삼킨다. 청개구리는 사람만 보면 도망가서 없앨 수 없다. 오직 풀을 베어버리고 아침저녁으로 부지런히 지켜보아야 한다. 《성호사설》[45]

전어지 권제2 끝

蟾蜍、螳螂、穴蟻、土蝱、蠅虎, 無不窺伺. 又鷄飢則啄、燕乳亦攫.

其中最難防者, 蜻蛉也、蝦蟆也. 蜻蛉從空攫去. 不知其數, 揖揖來集, 充腹乃已. 用弱弓、纖矢, 綴環其簇, 俟其少止而中之, 可以略除之. 蝦蟆騰躍吞嚼. 見人輒避, 不可除也. 唯宜去草而曉夕勤伺也. 《星湖僿說》

佃漁志卷第二

43 깡충거미[蠅虎] : 깡충거미과의 거미. 다른 거미에 비해 몸집이 작다. 눈이 크고 시력이 좋으며, 거미줄을 치지 않고 떠돌아다니며 먹잇감을 직접 사냥한다.
44 화살대에……묶어 : 잠자리나 개구리는 화살로 잡기 어려워 하나의 화살에 여러 개의 화살촉을 빙 둘러 묶은 모양을 설명했다.
45 《星湖僿說》卷6 〈萬物門〉 "蜂史"(한국고전종합DB).

저자

풍석(楓石) 서유구(徐有榘, 1764~1845)

본관은 달성(대구), 경기도 파주 장단이 고향이다. 조선 성리학의 대가로서 규장각 제학, 전라 관찰사, 수원 유수, 이조 판서, 호조 판서 등 고위 관직을 두루 역임했다. 그럼에도 서명응(조부)·서호수(부)·서형수(숙부)의 가학에 깊은 영향을 받아, 경학이나 경세학보다는 천문·수학·농학 등 실용학문에 심취했다. 그 결과 조선시대 최고의 실용백과사전이자 전통문화콘텐츠의 보고인 《임원경제지》 113권을 저술했다.

벼슬에서 물러나 있는 동안에는 고향인 임진강변 장단에서 술 빚고 부엌을 드나들며, 손수 농사짓고 물고기를 잡으면서 임원(林園)에서 사는 선비로서 가족을 건사하고 덕을 함양하는 데 필요한 전반적인 실용 지식을 집대성했다. 이를 위해 조선과 중국, 일본의 온갖 서적을 두루 섭렵하여 실생활에 필요한 각종 지식을 체계적으로 수집하는 한편, 몸소 체험하고 듣고 관찰한 내용을 16분야로 분류하여 엄밀하게 편찬 저술하기 시작했다.

서유구는 실현 가능한 개혁을 추구하는 조정의 최고위 관료였고, 농부이자 어부, 집 짓는 목수이자 원예가, 술의 장인이자 요리사, 악보를 채록하고 거문고를 타는 풍류 선비이자 전적과 골동품의 대가, 전국 시장과 물목을 꿰고 있는 가문 경영자이자 한의학과 농학의 대가였다.

전라 관찰사 재직 때에 호남 지방에 기근이 들자 굶주린 백성들을 위해 《종저보》를 지어 고구마 보급에 힘쓰기도 했던 서유구는, 당시 재야나 한직에 머물렀던 여느 학자들과는 달랐다. 그의 학문은 풍석학(楓石學), 임원경제학(林園經濟學)이라 규정할 만한 독창적인 세계를 제시했던 것이다.

늙어 벼슬에서 물러나 그동안 모으고 다듬고 덧붙인 엄청난 분량의 《임원경제지》를 완결한 그는 경기도 남양주 조안면에서 82세의 일기를 다했다. 시봉하던 시사(侍史)가 연주하는 거문고 소리를 들으며 운명했다고 한다.

교정자

추담(秋潭) 서우보(徐宇輔, 1795~1827)

서유구의 아들로, 모친은 여산 송씨(宋氏, 1769~1799)이다. 자는 노경(魯卿), 호는 추담(秋潭)·옥란관(玉蘭觀)이다. 서유구가 벼슬에서 물러난 1806년부터 1823년에 회양부사로 관직에 복귀하기 전까지, 약 18년 동안 부친과 임원에서 함께 생활하며 농사짓고 물고기를 잡는 한편, 《임원경제지》의 원고 정리 및 교정을 맡았다. 요절했기 때문에 《임원경제지》 전 권을 교정할 수 없었지만, 서유구는 《임원경제지》 113권의 권두마다 "남(男) 우보(宇輔) 교(校)"라고 적어두어 그의 기여를 공식화했다. 시문집으로 《추담소고(秋潭小藁)》가 있다.

🌿 임원경제연구소

임원경제연구소는 고전 연구와 번역, 출판을 주요 목적으로 하는 사단법인이다. 문사철수(文史哲數)와 의농공상(醫農工商) 등 다양한 전공 분야의 소장학자 40여 명이 회원 및 번역자로 참여하여, 풍석 서유구의 《임원경제지》를 완역하고 있다. 또한 번역 사업을 진행하면서 축적한 노하우와 번역 결과물을 대중과 공유하기 위해 관련 전문가 및 단체들과 교류하고 있다. 연구소에서는 번역 과정과 결과를 통하여 '임원경제학'을 정립하고 우리 문명의 수준을 제고하여 우리 학문과 우리의 삶을 소통시키고자 노력한다. 임원경제학은 시골살림의 규모와 운영에 관한 모든 것의 학문이며, 경국제세(經國濟世)의 실천적방책이다.

번역

조영렬(曺榮烈)

경기도 여주 출신. 고려대 국어국문학과를 졸업했고, 태동고전연구소(지곡서당)에서 한문을 공부했다. 고려대대학원에서 일본문학 박사과정을, 선문대대학원에서 국문학 박사과정을 수료했다. 현재 선문대 인문미래연구소 연구원이다. 옮긴 책으로 《요시카와 고지로의 중국 강의》·《주자학》·《새로 읽는 논어》·《독서의 학》·《공자와 논어》등이 있다.

정명현(鄭明炫)

광주광역시 출신. 고려대 유전공학과를 졸업하고, 도올서원과 한림대 태동고전연구소에서 한학을 공부했다. 서울대 대학원 '과학사 및 과학철학 협동과정'에서 전통 과학기술사를 전공하여 석사와 박사를 마쳤다. 석사와 박사논문은 각각 〈정약전의 《자산어보》에 담긴 해양박물학의 성격〉과 《서유구의 선진농법 제도화를 통한 국부창출론》이다. 《임원경제지》 중 《본리지》·《섬용지》·《유예지》·《상택지》·《예규지》·《이운지》·《정조지》·《보양지》·《향례지》를 공역했다. 또 다른 역주서로 《자산어보 : 우리나라 최초의 해양생물 백과사전》이 있고, 《임원경제지 : 조선 최대의 실용백과사전》을 민철기 등과 옮기고 썼다. 현재 임원경제연구소 소장으로, 《임원경제지》 번역 사업에 참여하고 있다.

김현진(金賢珍)

경기도 평택 출신. 공주대 한문교육과를 졸업하고 한림대 태동고전연구소와 한국고전번역원에서 한학을 공부하고 성균관대학교 대학원 한문학과에서 석사과정을 수료했다. 현재 임원경제연구소 연구원으로 근무하며 《섬용지》를 교열했고, 《유예지》·《상택지》·《예규지》·《이운지》·《정조지》를 공역했으며, 《보양지》·《향례지》를 교감·교열했다.

서문

도올 김용옥(金容沃)

우리시대의 사유의 지표를 만들어가고 있는 사상가이다. 고려대학교 생물과, 철학과, 한국신학대학 신학과에서 수학하고 원광대학교 한의과대학, 대만대학, 동경대학, 하바드대학에서 소정의 학위를 획득했다. 고려대학교, 중앙대학교, 한국예술종합학교, 연변대학, 사천사범대학 등 한국과 중국의 수많은 대학에서 제자를 길렀다. 《동양학 어떻게 할 것인가》 등 90여 권에 이르는 다양한 주제의 저술을 통해 끊임없이 민중과 소통하여 왔으며, EBS 56회 밀레니엄특강 《노자와 21세기》를 통해 고전의 세계가 민중의 의식 속으로 전파되는 새로운 문화의 혁명적 장을 열었다. 최근에는 우리나라 KBS1 TV프로그램 《도올아인 오방간다》(2019, KBS1 TV), 여수MBC 3부작 《도올 말하다! 여순민중항쟁》(2018. 10)을 통하여 우리 현대사 100년의 의미를 국민에게 전했으며, 여순사건특별법이 제정되는 계기를 만들었다. 그가 직접 연출한 《도올이 본 한국독립운동사 10부작》(2005, EBS)은 동학으로부터 해방에 이르는 다난한 민족사를 철학자의 시각에서 영상으로 표현한 20세기 한국역사의 대표적인 걸작으로 꼽히며, 향후의 모든 근대사 탐구의 기준을 제시했다. 역사에 대한 탐색은 여기에 그치지 않고, 국학(國學)의 정립을 위하여 《삼국유사》·《일본서기》·《고려사》·《조선왕조실록》의 역사문헌과 유적의 연구에 정진하며,

고대와 근세 한국사에 대한 인식을 새롭게 하고 있다. 최근에는 광주MBC에서 마한문명을 고조선의 중심으로 파악하는 파격적인 학설을 주장하여 사계 학자들의 관심을 집중시켰다. 도올 김용옥 선생은 역사와 문학과 철학, 문화인류학, 고고학, 그리고 치열한 고등문헌학을 총체적으로 융합시킬 수 있는 당대의 거의 유일한 학자로서 후학들의 역사이해를 풍요롭게 만들어가고 있다. 최근 50년 학문 역정을 결집시킨 《노자도덕경》 주석서, 《노자가 옳았다》는 인류문명 패러다임의 전환에 대한 새로운 시각을 제시하였으며, 동학의 성경을 온전히 주석한 《동경대전》 1·2권은, 《임원경제지》 국역작업과 함께, 국학의 역사를 새로 써나가고 있다.

교열, 교감, 표점

김태완(金泰完)

충청북도 청원 출신. 서울시립대학교에서 조선시대를 공부했고, 현재 한국외국어대학교에서 문화콘텐츠 관련 공부 중이다. 서울여자대학교, 덕성여자대학교, 한국외국어대학교, 광운대학교 등에서 역사를 가르치다가 수원화성박물관을 개관하는 데 일조했고, 부천문화재단의 교육·옹기·활박물관에서 근무했었다. 《임원경제지》 중 《본리지》, 《정조지》, 《섬용지》, 《전어지》 등의 번역 및 교열에 참가했었다.

이동인(李東麟)

충청남도 세종 출신. 청주대 역사교육과에서 꿈을 키웠고, 한림대 태동고전연구소에서 한학을 공부했다. 서울대 국사학과에서 석사학위를 받았으며, 한국학중앙연구원 한국사학과 박사과정을 수료했다. 《임원경제지》 중 《섬용지》·《예규지》·《상택지》·《이운지》를 공역했다.

이두순(李斗淳)

서울대학교 농과대학을 졸업하고 일본 교토(京都)대학에서 박사학위를 받았다. 호는 하상(夏祥)이다. 2002년 한국농촌경제연구원에서 선임연구위원으로 퇴직한 후 개인 취향의 글을 쓰고 있다. 농업관련 연구서 외에 《호박씨와 적비》

(2002), 《한시와 낚시》(2008), 《기후에 대한 조선의 도전, 측우기》(2012), 《수변의 단상》(2013), 《고전과 설화속의 우리 물고기》(2013), 《은어》(2014), 《농업과 측우기》(2015), 《평역 난호어명고》(2015), 《신역 자산어보》(2016), 《우해이어보와 다른 어보들》(2017), 《연꽃의 여인, 연희》(2017), 《문틈으로 본 조선의 농업과 사회상》(2018), 《초부유고, 늙은 나무꾼의 노래》(2019), 《견지낚시의 역사와 고증》(2019), 《낚시를 읊은 우리 옛 시》(2020), 《농촌의 노래, 농부의 노래》(2020)와 같은 책을 썼다.

이태원(李泰沅)

경상남도 의령 출신. 서울대 생물교육과와 동대학원을 졸업하고, 성남시, 광양시 도시생태현황도 GIS 구축사업 연구원, 차세대 과학 교과서 개발위원으로 활동했다. 현재 세화고등학교 생명과학 교사로 재직 중이다. 옮긴 책으로는 《지구 속은 어떻게 생겼을까?》가 있고, 지은 책으로 《현산어보를 찾아서》(5권)가 있다.

차영익(車榮益)

경상남도 삼천포 출신. 고려대 중어중문학과를 졸업하고 한림대 태동고전연구소에서 한학을 공부했다. 고려대 대학원에서 중국고전문학으로 석사와 박사를 마쳤다. 석사와 박사논문은 《蘇軾 經論 연구》와 《蘇軾의 黃州시기 문학연구》이다. 《임원경제지》중 《전어지》를 교열했다. 다른 옮긴 책으로 《순자 교양 강의》 《리링의 주역강의》가 있고, 지은 책으로 《당시사계, 봄을 노래하다》(공저), 《당시사계, 여름을 노래하다》(공저), 《당시사계, 가을을 노래하다》(공저) 가 있다.

민철기(閔喆基)

서울 출신. 연세대 철학과를 졸업하고 도올서원에서 한학을 공부했다. 연세대 대학원 철학과에서 학위논문으로 《세친(世親)의 훈습개념 연구》를 써서 석사과정을 마쳤다. 임원경제연구소 번역팀장과 공동소장을 역임했고, 현재는 선임연구원으로 재직하며 《섬용지》를 교감 및 표점했고, 《유예지》·《상택지》·《예규지》·《이운지》·《정조지》를 공역했으며, 《보양지》·《향례지》를 교감·교열했다.

정정기(鄭炡基)

경상북도 장기 출신. 서울대 가정대학 소비자아동학과에서 공부했고, 도올서원과 한림대태동고전연구소에서 한학을 익혔다. 서울대 대학원에서 성리학적 부부관에 대한 연구로 석사를, 《조선시대 가족의 식색교육 연구》로 박사를 마쳤다. 음식백과인 《정조지》의 역자로서 강의와 원고 작업을 통해 그에 수록된 음식에 대한 소개에 힘쓰며, 부의주를 빚고 가르쳐 집집마다 항아리마다 술이 익어가는 꿈을 실천하고 있다. 임원경제연구소 교열팀장과 번역팀장을 역임했고, 현재는 연구원으로 재직하며, 《섬용지》를 교열했고, 《유예지》·《상택지》·《예규지》·《이운지》·《정조지》를 공역했으며, 《보양지》·《향례지》를 교감·교열했다.

최시남(崔時南)

강원도 횡성 출신. 성균관대학교 유학과(儒學科) 학사 및 석사를 마쳤으며 동대학원 박사과정을 수료했다. 성균관(成均館) 한림원(翰林院)과 도올서원(檮杌書院)에서 한학을 공부했고 호서대학교에서 강의를 했다. IT회사에서 조선시대 왕실 자료와 문집·지리지 등의 고문헌 디지털화 작업을 했다. 현재 임원경제연구소 팀장으로 근무하며 《섬용지》·《유예지》·《상택지》·《예규지》·《이운지》·《정조지》·《향례지》를 공역했고, 《보양지》를 교감·교열했다.

김수연(金秀娟)

서울 출신. 한국전통문화대학교 전통조경학과를 졸업하고 한림대 태동고전연구소에서 한학을 공부했다. 현재 임원경제연구소 연구원으로 근무하며 《섬용지》를 교감 및 표점했고, 《유예지》·《상택지》·《예규지》·《이운지》·《정조지》를 공역했으며, 《보양지》·《향례지》를 교감·교열했다.

김용미(金容美)

전라북도 순창 출신. 동국대 철학과를 졸업하고, 고전번역원 국역연수원과 일반연구과정에서 한문 번역을 공부했다. 고전번역원에서 추진하는 고전전산화 사업에 교정교열위원으로 참여했고, 《정원고사(政院故事)》 공동번역에 참

여했다. 전통문화연구회에서 추진하고 있는 《모시정의(毛詩正義)》 공동번역에
참여하고 있다. 현재 임원경제연구소 연구원으로 근무하며, 《예규지》·《이운
지》·《정조지》를 공역했고, 《보양지》·《향례지》를 교감·교열했다.

자료정리

고윤주(高允珠)(푸르덴셜생명 라이프 플래너)

감수

최형국(崔炯國)(수원시립예술단 무예24기시범단 상임연출)

교감·표점·교열·자료조사

임원경제연구소

풍석문화재단

(재)풍석문화재단은《임원경제지》등 풍석 서유구 선생의 저술을 번역 출판하는 것을 토대로 전통문화 콘텐츠의 복원 및 창조적 현대화를 통해 한국의 학술 및 문화 발전에 기여함을 목적으로 설립되었다.

재단은 ①《임원경제지》의 완역 지원 및 간행, ②《풍석고협집》,《금화지비집》,《금화경독기》,《번계시고》,《완영일록》,《화영일록》등 선생의 기타 저술의 번역 및 간행, ③ 풍석학술대회 개최, ④《임원경제지》기반 대중문화 콘텐츠 공모전, ⑤ 풍석디지털자료관 운영, ⑥《임원경제지》등 고조리서 기반 전통음식문화의 복원 및 현대화 사업 등을 진행 중이다.

재단은 향후 풍석 서유구 선생의 생애와 사상을 널리 알리기 위한 출판·드라마·웹툰·영화 등 다양한 문화 콘텐츠 개발 사업,《임원경제지》기반 전통문화 콘텐츠의 전시 및 체험교육 등을 목적으로 하는 서유구 기념관 건립 등을 추진 중이다.

풍석문화재단 웹사이트 및 주요 연락처

웹사이트

풍석문화재단 홈페이지 : www.pungseok.net

출판브랜드 자연경실 블로그 : https://blog.naver.com/pungseok

풍석디지털자료관 : www.pungseok.com

풍석문화재단 음식연구소 홈페이지 : www.chosunchef.com

주요 연락처

풍석문화재단 사무국

주 소 : 서울 서초구 방배로19길 18, 남강빌딩 301호

연락처 : 전화 02)6959-9921 팩스 070-7500-2050 이메일 pungseok@naver.com

풍석문화재단 전북지부

연락처 : 전화 063)290-1807 팩스 063)290-1808 이메일 pungseokjb@naver.com

풍석문화재단우석대학교음식연구소

주　소 : 전북 전주시 완산구 향교길 104

연락처 : 전화 063-291-2583 이메일 zunpung@naver.com

조선셰프 서유구(음식연구소 부설 쿠킹클래스)

주　소 : 전북 전주시 완산구 향교길 104

연락처 : 전화 063-291-2583 이메일 zunpung@naver.com

서유구의 서재 자이열재(풍석 서유구 홍보관)

주　소 : 전북 전주시 완산구 향교길 104

연락처 : 전화 063-291-2583 이메일 pungseok@naver.com

풍석학술진흥연구조성위원회

(재)풍석문화재단은 《임원경제지》의 완역완간 사업 등의 추진을 총괄하고 예산
집행의 투명성을 기하기 위해 풍석학술진흥연구조성위원회를 두고 있습니다.
풍석학술진흥연구조성위원회는 사업 및 예산계획의 수립 및 연도별 관리, 지출
관리, 사업 수익 관리 등을 담당하며 위원은 아래와 같습니다.

위원장 : 신정수(풍석문화재단 이사장)

위　원 : 서정문(한국고전번역원 고전번역연구소장), 진병춘(풍석문화재단 사무총장)
　　　　안대회(성균관대학교 한문학과 교수), 유대기(공생사회적협동조합 이사장)
　　　　정명현(임원경제연구소장)

풍석문화재단 사람들

이사장	신정수 ((前) 주택에너지진단사협회 이사장)
이사진	김윤태 (우석대학교 평생교육원장) 김형호 (한라대학교 이사) 모철민 ((前) 주 프랑스대사) 박현출 ((前) 서울시농수산식품공사 사장) 백노현 (우일계전공업그룹 회장) 서동석 (대구서씨대종회 총무이사) 서창훈 (우석재단 이사장 겸 전북일보 회장) 안대회 (성균관대학교 한문학과 교수) 유대기 (공생사회적협동조합 이사장) 이영진 (AMSI Asia 대표) 정명현 (임원경제연구소 소장) 진병춘 (상임이사, 풍석문화재단 사무총장) 채정석 (법무법인 웅빈 대표) 홍윤오 ((前) 국회사무처 홍보기획관)
감사	홍기택 (대일합동회계사무소 대표)
음식연구소장	곽미경 (《조선셰프 서유구》 저자)
재단 전북지부장	서창훈 (우석재단 이사장 겸 전북일보 회장)
사무국	박시현, 박소해
고문단	이억순 (상임고문) 고행일 (인제학원 이사) 김영일 (한국AB.C.협회 고문) 김유혁 (단국대 종신명예교수) 문병호 (사랑의 일기재단 이사장) 신경식 (헌정회 회장) 신중식 ((前) 국정홍보처 처장) 신현덕 ((前) 경인방송 사장) 오택섭 ((前) 언론학회 회장) 이영일 (한중 정치외교포럼 회장) 이석배 (공학박사, 퀀텀연구소 소장) 이수재 ((前) 중앙일보 관리국장) 이준석 (원광대학교 한국어문화학과 교수) 이형균 (한국기자협회 고문) 조창현 ((前) 중앙인사위원회 위원장) 한남규 ((前) 중앙일보 부사장)

《임원경제지·전어지》 완역 출판을 후원해 주신 분들

최미옥 최미화 최범채 최성희 최상욱 최승복 최연우 최영자 최용범 최윤경 최정숙
최정원 최정희 최진욱 최필수 최희령 탁준영 태경스님 태의경 하영휘 하재숙 한승문
함은화 허문경 허영일 허 탁 홍미숙 홍수표 함은화 황경미 황재운 황재호 황정주
황창연 현승용 그 외 이름을 밝히지 않은 후원자분